股市天元

——鸟瞰庄家

徐子城　著

中国财政经济出版社

图书在版编目（CIP）数据

股市天元：鸟瞰庄家/徐子城著．—北京：中国财政经济出版社，2008.2

ISBN 978－7－5095－0469－7

Ⅰ．股…　Ⅱ．徐…　Ⅲ．股票—证券交易—基本知识　Ⅳ．F830.91

中国版本图书馆CIP数据核字(2008)第011656号

中国财政经济出版社出版

URL：http：//www.cfeph.cn

E－mail：cfeph@cfeph.cn

社址：北京市海淀区阜成路甲28号　邮政编码：100036

发行处电话：88190406　财经书店电话：64033436

涿州市新华印刷有限公司印刷　各地新华书店经销

787×1092毫米　16开　17.75印张　220 000字

2008年2月第1版　2008年2月涿州第1次印刷

印数：1－10 000册　定价：58.00元

ISBN 978－7－5095－0469－7/F·0393

（图书出现印装问题，本社负责调换）

前 言

有人认为做好股票靠技术，有人认为做好股票靠眼光（主要指基本面分析），还有人认为做好股票靠心态。如果赚了钱的话怎么都好说；如果赔了钱的话，原来相信技术的人会改去研究上市公司的基本面，原来崇拜技术分析的人会改去破解技术指标，心态好的人也不再自信。炒作股票是一门综合性的艺术，要求操盘手一定要有过硬技术水准和良好的心态，然后再把过硬的技术水平有机地结合到公司基本面研究与总体的宏观大环境及多变的市场因素当中，这样才能在跌宕起伏的股海中稳操胜券。

从2005～2007年，中国沪深股市爆发了一轮前所未有的波澜壮阔的大牛市行情。在这一轮大牛市行情中，上证指数（000001）从最初的998.23点（2005年6月6日），一路上涨至4335.96点（2007年5月29日），其总体升幅为434%；深证成分指数（399001）也从原来的2590.53点（2005年6月3日），攀至最高峰14576点，总体升幅高达562%，形成了中国证券市场有史以来一轮空前的超级大牛市。在这轮超级大牛市当中，沪、深两市中的绝大多数个股都有了数倍的涨幅，十几倍涨幅的也不在少数，数十倍者也屡见不鲜。就在2007年7月中旬我开始写作此书之时，上证指数再次跃上前一段时间高位调整时已经跌破的4000点整数大关。再次越过4000点整数大关，这在两年前简直是不可想像的，如今却轻而易举地站上去了。但毕竟是高处不胜寒，大牛市行情发展到目前这个点位，绝大多数主流股票的主升段行情已接近尾声。从另一方面来讲，若大牛市行情的火焰也不会迅速熄灭，在高位调整之后，再有个千八百点惯性上冲也实属正常，因此，当时我认为，对7月份以后的行情不必报有太大的悲观或者乐观情绪。随着中国经济的持续高速发展，经过充分调整后2006年爆发的大牛市极有可能会成为中国股市迈向辉煌的第一步（牛市行情由2005年发展到2007年，因此本书取2006年为代表，简称：2006年大牛市）。

在2006年的大牛市之时，沪、深两市的个股大概有1500只左右，这1500多只股票在2005～2007年当中虽说都有过比较出众的表现，但由于市场规模庞大、股票数目众多，股票与股票之间总会存在着涨幅与涨速上的差异。有一部分股票涨幅巨大，其绝对涨幅都在数十倍之上，并且上涨稳健有力，从始至终贯穿着整轮牛市，它们是这轮超级牛市中的“引导者”，我们暂且称这类股票为“一类股票”；还有一部分股票，其绝对涨幅都在10倍之上，并且涨势迅猛有力，在牛市的各个不同阶段，起到了承上启下、引领潮流的传导作用，它们是这轮超级牛市中的“中坚力量”，我们暂且称这类股票为“二类股票”；而更多的股票，其绝对涨幅在数倍左右，其股价走势紧随大盘而动，它们是这轮超级牛市中的“重要组成部分”，我们暂且称这类股票为“三类股票”。

股价的背后是什么？股价的背后是人！股票之所以能上涨和下跌，完全在于人们的买与卖。大牛股与黑马股背后的人则是庄家。我粗略地统计了一下，在2006年大牛市的1500多只股票当中，一类股票大概有100只左右，个股涨幅都在数十倍之间，并且涨势强劲；二类股票大概有200只左右，个股涨幅大都在10倍上下，并且涨势迅猛；三类股票数目最多，大概有1000多只，其涨幅都在数倍之间。如果把股票的上涨与下跌行为，归结于其背后的庄家，那么，操控一类股票的幕后庄家最少，它们大智大慧、有勇有谋，看穿了资本市场的运行规律，摸清了股票的交替原则，敢于在股市最危难、最黑暗的时期挺身而出、负重前行，它们的投资理念是建立在现代金融理论基础之上的，它们是历次行情的“发动者”与“引导者”，这类庄家是“智慧的庄家”；操控二类股票的幕后庄家也不太多，它们虽不具备有“智慧的庄家”那样过人的胆量与超前的意识，但它们对整个局势的发展也有着极强的感知，能在最短的时间里作出最快的反应，并能及时纠正错误或把握机会，以适应市场的发展，这一类庄家是“聪明的庄家”；操控三类股票的幕后庄家最多，它们既没有“智慧的庄家”的远见卓识，也没有“聪明的庄家”的明察秋毫，入市的时间还比较晚，有点像“后知后觉型”的股民，但是它们也不并非一无是处，它们通常都是在行情最为火爆、最为疯狂的时刻出击，大举入市，并凭借着其强大资金实力把顺势而为的操盘原则发挥到极致，“疯狂”则是它们的代名词。

本书的前三章以2006年大牛市为背景，收集了百余只各类股票在2006年前后的精彩走势，以前所未有的视野带您游弋于各类庄股之间，并系统地介绍了各类庄家的投资理念、操盘动机、运作特点，以及不同“大牛股”与“黑马股”的盘面特点、运行规律。第四章更是以前所未闻的观点，根据股票的运行特点，将股票以“股性”的方式进行分类，以一种独特的视角使你加深对股价运动规律的理解。第五章则全面系统地介绍并剖析了公募基金与私募基金所投资的一些牛股与黑马股的基本面状况、技术特征，并具体分析它们的各自运行过程以及主力的炒作手法、投资偏好。

本书不仅生动地再现了2006年大牛市行情的壮观场面及精彩纷呈的个股表现，而且更具有实战意义。书中的每一幅图、每一段文字都是我精心分析研究、挑选与处理的，都有可能改变你对股市及股票的理解。如果在2006年大牛市的初期我说我可以判断出市场中

90%的股票的未来走势及大致涨幅与涨速，您不一定会相信，但当您认真地读过这本书后，可能就不会再有怀疑了，也不会再有疑虑了。任何股票的走势都会被您尽收眼底，任何庄家的行为您都会了然于胸，您会真正了解技术分析的博大精深，会真正体会到“盘面走势说明一切”的道理。在股市里您有多大的见识、多大的胸怀，您就能赚到多大的钱。如果您能认真地读完此书，就不会为找不到大牛股和黑马股而困惑，也注定您与大牛股和黑马股有缘。

虽然有一些机构操盘手不愿意见到本书的出版，并欲出高价购买版权，但我更希望它能以公开的形式出版发行，我不知道今后还会不会有激情再去写作这样一部书。

仅以此书奉献给那些坚持不懈、期盼战胜庄家的股民朋友们！

目 录

第一章　智慧的庄家

第一节　大牛股的运作规律及其技术特征

公元2005～2007年，中国沪深股市爆发了一轮前所未有的大牛市行情。在此轮大牛市行情中，上证指数（000001）从最初的998.23点（2005年6月6日），一路上涨至4335.96点（2007年5月29日），其总体升幅为434%；深证成指（399001）也从原来的2590.53点（2005年6月3日），攀至最高峰14576点，总体升幅高达562%。

在这轮空前的大牛市行情里，沪、深两市当中的绝大多数个股都有了数倍的飙升，十几倍涨幅的也不在少数，数十倍者仍有不少。当时沪、深两市个股总和大概有1500只左右，我粗略地统计了一下，大约有100多只个股因涨势强劲、涨幅巨大而成为市场中的佼佼者，它们是市场真正的“带头大哥”。

我认为，此轮牛市行情之所以能如此持久、壮观，正是因为有这100多只个股作为“中坚力量”。在这批“大牛股”中，有以中信证券（600030）为代表的金融板块；有以驰宏锌锗（600497）为代表的有色金属板块；有以沪东重机（600150）为代表的机械制造业板块；有以天威保变（600550）为代表的新能源板块；有以万科A（000002）为代表的地产板块；有以都市股份（600837）为代表的重组板快；有以王府井（600859）和贵州茅台（600519）为代表的消费板块；有以星新材料（600299）为代表的新材料板块等等，几乎囊括了中国大陆所有的上市公司行业，且其整体涨幅经复权后都在数十倍左右，极其宏伟壮观，堪称中国证券史上之最（如图1－1、图1－2、图1－3、图1－4、图1－5、图1－6、图1－7、图1－8、图1－9所示）。

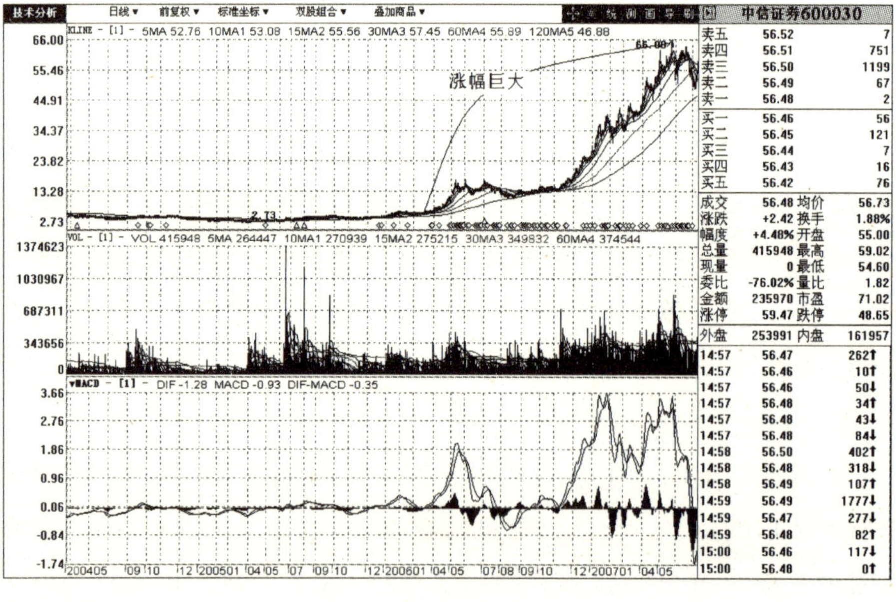

图1－1

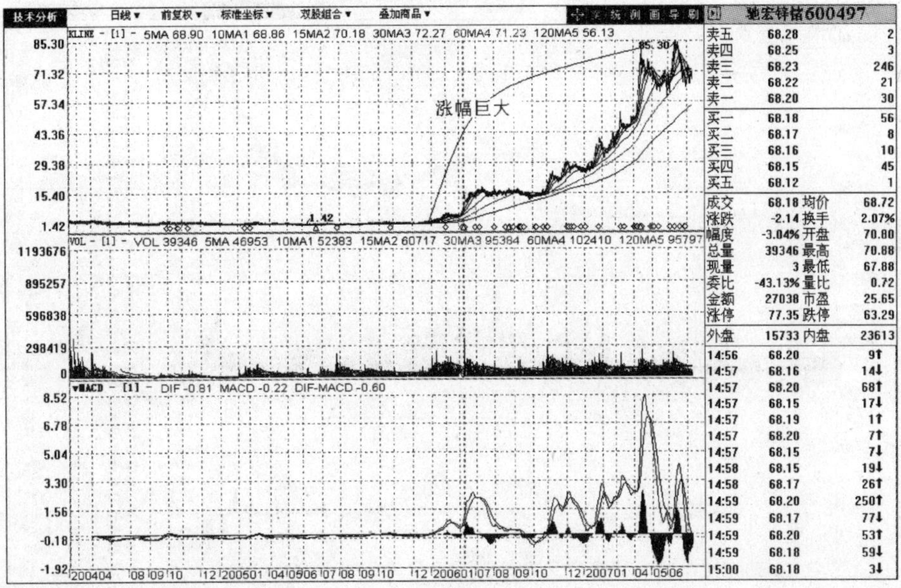
技术分析
日线
前复权
标准坐标
双股组合
叠加商品
驰宏锌锗600497
KLINE - [1] - 5MA 68.90 10MA1 68.86 15MA2 70.18 30MA3 72.27 60MA4 71.23 120MA5 56.13
涨幅巨大
VOL - [1] - VOL 39346 5MA 46953 10MA1 52383 15MA2 60717 30MA3 95384 60MA4 102410 120MA5 95797
MACD - [1] - DIF -0.81 MACD -0.22 DIF-MACD -0.60

图 1－2

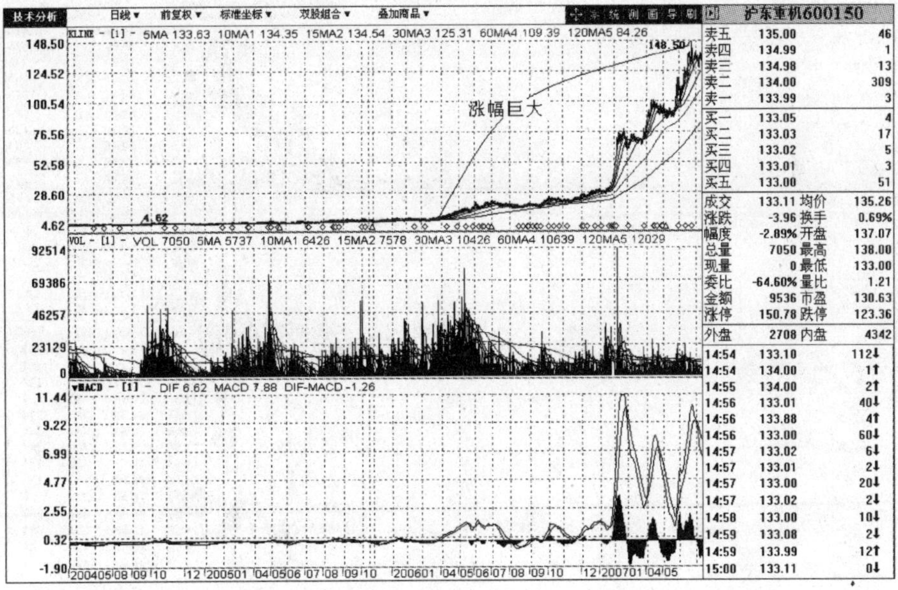
技术分析
日线
前复权
标准坐标
双股组合
叠加商品
沪东重机600150
KLINE - [1] - 5MA 133.63 10MA1 134.35 15MA2 134.54 30MA3 125.31 60MA4 109.39 120MA5 84.26
涨幅巨大
VOL - [1] - VOL 7050 5MA 5737 10MA1 6426 15MA2 7578 30MA3 10426 60MA4 10639 120MA5 12029
MACD - [1] - DIF 6.62 MACD 7.88 DIF-MACD -1.26

图 1－3

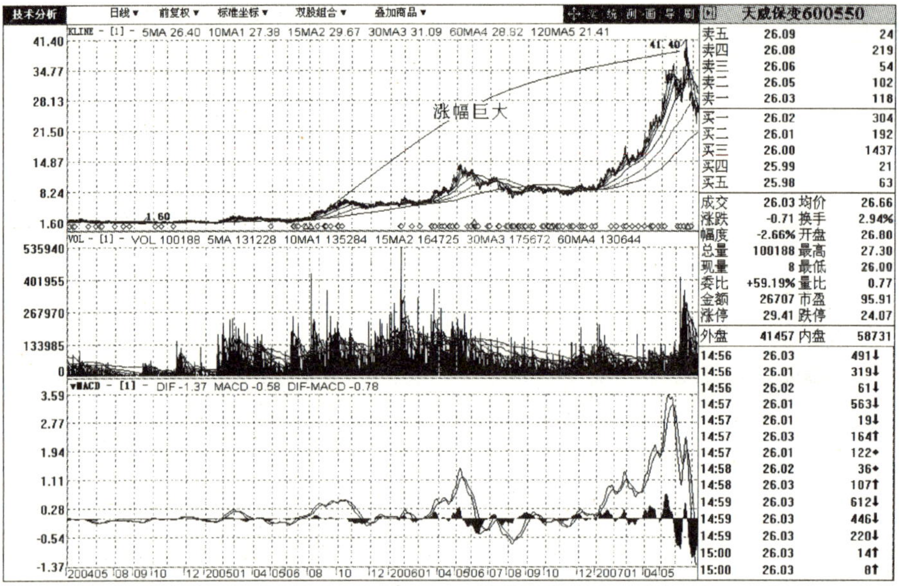
技术分析
日线
前复权
标准坐标
双股组合
叠加商品
天威保变600550
KLINE - [1] - 5MA 26.40 10MA1 27.38 15MA2 29.67 30MA3 31.09 60MA4 28.82 120MA5 21.41
涨幅巨大
41.40
1.60
VOL - [1] - VOL 100188 5MA 131228 10MA1 135284 15MA2 164725 30MA3 175672 60MA4 130644
MACD - [1] - DIF -1.37 MACD -0.58 DIF-MACD -0.78
卖五 26.09 24
卖四 26.08 219
卖三 26.06 54
卖二 26.05 102
卖一 26.03 118
买一 26.02 304
买二 26.01 192
买三 26.00 1437
买四 25.99 21
买五 25.98 63
成交 26.03 均价 26.66
涨跌 -0.71 换手 2.94%
幅度 -2.66% 开盘 26.80
总量 100188 最高 27.30
现量 8 最低 26.00
委比 +59.19% 量比 0.77
金额 26707 市盈 95.91
涨停 29.41 跌停 24.07
外盘 41457 内盘 58731
14:56 26.03 491
14:56 26.01 319
14:56 26.02 61
14:57 26.01 563
14:57 26.01 19
14:57 26.03 164
14:57 26.01 122
14:58 26.02 36
14:58 26.03 107
14:59 26.03 612
14:59 26.03 446
14:59 26.03 220
15:00 26.03 14
15:00 26.03 8
200405 08 09 10 12 200501 04 0506 08 10 12 200601 04 0506 07 08 09 10 12 200701 04 05

图1-4

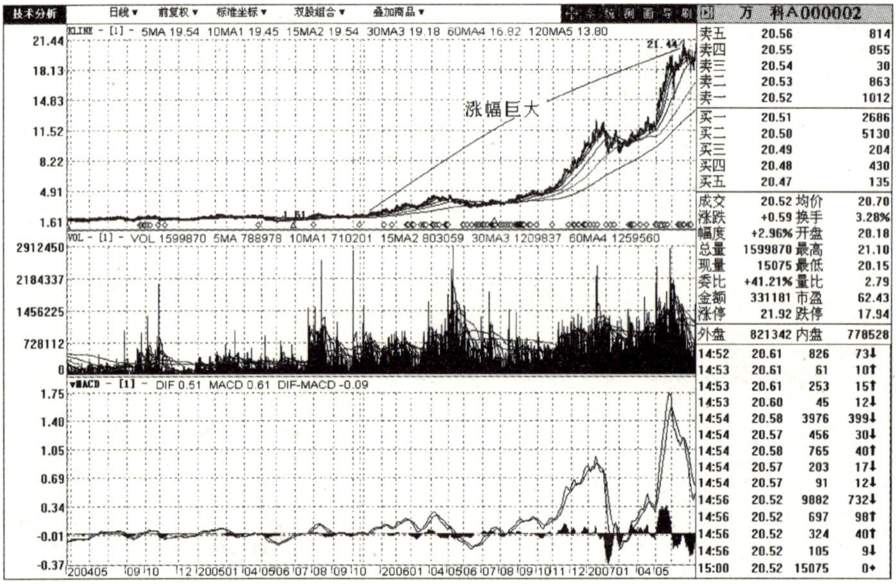
技术分析
日线
前复权
标准坐标
双股组合
叠加商品
万 科A000002
KLINE - [1] - 5MA 19.54 10MA1 19.45 15MA2 19.54 30MA3 19.18 60MA4 16.82 120MA5 13.80
涨幅巨大
21.44
1.61
VOL - [1] - VOL 1599870 5MA 788978 10MA1 710201 15MA2 803059 30MA3 1209837 60MA4 1259560
MACD - [1] - DIF 0.51 MACD 0.61 DIF-MACD -0.09
卖五 20.56 814
卖四 20.55 855
卖三 20.54 30
卖二 20.53 863
卖一 20.52 1012
买一 20.51 2686
买二 20.50 5130
买三 20.49 204
买四 20.48 430
买五 20.47 135
成交 20.52 均价 20.70
涨跌 +0.59 换手 3.28%
幅度 +2.96% 开盘 20.18
总量 1599870 最高 21.10
现量 15075 最低 20.15
委比 +41.21% 量比 2.79
金额 331181 市盈 62.43
涨停 21.92 跌停 17.94
外盘 821342 内盘 778528
200405 09 10 12 200501 04 0506 07 08 09 10 200601 04 0506 07 08 09 1011 12 200701 04 05

图1-5

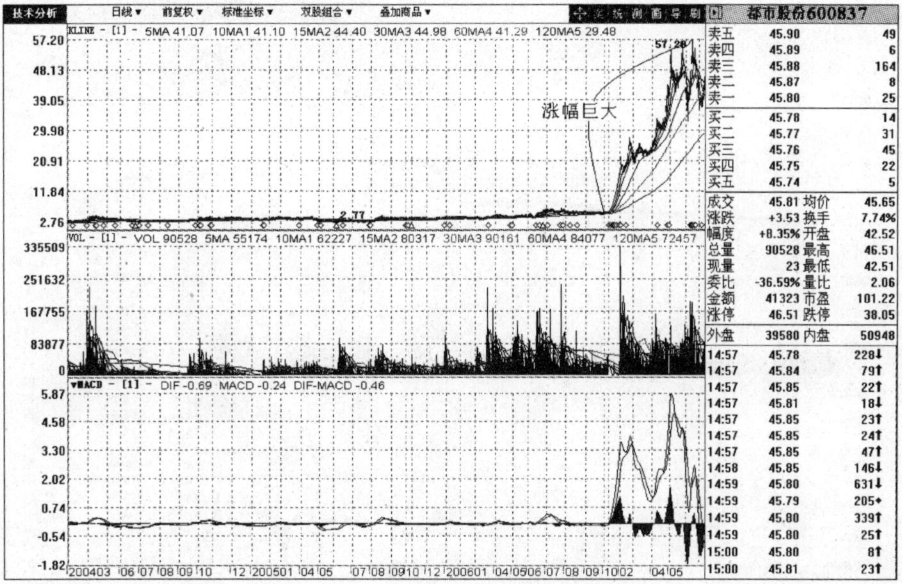
技术分析 日线 前复权 标准坐标 双股组合 叠加商品
都市股份600837
KLINE - [1] - 5MA 41.07 10MA1 41.10 15MA2 44.40 30MA3 44.98 60MA4 41.29 120MA5 29.48
57.28
涨幅巨大
2.77
VOL - [1] - VOL 90528 5MA 55174 10MA1 62227 15MA2 80317 30MA3 90161 60MA4 84077 120MA5 72457
MACD - [1] - DIF -0.69 MACD -0.24 DIF-MACD -0.46
卖五 45.90 49
卖四 45.89 6
卖三 45.88 164
卖二 45.87 8
卖一 45.80 25
买一 45.78 14
买二 45.77 31
买三 45.76 45
买四 45.75 22
买五 45.74 5
成交 45.81 均价 45.65
涨跌 +3.53 换手 7.74%
幅度 +8.35% 开盘 42.52
总量 90528 最高 46.51
现量 23 最低 42.51
委比 -36.59% 量比 2.06
金额 41323 市盈 101.22
涨停 46.51 跌停 38.05
外盘 39580 内盘 50948

图 1－6

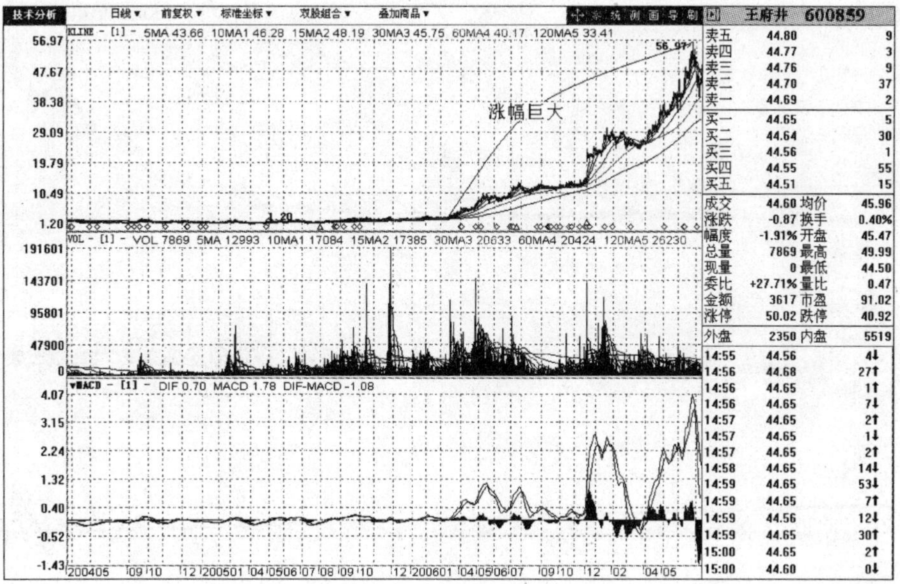
技术分析 日线 前复权 标准坐标 双股组合 叠加商品
王府井 600859
KLINE - [1] - 5MA 43.66 10MA1 46.28 15MA2 48.19 30MA3 45.75 60MA4 40.17 120MA5 33.41
56.97
涨幅巨大
1.20
VOL - [1] - VOL 7869 5MA 12993 10MA1 17084 15MA2 17385 30MA3 20633 60MA4 20424 120MA5 26230
MACD - [1] - DIF 0.70 MACD 1.78 DIF-MACD -1.08
卖五 44.80 9
卖四 44.77 3
卖三 44.76 9
卖二 44.70 37
卖一 44.69 2
买一 44.65 5
买二 44.64 30
买三 44.56 1
买四 44.55 55
买五 44.51 15
成交 44.60 均价 45.96
涨跌 -0.87 换手 0.40%
幅度 -1.91% 开盘 45.47
总量 7869 最高 49.99
现量 0 最低 44.50
委比 +27.71% 量比 0.47
金额 3617 市盈 91.02
涨停 50.02 跌停 40.92
外盘 2350 内盘 5519

图 1－7

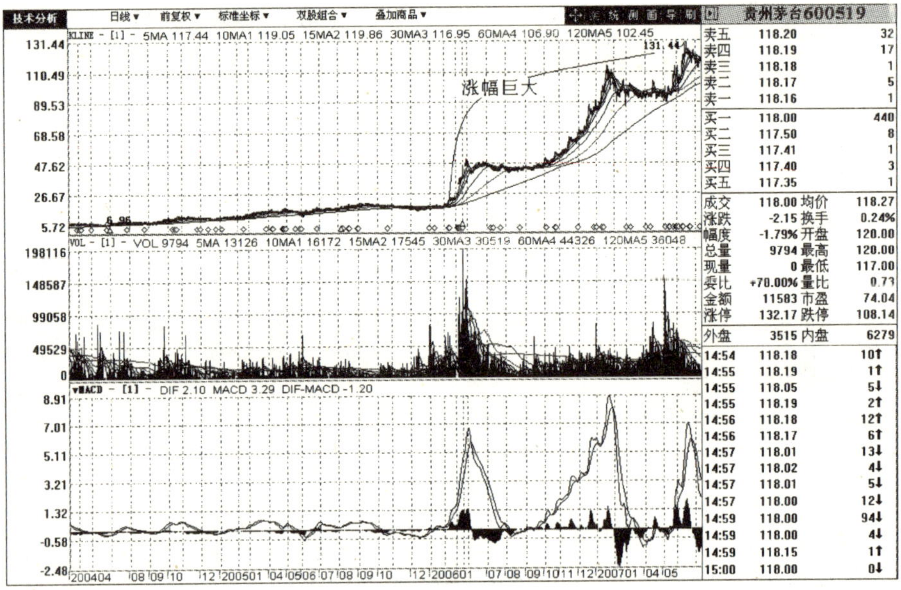
技术分析
日线 前复权 标准坐标 双股组合 叠加商品
贵州茅台600519
KLINE - [1] - 5MA 117.44 10MA1 119.05 15MA2 119.86 30MA3 116.95 60MA4 106.90 120MA5 102.45
131.44
涨幅巨大
6.96
VOL - [1] - VOL 9794 5MA 13126 10MA1 16172 15MA2 17545 30MA3 30519 60MA4 44326 120MA5 36048
MACD - [1] - DIF 2.10 MACD 3.29 DIF-MACD -1.20
200404 08 09 10 12 200501 04 05 06 07 08 09 10 12 200601 07 08 09 10 11 12 200701 04 05
卖五 118.20 32
卖四 118.19 17
卖三 118.18 1
卖二 118.17 5
卖一 118.16 1
买一 118.00 440
买二 117.50 8
买三 117.41 1
买四 117.40 3
买五 117.35 1
成交 118.00 均价 118.27
涨跌 -2.15 换手 0.24%
幅度 -1.79% 开盘 120.00
总量 9794 最高 120.00
现量 0 最低 117.00
委比 +70.00% 量比 0.73
金额 11583 市盈 74.04
涨停 132.17 跌停 108.14
外盘 3515 内盘 6279
14:54 118.18 10↑
14:55 118.19 1↑
14:55 118.05 5↓
14:55 118.19 2↑
14:56 118.18 12↑
14:56 118.17 6↑
14:57 118.01 13↓
14:57 118.02 4↓
14:57 118.01 5↓
14:57 118.00 12↓
14:59 118.00 94↓
14:59 118.00 4↓
14:59 118.15 1↑
15:00 118.00 0↓

图 1-8

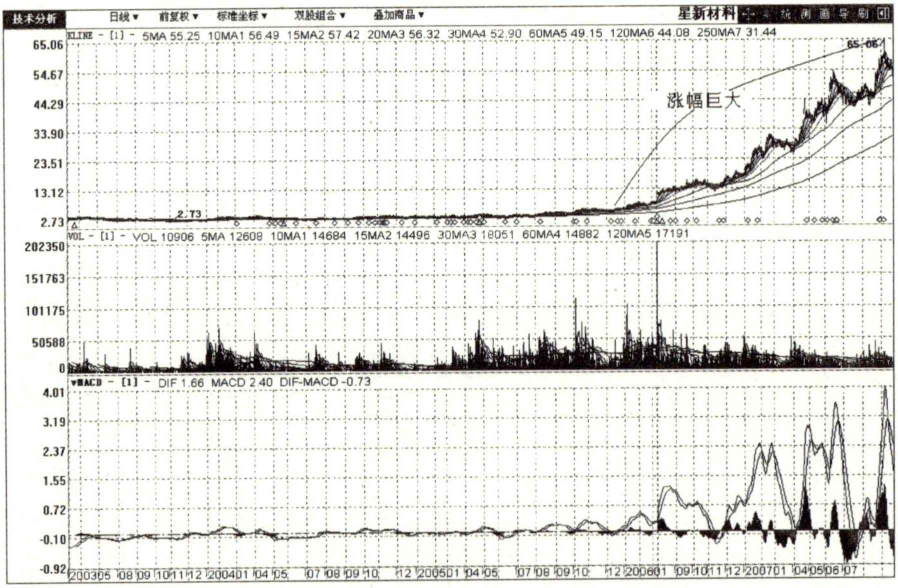
技术分析
日线 前复权 标准坐标 双股组合 叠加商品
星新材料
KLINE - [1] - 5MA 55.25 10MA1 56.49 15MA2 57.42 20MA3 56.32 30MA4 52.90 60MA5 49.15 120MA6 44.08 250MA7 31.44
65.06
涨幅巨大
2.73
VOL - [1] - VOL 10906 5MA 12608 10MA1 14684 15MA2 14496 30MA3 18051 60MA4 14882 120MA5 17191
MACD - [1] - DIF 1.66 MACD 2.40 DIF-MACD -0.73
200305 08 09 10 11 12 200401 04 05 07 08 09 10 12 200501 04 05 07 08 09 10 12 200601 09 10 11 12 200701 04 05 06 07

图 1-9

从股票的涨幅及数量上看，2006 年大牛市行情中无论是大盘还是上述领头个股，在中国证券发展史上都是史无前例的。我认为，一个国家的股市如果要形成“超级大牛市”行情，特别是要产生大量的“超级黑马股”，市场必须具备三个基本条件：

第一，宏观经济总体持续向好，并有积极的偏向于股市的政策，我们把它列入宏观分析的范畴，此乃天时。2005 年是中国新一轮经济增长的开始，并呈现出高速发展的态势，人民币也在不断地升值，尤其是困扰中国股市已久的股权分置问题取得了实质性的进展。

第二，上市公司大多要具备良好的业绩与发展前景，这些可以划入基本面分析的范畴，此乃地利。

第三，市场中必须要有充足的资金以及个股良好的技术面相配合，我们把它划入技术面分析范畴，此乃人和。

上市公司具有良好业绩支撑和发展前景，从更深的层次上理解，是由宏观经济总体持续向好所造成的，而宏观经济总体持续向好对两市当中的 1500 多只个股来说都是同等的前提，一样的机遇。虽说行业与行业、公司与公司之间的现状与发展前景不同，但同样都面临着良好的机遇。虽然我们推崇基本面分析与技术分析相结合的投资理念，这样我们可以挖掘出更多的有发展潜质的上市公司，但良好的上市公司在很多情况下并不能够在我们需要的时期内得到市场的青睐。因此，在本书中我暂时把天时与地利视为“给定条件”，不予重点研究，或更直接地说是把宏观分析与基本面分析这一繁复的课题交由能够控制盘面、把握大局的人（庄家）去做，我们只要去研究它们（庄家）就可以了。在第三条中所提到的：市场中必须要有充足的资金及个股良好的技术面相配合，在本书中可以更多地理解为“主力活动”所致。庄家往往能够凭借自己雄厚的资金实力对一只或几只股票的中短期甚至中长期走势进行人为的操控，通常的做法是低吸高抛。在股市中有人恨庄家，有人爱庄家；恨是因有庄家而亏钱，爱是因有庄家而获利。虽然庄家有时会把股市行情搞得或为雄壮或为惨烈，但没有庄家的股票市场会变成死水一潭。多数受尽套牢之苦的股民都气愤地说要“消灭”庄家，但由于巨大利益的存在，国外已运行数百年的股市都难以杜绝庄家的操控行为，更何况我们这个新兴市场。庄家的种类很多，大体上有“私募”与“公募”之分，现在的庄家大多以“公募”投资基金为主流，并且具有先进的投资理念、稳健的操作风格，相比之下我们更喜欢它们。

一个优秀的庄家会成为未来市场中的“胜利者”，是宏观经济转好的最先“察觉者”，而一批优秀的庄家必将成为未来市场的“引导者”，也就是最大利益的“获得者”。据我们粗略地统计，在2006年大牛市中，由这些优秀庄家所操控的股票平均涨幅都在10倍以上，而当时的上证指数（000001）总体升幅仅有4倍多。由2005年6月份开始的这轮空前的大牛市行情就是由这样一批优秀的庄家所引导的。**优秀的庄家大智大慧、有勇有谋，看穿了资本市场的运行规律，摸清了股票运动的交替原则，敢于在最危难的时期挺身而出、负重前行，它们的投资理念是建立在现代金融理论基础之上的，它们是历次行情的“发动者”与“引导者”。**我们由衷地尊重与佩服它们。我们知道，大到星际交替、朝代更迭，小到经济运行、股价涨跌，大多都会遵循由远及近、由强及弱、由兴及衰、由高及低，再由近至远、由弱至强、由衰至兴、由低至高这一周期循环过程，这可能也正是自然及宇宙的奥秘所在，股市的运行和涨跌也莫过于此。涨无可涨就要跌，跌无可跌就要涨。人类由于受到自身性格缺点所限，总是在股市最危机、最黑暗、最惨烈，也是股票最廉价的时候不敢进场，甚至离场；而在股市最热烈、最火爆、最疯狂，也是存在最大风险的时候却不愿意离场，甚至进场。想想中外股市中曾有多少了不起的“大炒家”，最后都因贪欲难止而倾家荡产。这些“大炒家”以往也多是市场的“佼佼者”、“驾驭者”，它们不是不懂股票，不懂市场，而是受到各种情绪的感染与诱惑，利令智昏，这种感受只有身临其境才能有更深的体会。在多数人认为赔钱的时期进场，在多数人认为赚钱的时候离场，是很少有人能够做得到的，因此，我们由衷地尊重与钦佩那些敢于在行情最危难的时刻坚决进场，而在行情最辉煌的时期果断离场的伟大庄家。

对庄家赞美了这么多，那么，我国股市中这批优秀而智慧的庄家究竟在这场空前的“大牛市”中做了些什么？扮演了什么样的角色？在具体讲述它们之前，还是让我们先来了解一下我国股市所处的“技术背景”吧（仅以上海股市为例）。

自1996年大牛市行情后，上证指数（000001）在千点之上徘徊了三年之久，同时筹码也完成了重新分配，大量的筹码由另一批有识之士逐渐接手，同时也储备了相当雄厚的上涨能量，并在1999年5月19日于1058.70点爆发了著名的“5.19井喷行情”，经过2年多的艰苦跋涉于2001年的6月14日到达了那轮行情的最高点2245.43点。那轮历时2年的牛市行情是由快、慢两段所组成的，前半部分以井喷式的拉升为主，后半部分走势则较为曲折，中间有一次较为明显的调整。有人把它当作两轮行情来看待，我认为其实是一轮行情。在5.19之前，10元以下的股票在市场中随处可见，当沪指占领2000点以上的高峰后，20～30元的股票已成为主流，50～100元的位置上也分布着不少的高价股，并且很多个股一旦有效突破之后就以连续涨停的方式向上拉升，场面十分壮观。然而，好景不长，再火爆的人气也难以长久地支撑住虚高的股价。2001年6月，股指从2200多点的高位倾泻而下，一轮长达4年之久的大熊市随之而来，在这轮漫长的大熊市中，三十几元的股价逐步地变成了二十几元、十几元、几元。股民最常说的话就是“套牢”与“割肉”，很少有人再愿意去谈论股票，更不敢去买入，甚至不惜成本地往外卖，因为一个个支撑位都被无情地击穿，谁也不知道市场将会跌向哪里。股市中最黑暗的时刻就是新一轮牛市即将开始的时刻！正当大多数股民不计成本地抛售股票，大幅“割肉”之时，一批具有成熟理念、先进思想的“大资金”在悄悄地人场，新的一轮行情也即将展开。至2005年6月6日上证指数（000001）终于在998点处结束了这一长达4年之久的大熊市。在这轮长达4年之久的大熊市中，上证指数（000001）由2245.43点跌至998.23点，下跌幅度深达124.94%。下面我们就详细地了解一下这批“智慧的庄家”在大牛市来临前后所表现出来的非凡智慧与勇气。

一、沪东重机（600150）

沪东重机（600150）的股价是从2006年的3月10日以7.92元的价位开盘后，逐步呈现出明显的加速上升趋势（如图1－10中A点所示），至2007年的6月22日，已创下148.50元的高价（如图1－10中B点所示），在短短的15个多月中其股价涨幅已达到17.75倍，令人难以想像，宛如一棵参天大树直插云霄，不知有多少人从中获得了巨大的利润。并且从目前的盘面来分析主力筹码没有丝毫松动之迹象，后市有望再创新高。

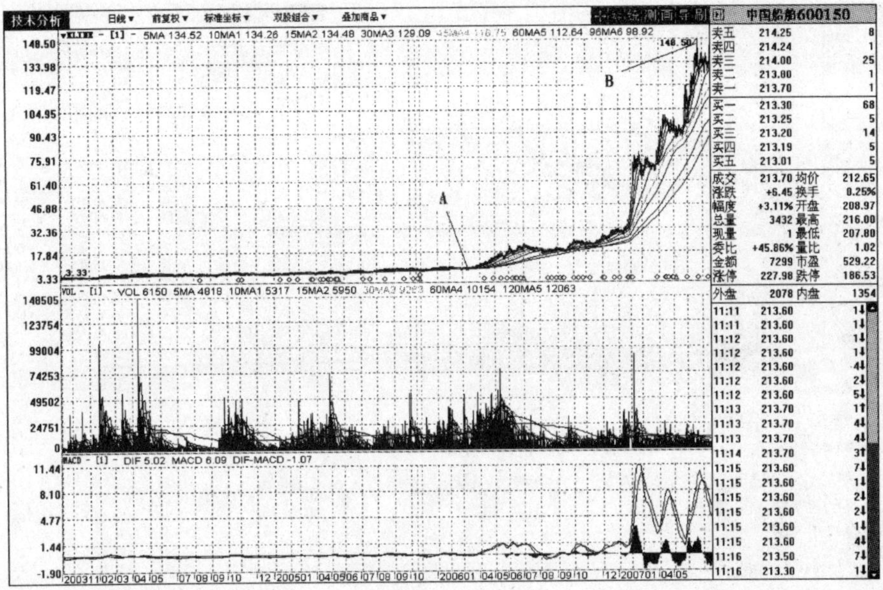

图 1－10

那么，究竟是什么力量驱动着沪东重机的股价如此大幅而迅速地上涨呢？**如果要想在股市中大幅获利，最重要的工作就是要研究“黑马股”，而要想研究好“黑马股”，最重要的则是要研究“黑马股”的建仓体系，也就是“黑马股”加速上升之前的那一部分蓄势走势情况，它是整个股价上涨的核心部分，它的强弱、优劣直接影响到股价上涨的多少、快慢。**

我们把沪东重机的股价走势图（图 1－11）自起涨点 A 点向前推进，看看起涨之前其总体走势与量价结构。原来自 2004 年 9 月份之后，其股价一直都以较缓的趋势、较大的成交量稳步向上攀升（如图 1－11 中所示）。**我认为“盘面理论”是一门复杂的艺术，在区分股票的优劣时应把握好两大纲领：即强弱与好坏。**成交量一直被人们认为是股价运动的“元气”，它是由实实在在的买卖所形成，是股价上涨的动力与源泉。因此，我们可以把成交量看成是鉴别股

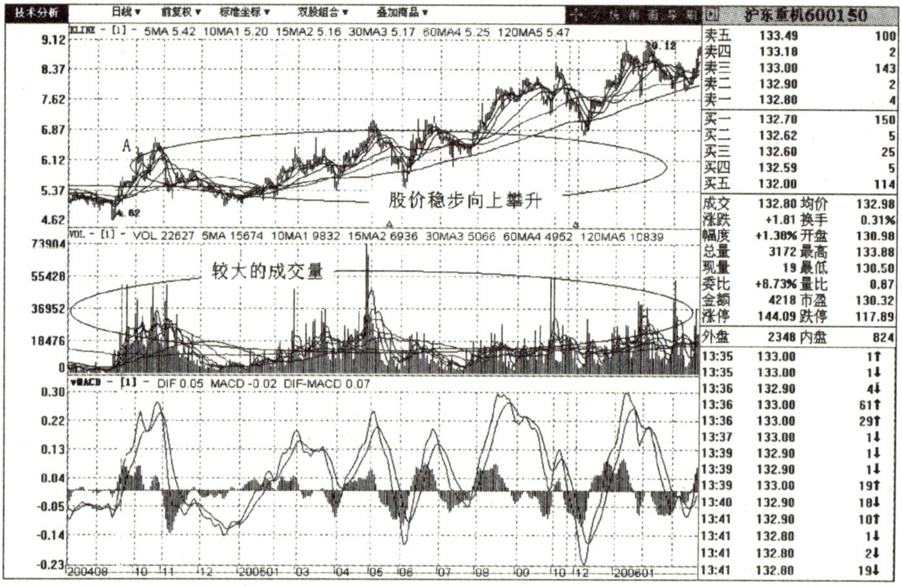

图1－11

票或股票与股票之间强弱的重要标志之一。一般来说，同等条件下某只股票的成交量越大，它的动能就越强大。**根据股价所处位置的不同，我们大致可以把这种动能分为：“做多动能”与“做空动能”。**当然，这个规律也不是一成不变的，只是对大多数股票而言。从沪东重机的价位及股价下方充足而强大的成交量来看，该股一直都在不断地聚集着强大的做多动能。我喜欢看大图尤其是去掉K线图中多余的部分，把几年的走势连在一起看，这样看最直接，也最深刻，主力的行为动作、来龙去脉，一目了然，尽收眼底。如果把沪东重机的前期走势看得更多一些，就会发现该股自2002年以来一直依靠其强大的“成交量堆”，把股价支撑在一个相对的平台之内（如图1－12中所示）。

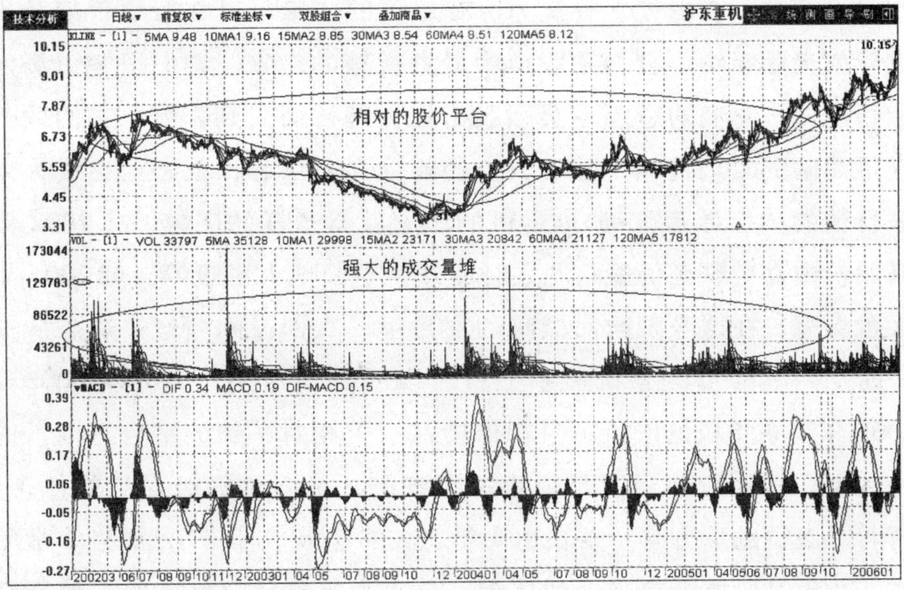

图 1-12

上证指数（000001）自 2001 年 6 月破位以来，一直都在不断地阴跌，在最初的半年至一年里，也有许多强势股试图与其抗衡，但终因空方强大、持久的攻势而败下阵来，并且随着时间的推移，许多个股向下破位的现象也愈演愈烈。在随后的 4 年当中，股民的心态由最开始的希望变成焦虑、恐慌、崩溃、麻木，没有多少人再有兴致地去谈论股票，更没多少人再有兴趣去买卖股票，到处是亏损，到处是深套，更难以听到哪个股民会有建仓的想法，不计成本的割肉是市场的主流。许多个股也因庄家的出货都已从几十元钱跌到了几元钱，可还是在向下破位，这种破位现象在 2003 ~ 2004 年表现得最为突出，市场中几乎没有任何力量可以去对抗这种下跌。许多股票的内在价值早已凸显出来，到处都是地板价的股票，满地的优质筹码都堆在那里没人去捡，以往呼风唤雨的庄家都跑到哪里去了？为什么人们还在疯狂地抛售？然而，并不是所有的庄家都在出货，很多有智慧、有勇气、有实力、有远见的庄家早已在股票价值凸现之际就大肆吸纳，它们是股市中最具智慧的庄家，它们了解市场的运行规律，它们的思想不会因股市失去理智而受到影响，它们敢于在最黑暗的时刻进场，并对股市的前途充满信心，也必定会成为未来行情的“引导者”。沪东重机的庄家就是这样的庄家，在 2002 年其股价由高位跌至价值凸现之时便开始不断地大量吸筹，至 2005 年大盘企稳，在这段漫长而黑暗的岁月里一直都没间断过，这点从这一时期内其股价的量价关系上就可以明确地辨别出来。从 2002 ~ 2005 年沪东重机的股价一直都保持在一个相对平稳的平台之内，这种现象在其他股票当中是很难见得到的，是一种超级强势的体现。再看其股价的下方有一条长达 4 年之久的超级“量带”，而且非常厚实，这也是股票走势强劲的体现，是主力吸货的最好证明。而且这条量带每隔一两个月就会出现一个量堆，这是庄家在各个不同阶段的吸货高潮所致（如图 1 – 12 所示）。

股谚说：“横有多长，竖有多高”。正是由于该股庄家这长达数年的大量吸货，才有了该股日后数十倍的涨幅（如图 1 – 13 中所示），才使该股成为后来中国股市的“超级大牛股”。而这一切又都归结于该股庄家的远大卓识。

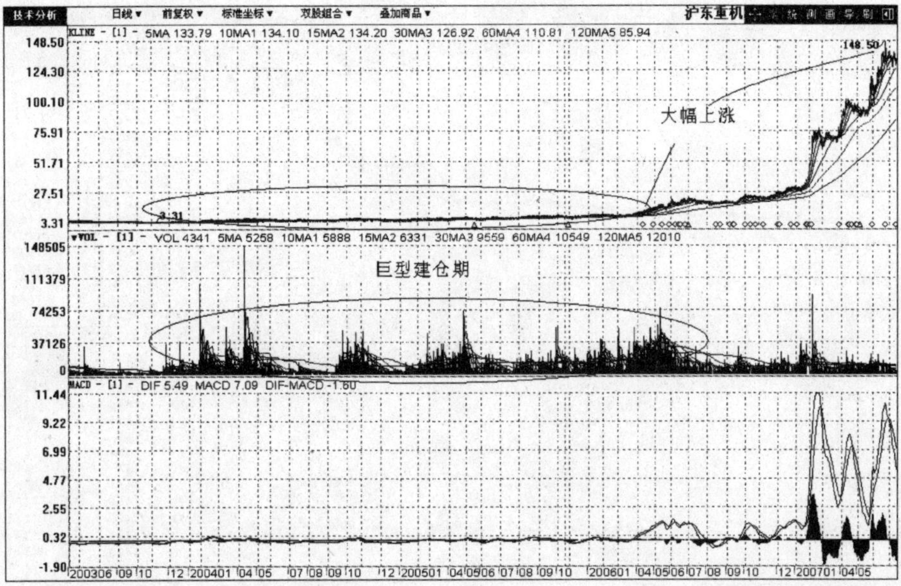

图 1－13

二、贵州茅台（600519）

贵州茅台（600519）的股价是在 2006 年 1 月 25 日，于 17.69 元的价位开始连续放量上攻的（如图 1－14 中 A 点所示），至 2007 年 6 月 18 日曾触及 130.74 元的高峰（如图 1－14 中 B 点所示），在不到一年半的时间里股价上涨了 7.39 倍，此等涨幅在中高价股里也是十分少见的。

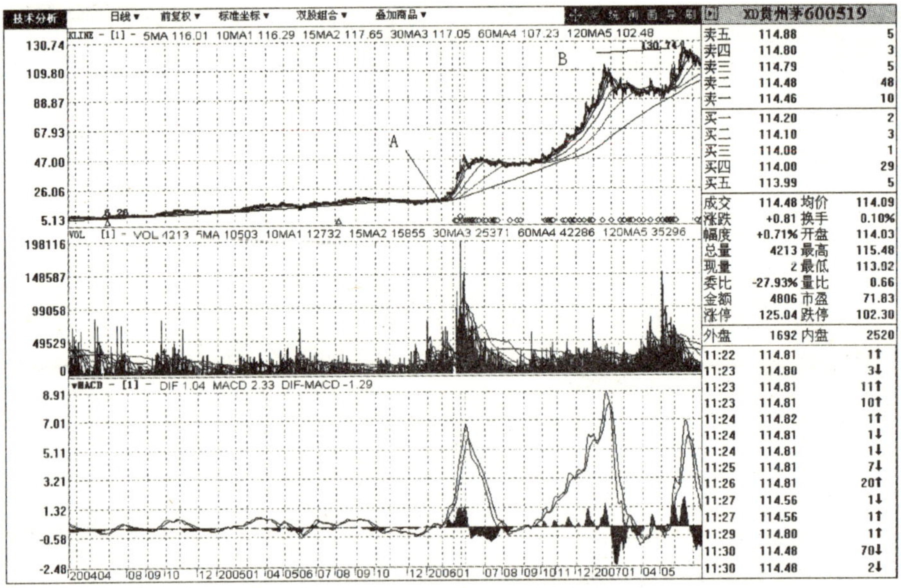

图 1－14

在贵州茅台的股价走势图中，如果顺着 A 点在向前推，就会发现该股自 2003 年 12 月以来便一直保持着稳健的上攻趋势，并且这种趋势一直完好地保持了 2 年之久。如果再仔细一点观察就会发现在这种趋势形成之初，其股价下方有一组强大的“成交量堆”，它是这种上攻趋势的动力源泉，也是主力大举介入该股的最好说明（如图 1－15 中所示）。把图 1－15 稍微放大一点就会发现，自 2003 年 12 月份那组强大的“成交量堆”形成之后，该股的成交量虽有萎缩，但仍十分活跃、充足，这表明该股主力自大规模收集之后，计划性建仓的指导思想一刻也没有停止过（如图 1－16 中所示）。如顺着 2003 年 12 月份再向前追溯，就会发现在其股价总体水平变化不大的情况下，早在 2001 年 12 月处便有一组更为强大的“成交量堆”（如图 1－17 中所示）。贵州茅台的股价正是由这两组强大的“成交量堆”在股市最危难的时期构筑了其长达 4 年的底部，也最终支撑起其百元股价的梦想（如图 1－18 中所示）。

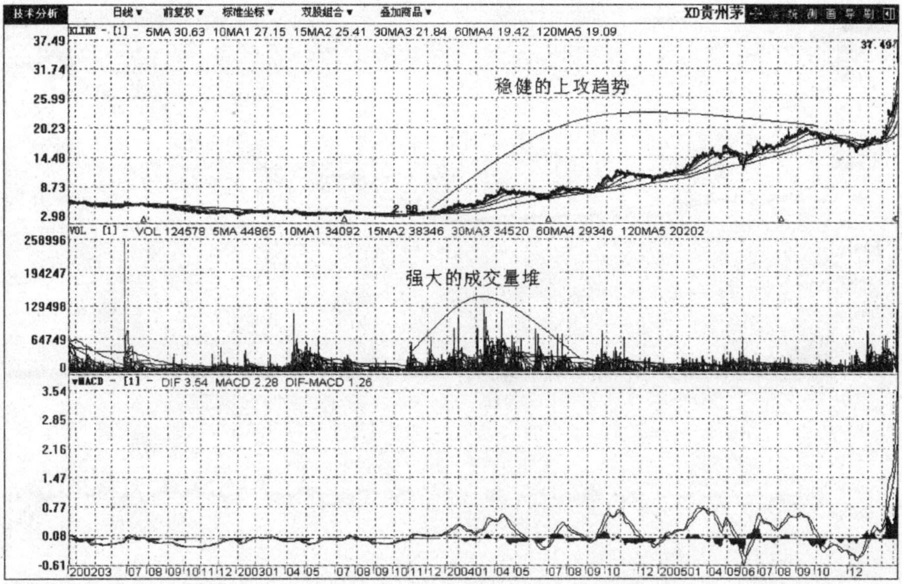
技术分析
日线
前复权
标准坐标
双股组合
叠加商品
XD贵州茅
KLINE - [1] - 5MA 30.63 10MA1 27.15 15MA2 25.41 30MA3 21.84 60MA4 19.42 120MA5 19.09
稳健的上攻趋势
VOL - [1] - VOL 124578 5MA 44865 10MA1 34092 15MA2 38346 30MA3 34520 60MA4 29346 120MA5 20202
强大的成交量堆
MACD - [1] - DIF 3.54 MACD 2.28 DIF-MACD 1.26

图 1－15

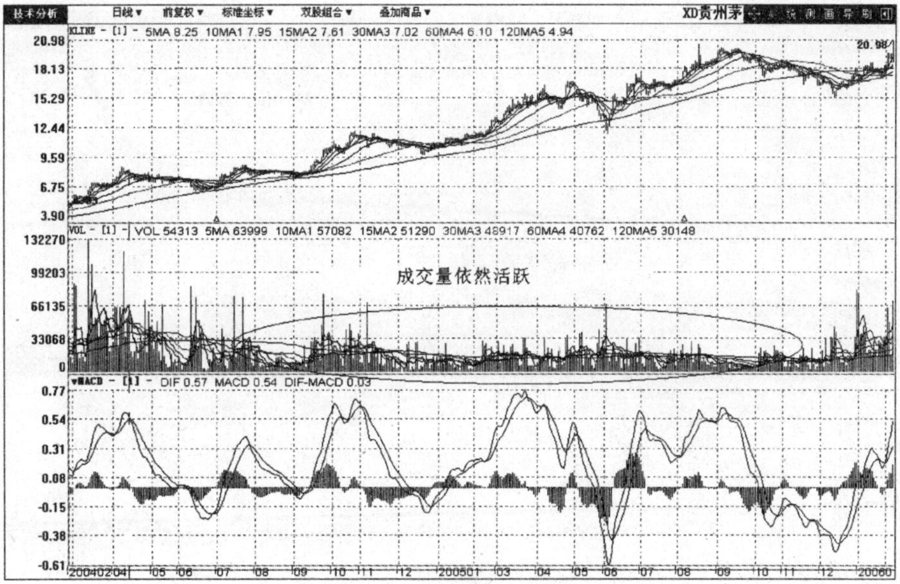
技术分析
日线
前复权
标准坐标
双股组合
叠加商品
XD贵州茅
KLINE - [1] - 5MA 8.25 10MA1 7.95 15MA2 7.61 30MA3 7.02 60MA4 6.10 120MA5 4.94
VOL - [1] - VOL 54313 5MA 63999 10MA1 57082 15MA2 51290 30MA3 48917 60MA4 40762 120MA5 30148
成交量依然活跃
MACD - [1] - DIF 0.57 MACD 0.54 DIF-MACD 0.03

图 1－16

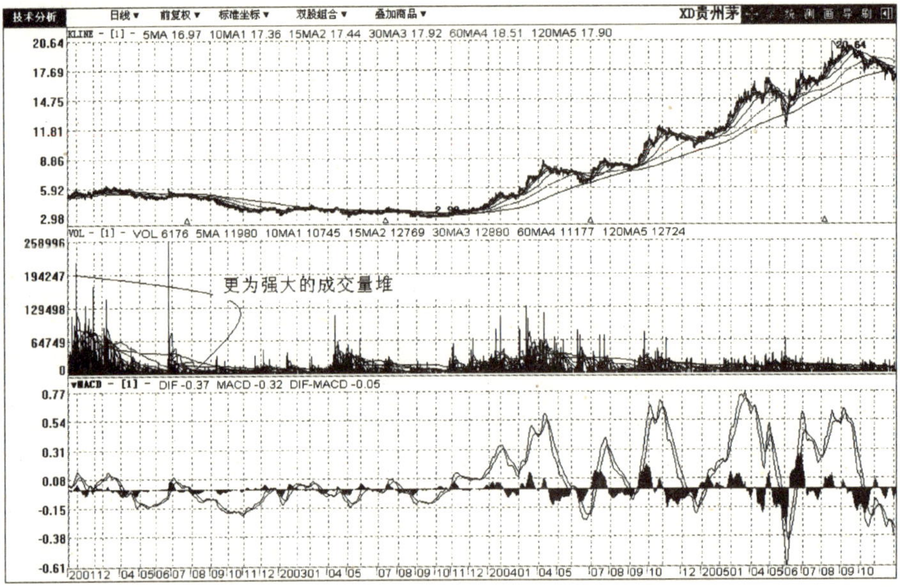
技术分析
日线
前复权
标准坐标
双股组合
叠加商品
XD贵州茅
KLINE - [1] - 5MA 16.97 10MA1 17.36 15MA2 17.44 30MA3 17.92 60MA4 18.51 120MA5 17.90
VOL - [1] - VOL 6176 5MA 11980 10MA1 10745 15MA2 12769 30MA3 12880 60MA4 11177 120MA5 12724
更为强大的成交量堆
MACD - [1] - DIF -0.37 MACD -0.32 DIF-MACD -0.05

图 1－17

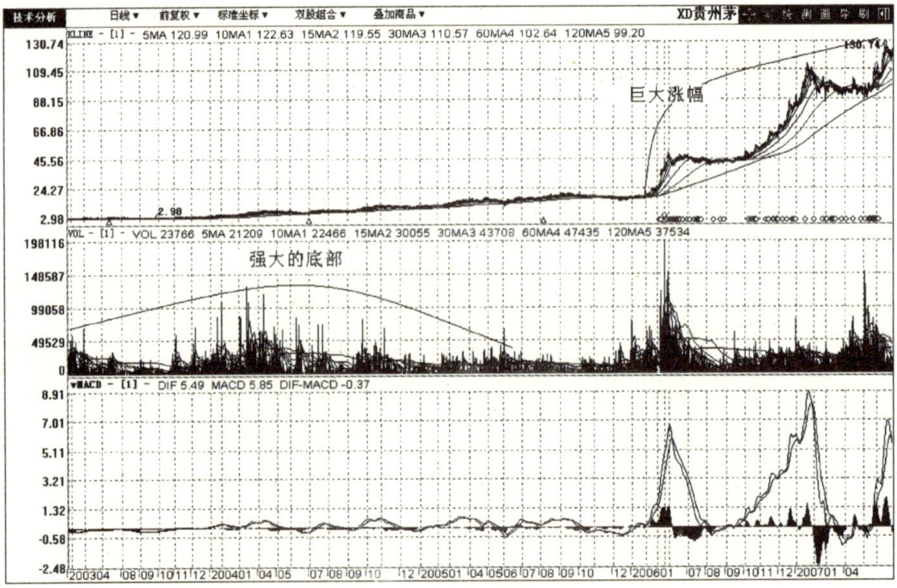
技术分析
日线
前复权
标准坐标
双股组合
叠加商品
XD贵州茅
KLINE - [1] - 5MA 120.99 10MA1 122.63 15MA2 119.55 30MA3 110.57 60MA4 102.64 120MA5 99.20
巨大涨幅
VOL - [1] - VOL 23766 5MA 21209 10MA1 22466 15MA2 30055 30MA3 43708 60MA4 47435 120MA5 37534
强大的底部
MACD - [1] - DIF 5.49 MACD 5.85 DIF-MACD -0.37

图 1－18

在上边的分析里曾提到过：区分股票的优劣时应把握好两大纲领：即强弱与好坏。**股票的强弱可以用成交量来大致地区分一下。**那么，好坏呢？主力建仓时成交量会放大，同样主力出货时成交量也会放大。如果某只股票在相对的低位放量，那么，其背后的意义多数是在建仓；相反，如果某只股票在相对的高位放量，那么，其背后的意义多数是在出货。另一方面，同样是建仓，但建仓也有强弱之分的，就像有的股票会涨几倍，而有的股票却会涨几十倍，由于主力在各个股票建仓之时所处的内外条件均不一样，比如说：有的股票筹码容易拿到，有的股筹码不容易拿到等等。这样，在股票的成交量中就可能含有主力对倒成分或其他成分，像大小散户的哄抢、抛出，还有个股之间的流通市值也存在着很大的差异等等。所以，有时用直观的对比个股之间成交量大小，以及个股自身在不同时期的成交量大小是不足以评判股票的优劣的。我们分析股票时不要太片面，要学会综合分析，全面考证，要由内及外、由里至表，**在很多的情况下股票的内在之美都会流露于外表的，这一点和人类也很接近，表里如一的股票才是真正的好股票。**如果说成交量是股票的“里”，那么，其股价走势的外观形态则是“表”（K线走势图）。**所以说：股票的股价走势外观形态也是直接判断股票好坏的重要因素。**这样如何区分股票的优劣的两大纲领就都清楚了，可以把它简单地归纳为：**成交量的大小与其同一时期的股价走势结构合理性。**

观察股票走势的外在形态最简单、最实用的方法莫过于我在《股市天元——黑马盘口》一书中所介绍的“相对理论”与“平行理论”，有兴趣的朋友可以去读一读那本书。“相对理论”的中心思想是：应尽量去寻找那些强于同期大盘或其他个股的股票；“平行理论”的中心思想是：股价的整体结构无论从中短期或是中长期的角度上来讲都是波幅与波频越小越好，波幅与波频越小，说明主力控盘越好。

再看看贵州茅台的股价吧，从2002~2005年总体向上突起，明显强于当时的熊市大盘及其他个股，且其整个底部轮廓也清晰可见，大线条流畅，符合“相对理论”与“平行理论”的定义（如图1-18中所示）。因此，贵州茅台的整体走势不仅强而且还好，所以，它是一匹难得的超级黑马股。

三、张裕A（000869）

在上边的内容中，我们简单地介绍了股票的内涵与外表，量是内涵，形是外表，只有内涵没有外表是强而不好；只有外表而没有内涵是好而不强。**要想成为一只真正的“超级大牛股”，不仅要具备庞大的建仓系统，还要具有良好的外部形态，内外兼修、表里如一。**在此我们就把这个问题再深入地探讨一下。

张裕A（000869）、东方电机（600875）、海螺型材（000619）都是2006年“超级大牛市”中的“超级牛股”，且在本轮行情中都有着超常的表现，更重要的是它们都是在最优秀的庄家率领下，在行情爆发前的两三年就开始源源不断地投入资金开始大量建仓的。虽然它们在短时期内的整体涨幅都十分可观，但在各自的涨幅与涨速方面还是存在着一定的差异（如图1-19、图1-20、图1-21中所示）。

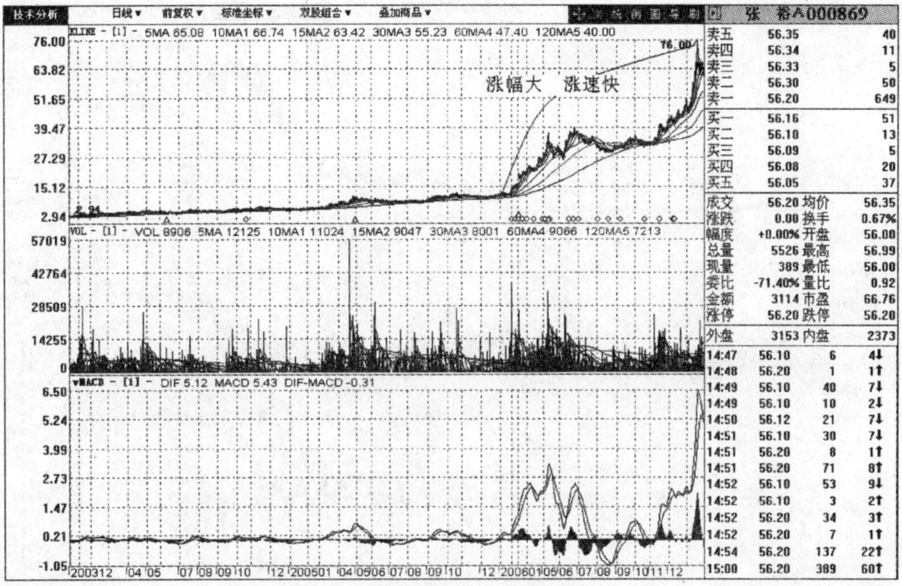
技术分析
日线
前复权
标准坐标
双股组合
叠加商品
张 裕A000869
XLINE - [1] - 5MA 65.08 10MA1 66.74 15MA2 63.42 30MA3 55.23 60MA4 47.40 120MA5 40.00
76.00
涨幅大 涨速快
VOL - [1] - VOL 8906 5MA 12125 10MA1 11024 15MA2 9047 30MA3 8001 60MA4 9066 120MA5 7213
MACD - [1] - DIF 5.12 MACD 5.43 DIF-MACD -0.31
200312 04 05 07 08 09 10 12 200501 04 05 06 07 08 09 10 12 200601 05 06 07 08 09 10 11 12

图 1－19

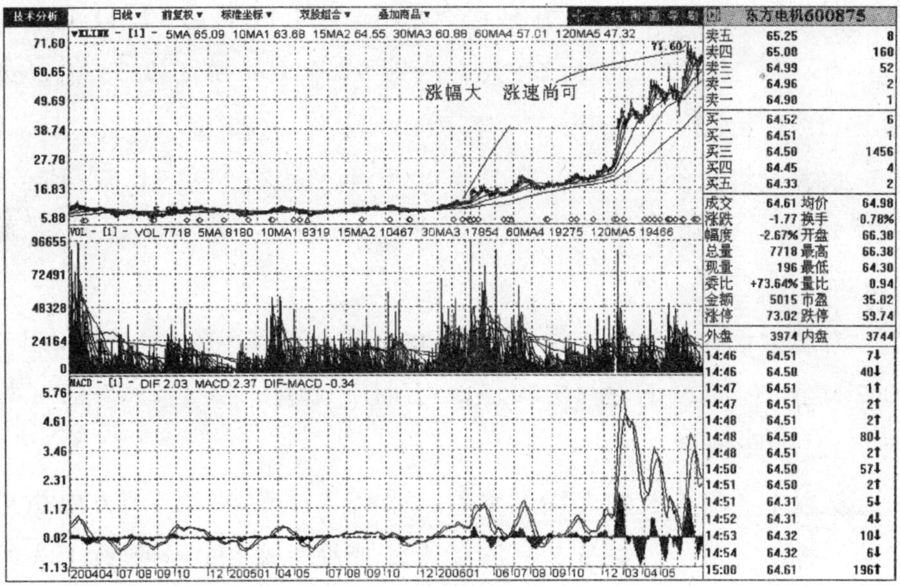
技术分析
日线
前复权
标准坐标
双股组合
叠加商品
东方电机600875
XLINE - [1] - 5MA 65.09 10MA1 63.68 15MA2 64.55 30MA3 60.88 60MA4 57.01 120MA5 47.32
涨幅大 涨速尚可
VOL - [1] - VOL 7718 5MA 8180 10MA1 8319 15MA2 10467 30MA3 17854 60MA4 19275 120MA5 19466
MACD - [1] - DIF 2.03 MACD 2.37 DIF-MACD -0.34
200404 07 08 09 10 12 200501 04 05 07 08 09 10 12 200601 06 07 08 09 10 12 03 04 05

图 1－20

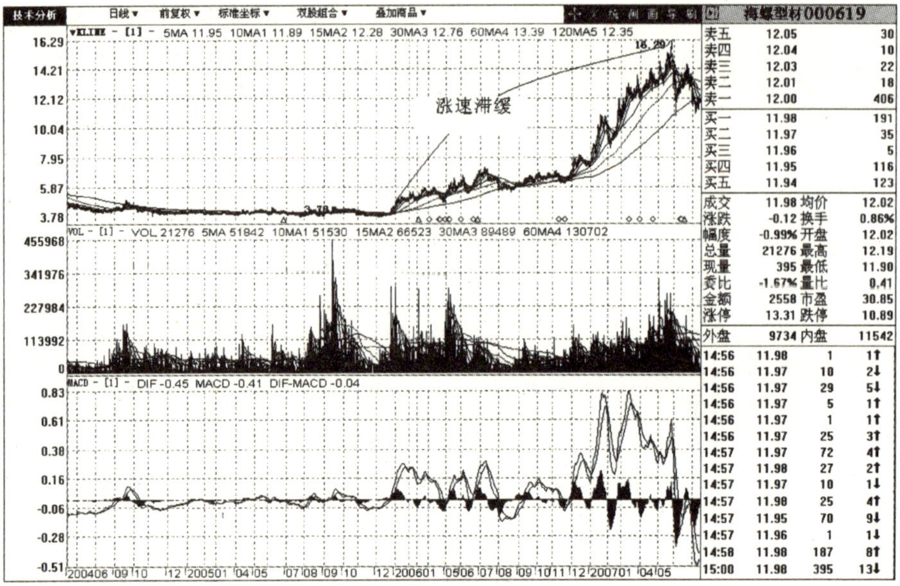

图 1－21

张裕 A 股价的快速拉升是在 2006 年 1 月 19 日由 12.00 元起至 2007 年的 1 月 22 日的 76.00 元，历时 12 个月，涨了 5.33 倍（如图 1－19中所示）。

东方电机股价的快速拉升是在 2006 年 3 月 24 日由 11.51 元起至 2007 年的 6 月 19 日的 71.40 元，历时 15 个月，涨了 5.20 倍（如图 1－20中所示）。

海螺型材股价的快速拉升是在 2005 年 12 月 26 日由 4.12 元起至 2007 年的 5 月 29 日的 16.29 元，历时 5 个月，涨了 2.95 倍（如图 1－21中所示）。

从以上 3 只个股的涨幅上来看，张裕 A 上涨最大，东方电机第二，海螺型材最少。如从 3 只股的上涨速度上来说，一眼看上去给人最直观的感觉就是张裕 A 涨得要快速一些、过瘾一些；在东方电机的上涨中段也曾出现过一段很过瘾的拉升行情，但两头的走势看上去就显得有些蹒跚；海螺型材的总体涨幅虽然不小，但整体走势极为曲折，没有什么太像样的连涨行情，有些让人受不了，持有者很容易在中途被庄家洗下去（如图 1－19、图 1－20、图 1－21 中所示）。

股票在突破之后其上涨行情的大小、顺利与否，在多数情况下是取决于当初建仓情况的。

如果将张裕 A 在大涨之前的股价走势不断地向前回放，就可以清晰地看到早在 2002 年末该股便受到主力的青睐，股价下方的成交量呈现出持续的放大趋势，形成明显的“量带”，并且这种放大趋势一直都没间断过，一直持续到 2006 年股价爆发前夕，这些都是主力建仓吸货所为，细看这条“量带”不仅连贯丰满，而且每根每条单量都收发自如、举重若轻，毫无沉重之感，并且，在这 3 年当中其“量带”上方股价的走势，也是轻盈饱满、重心上移，整体线条也较为完好（如图 1－22 中所示）。

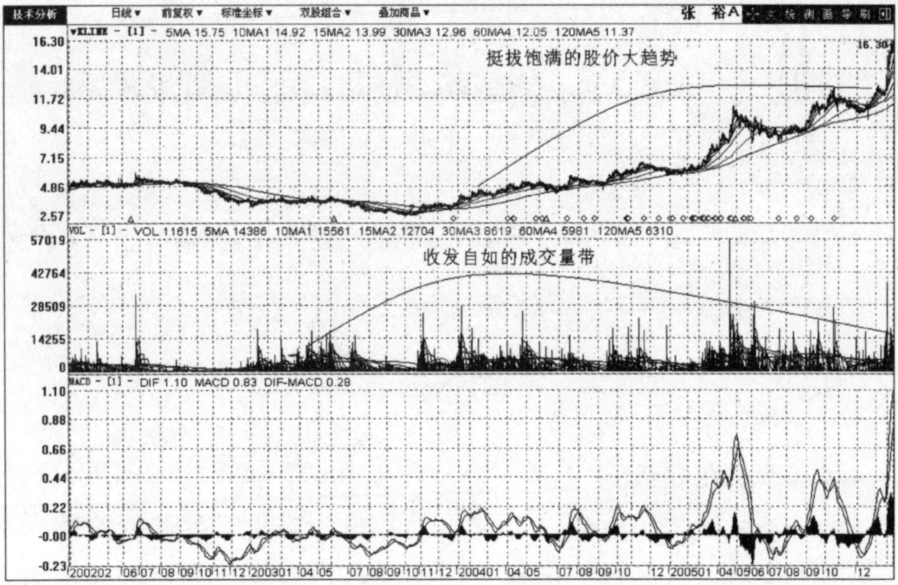

图 1－22

从东方电机在大涨之前的走势来看，该股自 2002 年 4 月起主力便开始大举介入，致使其股价下方的成交量也在不断地放大，也形成一条长达 3 年之久的超级“量带”，再看看其股价在这 3 年的筑底过程中，虽总体趋势略向上倾，但期间波动太多、波幅甚大，这说明在此期间多空争夺激烈，能量消耗甚多。从这几点来分析，东方电机股价外形显然不如张裕 A 的上整有力，虽然，股价下方的“量带”看上去要比张裕 A 显得丰厚，但多空相争，其中不免会有些水分（如图 1－23 中所示）。

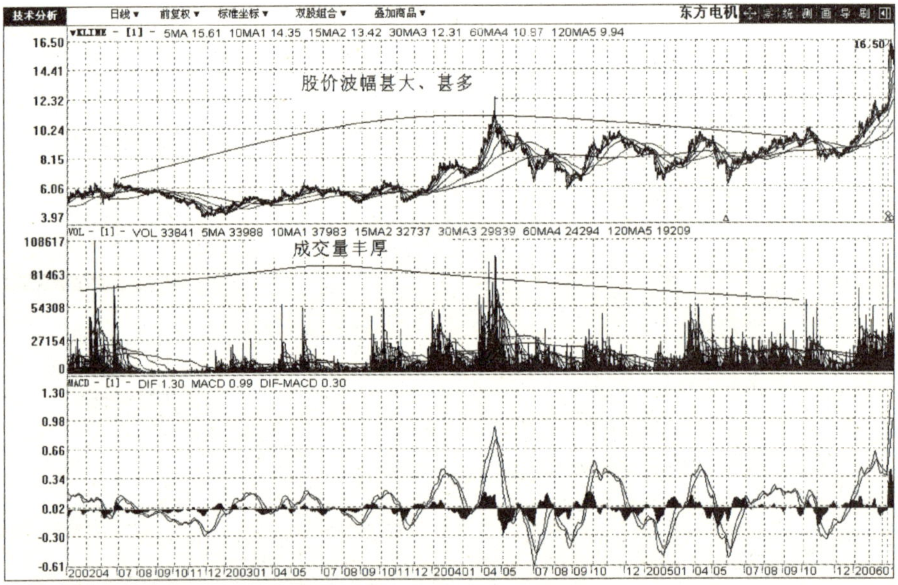

图 1－23

海螺型材在 2002 年 4 月～2006 年 1 月这 3 年多的时间里，在其走势图中也形成了明显的“量带”，这条“量带”在直观的感觉上虽没有东方电机的宽厚，但从其间隔的分布形式，以及柔动的质感上来看水分较少，只是“量带”上方的股价在这几年的走势当中却出现了明显的中心下移，这一点与前两只股相比是致命的不足（如图 1－24 中所示）。

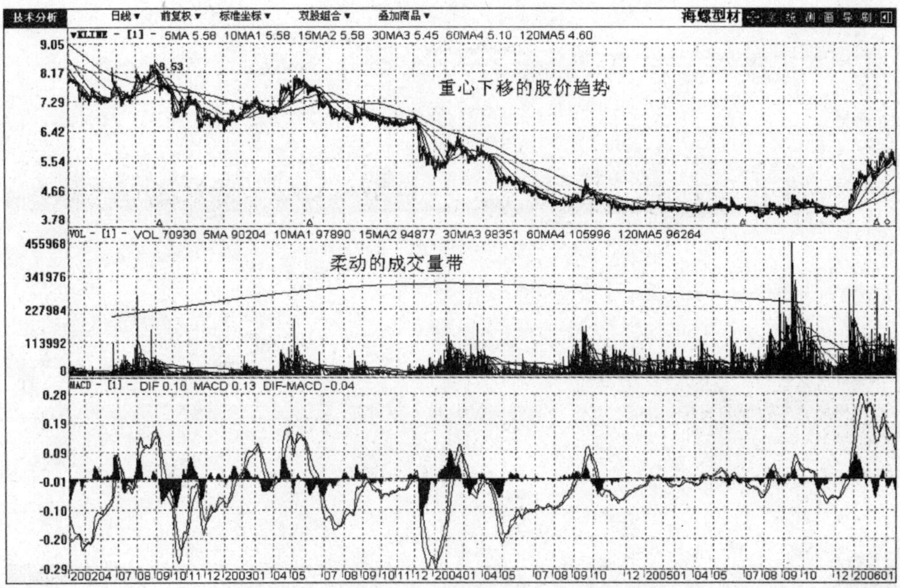

图 1－24

概括地总结一下 3 只个股在总体建仓时期的整体特点：张裕 A 成交量充实，总体走势强劲，内涵与外表俱佳；东方电机成交量充实，但总体股价走势略显偏软；海螺型材成交量一般，总体走势软弱。

从以上的分析中不难看出，3 只股票在涨幅与涨速上为何会存在如此大的差异。**由此可见，股票的外表与内涵对其未来的发展起着同样巨大的影响作用，内外合一才是好股票。**

回过头来让我们完整地领略一下这 3 只股票的上涨前后的走势（如图 1－25、图 1－26、图 1－27 中所示），有许多东西值得我们思考。

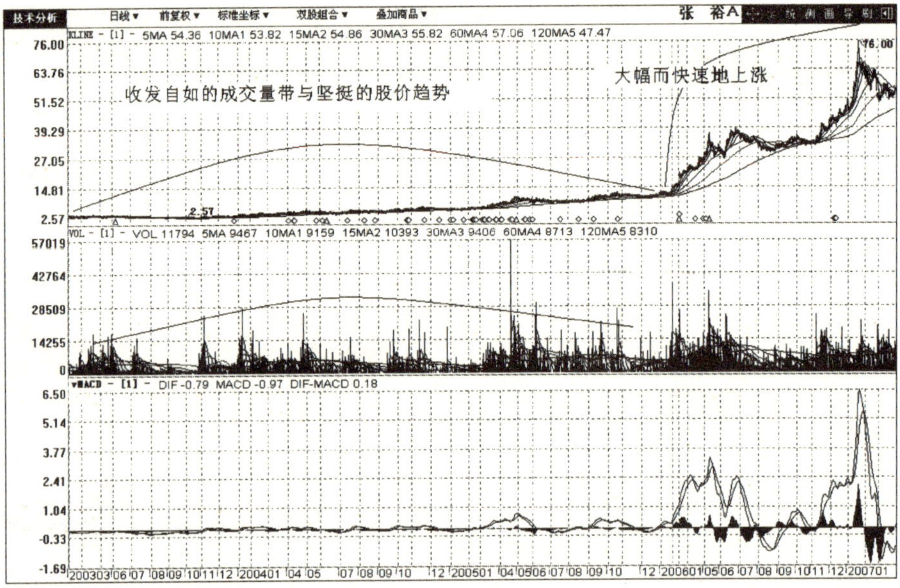
张 裕A
收发自如的成交量带与坚挺的股价趋势
大幅而快速地上涨

图1－25

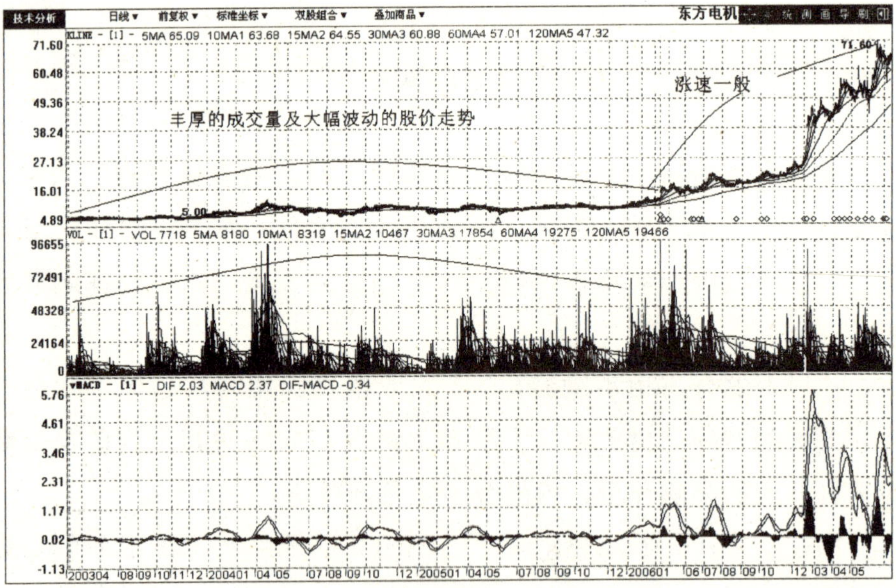
东方电机
丰厚的成交量及大幅波动的股价走势
涨速一般

图1－26

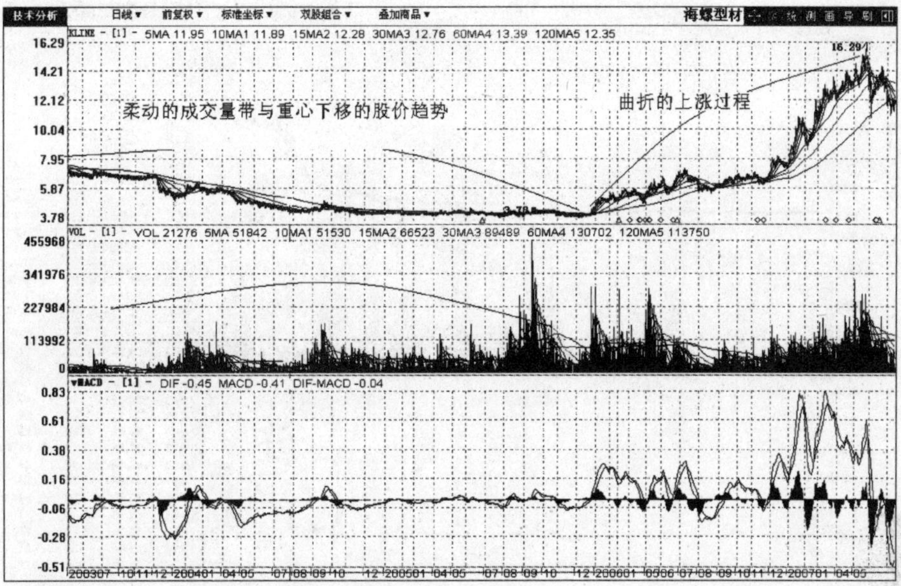

图 1－27

四、天音控股（000829）

天音控股（000829）是2006年“大牛市”那批“超级大牛股”当中涨幅较大的一只。如果从2006年3月13日的1.74元算起（如图1－28中A点所示），至2007年6月28日的最高点36元（如图1－28中B点所示），在短短3个月中，已有了19.69倍的涨幅，不知造就了多少个百万富翁！

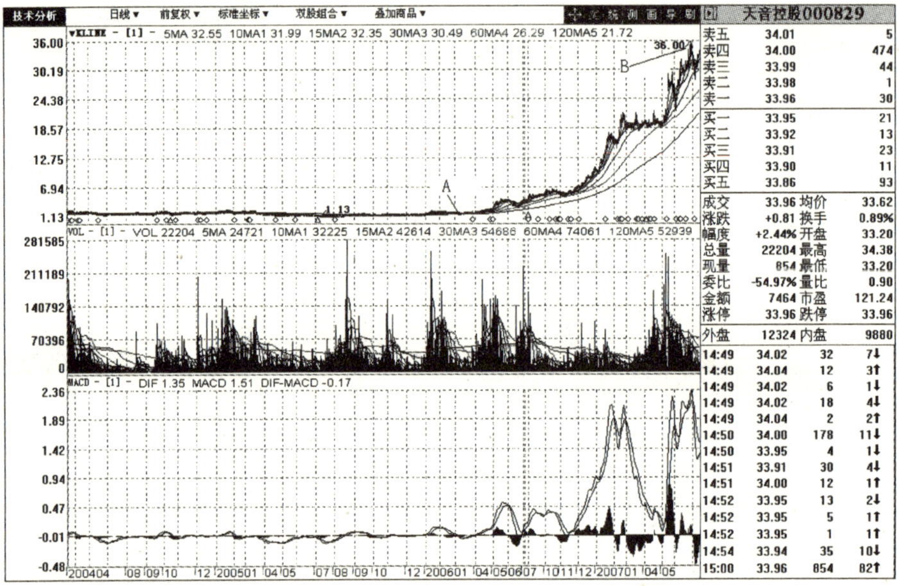

图 1－28

如顺着图 1－28 中 A 点一直向以前追溯，就会发现该股早在 2002 年之前，其成交量柱便一直居高不下，逐渐编织成一条丰厚的“成交量带”，并且这条“量带”一直延续到 2006 年其股价爆发前夕（如图 1－29 中所示）。这条“成交量带”不仅看上去丰厚连贯，又不失跳动的激情，如果看盘久了，经验老道了，就会感觉到这是主力大规模建仓所为。**股票的成交量有迷乱与活跃、真实与虚假之分，这一切最终都要流露到其外表。**从天音控股的外部形态上，不难看出庄家建仓的真实目的（详细内容可参见《股市天元——王者之略》一书）。其实，天音控股的主力庄家早在 2002 年 4 月也就是当时熊市中最黑暗的时期，就看好了该股未来的发展前景，并敢于在最危难的时刻挺身而出、负重前行，在后来更加艰难的岁月里始终没有放弃信念、改变初衷，我由衷地敬佩它们（庄家），敬佩它们有着远大的见识、过人的胆量和执着的信念。

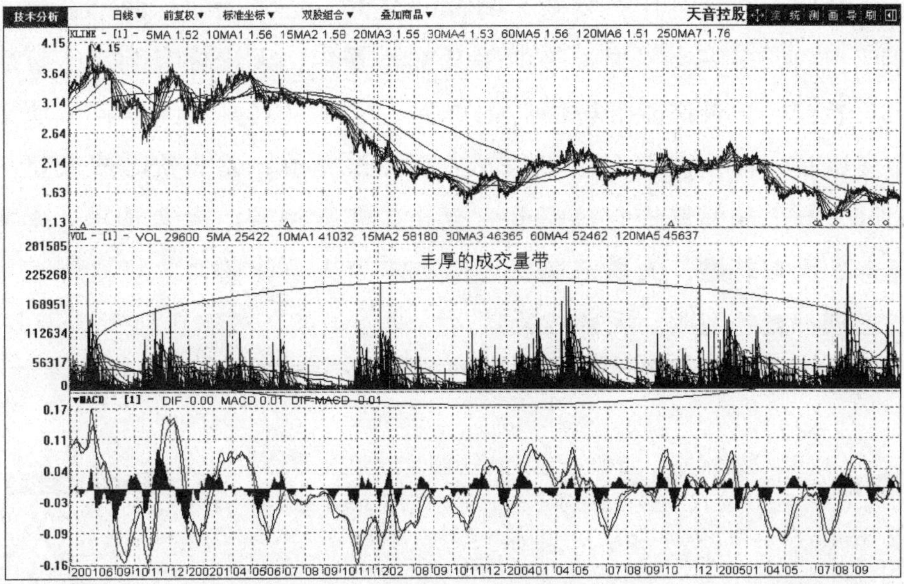

图 1－29

三年前有人问我怎样识破主力的骗线行为？我会告诉他：最好的办法就是通过成交量来观察。成交量是实实在在的买卖行为，可以从中看出主力的真实意图。三年后的今天如果有人再问我同样的问题，我会告诉他：成交量加上时间。时间可以抚平伤口，时间可以检验爱情，时间可以在许多事情上收到意想不到效果，还可以测试股票。主力可以三天、四天，三周、四周的来对倒筹码欺骗散户，但它不可能三年、四年都这样做，只有大规模的建仓行为才有可能形成这样持久而丰厚的“成交量带”。

我推崇这样一种思路：越简单的东西越实用。我国春秋时期有位大思想家、大教育家叫孔丘，后人都习惯的尊称他为“文圣人”。孔子是儒家思想的创建人，他的思想与言论形成了中国人几千年来的文化背景。他曾说过：“三人行，必有我师焉”；“父母在，不远游，游必有方”；“有朋自远方来，不亦乐乎”等名句。这些话语简练、通俗，并没有什么复杂、晦涩的文词，把要说的东西都叙述得明明白白，多一字、少一字似乎又都不妥当，无论你身为工人、农民、教授、学者都能听得懂、记得住，这才是真真的大学问。股票市场也是一样，识别大庄家的方法其实很简单，无非就是成交量与时间，有人却偏偏把它搞得非常复杂、非常神秘。**大音希声，大象无形，大智若愚，大道至简！**可惜有多少人自作聪明，对这样简单的道理都置若罔闻。天音控股就这样“赤条条”的躺在那里3年多，又有多少人都对它视若无睹（如图1－30中所示）！

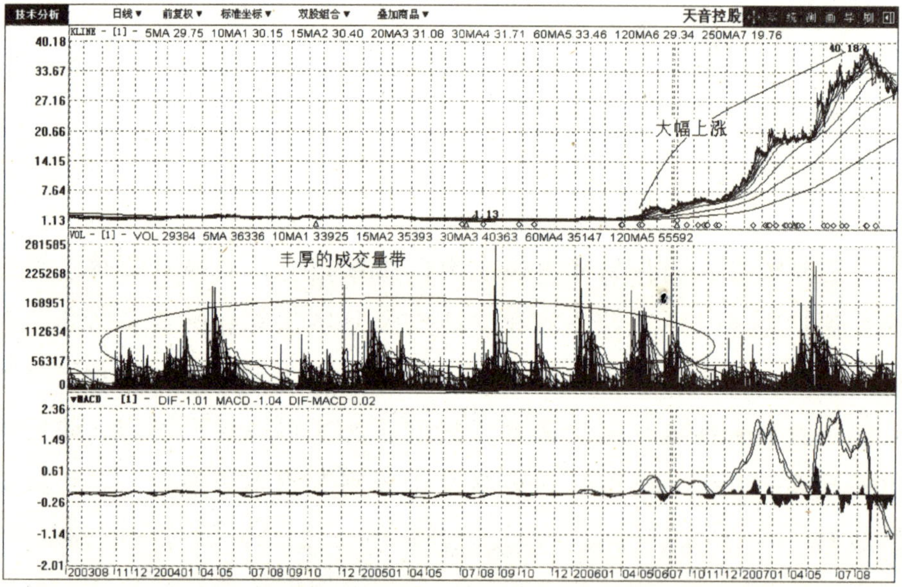

图1－30

五、泸州老窖（000568）

在自然界，凶猛的狮子、老虎依靠消灭入侵者来保护自己，刺猬遇到危险时会缩成一团露出锋利尖刺，变色龙则通过改变自身的颜色来避过风险，弱小的甲壳虫也有一层坚硬的盔甲，就连不会走动的植物都会在寒冷的冬季脱去多余的枝叶以适应环境。股市中最优秀的庄家多数都是在整个股市最黑暗、最惶恐的时期便介入的。虽然，主力已具备了莫大的信心与雄厚的实力，但在漫长的筑底过程中还是会受到各种意想不到的外界因素以及个股自身转变的冲击与影响，这时候主力为了更好的生存下去，就会像自然界中的动植物一样，根据自身和市场的种种状况不断地去调整自己去适应这个市场，**因为市场永远是正确的，不论你是大户还是庄家都必须服从于市场。**

武钢股份（600005）的股价从2006年的9月29日以2.21元的价格进入到主升浪后，至2007年的5月21日该股最高已攀至13.29元，股价在8个月内连续上涨了5.01倍（如图1－31中所示）。如把武钢股份的股价走势图再展开一些就可以发现其主力大规模建仓的源头在2003年10月份（如图1－32中C点所示），其后该股便一直携居高不下的成交量，在一个相应价位发展，直至行情爆发前夕。在这一大规模的筑底建仓过程中，武钢股份的成交量几乎一直都保持着一种连贯而丰厚的状态，而股价却放量滞涨，这种情况在一定程度上说明多数人并不十分看好此股的发展前景，因而主力才可以不断地从中吸纳筹码（如图1－32中所示）。

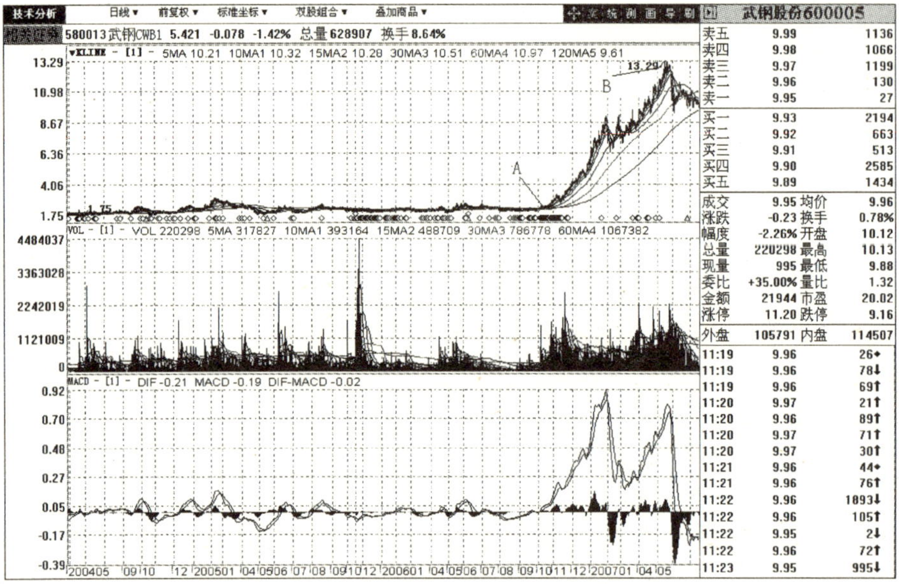
技术分析
日线 前复权 标准坐标 双股组合 叠加商品
580013武钢CWB1 5.421 -0.078 -1.42% 总量628907 换手8.64%
KLINE - [1] - 5MA 10.21 10MA1 10.32 15MA2 10.28 30MA3 10.51 60MA4 10.97 120MA5 9.61
13.29
B
A
1.75
VOL - [1] - VOL 220298 5MA 317827 10MA1 393164 15MA2 488709 30MA3 786778 60MA4 1067382
MACD - [1] - DIF -0.21 MACD -0.19 DIF-MACD -0.02
武钢股份600005
卖五 9.99 1136
卖四 9.98 1066
卖三 9.97 1199
卖二 9.96 130
卖一 9.95 27
买一 9.93 2194
买二 9.92 663
买三 9.91 513
买四 9.90 2585
买五 9.89 1434
成交 9.95 均价 9.96
涨跌 -0.23 换手 0.78%
幅度 -2.26% 开盘 10.12
总量 220298 最高 10.13
现量 995 最低 9.88
委比 +35.00% 量比 1.32
金额 21944 市盈 20.02
涨停 11.20 跌停 9.16
外盘 105791 内盘 114507

图 1 -31

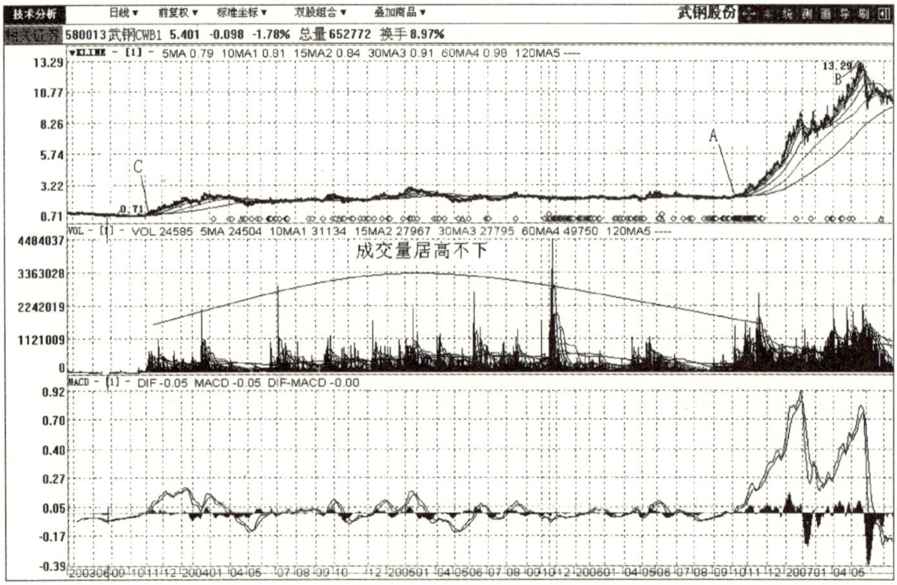
技术分析
日线 前复权 标准坐标 双股组合 叠加商品
武钢股份
580013武钢CWB1 5.401 -0.098 -1.78% 总量652772 换手8.97%
KLINE - [1] - 5MA 0.79 10MA1 0.81 15MA2 0.84 30MA3 0.91 60MA4 0.98 120MA5 ----
13.29
B
A
C
0.71
VOL - [1] - VOL 24585 5MA 24504 10MA1 31134 15MA2 27967 30MA3 27795 60MA4 49750 120MA5 ----
成交量居高不下
MACD - [1] - DIF -0.05 MACD -0.05 DIF-MACD -0.00

图 1 -32

泸州老窖（000568）与鹏博士（600804）这两只个股，可以说是2006年“大牛市”里“大牛股”中的“超级品种”，一个从2.81元涨到52.05元，另一个从2.19元涨到34.45元，涨幅分别为17.52倍与14.73倍（如大盘向好仍有上涨空间）（如图1－33、图1－34中所示）。如果将泸州老窖的走势图展开，沿着起涨点（图1－35中A点）向前推移，就可以发现该股早在2002年4～7月间便有主力大规模活动的身影，并于其股价下方形成巨大的“成交量堆”，随后在2003年的4～8月，与2003年11月～2004年3月，以及行情爆发时的2005年5月都形成了较为庞大、较为集中的“成交量堆”，此外在这四组“成交量堆”之间空余部分的成交量萎缩得都比较彻底，这是一种极好的主力表现形式，说明主力的介入程度已经很深了。在形成这四组“成交量堆”的过程中，其上方股价的总体趋势也较为平衡，虽然在许多地方也随着其量能的变化出现了一定的起伏，

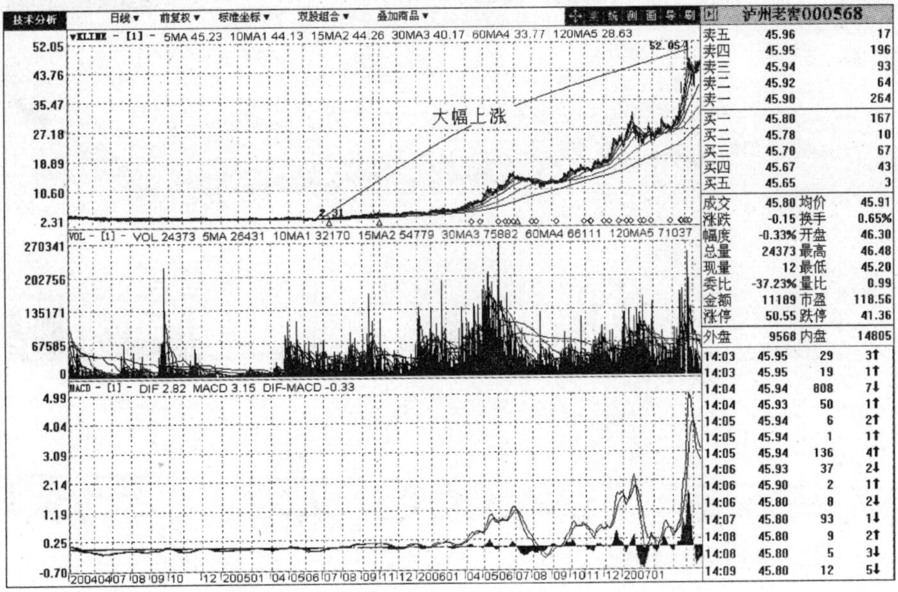

图1－33

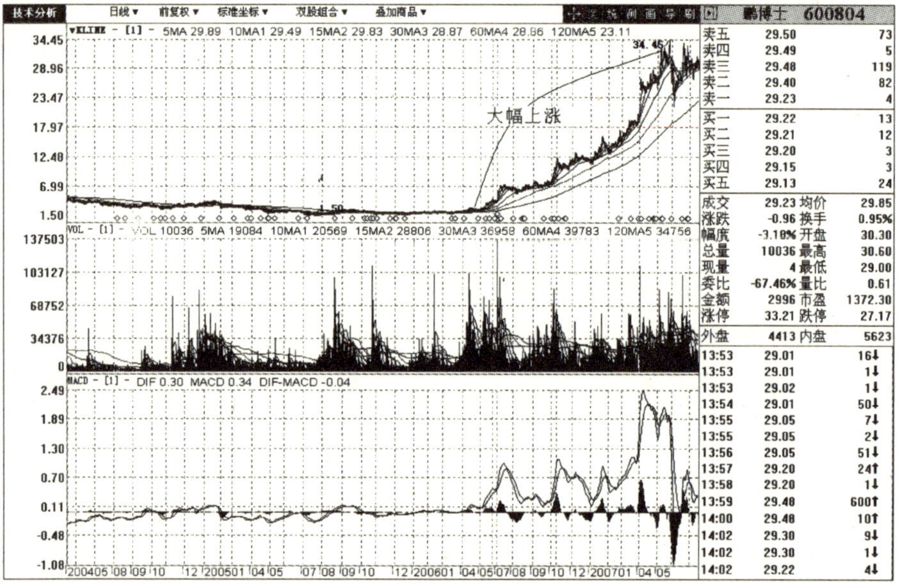

图 1-34

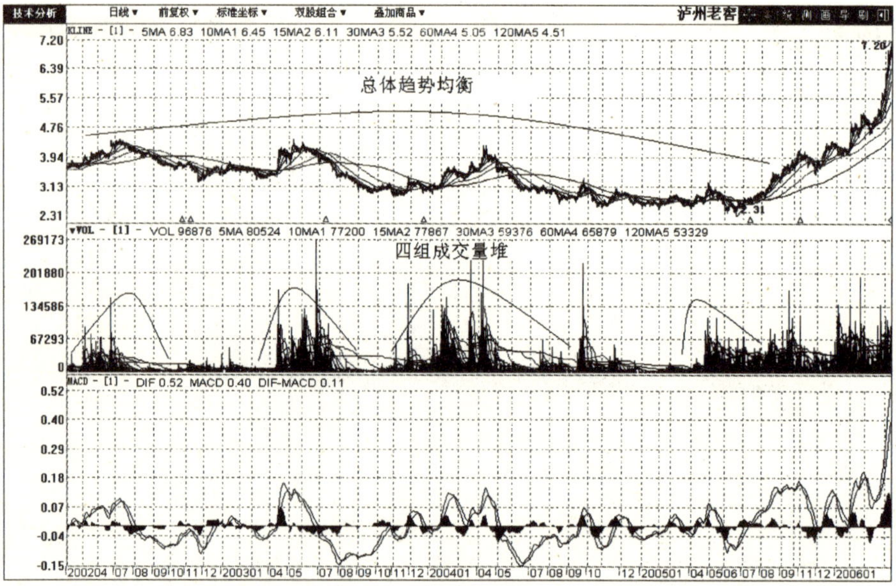

图 1-35

但收放有度、起落自如的“成交量堆”可以在一定程度上来弥补这一点不足（如图1－35中所示）。鹏博士的股价走势也是一样，在大涨之前长达3年多的漫长岁月里，分别在2002年11月~2003年5月，2003年11月~2004年5月，2004年10月~2005年3月，以及2005年7~11月间形成四组规模较大的“成交量堆”，并且“量堆”与“量堆”之间的成交量也萎缩得比较彻底，虽然在这3年多的时间里其股价的总体趋势略有下倾，但也掩盖不了主力高度控盘所释放的锋芒（如图1－36中所示）。从这两个案例中不难看出，市场中有些庄家是非常聪明的，它们可以在不改变大方向的情况下根据市场及个股的情况作出相应的对策，浮筹多了，市场宽松了，就多吸纳一点；相反，获利盘多了，市场清淡了，就吐出一点，就收缩一下。有进有退，有勇有谋。泸州老窖与鹏博士就是在这样的庄家带领下，而最终成为“超级大牛股”的（如图1－37、图1－38中所示）。

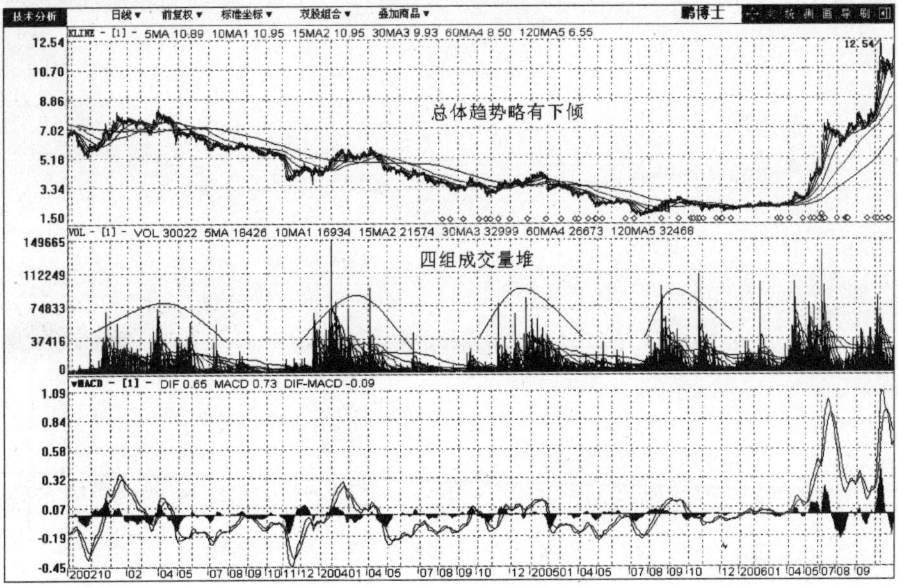

图1－36

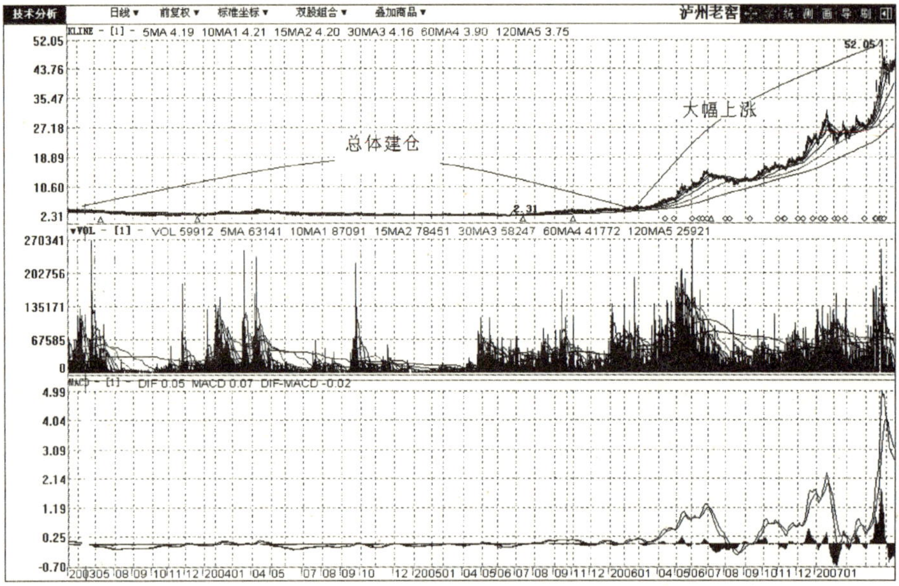
技术分析
日线▼ 前复权▼ 标准坐标▼ 双股组合▼ 叠加商品▼
泸州老窖
KLINE - [1] - 5MA 4.19 10MA1 4.21 15MA2 4.20 30MA3 4.16 60MA4 3.90 120MA5 3.75
总体建仓
大幅上涨
52.05
2.31
VOL - [1] - VOL 59912 5MA 63141 10MA1 87091 15MA2 78451 30MA3 58247 60MA4 41772 120MA5 25921
MACD - [1] - DIF 0.05 MACD 0.07 DIF-MACD -0.02

图1-37

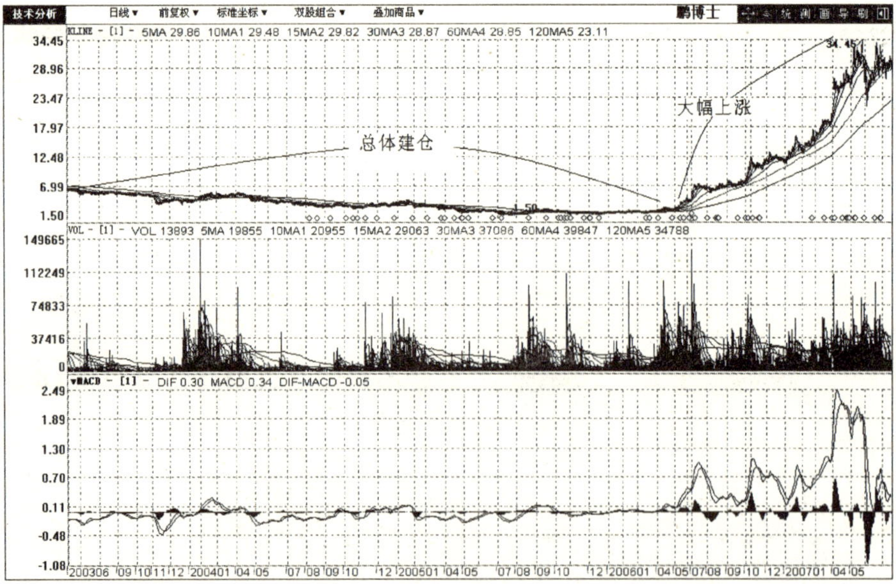
技术分析
日线▼ 前复权▼ 标准坐标▼ 双股组合▼ 叠加商品▼
鹏博士
KLINE - [1] - 5MA 29.86 10MA1 29.48 15MA2 29.82 30MA3 28.87 60MA4 28.85 120MA5 23.11
总体建仓
大幅上涨
34.45
1.50
VOL - [1] - VOL 13893 5MA 19855 10MA1 20955 15MA2 29063 30MA3 37086 60MA4 39847 120MA5 34788
MACD - [1] - DIF 0.30 MACD 0.34 DIF-MACD -0.05

图1-38

在股票市场中还有一类庄家也非常聪明，它们会在一个合适的价位大量地吃进股票，当然这个合适的价位大多都很低，并足以显示出该股的价值，然后便不动声色地潜伏起来，任你风吹浪打，它似闲庭信步。等到时机适宜、大盘向好之时只需收集一下浮筹，就可以扬帆远航了。

自2001年中期股市走熊以来，至2003年11月份，宝新能源（000690）已跌至1元多的价位（复权价），投资价值早已凸显，该股主力瞅准时机便开始大量吸纳，致使该股在2003年11月～2004年5月于其股价下方形成巨大的“成交量堆”，其后该股的主力好像失去了踪影，成交量也因此变得极度萎缩，股价也由原来的攀升转变为缓慢下滑，这种看似无组织的状态一直持续到2005年7月末才有所改观（如图1－39中所示）。2005年7月的股市已经开始复苏，许多股票纷纷见底回升，大盘走势也逐渐明朗，宝新能源的主力凭

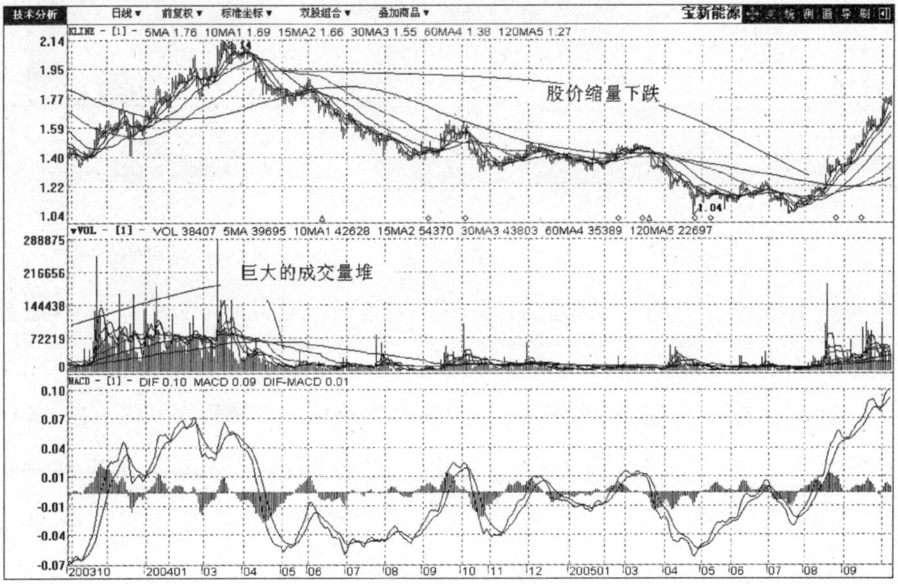

图1－39

借着敏锐的嗅觉也觉察到了这一点，便逐步地加大力量来收集该股自 2004 年 4 月下跌以来所形成的浮动筹码和其他闲散筹码，这次主力收集的力度与决心依然很大，一直持续到 2006 年 3 月，并在其股价下方形成了第二个较为明显的“成交量堆”，在第二个“成交量堆”形成之后该股仅略作回档，便乘牛市火爆之机大幅走高（如图 1－40 中所示）。

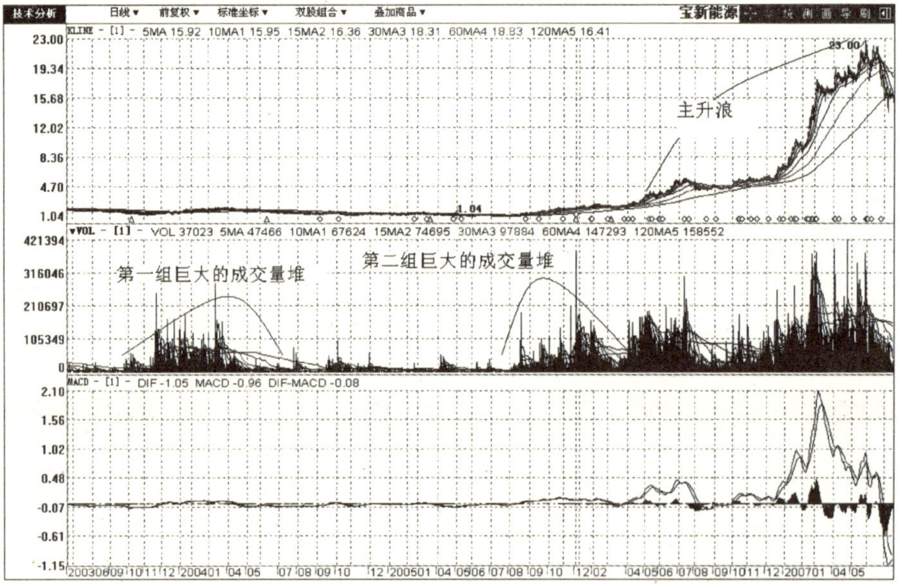

图 1－40

在历次牛市当中，都会有很多的庄家按照宝新能源主力的这种思维模式去运作的。

例如，SST 幸福（600743）、格力电器（000651）等一些 2006 年大牛市中的“超级黑马股”，在大涨之前都是经由这个模式而出的（如图 1－41、图 1－42 中所示），我们习惯地把这主力的这种建仓方式称为“增建仓模式”（详细内容请见《股市天元——王者之略》一书）。

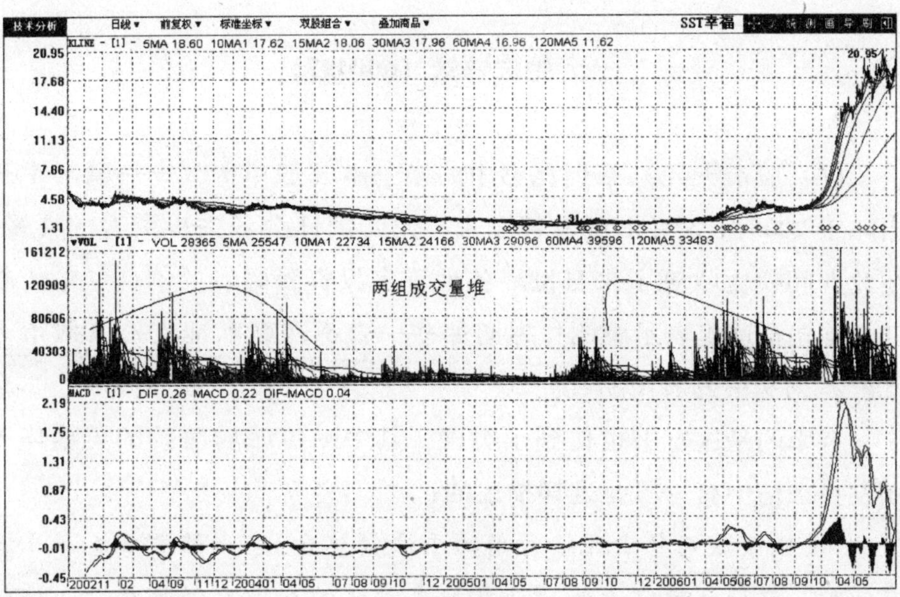
技术分析 日线 前复权 标准坐标 双股组合 叠加商品
SST幸福
KLINE - [1] - 5MA 18.60 10MA1 17.62 15MA2 18.06 30MA3 17.96 60MA4 16.96 120MA5 11.62
VOL - [1] - VOL 28365 5MA 25547 10MA1 22734 15MA2 24166 30MA3 29096 60MA4 39596 120MA5 33483
两组成交量堆
MACD - [1] - DIF 0.26 MACD 0.22 DIF-MACD 0.04

图 1－41

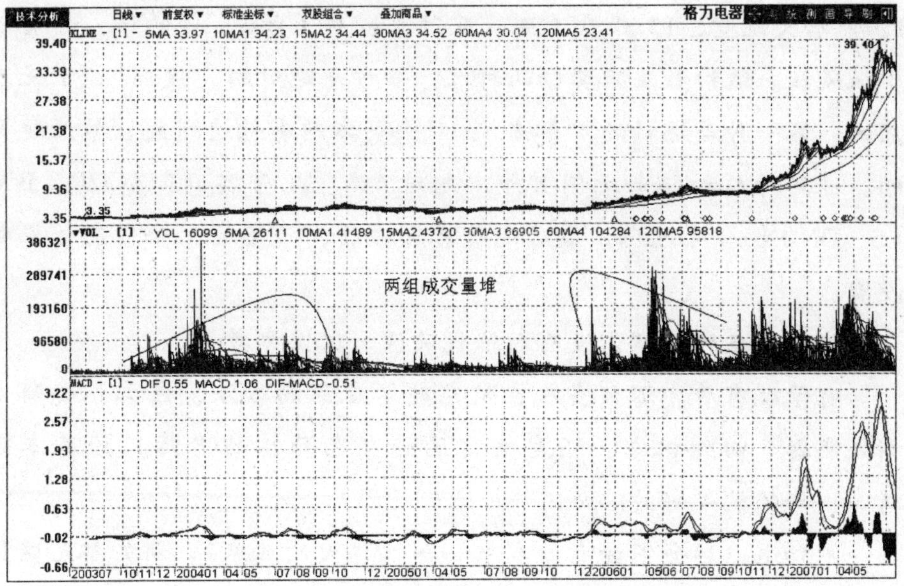
技术分析 日线 前复权 标准坐标 双股组合 叠加商品
格力电器
KLINE - [1] - 5MA 33.97 10MA1 34.23 15MA2 34.44 30MA3 34.52 60MA4 30.04 120MA5 23.41
VOL - [1] - VOL 16099 5MA 26111 10MA1 41489 15MA2 43720 30MA3 66905 60MA4 104284 120MA5 95818
两组成交量堆
MACD - [1] - DIF 0.55 MACD 1.06 DIF-MACD -0.51

图 1－42

六、驰宏锌锗（600497）

自《股市天元》系列丛书中的第一本《股市天元——骑马十三招》于2005年5月出版发行以来，便受到社会各类投资者的喜爱，在此期间我也收到了来自世界各地许多投资爱好者的信件和电子邮件，首先在这里表示感谢！感谢那些一直都在默默地支持《股市天元》系列丛书的股民朋友们。

有幸的是这本书也传到了美国，其中一位旅居纽约的美籍华人朋友在来信中有一段是这样描述的：

“美国最近两年出现一种新的手法（建仓）：一路打压，几乎没有回档，然后大跳空上涨，让靠技术看盘的人没有任何机会。这样做也有道理。通常收集筹码必定会有两个破绽：（1）股价上扬；（2）量堆。这种边压边收的方法隐蔽性极强。打个比方：从10收到1，然后大跳空，15开盘上涨。反过来，从1收到10的话，会有不少跟风盘。这种做法只奖励两种人：一种是绝对的‘傻瓜’，宁死不屈的；另一种是绝对的‘智者’，对公司本质有精透研究，越低越买的。这两种人加起来比例可能不超过5%。几个实例：ACOR，RNVS，DNDN……DNDN，最后还是有点破绽，而其他两个任何迹象都没有。

这只是我的理解，没有人给我确认，仅供参考。

有矛就有盾。那么多人在研究破解庄家的方法，庄家也会研制新式武器。回到根本，还是格雷厄姆（巴菲特的老师）的基本分析——好的就是好的。

不知道以后会不会有一本书——《伟大的庄家》，讲的都是这种大开大合的战例，包括我前边提到的30来种连涨20年的股票。

大象无形，大庄无庄。

虽然想像到这种意境，但我自己都怀疑自己，就算不小心碰到了这种股票，自己能坚持多久呢？毕竟只有巴菲特一个人做到了。这鸟人真的很鸟，他在各种场合都明明白白地讲他老师，讲基本分析，没有任何隐瞒，没有任何诀窍，他现在甚至电脑都不用，还是老一套，但听得进去，做得到的有几个呢？”

在阅读完上面的这段文字后，除了能感受到这位朋友身上所特有的美国式幽默之外，更多的则是感叹这位朋友居然具备如此开阔的思路、成熟的理念、娴熟的技术，以及对投资事业的无限热情。感谢这位朋友奉献出这段精彩的文字。在本书中，我极力地去赞赏那些有勇有谋，敢于在最危难的时刻挺身而出、负重前行的庄家，也是受到了这位朋友的感染。“美国最近两年出现一种新的手法（建仓）：一路打压，几乎没有回档，然后大跳空上涨，让靠技术看盘的人没有任何机会。”这位朋友所提到的“新的手法”，我们暂且把它定名为“打压建仓”。“打压建仓”我在《股市天元——骑马十三招》一书中“金角、银边、草肚皮”里曾详细地介绍过，只是当时所介绍的“金角建仓”规模都比较小。虽然本节所要介绍的“打压建仓”，在操作手法和力度上都与这位朋友上述所描绘的有些差别，但“天下事殊途而同归，百虑而一致”，其实道理都是一样的。

2006 年的大牛市行情准确的起始点是在 2005 年 6 月 6 日的 998.23 点处，但这次行情所迎来的第一次较为全面的上涨高潮却是在 2005 年的 12 月份，并且这轮上涨高潮是由有色金属板块所引发的。不少有色金属类个股在短期内的涨幅已达到了数倍甚至数十倍，驰宏锌锗（600497）就是其中涨幅最大的一只，它也是 2006 年大牛市中所有个股中涨幅最大的一只。驰宏锌锗的股价由 2005 年 12 月 9 日以 2.09 元起步，至 2007 年 6 月 14 日最高已摸至 85.30 元，在 16 个月的时间里总共上涨了 39.81 倍，可以说是中国证券史上之最（如图 1－43 中所示）。

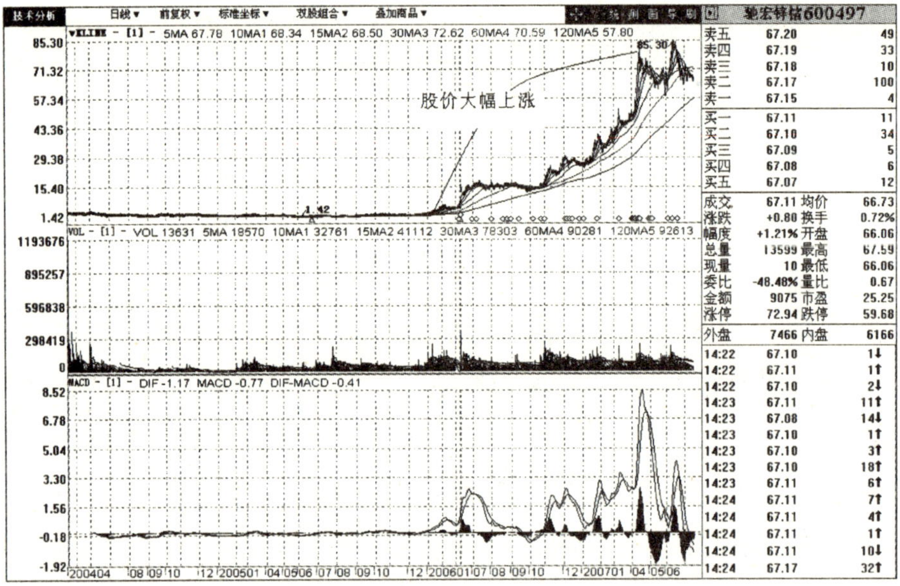

图 1 – 43

驰宏锌锗之所以能在短期之内有这么大的上涨动力，我认为主要有这么三方面的因素：（1）大牛市背景；（2）优秀的公司基本面；（3）实力雄厚的庄家。这里我们只着重讨论第三点：实力雄厚的庄家。实力雄厚的庄家也可以把它理解为行情展开之前的技术面。在驰宏锌锗进入主升浪之前的那段漫长的岁月里，也就是 2004 年 4 月 ~ 2005 年 12 月这段时间，其股价一直都在以极为缓慢的速度与平缓的角度下落，如果结合成交量一起观察，就会发现这种缓慢的下跌趋势大致可分为两段，第一段的成交量带没有第二段的丰厚（如图 1 – 44 中所示）。仔细观察驰宏锌锗股价这段走势下的成交量，原来第一阶段下方的成交量也不少，而且很密实，它的不丰厚主要是由于第二段的成交量太丰厚所形成的对比现象，这两组成交量尤其是较为丰厚的那一组，看上去浑厚有力、饱满活跃，再配上起落有序、结构严紧的股价走势，并不难判断出这是主力的建仓所为（如图 1 – 44 中所示）。

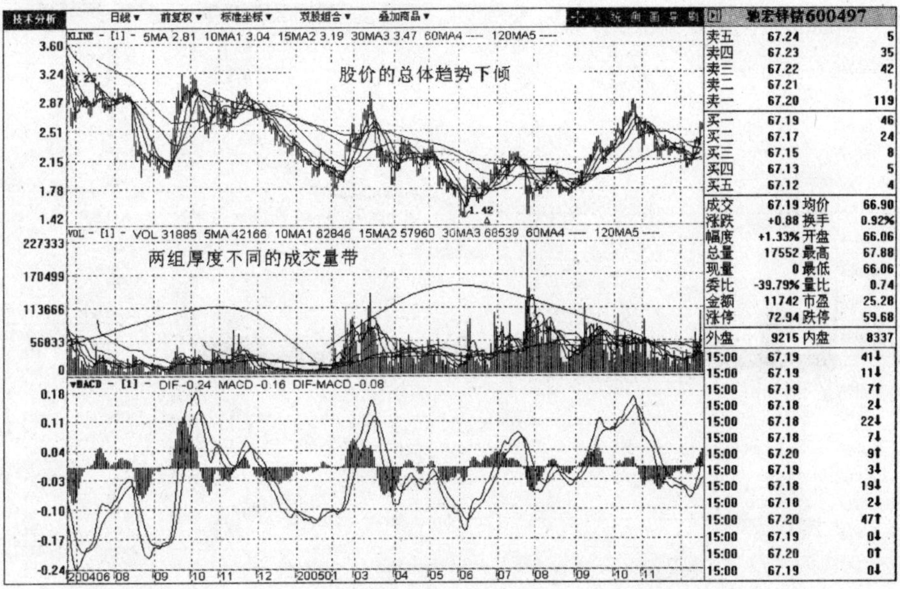

图 1-44

驰宏锌锗的建仓过程与其他大牛股有所不同，它是在股价的总体趋势略有向下的情况下始终保持着较为浑厚、饱满的“成交量带”。**看来，不论以何种形式出现的成交量都不容小觑。**在驰宏锌锗在从 2 元多涨到 80 多元的过程中，从操作手法及筹码分布上来看好像并不是一庄所为（此观点仅供参考）。

还有在前文中我们曾提到过的鹏博士（600804），其主力也是在股价总体趋势不断下滑的情况下逐步实施建仓的。

七、辽宁成大（600739）

辽宁成大（600739）也是 2006 年“大牛市”中最耀眼的“超级大牛股”之一（如图 1-45 中所示），其股价于 2005 年 12 月 9 日以 1.26 元的价位启动（如图 1-45 中 A 点所示），至 2007 年 5 月 29

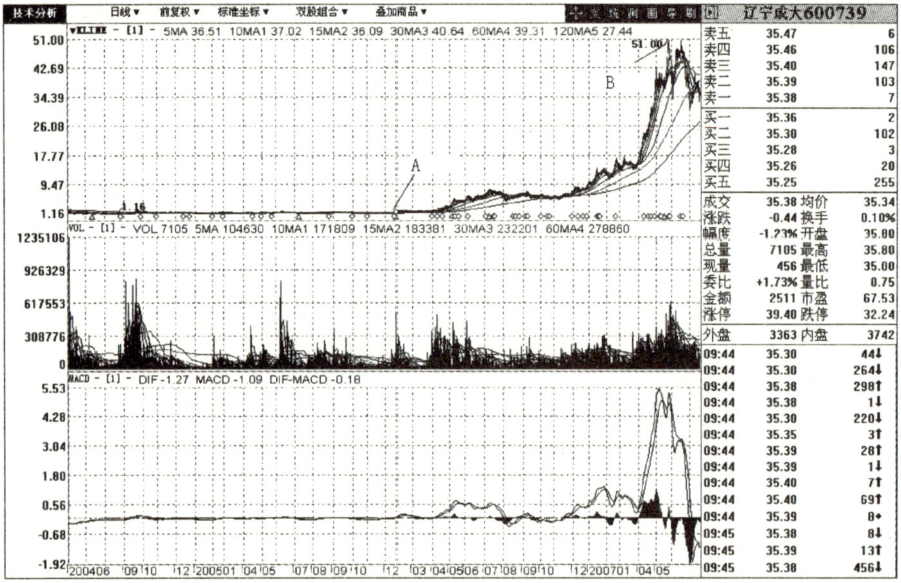

图 1－45

日最高已达 51.00 元（如图 1－45 中 B 点所示），在一年半的时间里总共上涨了 39.48 倍，与当时名列第一的驰宏锌锗相比仅仅稍微逊色一点点而已。

辽宁成大之所以能够具有如此之大的上涨动力，从内在的因素来讲，多数要归功于其强大的底部。在辽宁成大股价走势图上（图 1－46），我们可以观察到在起涨点 A 点之前，有主力大规模活动迹像可以一直推到 2004 年的 5 月初（如图 1－46 中 C 点所示）。从 2004 年 5 月初的 C 点，到 2005 年 12 月末的 A 点，辽宁成大的股价下方一直活跃着巨大的“量带”，并且这条“量带”有些地方特别的丰厚集中，我粗略地估算了一下，“量带”丰厚处其平均日换手率高达 20% 左右，薄弱处的换手率也在 6% 上下，整条量带看上去就像一股力大无穷、起伏不断江水，给人一种血脉贲张的感觉。再看这条巨大成交“量带”上方的股价总体走势顺畅流利，股价随量波动，涨跌有序，符合我们的“平行理论”（如图 1－46 中所示）。

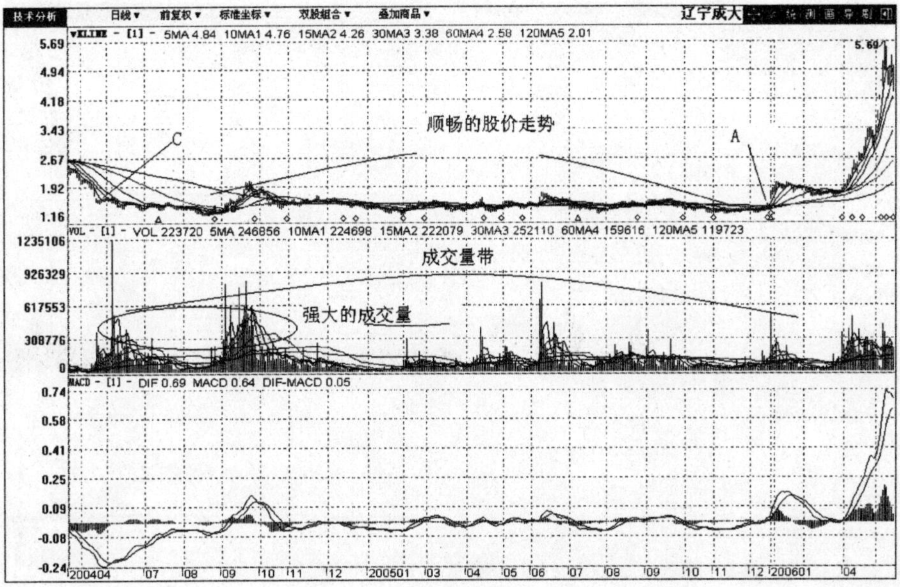

图 1-46

要想成为每一轮行情中数一数二的大牛股，除了要具备大牛市背景、优秀的公司基本面、实力雄厚的庄家，这三个基本条件之外，还有两条也是相当重要的：**要符合当时的炒作题材，或是具有完美和谐的价量结构**。上边介绍的驰宏锌锗就符合当时的炒作题材，而辽宁成大在技术面上来讲除了具有强大的建仓系统之外，还具有完美和谐的价量结构，这也是该股之所以能成为市场中数一数二的“超级牛股”的重要条件之一（如图 1-47 中所示）。

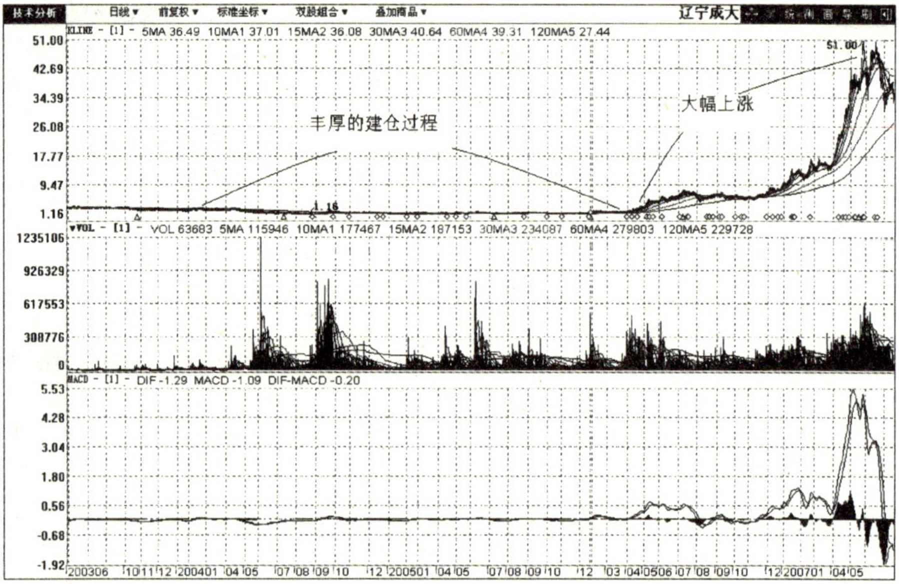

图 1 - 47

八、盐田港（000088）

虽然都是有勇有谋、目光远大的庄家，但是在投资实力、投资理念、操作手法、操作意志等方面上总会有所差异的，这也造成了个股之间价格走势的精彩纷呈。所以在众多的大牛股当中，不仅只有那些走势强劲、涨幅巨大的“超级牛股”，也有上涨曲折，涨幅略为逊色的另一类股票。

例如，陕国投（000563）、长源电力（000966）、安泰集团（600408）、东方明珠（600832）、电广传媒（000917）、盐田港（000088）、中集集团（000039）等，它们在涨幅与涨速上与前边所介绍个股相比明显有所不如，之所以会造成这样的结果其中也是各有原因的（如图 1 - 48、图 1 - 49、图 1 - 50、图 1 - 51、图 1 - 52、图 1 - 53、图 1 - 54 中所示）。

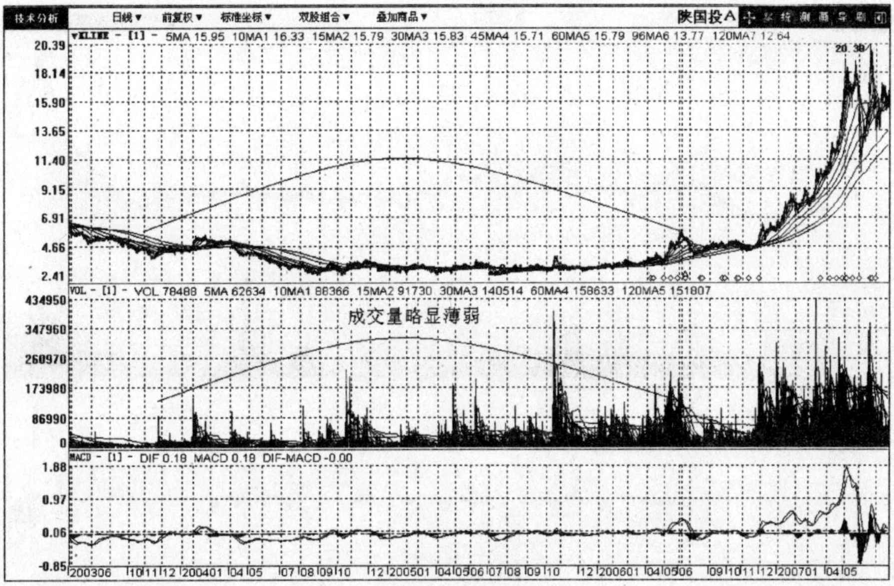
技术分析
日线
前复权
标准坐标
双股组合
叠加商品
陕国投A
KLINE - [1] - 5MA 15.95 10MA1 16.33 15MA2 15.79 30MA3 15.83 45MA4 15.71 60MA5 15.79 96MA6 13.77 120MA7 12.64
VOL - [1] - VOL 78488 5MA 62634 10MA1 86366 15MA2 91730 30MA3 140514 60MA4 158633 120MA5 151807
成交量略显薄弱
MACD - [1] - DIF 0.18 MACD 0.18 DIF-MACD -0.00

图 1－48

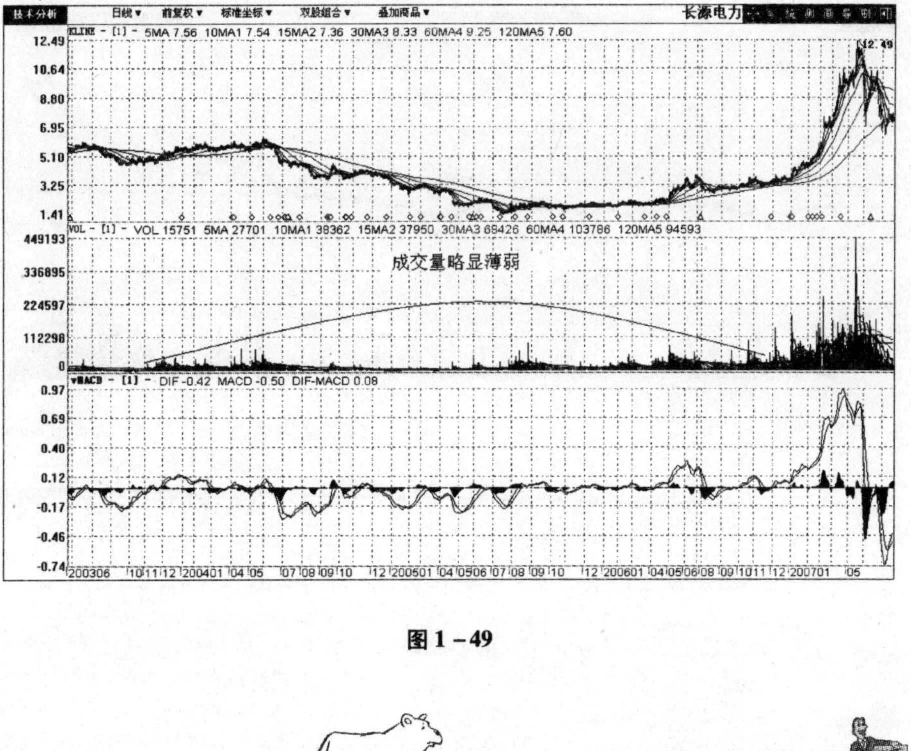
技术分析
日线
前复权
标准坐标
双股组合
叠加商品
长源电力
KLINE - [1] - 5MA 7.56 10MA1 7.54 15MA2 7.36 30MA3 8.33 60MA4 9.25 120MA5 7.60
VOL - [1] - VOL 15751 5MA 27701 10MA1 38362 15MA2 37950 30MA3 69426 60MA4 103786 120MA5 94593
成交量略显薄弱
MACD - [1] - DIF -0.42 MACD -0.50 DIF-MACD 0.08

图 1－49

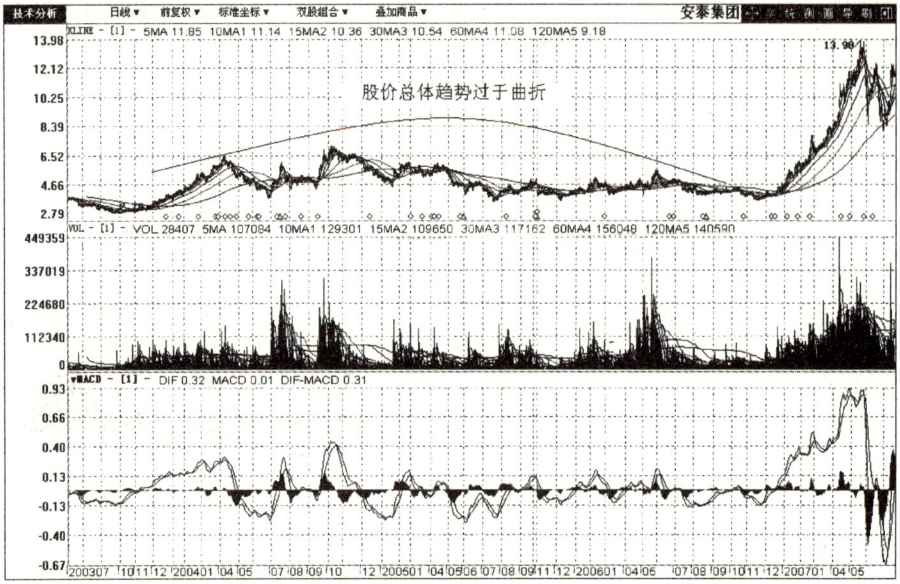
技术分析 日线 前复权 标准坐标 双股组合 叠加商品
安泰集团
KLINE - [1] - 5MA 11.85 10MA1 11.14 15MA2 10.36 30MA3 10.54 60MA4 11.08 120MA5 9.18
股价总体趋势过于曲折
13.90
VOL - [1] - VOL 28407 5MA 107084 10MA1 129301 15MA2 109650 30MA3 117162 60MA4 156048 120MA5 140590
MACD - [1] - DIF 0.32 MACD 0.01 DIF-MACD 0.31

图 1 -50

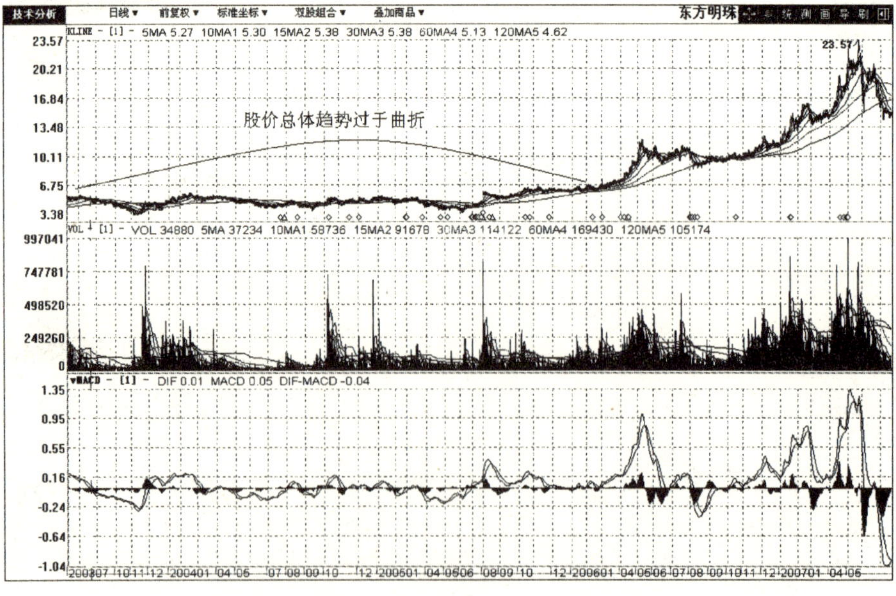
技术分析 日线 前复权 标准坐标 双股组合 叠加商品
东方明珠
KLINE - [1] - 5MA 5.27 10MA1 5.30 15MA2 5.38 30MA3 5.38 60MA4 5.13 120MA5 4.62
股价总体趋势过于曲折
23.57
VOL - [1] - VOL 34880 5MA 37234 10MA1 58736 15MA2 91678 30MA3 114122 60MA4 169430 120MA5 105174
MACD - [1] - DIF 0.01 MACD 0.05 DIF-MACD -0.04

图 1 -51

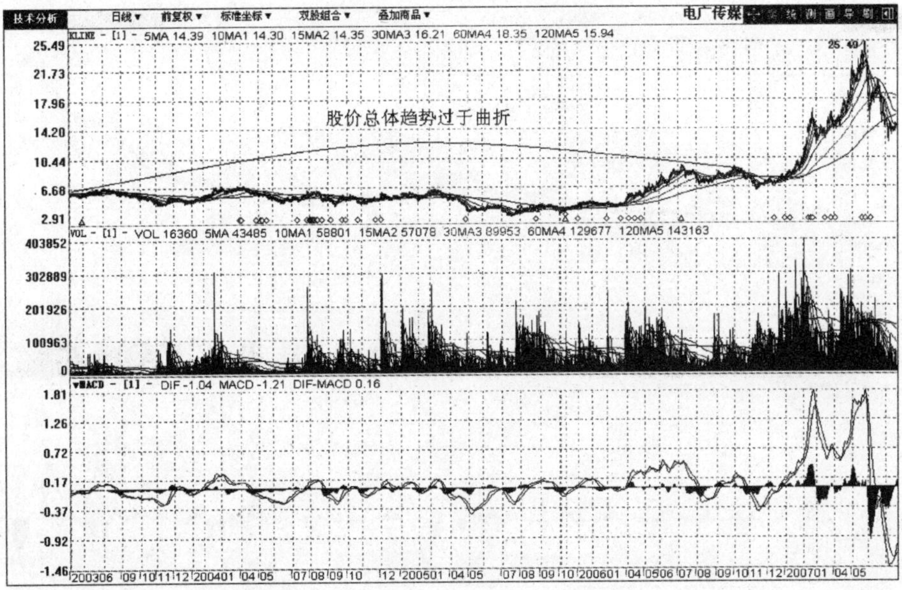
技术分析 日线 前复权 标准坐标 双股组合 叠加商品
电广传媒
KLINE - [1] - 5MA 14.39 10MA1 14.30 15MA2 14.35 30MA3 16.21 60MA4 18.35 120MA5 15.94
股价总体趋势过于曲折
VOL - [1] - VOL 16360 5MA 43485 10MA1 58801 15MA2 57078 30MA3 89953 60MA4 129677 120MA5 143163
MACD - [1] - DIF -1.04 MACD -1.21 DIF-MACD 0.16

图 1-52

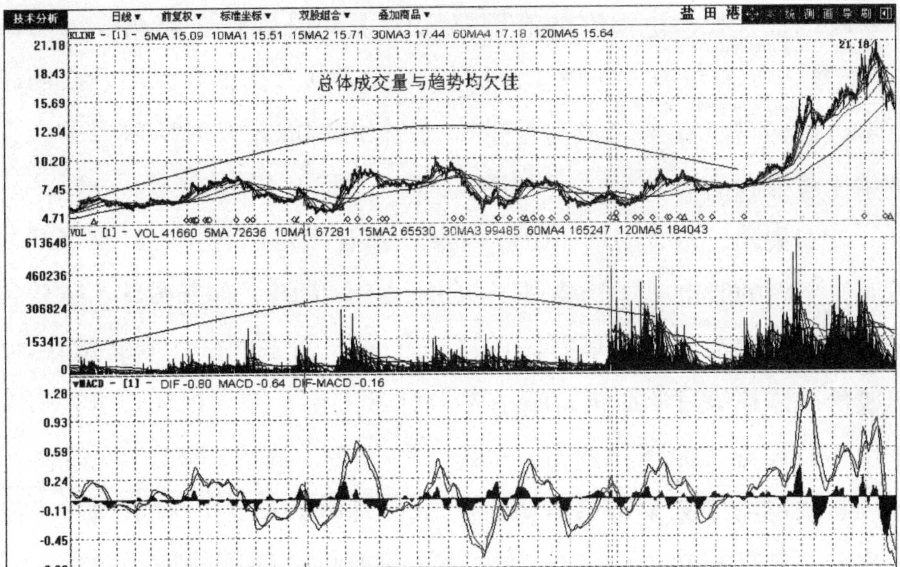
技术分析 日线 前复权 标准坐标 双股组合 叠加商品
盐田港
KLINE - [1] - 5MA 15.09 10MA1 15.51 15MA2 15.71 30MA3 17.44 60MA4 17.18 120MA5 15.64
总体成交量与趋势均欠佳
VOL - [1] - VOL 41660 5MA 72636 10MA1 67281 15MA2 65530 30MA3 99485 60MA4 165247 120MA5 184043
MACD - [1] - DIF -0.80 MACD -0.64 DIF-MACD -0.16

图 1-53

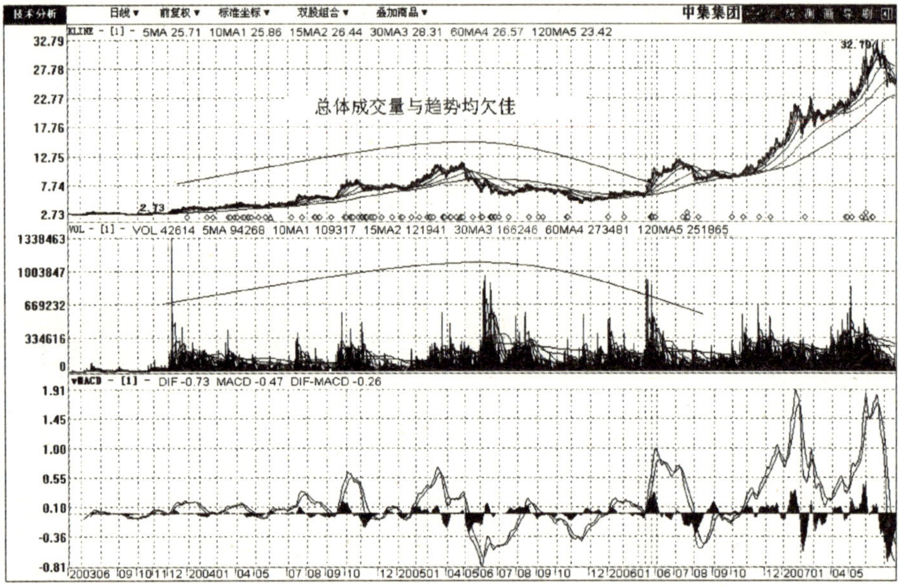

图 1－54

陕国投、长源电力涨幅有限是因为主升浪展开之前两三年内的“成交量带”份量有些不够。陕国投和长源电力在主升浪展开之前两三年内依稀可见有条“成交量带”，但和此两股拉升时所放出的成交量相比就显得有些薄弱了（如图 1－48、图 1－49 中所示）。

安泰集团、东方明珠、电广传媒涨幅有限是因为，主升浪展开之前两三年内的股价总体趋势过于曲折。安泰集团、东方明珠、电广传媒这三只个股在主升浪展开之前两三年内虽换手积极、成交量充沛，但股价总体趋势过于曲折，暗示主力空盘不牢，能量损耗过大，有悖于“平行理论”原理（如图 1－50、图 1－51、图 1－52 中所示）。

盐田港与中集集团两者涨幅有限，且涨势曲折，则是因为主升浪展开之前两三年内的“成交量带”与股价总体趋势均不过关。盐田港、中集集团在主升浪展开之前两三年内虽有较为丰厚的“成交量带”，细一观看成交量虽丰厚，但却无特点，再看其股价的总体形态更是凌乱不堪，如此走势岂能出“超级牛股”乎（如图1－53、图1－54中所示）！

小结：一只大牛股的形成，不像多数股民所想像的那么简单，像吹口气一样说来就来，说走就走。很多股民朋友常无端地对个股或大盘抱有幻想，希望哪一天行情会从天而降，这些都是很不切合实际的。一只所谓的“大牛股”，一般的形成周期都要两三年左右，有的甚至要五六年、七八年之久。我们应放开眼量，以鸟瞰之势，俯视全局，弄清楚整体走势的来龙去脉，庄家无论怎样折腾也逃不出你的观察范围。也就像孙悟空逃不出如来佛的掌心一样。正像那位美国朋友所说的那样：“大象无形，大庄无庄”。“超级大牛股”对成交量的要求特别高，相反又由于其体型庞大，因而在形态方面的要求相应地就稍低一些，但在一般情况下，它们都会在提前于股价爆发前的两三年内就有所行动了，所以我们在寻找“超级牛股”的时候一定要牢牢地把握好成交量与周期这一主线。

第二节　一类牛股赏析

牛股多数都是出自“智慧的庄家”之手，一般它们多出现在极度疲弱的市场当中，并且主力庄家有着积极的运作思想与周密的操盘计划，运作周期可达数年之久，并且底部成交量大都丰厚有力，股价走势在一相对较长的时期没能保持总体上的平衡或强势。

以下我们给出了一些股票的K线图，各有特点，希望读者从中能看出一些端倪，找出一些特点，总结出一些规律，有所收获。

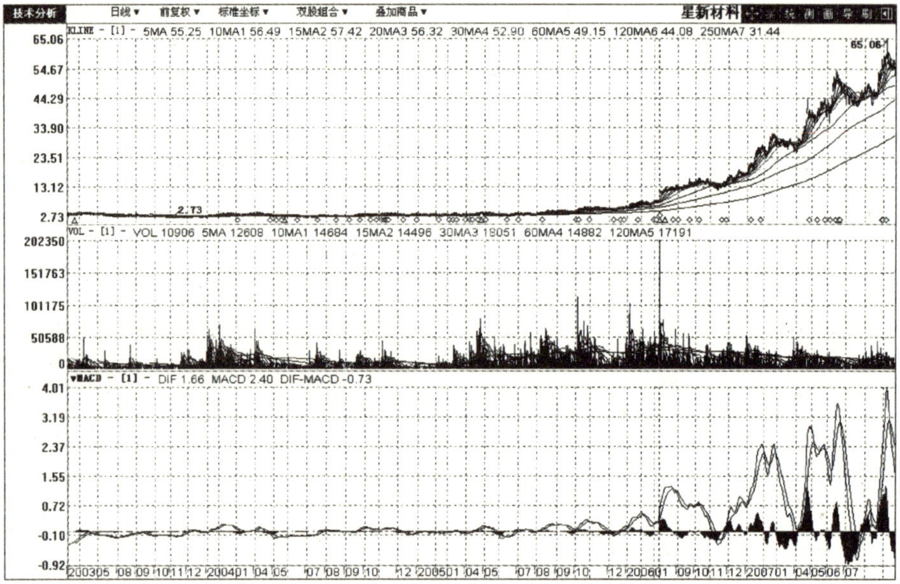

图 1-55　底部强大持久，涨势不绝

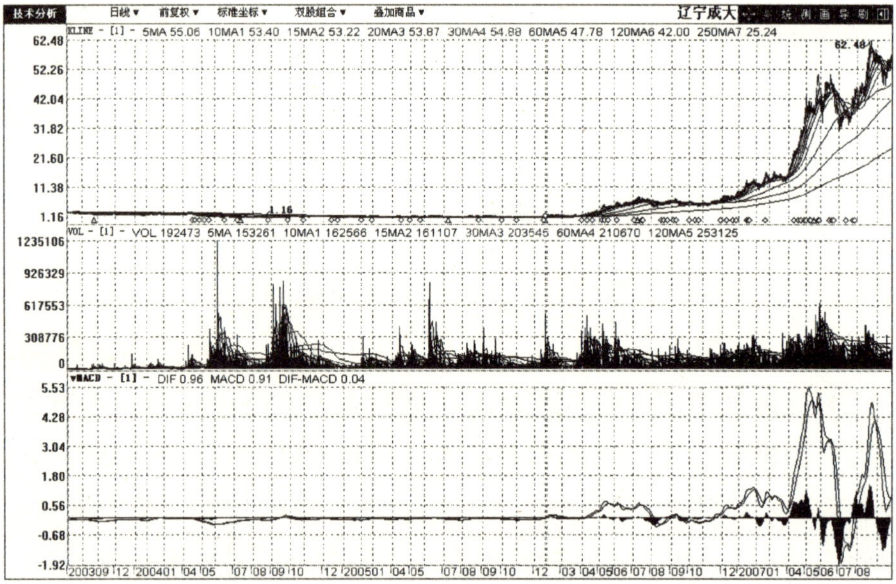

图 1-56　底部雄壮有力，涨势不绝

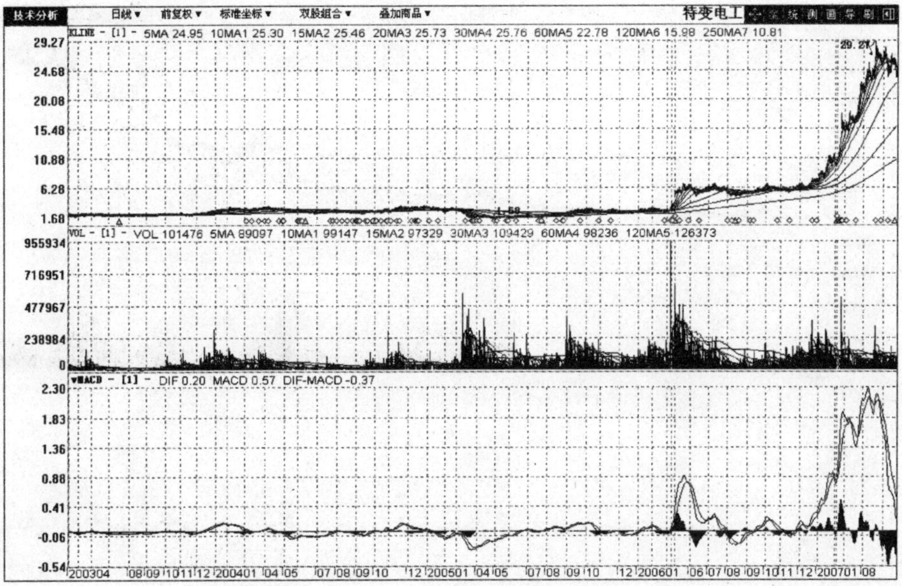

图 1－57　成交量活跃而强大

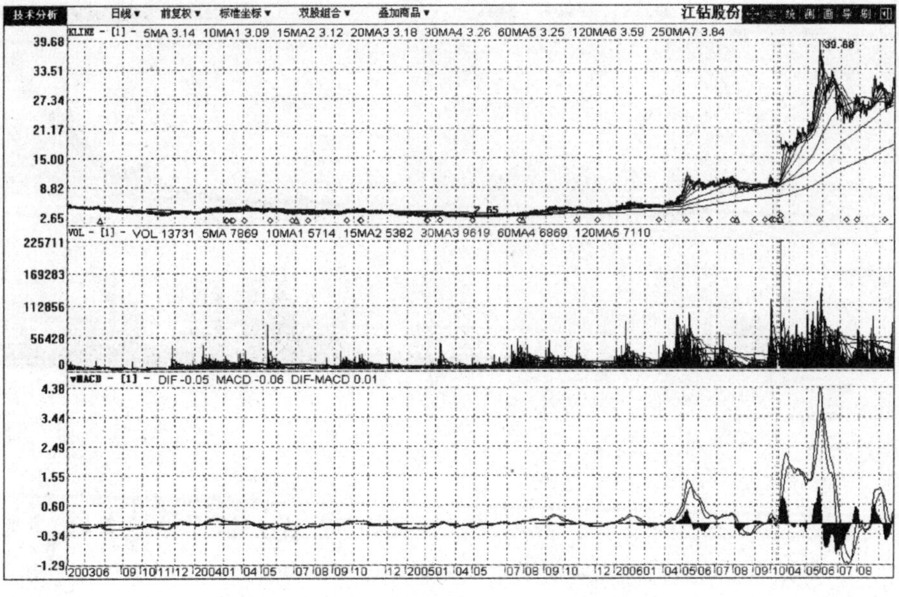

图 1－58　底部成交量均匀，运作周期长

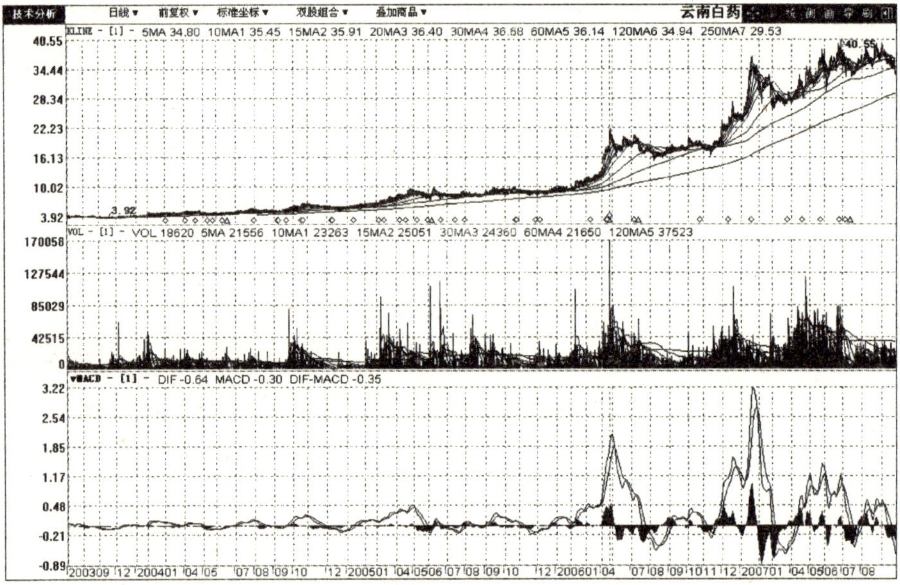

图1-59 底部成交量均匀、充沛

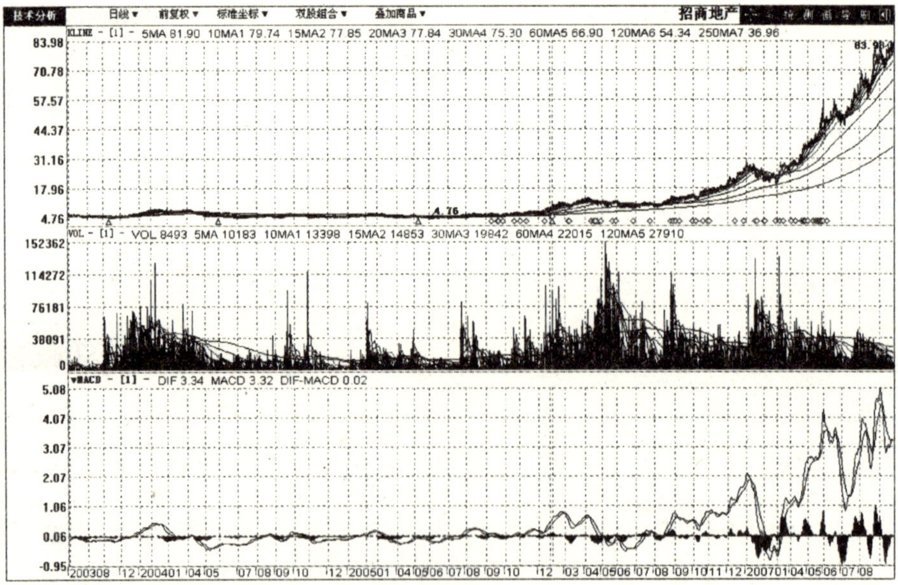

图1-60 系统而庞大的底部

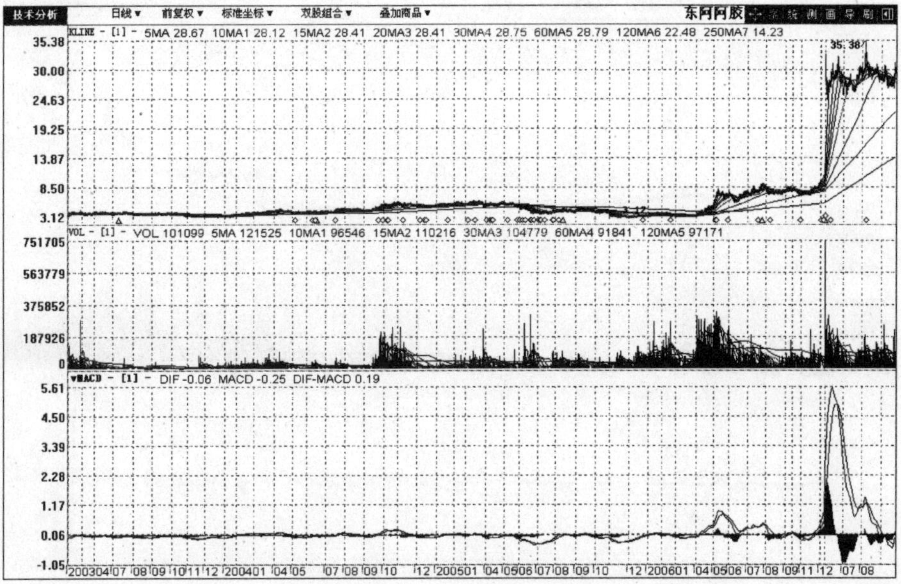

图1－61　成交量有力而强大

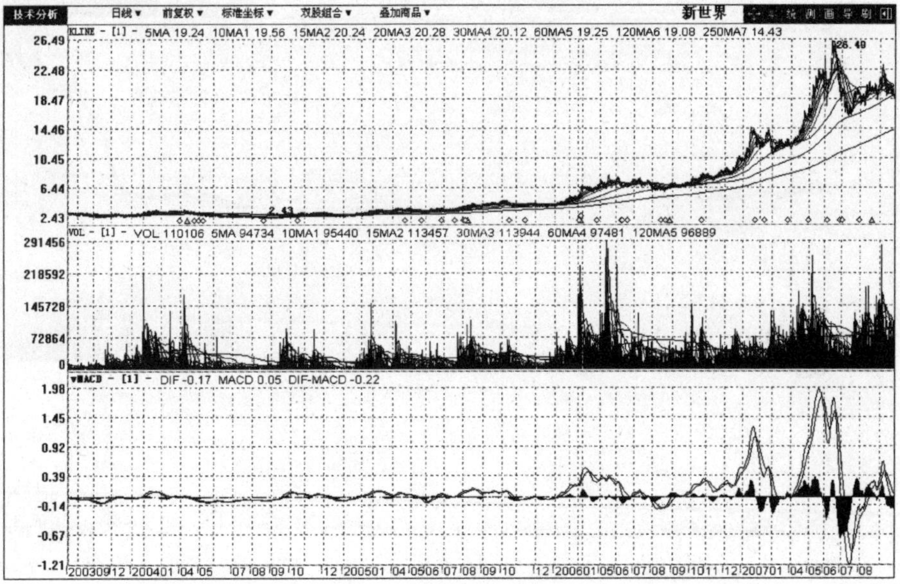

图1－62　主力持续运作

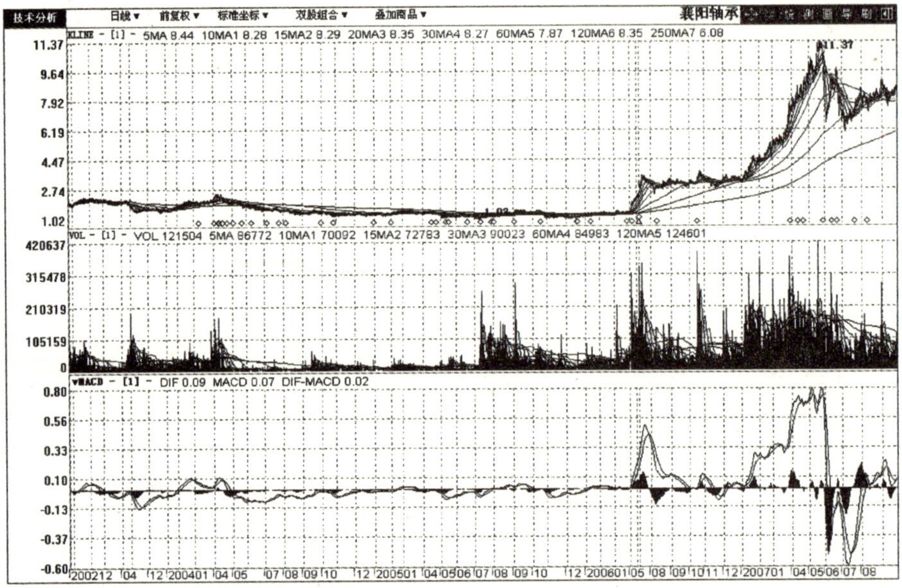

图1－63　成交量比较连贯

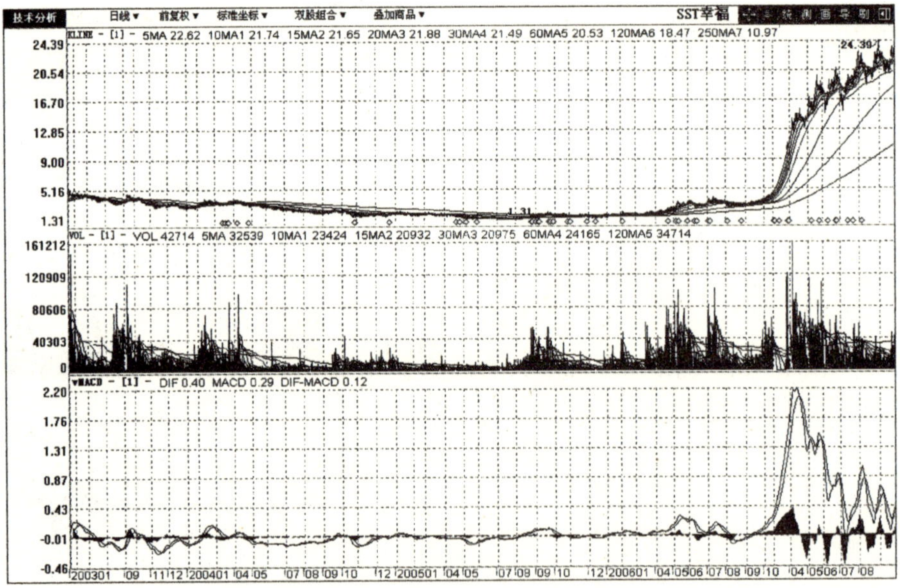

图1－64　底部强大、有力、规范

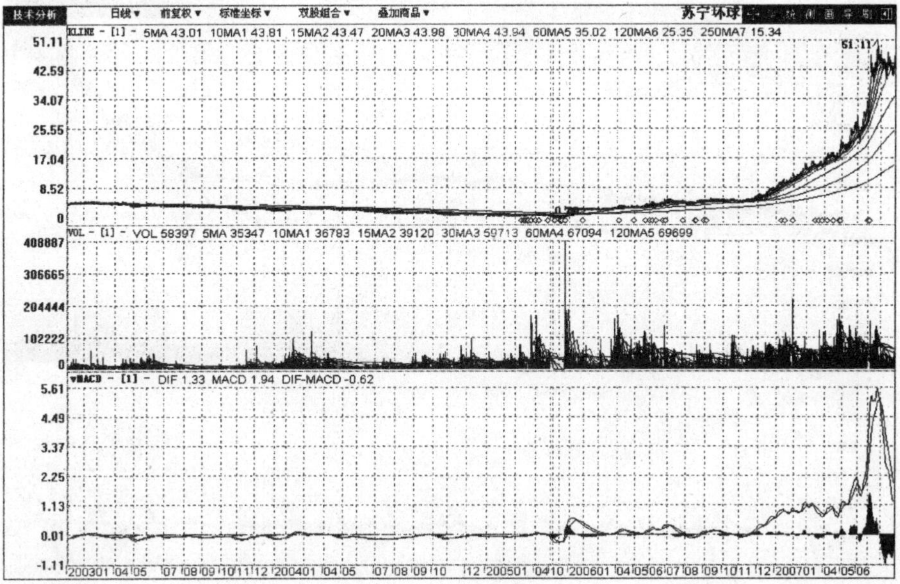

图1－65　整体结构协调

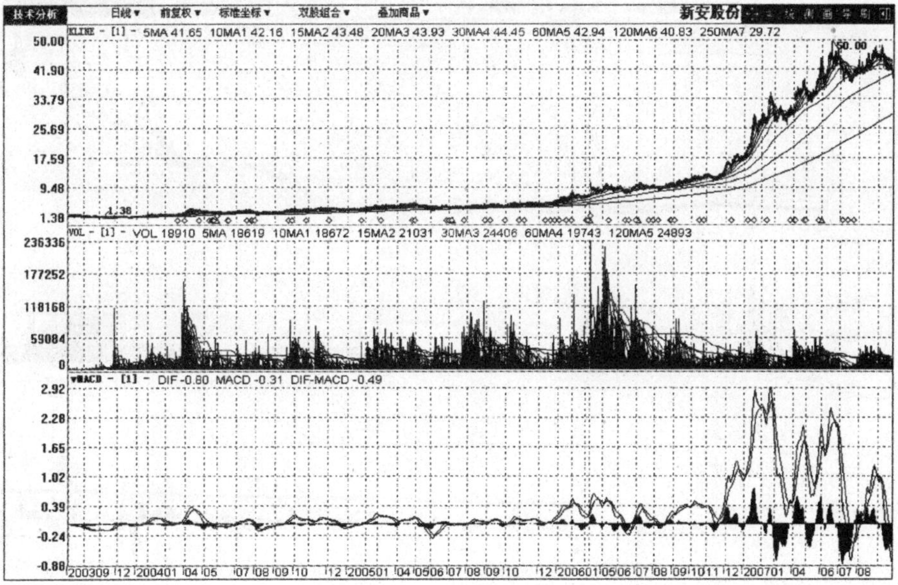

图1－66　成交量密集强大

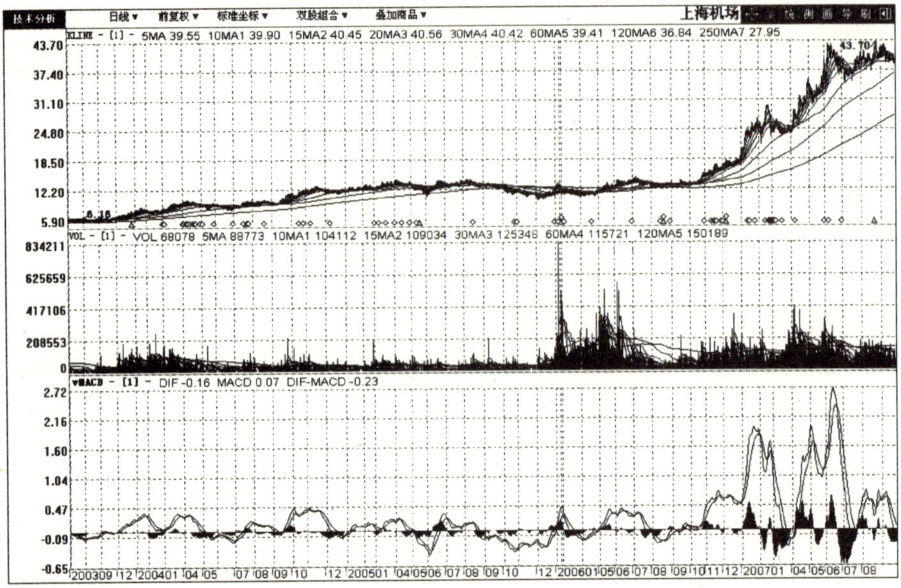

图 1-67 整体趋势强大

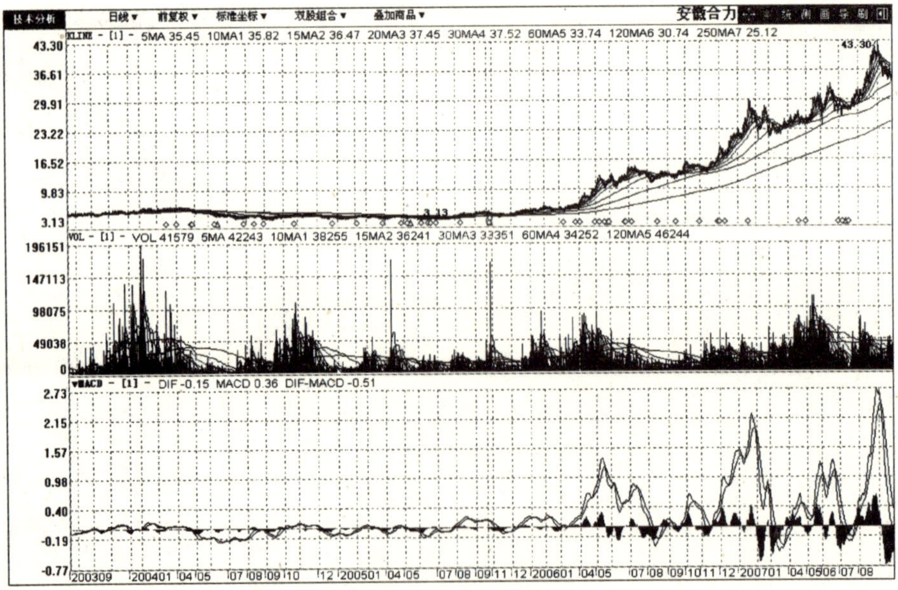

图 1-68 量能厚重丰富

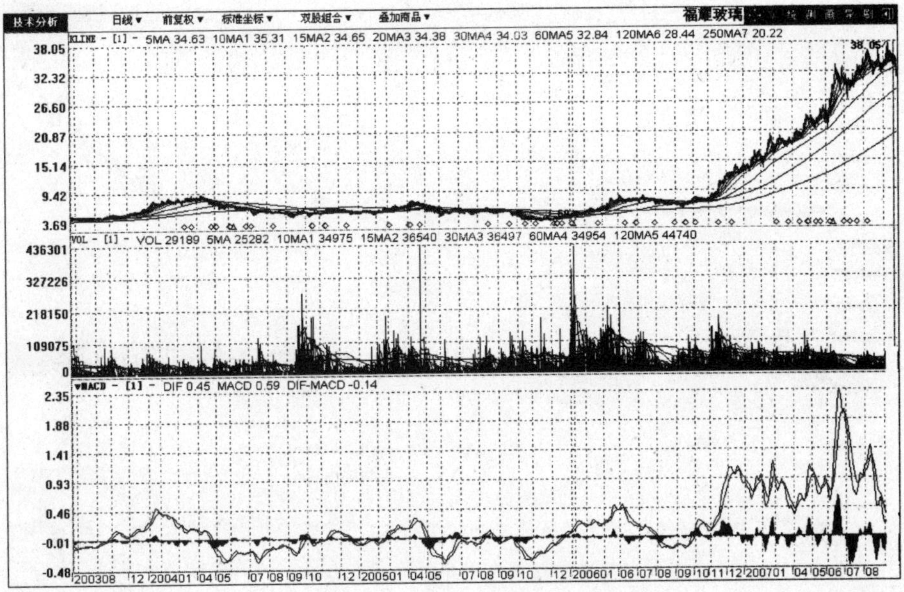

图1－69　成交量持久而厚重

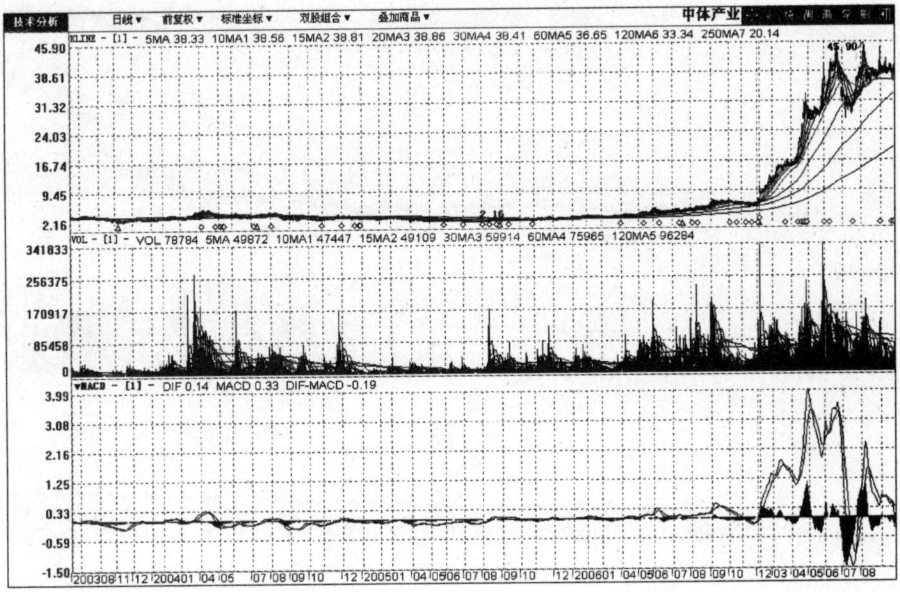

图1－70　底部协调厚重

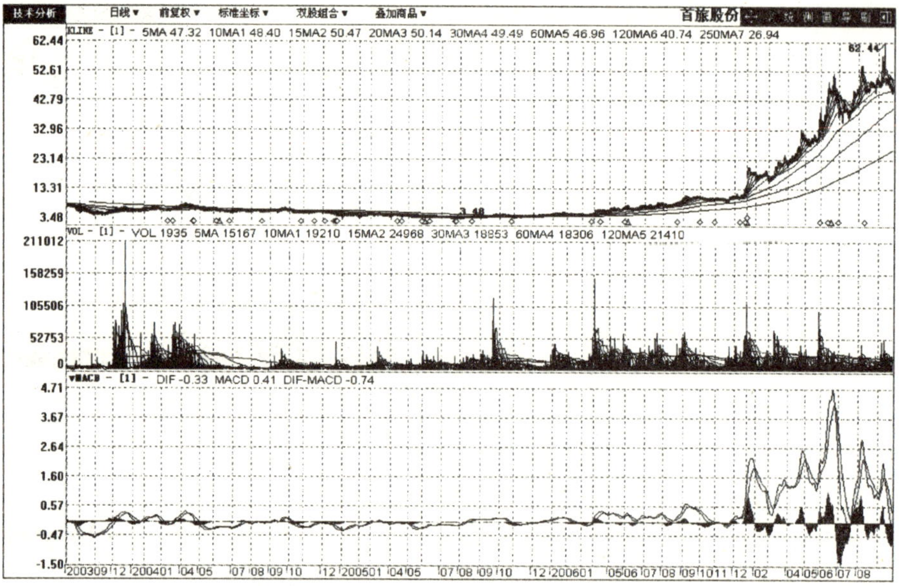

图 1－71　底部协调厚重

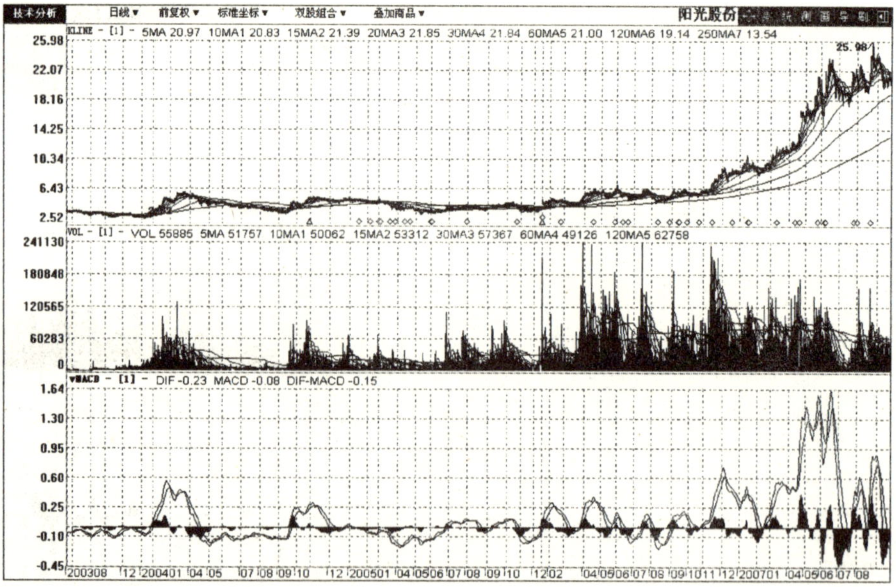

图 1－72　总体形态稍显凌乱

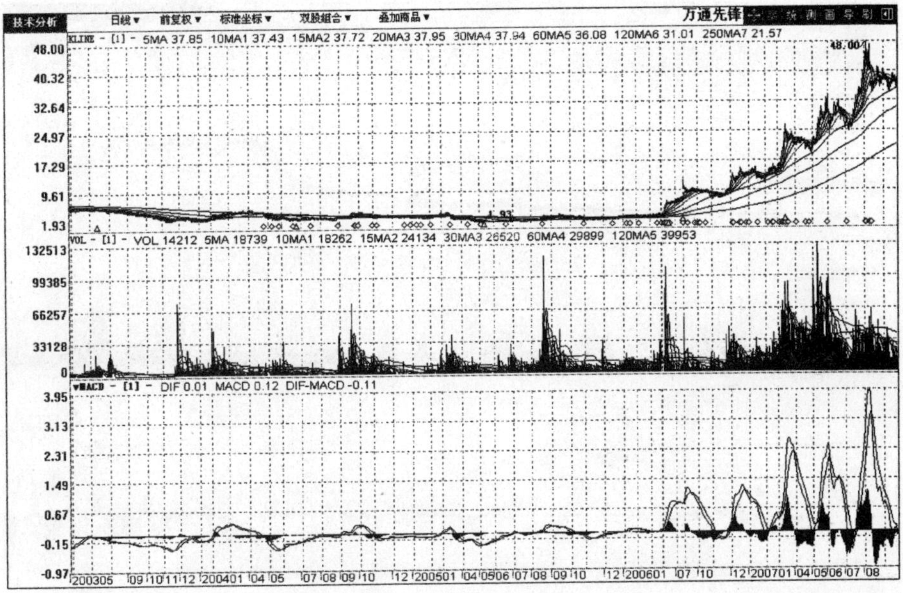

图1-73 成交量活跃，掌控有度

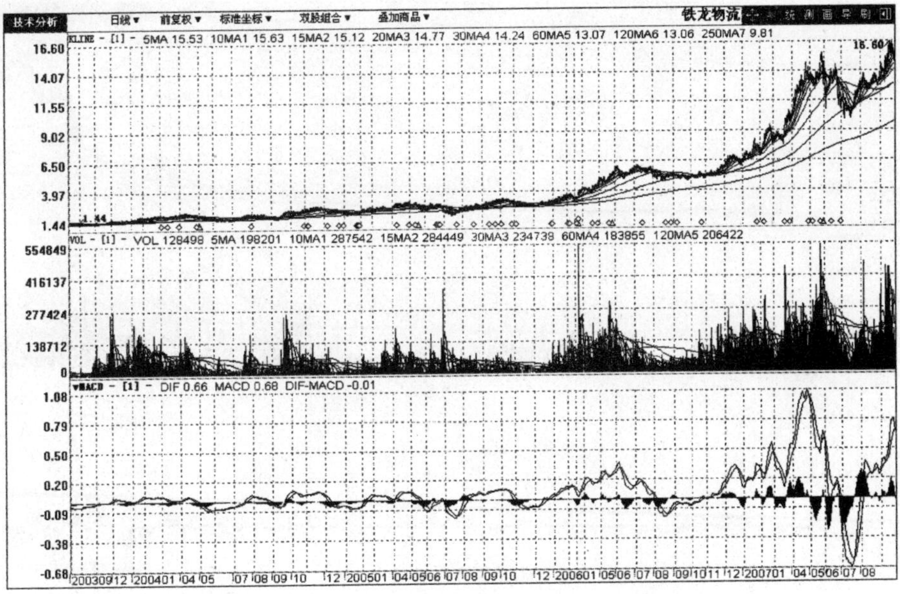

图1-74 总体趋势强劲

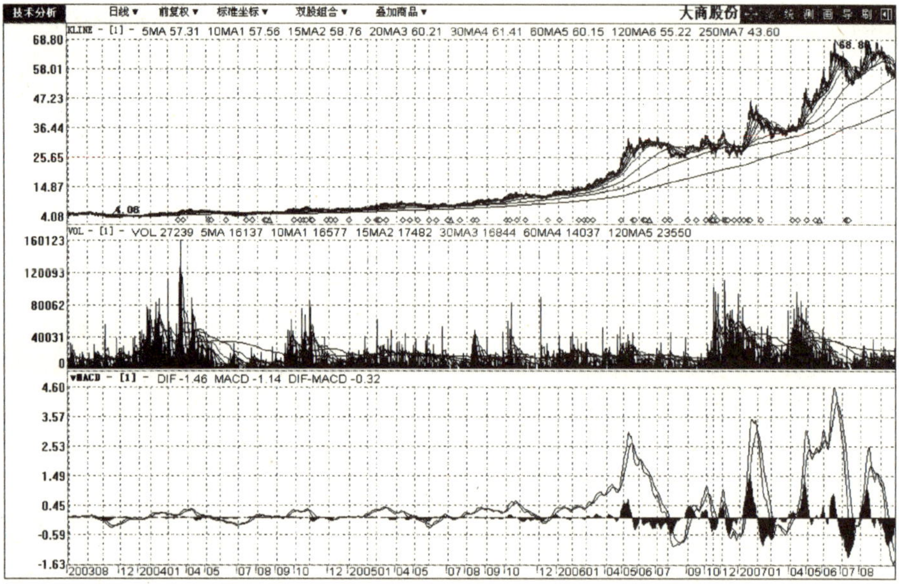

图 1－75　成交量能强大

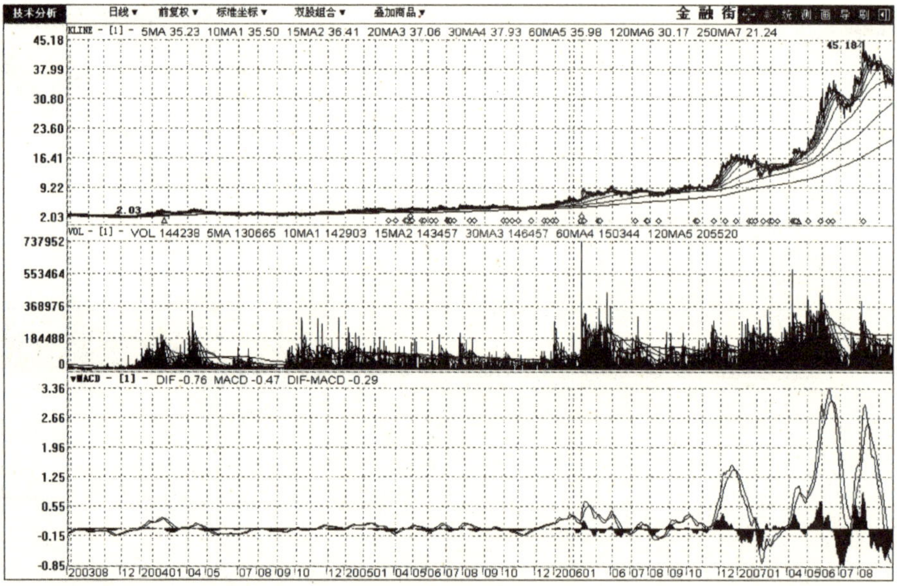

图 1－76　成交量均匀、协调

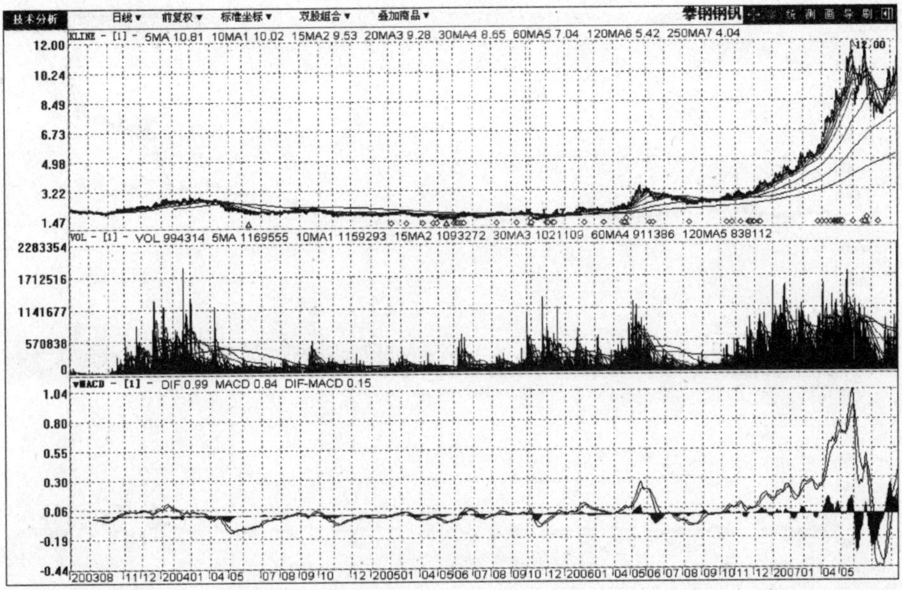

图 1-77 增仓、建仓动作明确

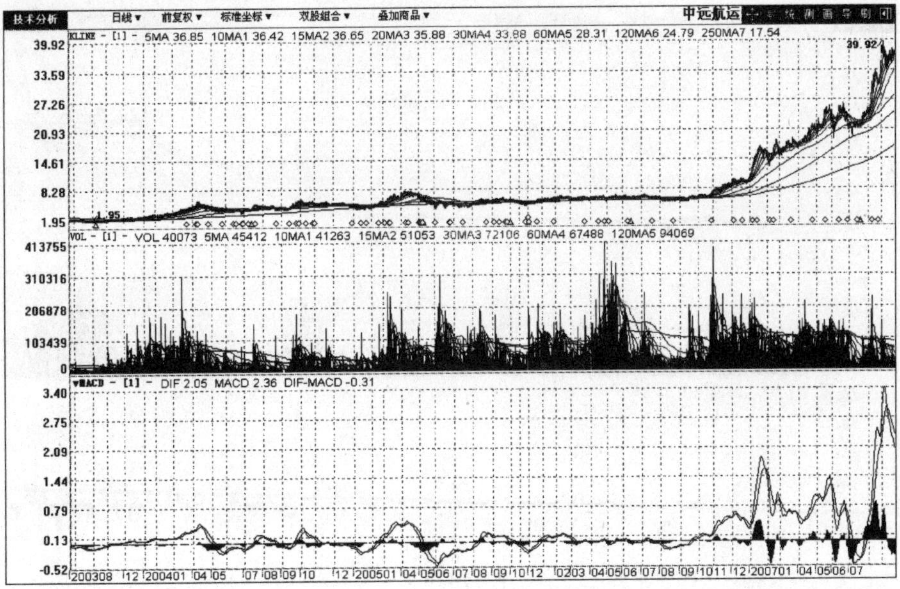

图 1-78 成交量均匀、雄厚

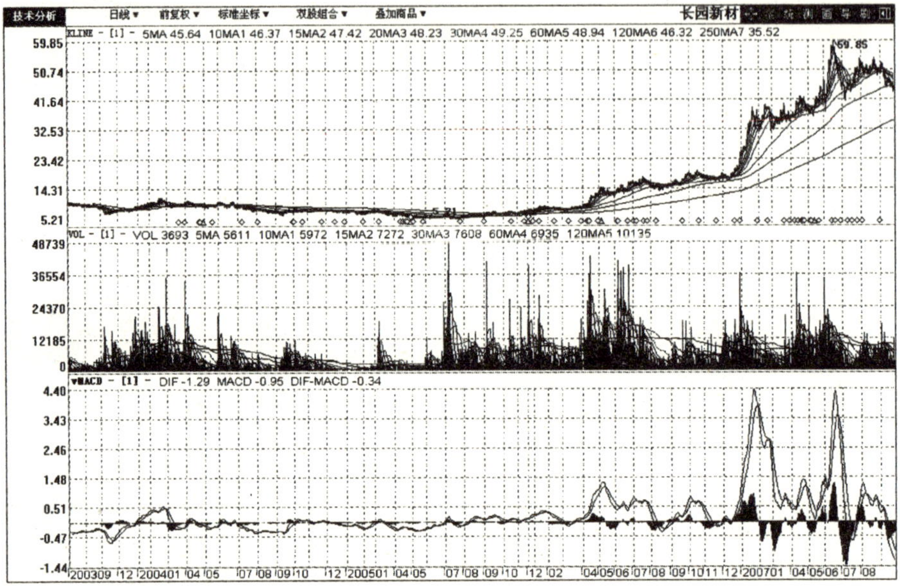

图 1-79　量能充沛，形态不佳

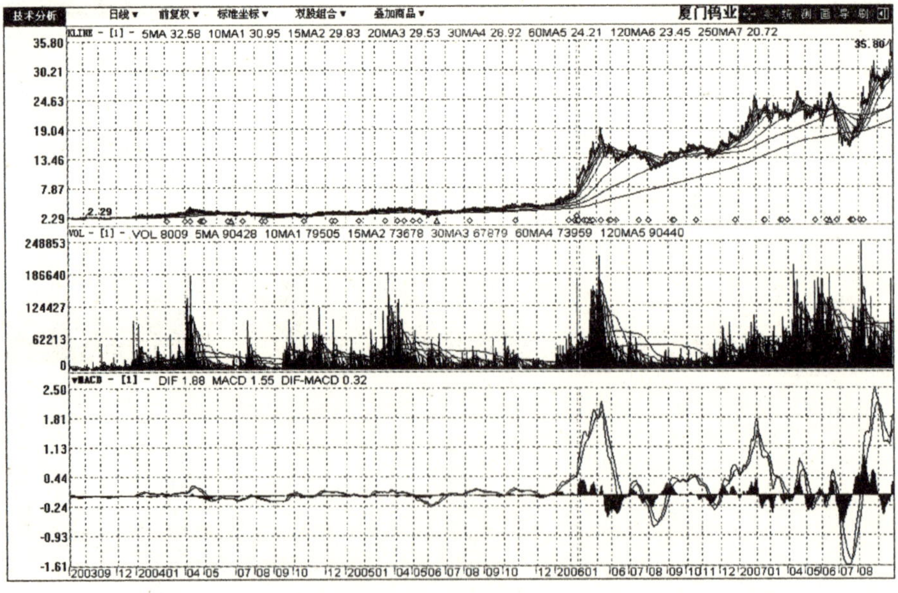

图 1-80　量能充沛

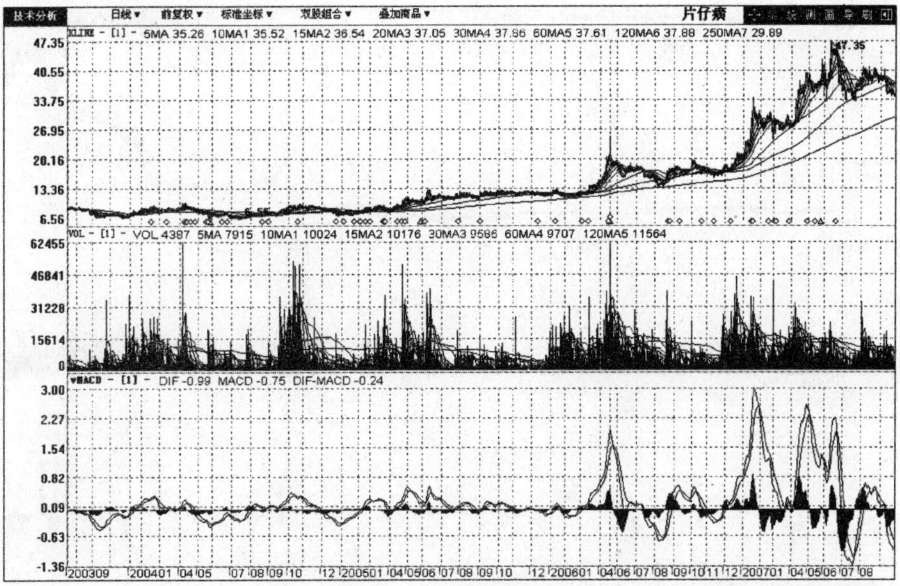

图1-81　量能充沛，形态不够舒展

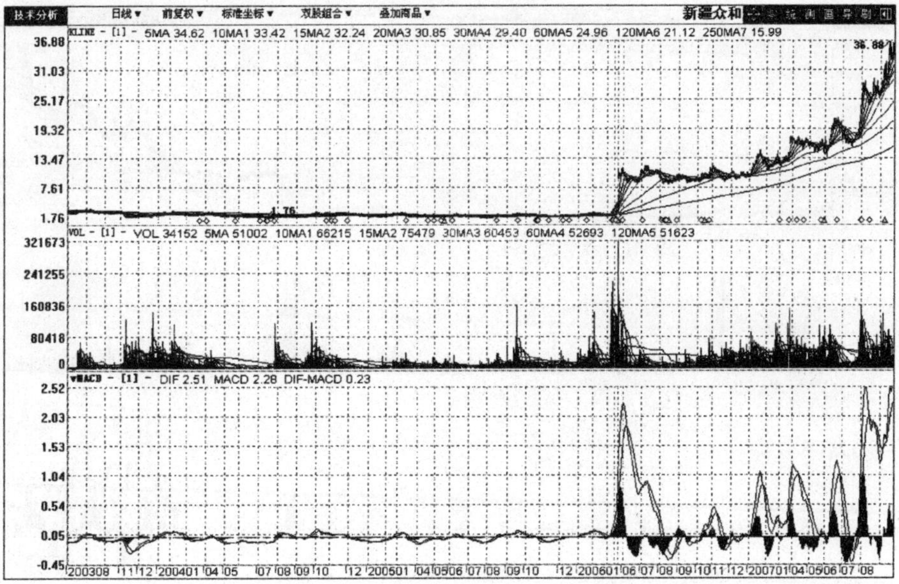

图1-82　量能充足，起涨有力

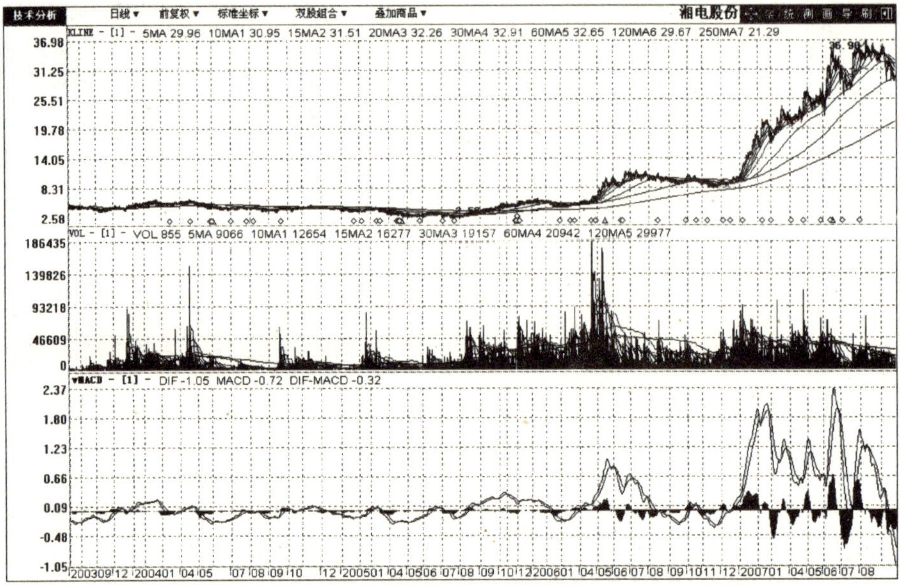

图 1－83　量能不够协调

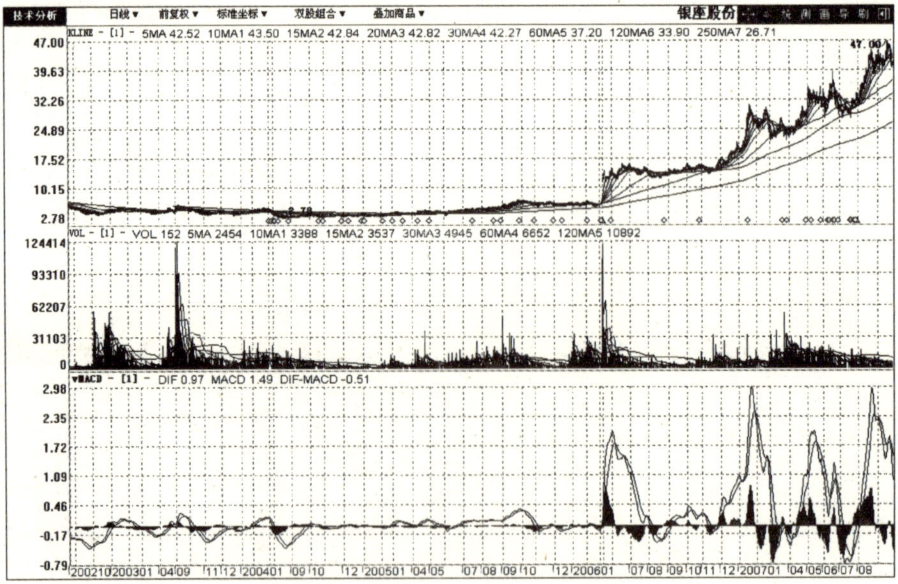

图 1－84　量能充足，起涨有力

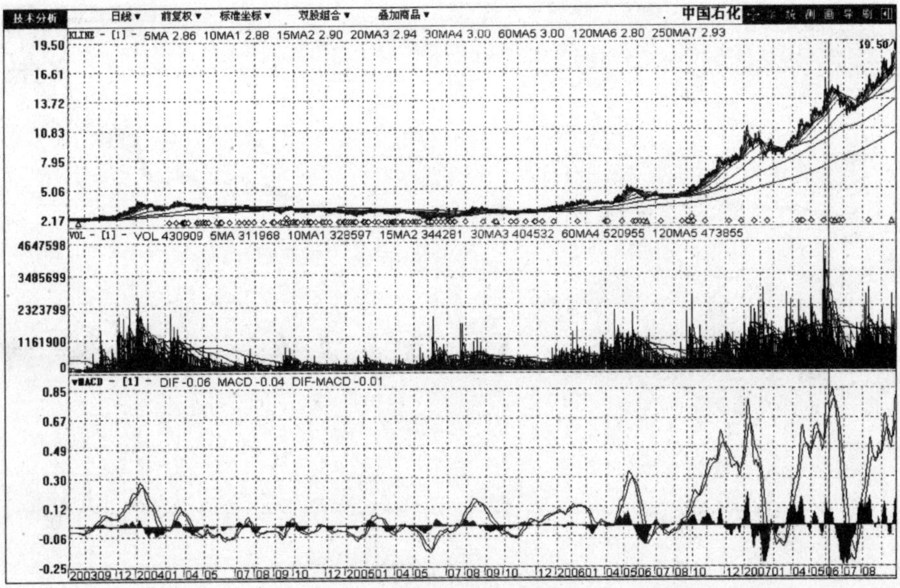

图 1-85　底部成交量充足

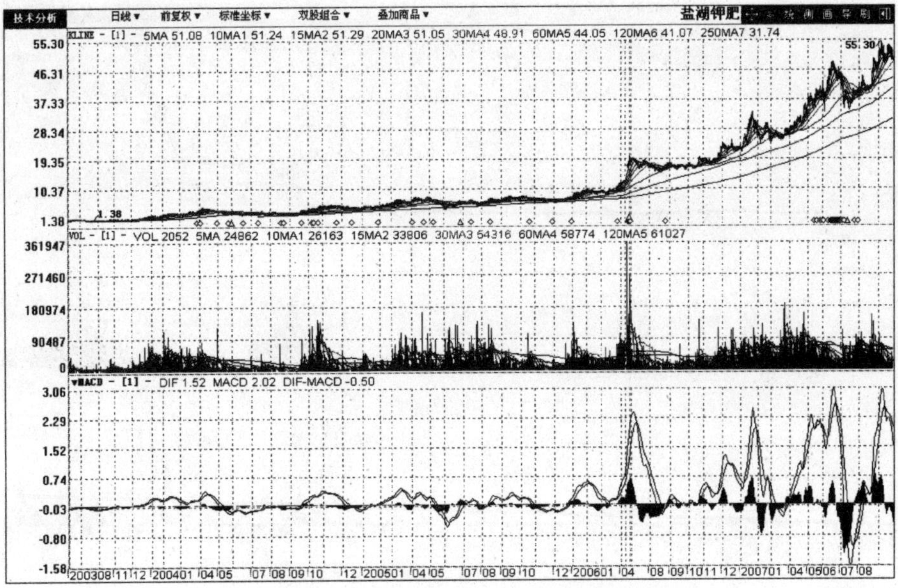

图 1-86　成交量均匀有力，趋势强劲

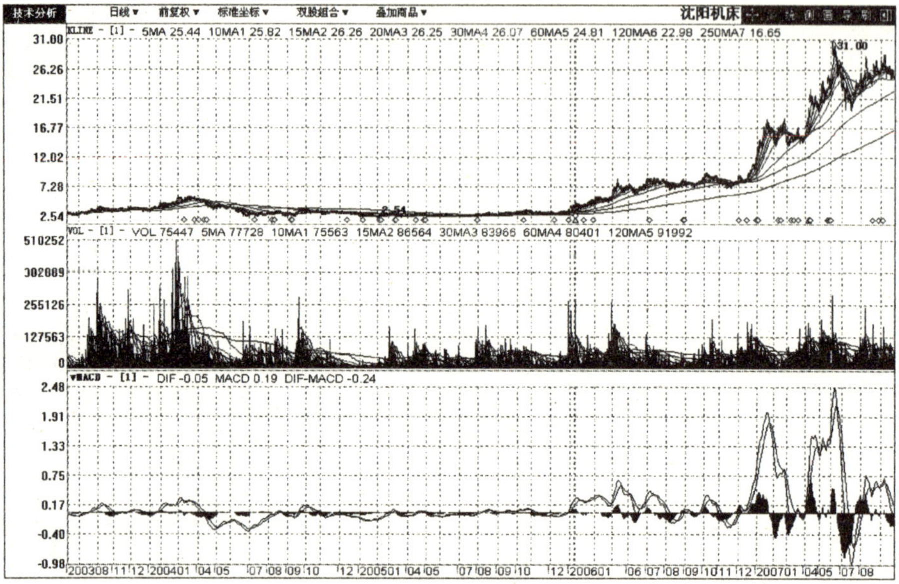

图 1－87　总体结构不够舒展

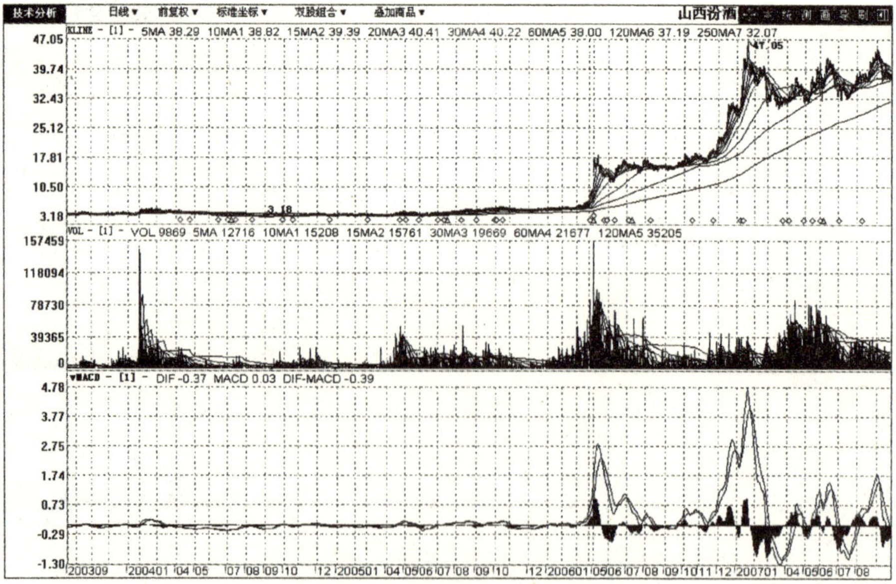

图 1－88　底部成交量配合良好

第二章　聪明的庄家

第一节　黑马股的运作规律及其技术特征

通常根据人们对外部条件的反应程度不同，习惯上我们一般把股民分成三种类型：

第一种，先知先觉型。他们头脑敏锐，反应机警，往往都能在第一时间内先于他人作出正确判断，并且敢于实施，他们是市场中真正赚大钱的人，但这种人很少，大概不足股民数量的10%。

第二种，后知即觉型。他们虽不能在第一时间内感受到市场当中的微妙变化，但很快就能够意识到自己所犯的错误，并予以改正，虽赚不到最可观的利润，躲不过突然而至的风险，但亡羊补牢也为时不晚，也许能分到一杯羹，这种人也不是太多，大概不足股民数量的20%。

第三种，后知后觉型。这种人最多，赔的钱也最多，等他们发现自己错误的同时也往往是正确趋势的末期了，新的错误又将开始。

庄股都是人为操控，庄家也是人，是人就有思想，在对股市的认识上也同样会有深浅之分。在上一章中我们所介绍的庄家是股市中最优秀的庄家，是大智大慧、有勇有谋的庄家，它们了解市场的运行规律，洞悉整个股市与大环境之间的微妙变化，具有过人的胆量以及超前的意识，并引导着行情未来的发展方向，它们是未来牛市中的最大受益者，可惜的是这类庄家在市场中所占比例实在太少，和先知先觉的散户一样，大概不足其整体数量的10%。股市中还有另一类庄家相对来说也是比较成功的，虽然它们不具备像第一类庄家那样的过人的胆量与超前的意识，但它们对整个局势的发展也有着极强的感应，能在最短的时间里作出最快的反映，并及时地纠正错误或把握机会，以适应市场的发展。它们就相当于股民当中的“后知即觉型”，其数量在庄家之中所占的比例也相当有限。

这种“后知即觉型”的庄家在2006大牛市中也同样有着相当精彩的表现，一般由它们所操控的股票其平均涨幅也大都在5~10倍左右，高于当时的沪指涨幅，并且涨势大多强劲有力。

例如，耀皮玻璃（600819）、天房发展（600322）、珠江控股（000505）、东北证券（000686）、华东医药（000963）、丝绸股份（000301）等的情况就是这样的（如图2－1、图2－2、图2－3、图2－4、图2－5、图2－6中所示）。

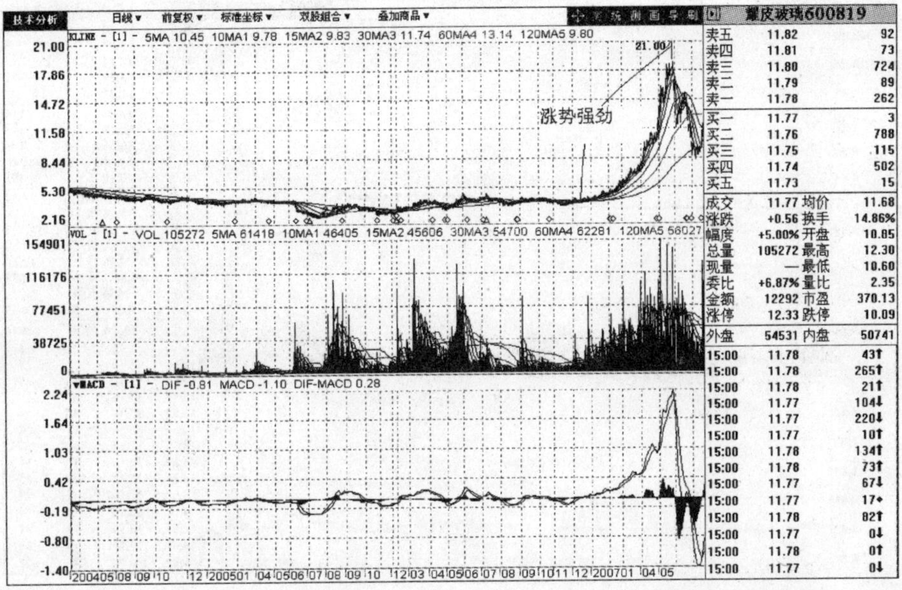
技术分析
日线▼ 前复权▼ 标准坐标▼ 双股组合▼ 叠加商品▼
耀皮玻璃600819
KLINE - [1] - 5MA 10.45 10MA1 9.78 15MA2 9.83 30MA3 11.74 60MA4 13.14 120MA5 9.80
21.00
涨势强劲
VOL - [1] - VOL 105272 5MA 61418 10MA1 46405 15MA2 45606 30MA3 54700 60MA4 62281 120MA5 56027
MACD - [1] - DIF -0.81 MACD -1.10 DIF-MACD 0.28
卖五 11.82 92
卖四 11.81 73
卖三 11.80 724
卖二 11.79 89
卖一 11.78 262
买一 11.77 3
买二 11.76 788
买三 11.75 115
买四 11.74 502
买五 11.73 15
成交 11.77 均价 11.68
涨跌 +0.56 换手 14.86%
幅度 +5.00% 开盘 10.85
总量 105272 最高 12.30
现量 — 最低 10.60
委比 +6.87% 量比 2.35
金额 12292 市盈 370.13
涨停 12.33 跌停 10.09
外盘 54531 内盘 50741

图 2－1

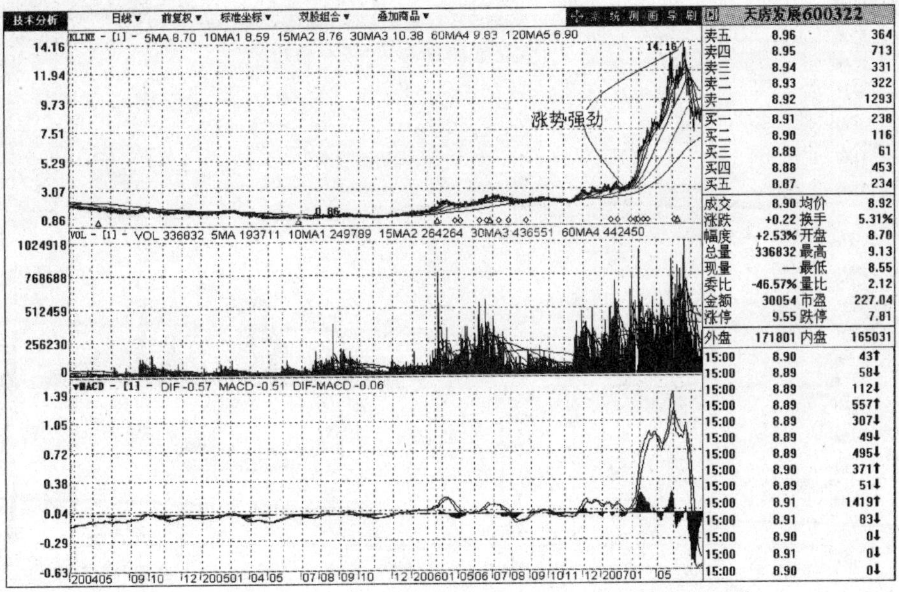
技术分析
日线▼ 前复权▼ 标准坐标▼ 双股组合▼ 叠加商品▼
天房发展600322
KLINE - [1] - 5MA 8.70 10MA1 8.59 15MA2 8.76 30MA3 10.38 60MA4 9.83 120MA5 6.90
14.16
0.86
涨势强劲
VOL - [1] - VOL 336832 5MA 193711 10MA1 249789 15MA2 264264 30MA3 436551 60MA4 442450
MACD - [1] - DIF -0.57 MACD -0.51 DIF-MACD -0.06
卖五 8.96 364
卖四 8.95 713
卖三 8.94 331
卖二 8.93 322
卖一 8.92 1293
买一 8.91 238
买二 8.90 116
买三 8.89 61
买四 8.88 453
买五 8.87 234
成交 8.90 均价 8.92
涨跌 +0.22 换手 5.31%
幅度 +2.53% 开盘 8.70
总量 336832 最高 9.13
现量 — 最低 8.55
委比 -46.57% 量比 2.12
金额 30054 市盈 227.04
涨停 9.55 跌停 7.81
外盘 171801 内盘 165031

图 2－2

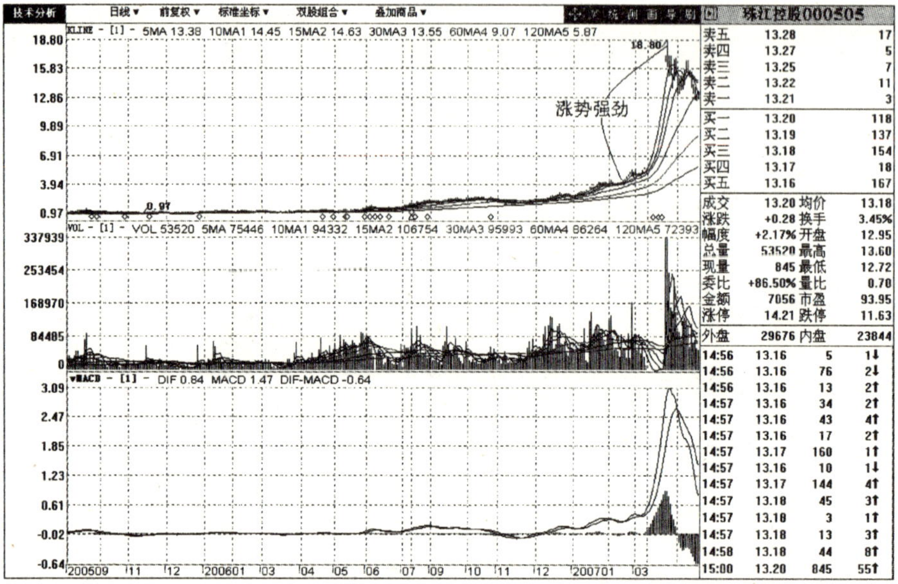
技术分析
日线
前复权
标准坐标
双股组合
叠加商品
珠江控股000505
KLINE - [1] - 5MA 13.38 10MA1 14.45 15MA2 14.63 30MA3 13.55 60MA4 9.07 120MA5 5.87
18.80
涨势强劲
0.97
VOL - [1] - VOL 53520 5MA 75446 10MA1 94332 15MA2 106754 30MA3 95993 60MA4 86264 120MA5 72393
MACD - [1] - DIF 0.84 MACD 1.47 DIF-MACD -0.64
卖五 13.28 17
卖四 13.27 5
卖三 13.25 7
卖二 13.22 11
卖一 13.21 3
买一 13.20 118
买二 13.19 137
买三 13.18 154
买四 13.17 18
买五 13.16 167
成交 13.20 均价 13.18
涨跌 +0.28 换手 3.45%
幅度 +2.17% 开盘 12.95
总量 53520 最高 13.60
现量 845 最低 12.72
委比 +86.50% 量比 0.70
金额 7056 市盈 93.95
涨停 14.21 跌停 11.63
外盘 29676 内盘 23844

图 2-3

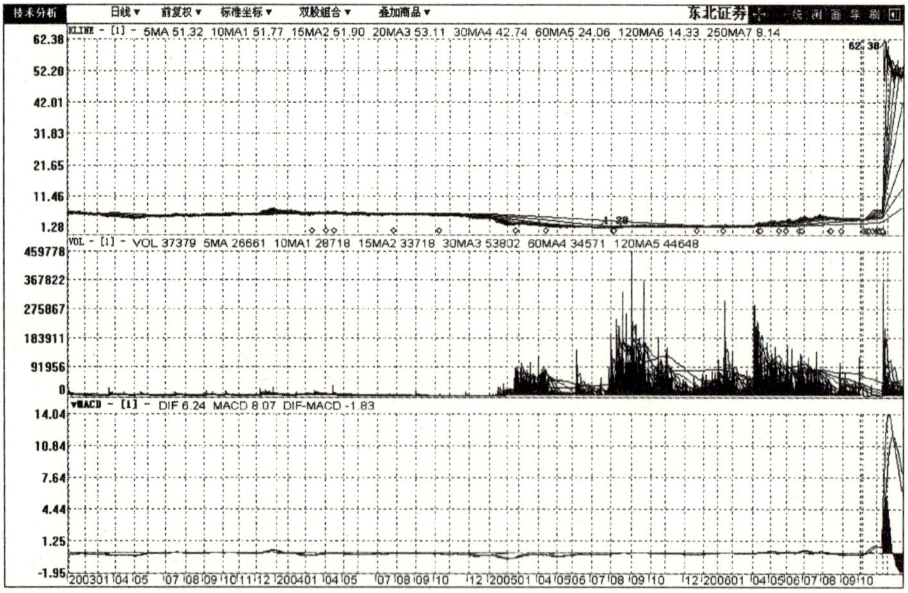
技术分析
日线
前复权
标准坐标
双股组合
叠加商品
东北证券
KLINE - [1] - 5MA 51.32 10MA1 51.77 15MA2 51.90 20MA3 53.11 30MA4 42.74 60MA5 24.06 120MA6 14.33 250MA7 8.14
62.38
VOL - [1] - VOL 37379 5MA 26661 10MA1 28718 15MA2 33718 30MA3 53802 60MA4 34571 120MA5 44648
MACD - [1] - DIF 6.24 MACD 8.07 DIF-MACD -1.83

图 2-4

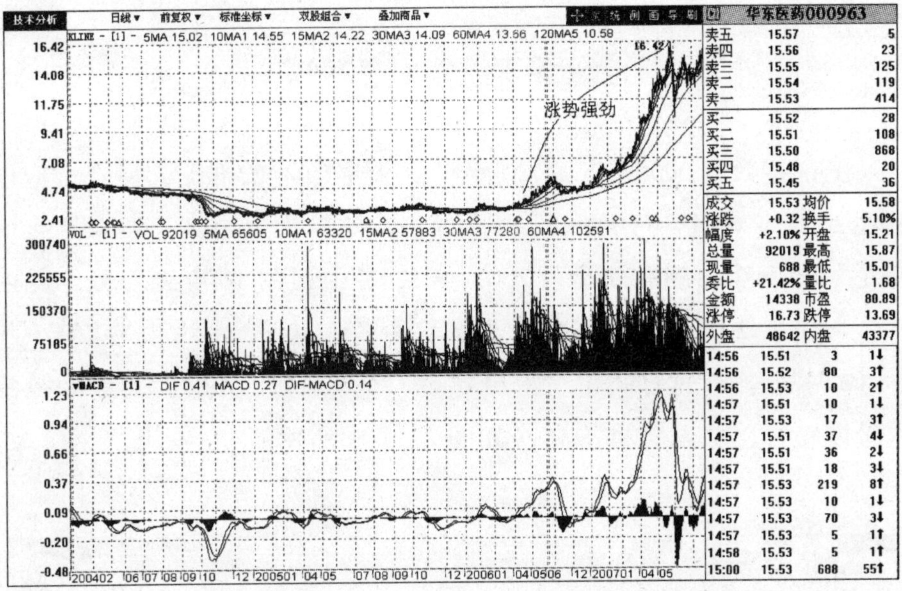

图 2－5

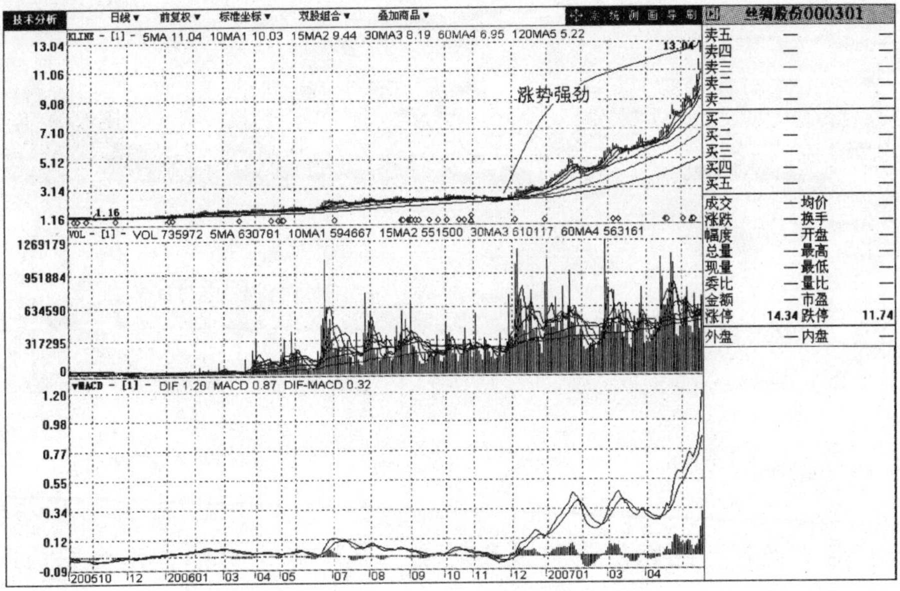

图 2－6

一、岁宝热电（600864）

上证指数（000001）在2006年“大牛市”的准确起始点，应该是在2005年6月6日的998.23点处，而这轮大牛市真正迎来“全面开花”的上涨高潮期却是在2005年12月中旬的1000余点处，是由有色金属板块所引导的，这一点在前文里已有所介绍了。在2005年6~12月这半年的时间里，上证指数（000001）仅在百余点的范围内缓慢爬行，底部略有抬高（如图2－7中所示）。

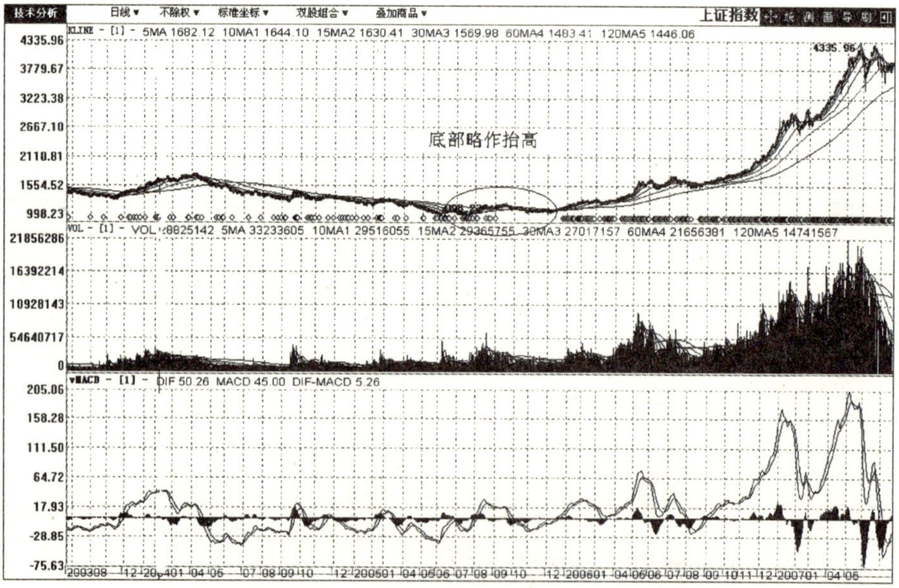

图2－7

股市最开始的转机是极其隐蔽的，是悄无声息的，是由先前所介绍的一流庄家为主体的有识之士在暗中大量买入所形成的。由于供求关系的逐步转变，进而推动市场价格的缓慢上行，这是一种微妙的内部变化，这种微妙而隐蔽的内部变化在“无尽”的熊市末期，是很难被多数早已麻木了的股民及一般庄家所觉察的。然而，变化终究是变化，即使这种变化很微妙、很隐蔽，但总是逃不过精明者的眼球的，一小批有所察觉的庄家及散户会很快地意识到市场的转变、机会的来临，并且会毫不犹豫地投入到其中。2005 年 6～12 月是上证指数（000001）处于微妙变化的时期，是由熊市转为牛市的初始阶段，在多数人眼里整体趋势尚未明朗，只有少数的庄家觉察到了这一点（这里我们只着重介绍庄家），于是它们开始大举吸纳筹码，加快了介入股市的步伐。因此，我们把在 2005 年 6～12 月这段时期内大举入市建仓的庄家称为“聪明的庄家”，事实上它们的反应也的确十分机敏。

岁宝热电（600864）可以说是 2006 年大牛市中，由“聪明的庄家”所操控的一只比较具有代表性的个股。其股价从 2007 年 3 月 30 日以 9.75 元的价位开始进入了主升浪（如图 2－8 中 A 点所示），至 2007 年 6 月 14 日创下了 45.99 元的高价（如图 2－8 中 B 点所示），在 2 个半月的时间里共上涨了 3.72 倍（如图 2－8 中所示）。我们还是把图片展开，将岁宝热电的股价自起涨点 A 点向前推回到更远的足以看清其“庐山真面目的”地方（如图 2－9 所示）。在图 2－9 中我们发现，将岁宝热电的股价自 A 点向前一直都保持着相对稳定的运行格局，这种稳定的运行格局总体上处于横盘的状态，但越是在靠近 A 点的距离就越有上倾的斜率，如果要以股价下方成交量的大小来划分这段盘整走势，那么，该股从 2005 年的 8 月～2007 年 3 月，该股一直都以较大的成交量维持着横盘状态，并形成一条长达 7 个月左右的丰厚“量带”（如图 2－9 中所示）。

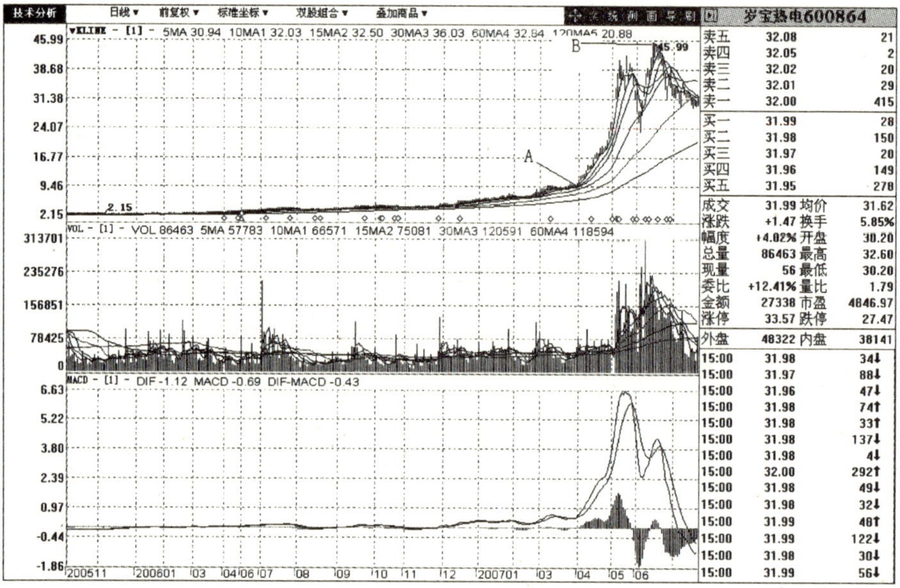
技术分析
日线▼ 前复权▼ 标准坐标▼ 双股组合▼ 叠加商品▼
岁宝热电600864
▼KLINE - [1] - 5MA 30.94 10MA1 32.03 15MA2 32.50 30MA3 36.03 60MA4 32.84 120MA5 20.88
45.99
38.68
31.38
24.07
16.77
9.46
2.15
A
B
45.99
2.15
VOL - [1] - VOL 86463 5MA 57783 10MA1 66571 15MA2 75081 30MA3 120591 60MA4 118594
313701
235276
156851
78425
0
MACD - [1] - DIF -1.12 MACD -0.69 DIF-MACD -0.43
6.63
5.22
3.80
2.39
0.97
-0.44
-1.86
200511 200601 03 04 06 07 08 09 10 11 12 200701 03 04 05 06
卖五 32.08 21
卖四 32.05 2
卖三 32.02 20
卖二 32.01 29
卖一 32.00 415
买一 31.99 28
买二 31.98 150
买三 31.97 20
买四 31.96 149
买五 31.95 278
成交 31.99 均价 31.62
涨跌 +1.47 换手 5.85%
幅度 +4.02% 开盘 30.20
总量 86463 最高 32.60
现量 56 最低 30.20
委比 +12.41% 量比 1.79
金额 27338 市盈 4846.97
涨停 33.57 跌停 27.47
外盘 48322 内盘 38141
15:00 31.98 34↓
15:00 31.97 88↓
15:00 31.96 47↓
15:00 31.98 74↑
15:00 31.98 33↑
15:00 31.98 137↓
15:00 31.98 4↓
15:00 32.00 292↑
15:00 31.98 49↓
15:00 31.98 32↓
15:00 31.99 48↑
15:00 31.99 122↓
15:00 31.98 30↓
15:00 31.99 56↓

图2-8

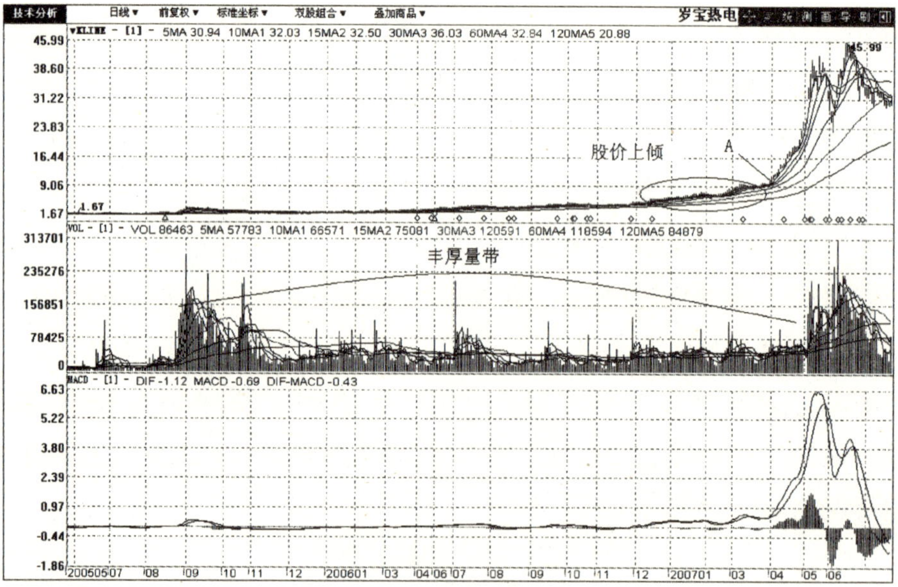
技术分析
日线▼ 前复权▼ 标准坐标▼ 双股组合▼ 叠加商品▼
岁宝热电
▼KLINE - [1] - 5MA 30.94 10MA1 32.03 15MA2 32.50 30MA3 36.03 60MA4 32.84 120MA5 20.88
45.99
38.60
31.22
23.83
16.44
9.06
1.67
45.99
1.67
股价上倾
A
VOL - [1] - VOL 86463 5MA 57783 10MA1 66571 15MA2 75081 30MA3 120591 60MA4 118594 120MA5 84879
313701
235276
156851
78425
0
丰厚量带
MACD - [1] - DIF -1.12 MACD -0.69 DIF-MACD -0.43
6.63
5.22
3.80
2.39
0.97
-0.44
-1.86
200505 07 08 09 10 11 12 200601 03 04 06 07 08 09 10 11 12 200701 03 04 05 06

图2-9

我们把岁宝热电这条“量带”从起始点处，也就是2005年8月份开始的那一段再放大一些来仔细研究，可以清楚地看到其股价早在2005年的6月17~27日开始就有所躁动，接二连三的大中阳线与较高的成交量柱是这几天的走势特点，这一时期的大盘也只不过刚刚走强七八天而已，精明的主力就似乎已觉察到了什么，并开始跃跃欲试了！由此可见其对外部变化的反应速度是何等之快（如图2-10中所示）！随着时间的推移，主力看好后市的决心也更加坚定不移了，为了在最短的时间内拿到更多的筹码，以求在大局向纵深发展时获利，主力毫不犹豫地大幅推高股价进行建仓，致使该股由8月24日起连拉大阳（如图2-10中C点所示），连续的5根大阳线让该股在短期之内有了50%以上的升幅，同时也形成了巨大的“成交量堆”（如图2-10中所示）。然而，区区50%多的股价升幅又怎么能填满庄家的胃口，聪明庄家已预测到了股市未来难以限量的发展前途，此时的凶猛拉升只不过是牛刀小试而已，更大的行动才刚刚开始。岁宝热电的股价自从被强大的成交量推升到一定高度后，并没有出现连续的抛压，而是以较缓的速度作回落整理，成交量也没有出现极端的变化，始终维持在一个较为理想的状态之上作有规律的运动，看上去依然丰厚充沛，并又重新支撑着股价缓慢向上爬升，从盘整时规律而丰厚的成交量中可以看出在这一期间主力一直在不断的、有计划的加仓（如图2-10中所示），直至行情大规模爆发（如图2-11中所示）。

岁宝热电的主力庄家，在大盘刚有起色之时就机警地察觉到了市场的变化，并以最快的速度“抢占”了市场，因而也在2006年大牛市中分得了一定的财富。

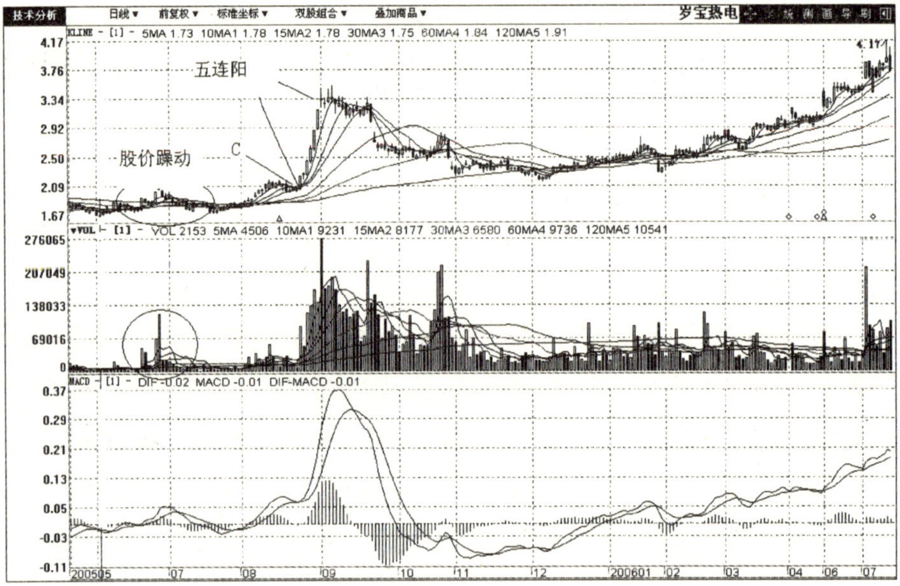
技术分析
日线 前复权 标准坐标 双股组合 叠加商品
岁宝热电
KLINE - [1] - 5MA 1.73 10MA1 1.78 15MA2 1.78 30MA3 1.75 60MA4 1.84 120MA5 1.91
五连阳
C
股价躁动
VOL - [1] - VOL 2153 5MA 4506 10MA1 9231 15MA2 8177 30MA3 6580 60MA4 9736 120MA5 10541
MACD - [1] - DIF -0.02 MACD -0.01 DIF-MACD -0.01

图2-10

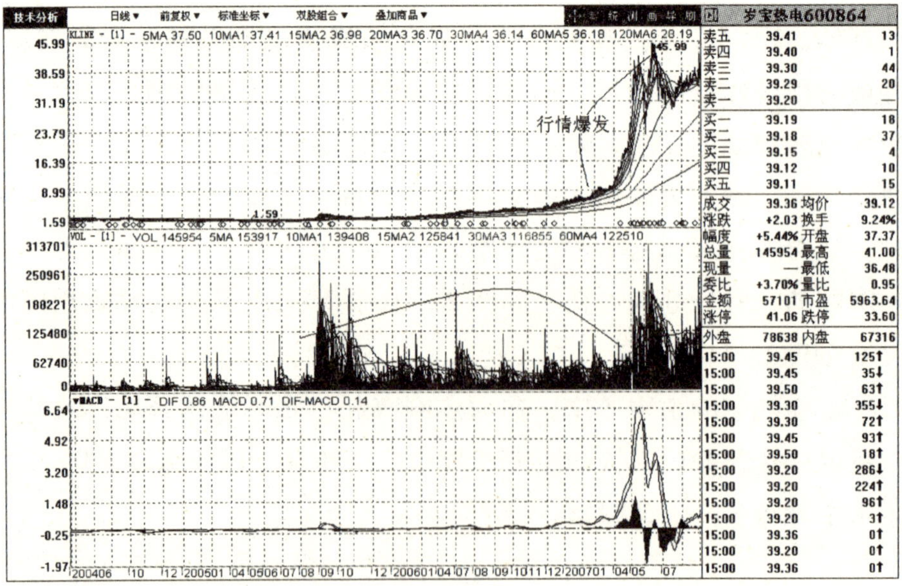
技术分析
日线 前复权 标准坐标 双股组合 叠加商品
岁宝热电600864
KLINE - [1] - 5MA 37.50 10MA1 37.41 15MA2 36.98 20MA3 36.70 30MA4 36.14 60MA5 36.18 120MA6 28.19
行情爆发
VOL - [1] - VOL 145954 5MA 153917 10MA1 139408 15MA2 125841 30MA3 116855 60MA4 122510
MACD - [1] - DIF 0.86 MACD 0.71 DIF-MACD 0.14
卖五 39.41 13
卖四 39.40 1
卖三 39.30 44
卖二 39.29 20
卖一 39.20 —
买一 39.19 18
买二 39.18 37
买三 39.15 4
买四 39.12 10
买五 39.11 15
成交 39.36 均价 39.12
涨跌 +2.03 换手 9.24%
幅度 +5.44% 开盘 37.37
总量 145954 最高 41.00
现量 — 最低 36.48
委比 +3.70% 量比 0.95
金额 57101 市盈 5963.64
涨停 41.06 跌停 33.60
外盘 78638 内盘 67316

图2-11

二、海欣股份（600851）

商人常以“商场如战场”这句话来形容商场的险恶。凡是有争斗的地方，哪一处又不是如此呢？由于股票市场中蕴含着巨大的利益，所以用计用谋，用智用力，明争暗斗，你争我夺，就显得尤为突出。庄家在股市中作战，就像军事家在战场指挥打仗一样，要千方百计地战胜对手，不过它们的对手是其他庄家，也是广大中小散户。如果说一类“优秀的庄家”是优秀的军事战略家，它们凭借深远的眼光、强大的实力来主导每一场战争；那么，二类“聪明的庄家”就是疆场上机警而骁勇善战的将军，它们在“战场”中把具体的军事战术发挥得淋漓尽致。

在古老的东方民族中，如果讲起用兵打仗的谋略著作，莫过于形成于2000多年前的《孙子兵法》了，这部久传不衰的兵书集合了中国古代之用兵大成，被誉为“百兵之首”。既使是在科技昌明的今天也依然流露出不灭的光芒，每每翻起都令我们震撼不已，它不像是千年前的经典巨著，反到像千年后的精彩总结！在《孙子兵法》中有一段是这样记载的：“不可胜者，守也；可胜者，攻也。守则不足，攻则有余。善守者藏于九地之下，善攻者动于九天之上，故能自保而全胜也。”这段话的意思是说：不可以被战胜，讲的是防守；可以战胜敌人，讲的是进攻。防守是因为兵力不足；进攻是因为兵力有余。善于防守的军队，就像隐藏在极深的地下一样使敌方莫测虚实；善于进攻的军队，就像从九天之上突然而降，既出其不意，又势不可当；这样的军队既能在防守中保护自己，又能在进攻势获得全胜。“聪明的庄家”也是一样，在大趋势尚未出现好转，并难以预测未来宏观局势将如何发展的情况下，它们是绝不会轻举妄动的，而是静悄悄地把自己隐藏起来，不打没有把握的战役，不作无谓的牺牲，看起来好像在股市中消失了一样；另一方面当它们觉察到时机来临，又会毫不犹豫地以势不可挡之势，迅速地投入到战斗之中，与其他对手争夺先机。

例如，海欣股份（600851）在2005年7月28日之前的走势一直都很平静，这里的平静与否是以主力的活动，主要是以成交量的多少来区分的，较少的考虑到价格的变动，但在7月28日之后，其股性立刻活跃起来，成交量出现了连续而明显的变化（如图2－12中所示）。

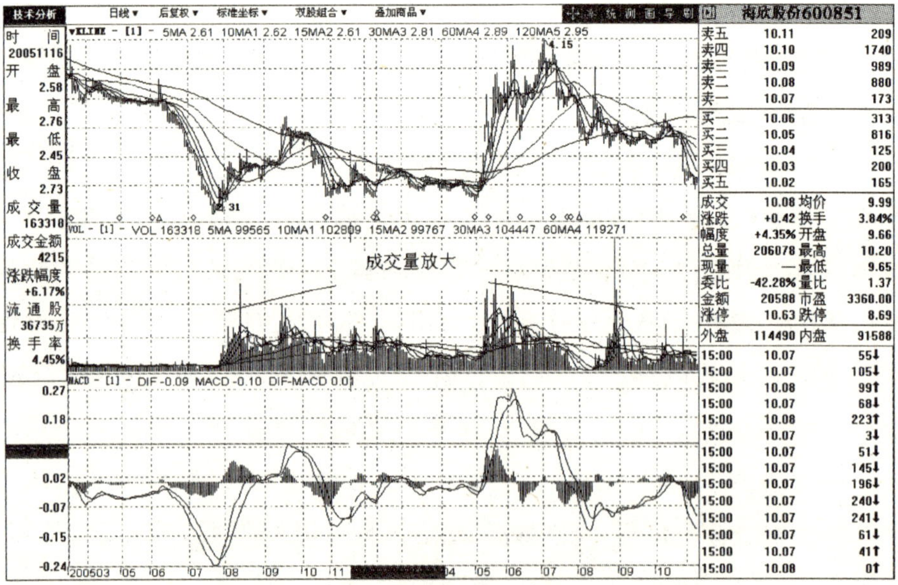

图2－12

2005年6月是沪市大盘的回暖期，在此之前精明的主力一直都持观望为主的态度，没有作过深的介入，但当整个局势发生逆转，善察秋毫的主力在不久之后马上就意识到了这一点，并迅速地采取了行动。

在最短的时间内察觉变化，并立即采取行动是“聪明的庄家”一大特点。那么，“动”又该如何“动”呢？孙子还说过：“故兵贵胜，不贵久”。“所以，用兵作战贵在速战速决，而不可旷日持久”。用兵打仗为什么要贵快，不贵久呢？孙子又说了：“国之贫于师者远输”。“出师外国需要远道运输，远道运输消耗人力、财力太多就会造成国家贫穷”。做庄也是一样，如果发现市场已发生了转机，就要迅速介入，使大量的廉价筹码不流入别人手中，形成对该股享有绝对的控制权。假如战线拉得过长，一方面不能有效的利用时局；另一方面运作成本也会大大提高而得不偿失。海欣股份在 2005 年 7 月 28 日之后成交量讯速地激增及其连绵不绝的趋势，都说明了主力快速而全力的介入（如图 2 - 12 中所示）。此时真是“食敌一钟，当吾二十钟”（食敌一钟粮食，就相当于从本国运输二十钟粮食），这里所得到的廉价筹码拿到将来都会成倍的获利。

总结一下这类庄家的建仓特点，就是连贯、强大、迅猛，动作形态十分鲜明，如同军事作战一般。海欣股份的这种明显的抢筹行为一直从 2005 年的 7 月份持续到 2006 年的 12 月份，这段长达 16 个月的建仓，若从其形态上基本可以划分为两段，第二段与第一段相比无论是在价位上，还是在成交量上都上了一个台阶，这说明廉价筹码日趋紧张（如图 2 - 13 中所示），直至 2006 年年底其股价才于其“回档坑”后展开主升行情（如图 2 - 14 中所示）。

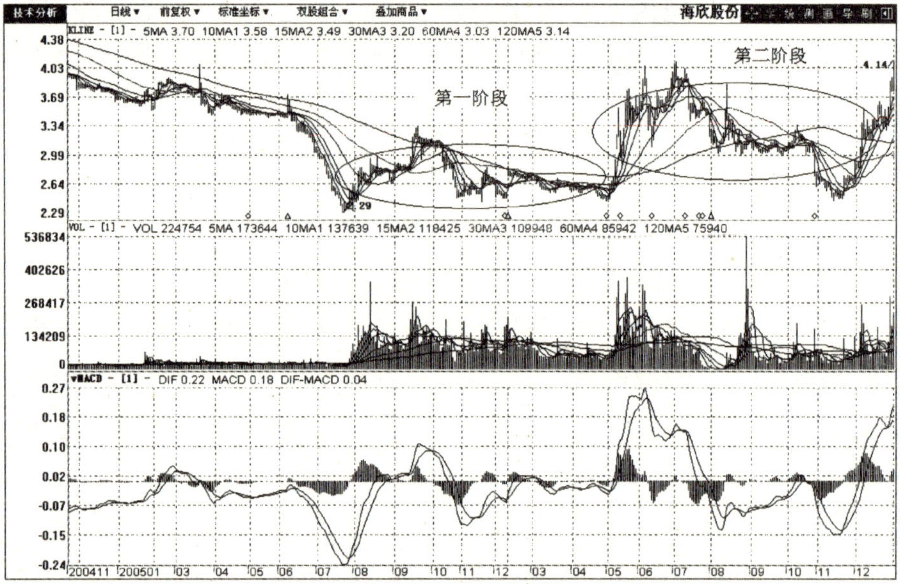
技术分析
日线
前复权
标准坐标
双股组合
叠加商品
海欣股份
KLINE - [1] - 5MA 3.70 10MA1 3.58 15MA2 3.49 30MA3 3.20 60MA4 3.03 120MA5 3.14
第一阶段
第二阶段
VOL - [1] - VOL 224754 5MA 173644 10MA1 137639 15MA2 118425 30MA3 109948 60MA4 85942 120MA5 75940
MACD - [1] - DIF 0.22 MACD 0.18 DIF-MACD 0.04

图 2 – 13

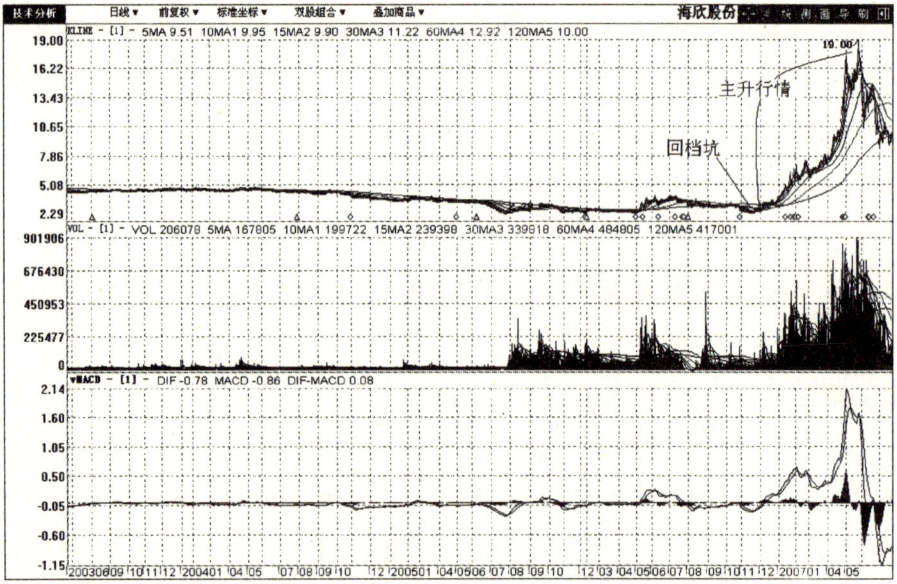
技术分析
日线
前复权
标准坐标
双股组合
叠加商品
海欣股份
KLINE - [1] - 5MA 9.51 10MA1 9.95 15MA2 9.90 30MA3 11.22 60MA4 12.92 120MA5 10.00
19.00
主升行情
回档坑
VOL - [1] - VOL 206078 5MA 167805 10MA1 199722 15MA2 239398 30MA3 339818 60MA4 484805 120MA5 417001
MACD - [1] - DIF -0.78 MACD -0.86 DIF-MACD 0.08

图 2 – 14

三、普洛康裕（000739）

“上证指数（000001）在2006年大牛市的准确起始点应该是在2005年6月6日的998.23点，而这轮牛市真正迎来‘全面开花’的高潮却是在2005年12月中旬的1000余点处，由有色金属板块所引导的”，这一点在前文里我已多次叙及。我们再来看一看在“聪明的庄家”所率领下的这批黑马股大多是在哪一个时期那爆发的？前边谈到的岁宝热电是从2007年3月30日以9.75元的价位开始进入主升浪的（如图2－8中A点所示）；海欣股份是从2006年的12月份开始大涨的（如图2－14中所示）。从上面这两只具有代表性的个股中我们可以归纳出来：由“聪明的庄家”所率领下的这批黑马股大多数是在2006年12月～2007年3月这一区间启动的，这一点也是与当时上证指数（000001）的整体波动相吻合的（如图2－15中所示）。**我们分不清是由这批个股带动了当时的大盘，还是由当时的大盘拉动了这批个股，如果是前者则说明大盘的变化是起源于内部的，如果是后者则说明即使是庄家也需要遵守顺势而为的操盘原则，更有可能的就只是一种相互依存的辩证关系，自然界里有太多的这种微妙关系了。**

从2005年6月大盘转机，至2006年12月～2007年3月的这十几个月的时间里很多“聪明的庄家”都以连贯、凶狠的手法进行建仓、增仓活动，以致大量股票形成集中、丰厚、突出的“成交量堆”。那么，这种迅猛的增仓、建仓手法又会给股价造成什么样的波动呢？一方面，第一类“智慧的庄家”是在大盘最为艰难的时期进行建仓的，由于那时的主力心情并不急迫；另一方面，由于力是相互作用的，屡创新低的大盘令当时的许多个股都感抛压沉重，这使得庄家的吸筹变得格外容易，由于两种力的抵消，使股价走势在大

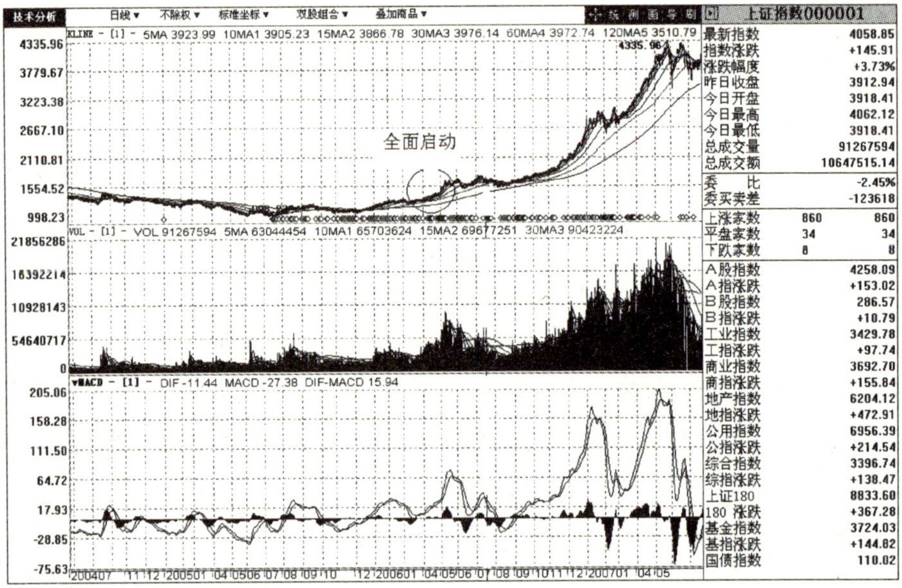

图2－15

形态上都显得较为徐缓有力、内刚外柔的形态，即使筹码吃饱了，也暂时引而不发。再加之其时间跨度极长，所以其股价的整体走势具有总体完整的强势特征与平衡特征，有一种浑然之美；**而“聪明的庄家”的主要活动时期是在大盘趋势日趋明朗，主力及其他投资者买入心情都略显急迫的情况下进行的，活动周期一般也都是十七八个月左右，所以这一时期的股价走势形态都极为突出、锋芒毕露、一触即发，且整体形态清晰、突出、完整。**

各种事物的发展与变化都是要受客观因素制约的，所以，多数股票在建仓时期的外部形态都是有规律可循的。“金角”、“银边”、“草肚皮”是主力最基本的三种建仓手法，也可以理解成三种形态，关于这方面的详细内容，有兴趣的朋友可以翻阅一下《股市天元——量价精要》一书。“草肚皮”是由于主力建仓心情急迫，在短时期内大量买入股票，从而推动股价上扬，致使股价在一定时期内向上凸起，因其形类似挺起的肚皮而得名。

例如，普洛康裕（000739）的股价在2005年7月份之前一直都处于下降通道之中，在成交量方面也没有什么突出的表现，但自从上证指数（000001）于2005年6月形成反转后，该股的主力也及时地认识到了这一点，并于同年7月起加大对该股筹码的收集力度，于是造成了该股在7月中旬的见底回升，其下方的成交量也显著增长（如图2－16中所示）。随着大盘整体趋势的日渐明朗，主力对筹码的收集力度也在不断地加大，这势必会造成股票价格的不断攀升，至2006年10月该股主力已拿到了足够多的筹码，并随时有能力把股价推高，于是主力在准备正式拉升之前又玩起了它们那惯用的手段——“回档洗盘”，震出浮筹，并在回档之后又于2006年12月重新形成上攻姿态（如图2－17中所示）。回顾普洛康裕从2005年7月～2006年12月的这段走势，你会清楚地看到“草肚皮”及其下

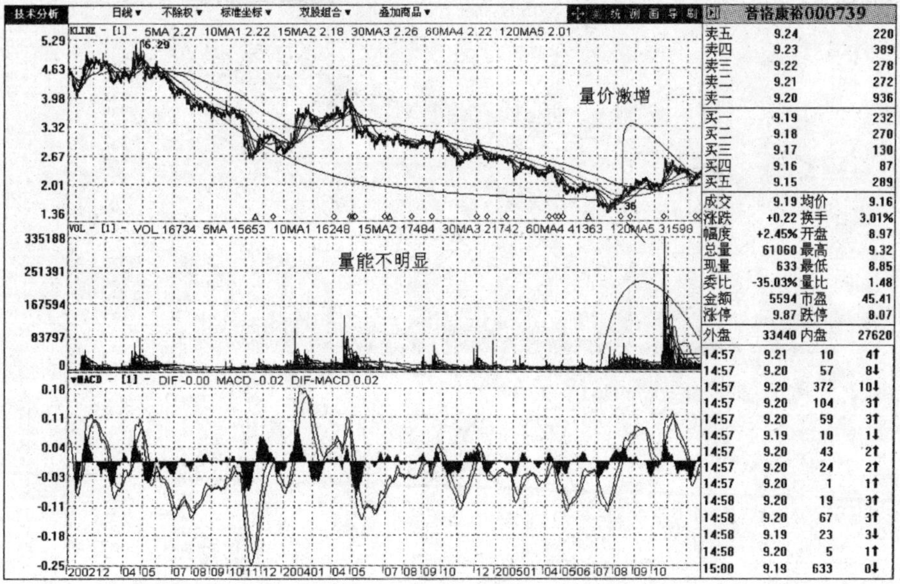

图2－16

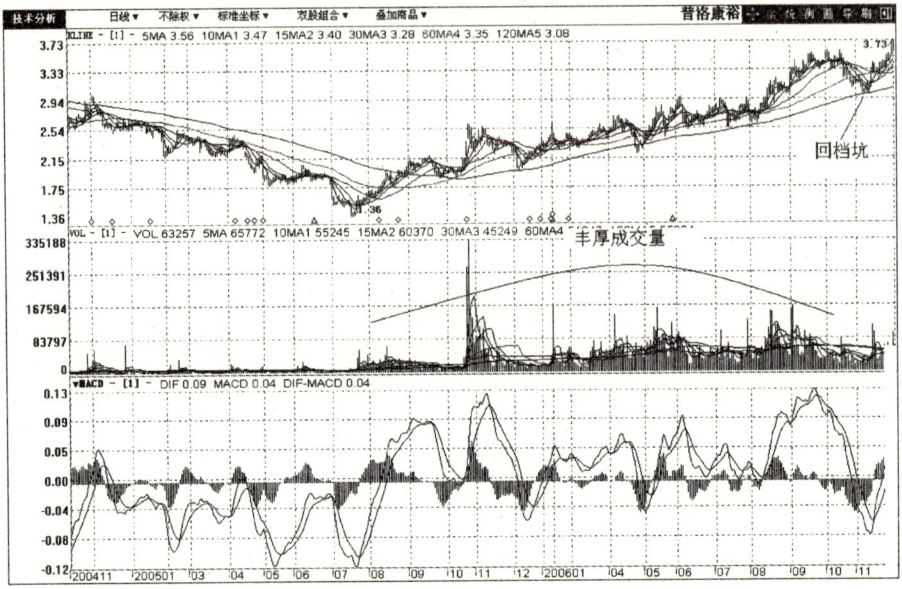
技术分析
日线
不除权
标准坐标
双股组合
叠加商品
普洛康裕
KLINE - [1] - 5MA 3.56 10MA1 3.47 15MA2 3.40 30MA3 3.28 60MA4 3.35 120MA5 3.08
回档坑
VOL - [1] - VOL 63257 5MA 65772 10MA1 55245 15MA2 60370 30MA3 45249 60MA4
丰厚成交量
MACD - [1] - DIF 0.09 MACD 0.04 DIF-MACD 0.04

图 2-17

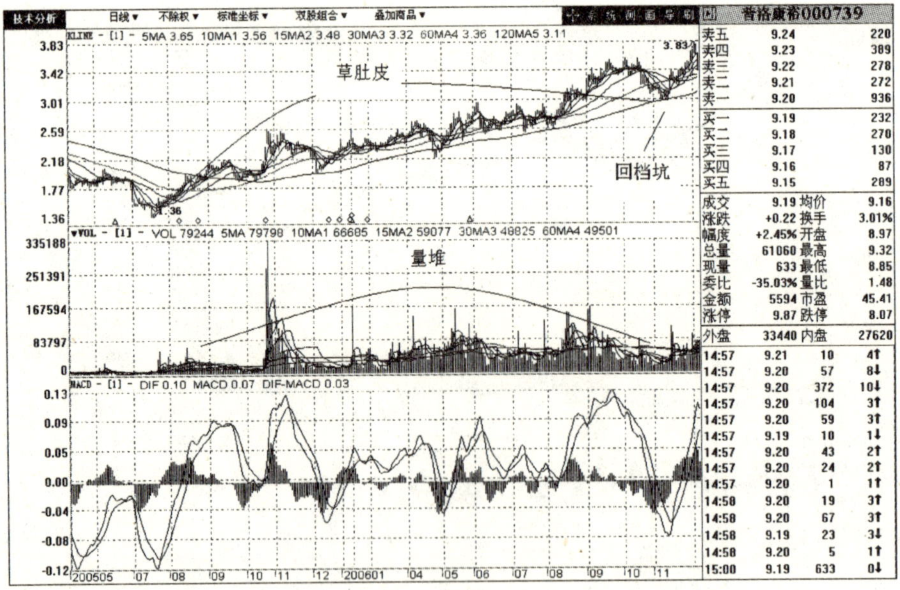
技术分析
日线
不除权
标准坐标
双股组合
叠加商品
普洛康裕000739
KLINE - [1] - 5MA 3.65 10MA1 3.56 15MA2 3.48 30MA3 3.32 60MA4 3.36 120MA5 3.11
草肚皮
回档坑
VOL - [1] - VOL 79244 5MA 79798 10MA1 66685 15MA2 59077 30MA3 48825 60MA4 49501
量堆
MACD - [1] - DIF 0.10 MACD 0.07 DIF-MACD 0.03
卖五 9.24 220
卖四 9.23 389
卖三 9.22 278
卖二 9.21 272
卖一 9.20 936
买一 9.19 232
买二 9.18 270
买三 9.17 130
买四 9.16 87
买五 9.15 289
成交 9.19 均价 9.16
涨跌 +0.22 换手 3.01%
幅度 +2.45% 开盘 8.97
总量 61060 最高 9.32
现量 633 最低 8.85
委比 -35.03% 量比 1.48
金额 5594 市盈 45.41
涨停 9.87 跌停 8.07
外盘 33440 内盘 27620

图 2-18

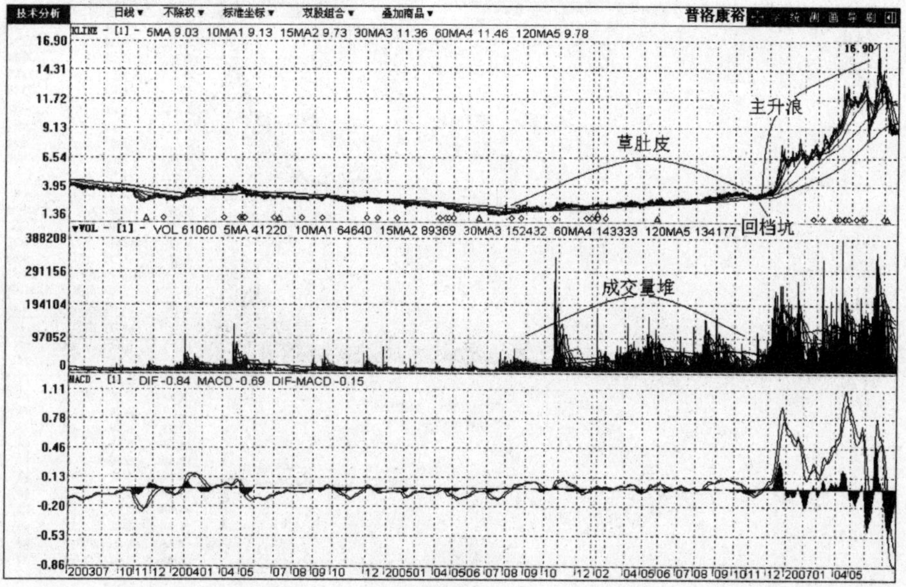

图 2－19

方的“成交量堆”，这就是主力快速、迅猛的建仓所造成的结果（如图 2－18 中所示）。该股自 2006 年 12 月后，便于其“草肚皮”的“回档坑”处一路飞涨（如图 2－19 中所示）（本书我们仅以宏观的方法叙述股价的启动时期，具体的买点请参阅《股市天元——量价精要》一书）。

还有在这一时期的欣龙控股（000955）及福建水泥（600802）也都形成了这种较为突出的“草肚皮”形态（如图 2－20、图 2－21 中所示）。

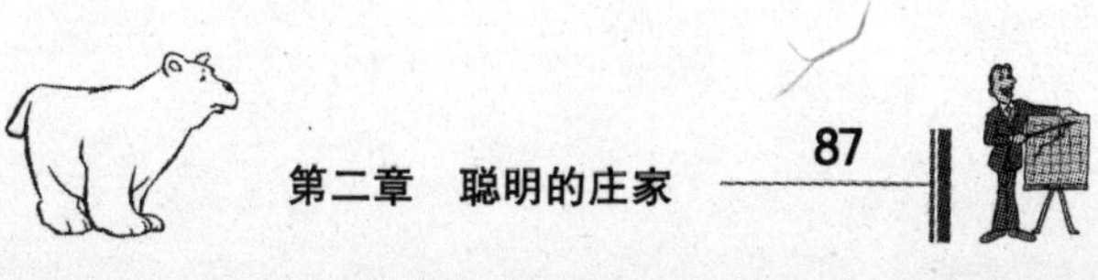

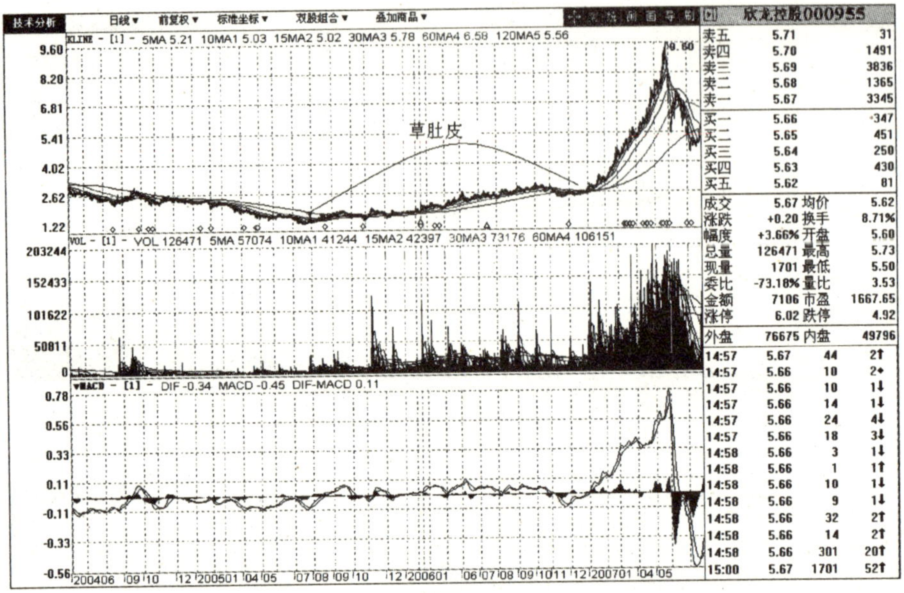
技术分析
日线 前复权 标准坐标 双股组合 叠加商品
欣龙控股000955
XLINE - [1] - 5MA 5.21 10MA1 5.03 15MA2 5.02 30MA3 5.78 60MA4 6.58 120MA5 5.56
草肚皮
VOL - [1] - VOL 126471 5MA 57074 10MA1 41244 15MA2 42397 30MA3 73176 60MA4 106151
MACD - [1] - DIF -0.34 MACD -0.45 DIF-MACD 0.11

图 2-20

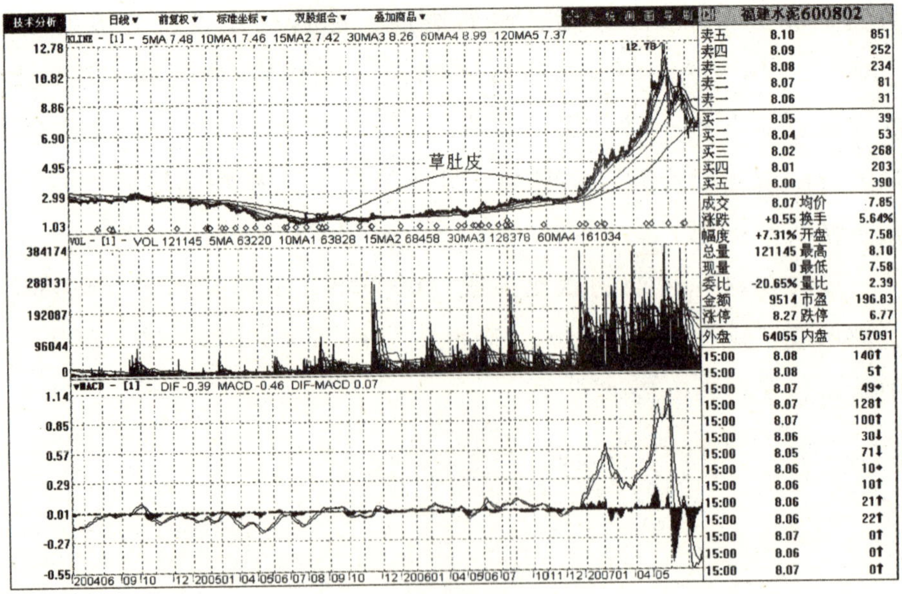
技术分析
日线 前复权 标准坐标 双股组合 叠加商品
福建水泥600802
XLINE - [1] - 5MA 7.48 10MA1 7.46 15MA2 7.42 30MA3 8.26 60MA4 8.99 120MA5 7.37
草肚皮
VOL - [1] - VOL 121145 5MA 63220 10MA1 63828 15MA2 68458 30MA3 128378 60MA4 161034
MACD - [1] - DIF -0.39 MACD -0.46 DIF-MACD 0.07

图 2-21

四、大众交通（600611）

在“金角”、“银边”、“草肚皮”这三种基本的建仓方式中，尤以“草肚皮”与“银边”最为常见，而且还比较容易辨认。“银边”的定义极好理解：庄家在建仓之时为了控制成本，在相当长的一段时间内把股价控制在一个上下变动不大的价格范围内，长此已久就形成一条近似水平的K线带，故称“银边”，“银边”下方的“成交量带”也是必不可少的。

大众交通（600611）和东方集团（600811）在2006年12月份都有过上佳的表现，这两只个股在短时期内的总体涨幅都在5倍左右，而且长势凶猛、凌厉，这也使之成为当时的焦点所在。如再向前转移一下目光，就会发现此两只个股在大涨之前都有一条带有明显成交量且整体形态近似水平的K线带，这条近似水平的K线带就是我所说的“银边”，“银边”下方的宽幅“成交量带”是主力的吸货行为，它与“草肚皮”相比要稍显得平和一些（如图2－22、图2－23中所示）。

大众交通和东方集团的建仓行为在外部形态上，无论是从成交量方面还是股价走势方面都很清晰明朗，这些都符合我上面所说的主力急速建仓的需要。我们再将大众交通和东方集团这两只股票的建仓行为在其走势图中展开，细细地研究一番：大众交通股价下方显示出具有明显的成交量变化是从2005年7月开始的，其后便形成“小草肚皮”，至2006年5月在更大的成交量的推动下，其股价又上了一个新台阶，一直到2007年3月后其股价才展开迅猛的主升行情，而在2006年5月~2007年3月的这段时间里，大众交通则在一个更高的空间里以更为丰厚的成交量呈现出较为规范的“银边”形态（如图2－24中所示）。东方集团的股价走势和大众交通的几乎如

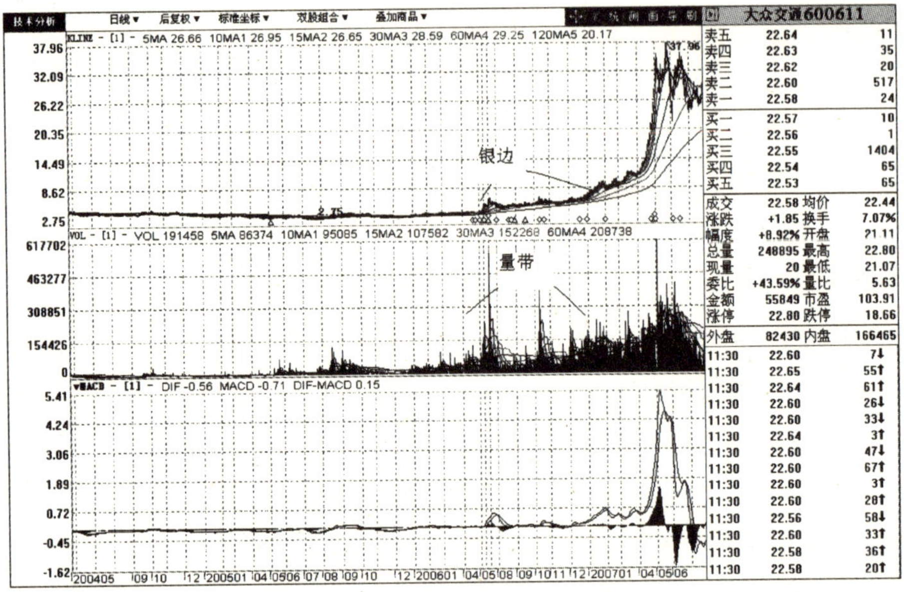

图 2－22

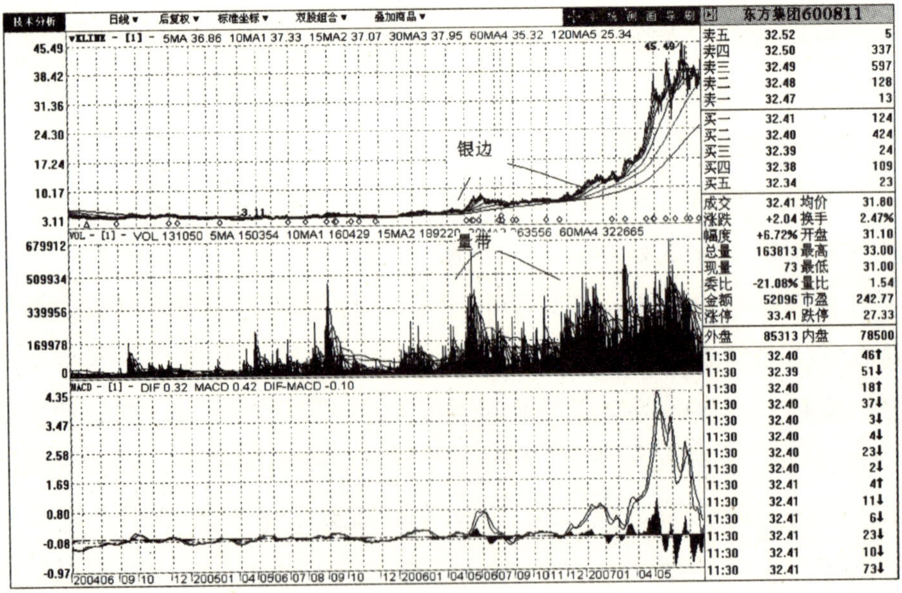

图 2－23

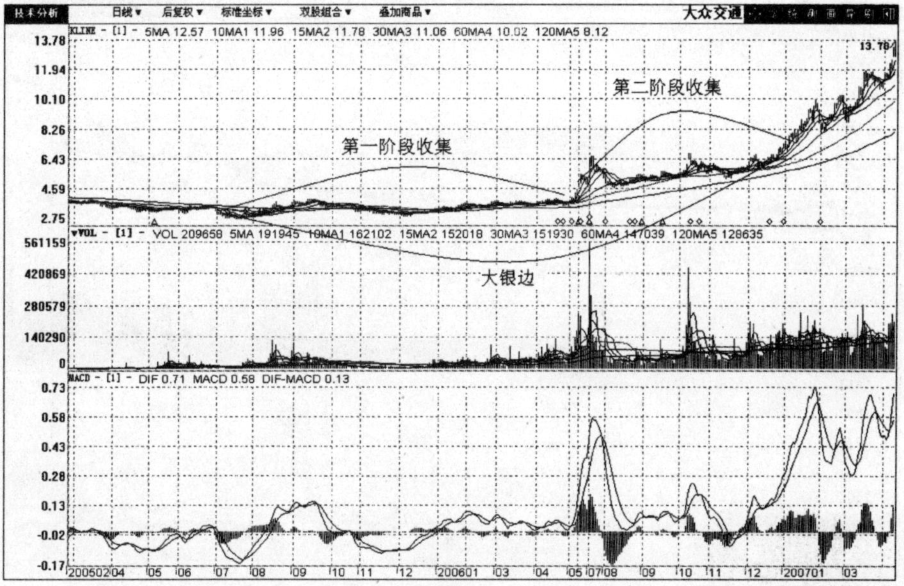

图 2－24

出一辙，只不过东方集团的股价下方在 2005 年 3 月份时就出现了较为丰厚的“成交量带”，这个成交量带要比大众交通的提早了 3 个多月，看来这个主力比较精明！至 2006 年 5 月后，其股价也在上了一个新台阶后以更为丰厚的成交量形成一条较为规范的“银边”，至 2007 年 3 月股价便迅速上攻（如图 2－25 中所示）。

大众交通和东方集团的建仓行为都是由两个阶段构成的，第一个阶段的成交量没有第二个阶段的丰厚，股价的运动状态也没有第二阶段的有规律，这说明主力的收集力度及成本都在不断地加大，控盘能力也在不断地提高。你看看 2006 年 3 月份股价起涨前的那种控盘程度就知道了，挥洒自如的股价走势，均匀有力的成交量带，已经达到了“指哪打那儿，打哪儿涨哪儿”的程度。虽然这前后两段前后走势不在一条水平线上，且股价走势在具体形态上有所差别，但从更大的角度上看还是比较统一的，具有“大银边”的风范（如

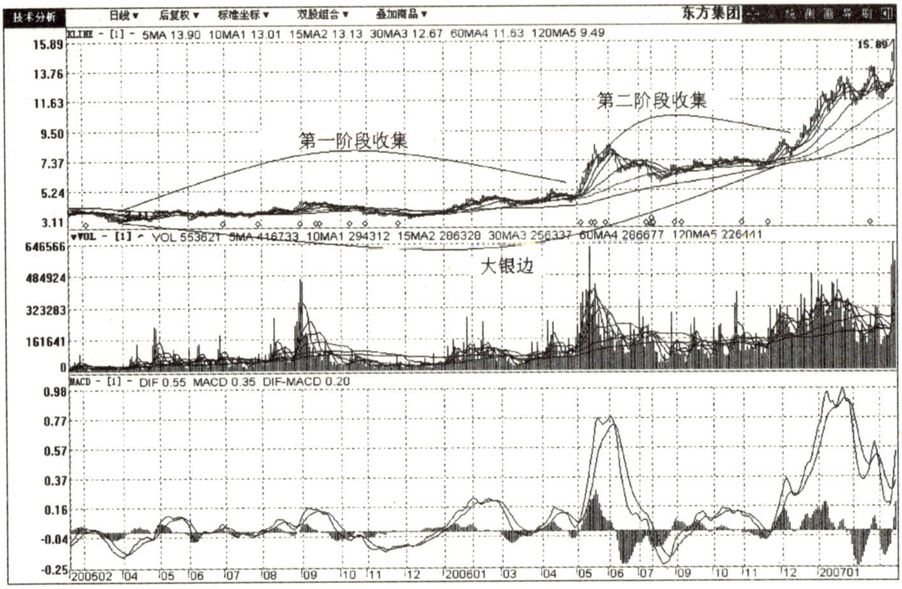

图 2-25

图2-24、图2-25中所示)。**“草肚皮”与“银边”都是我们为了在实战过程中更好地辨认和理解盘面而用的形象称呼，并没有什么太大的本质区别，都是由主力的吸筹行为所形成的，其特点就是显而易见的外形和丰厚的“成交量堆”，这也是判断股票未来发展方向的核心所在。**

大众交通和东方集团的股价都在2006年的5月份新上一个台阶的，这也是由当时大盘的总体趋势所造成的，当时大盘正值上涨高峰期，顺势而为是主力最为明智的选择，如在大盘极强或极弱的情况下，仍按既定方案行事，在多数情况下都是不会收到较好效果的，在大牛市背景下过分地压制股价，会造成低价筹码的大量外流。**所以，无论是庄家还是散户、也无论牛市或是熊市，都要顺势而为。聪明的庄家们也会深刻地体会到这一点的。**

五、南京高科（600064）

南京高科（600064）的股价是于2006年12月15日以7.10的价位开始上涨的（如图2－26中A点所示），至2007年6月20日其最高价已达到了41.85元（如图2－26中B点所示），在半年多的时间里，其整体涨幅高达4.89倍，可以说是二线黑马股当中的佼佼者（如图2－26中所示）。

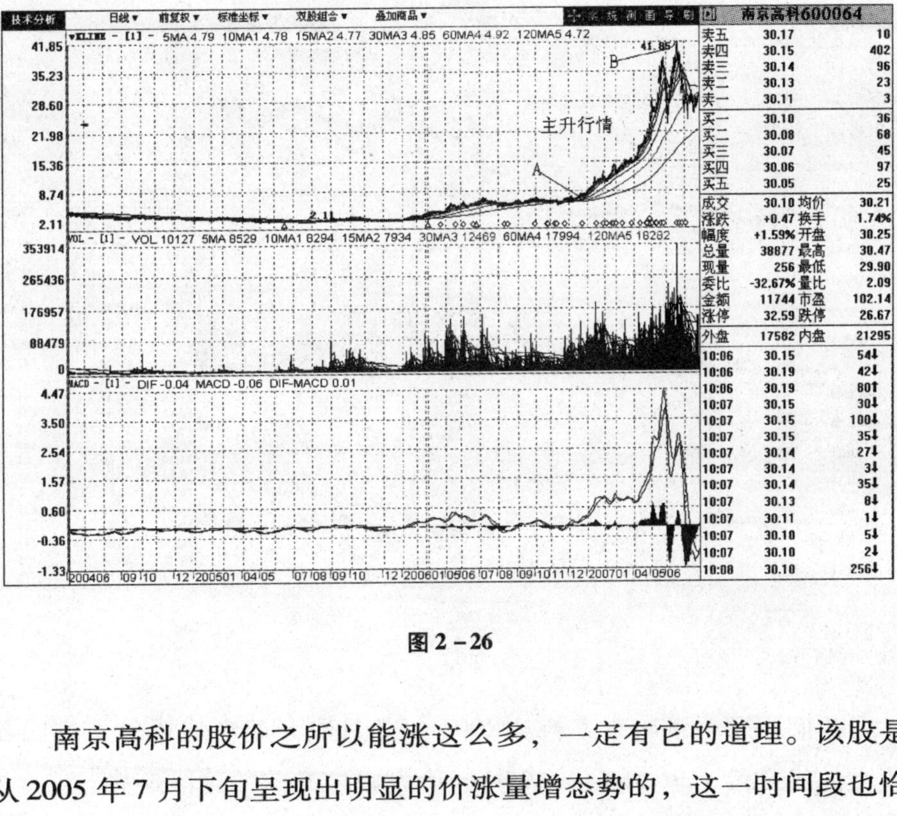

图2－26

南京高科的股价之所以能涨这么多，一定有它的道理。该股是从2005年7月下旬呈现出明显的价涨量增态势的，这一时间段也恰好也是大盘的回暖期，在随后的5个月里该股形成了一个较为丰满的“小草肚皮”，这个“小草肚皮”无论是在外部形态上，还是在内部成交量上都显得比较突出，符合“强行建仓”的特点，“小草肚皮”在末期经回档洗盘后于2006年1月展开主升行情，这段主升行情的股价起点大概在3元左右，经过半年多的攀升股价已达到了7元以上，涨幅翻倍还有余（如图2－27中所示）。南京高科的股价于2006年7月攀至7元以上的高点后就未能再创新高，但也没形成深幅回调，而是在7元附近作窄幅整理，并于5个月后也就是2006年12月份，于“多线托底”处再次连续向上攀升（如图2－27中所示），形成前面所描述的最为壮阔的那段主升行情（如图2－26中所示）。

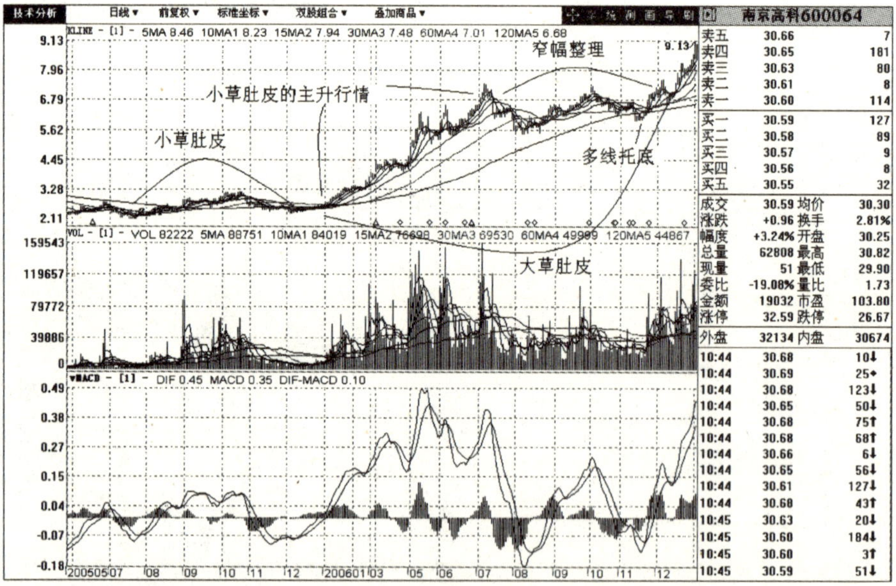

图2－27

我们回顾一下南京高科从2005年7月刚开始形成股价下方明显放大的成交量，至2006年12月股价大幅拉升前的这段走势。

从技术方面以大的角度上来看，南京高科从2005年7月～2006年12月这段走势具有明显的强势特征和丰厚的“成交量堆”。如果从小的方面来观察，其整体的强势走势是由两部分所组成的，第一部分是从2005年7～12月的那个“小草肚皮”，第二部分是由以“小草肚皮”的主升浪为主体所形成的“大草肚皮”，我们之所以把这段主升行情及主升行情的高位盘整部分定义为“大草肚皮”，除了因其外形酷似以外，更主要的是其总体结构具有合理性。

第一，这段由“小草肚皮”所引发的主升浪并没有出现过度激烈的拉高行情，而是以交替攀升的方式来完成的，这一点很重要，说明该股的股性还没有被彻底地破坏；

第二，是该股于其股价下方形成了丰厚的“成交量堆”，这是股价上涨时必不可少的动力来源；

第三，股价在7元上下的高位进行盘整时，并未出现明显的出货现象，萎缩而规律的成交量也说明筹码已被高度锁定。通常来讲，看一只股票的控盘高低，“回档坑”往往是最好的观察窗口——**敌之要点，即我之要点；**

第四，南京高科是在2006年12月末在其“回档坑”后以“多线托底”的方式启动的，这种启动方式具有强大的推力（如图2－27中所示）（具体术语请参见《股市天元——量价精要》一书）。

再从当时整个股市大的背景上来看，2006年的股市正处于如火如荼的大牛市行情之中，特别是在12月底，一批新生的黑马股也开始纷纷突破上涨，在这种大的时空背景下只要技术面稍有配合，个股股价就会跟风而动。综合以上这两方面因素，可以判断出南京高科从2005年7～2006年12月这段具有明显强势特征的股价运动是主力的建仓所为，后面也还会有更为强烈主升行情。

华资实业（600191）也在这一时期形成了与南京高科如出一辙的建仓走势，并且也成为涨幅突出的大牛股之一（如图2－28中所示）。

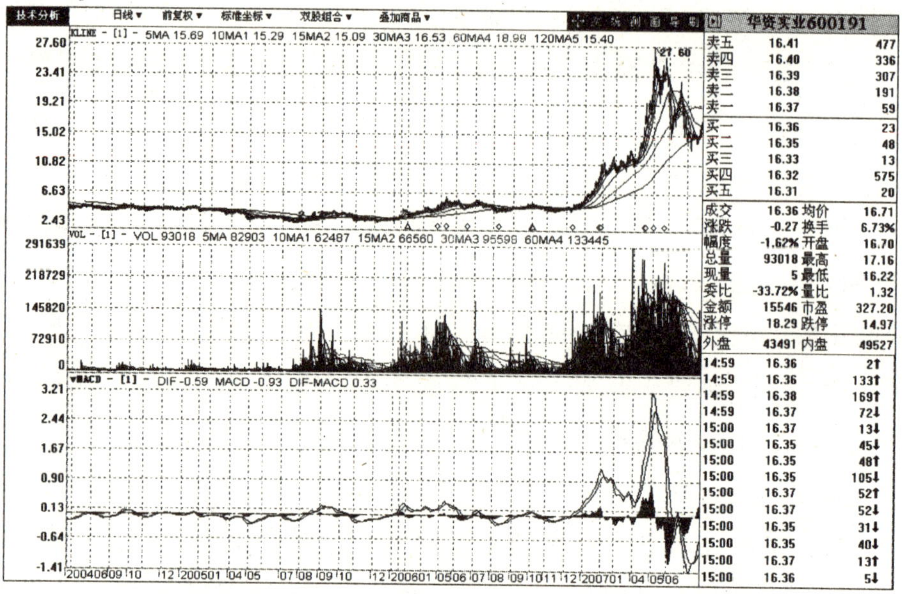

图 2－28

六、天房发展（600322）

第一章里所提到的第一类“智慧的庄家”，可以根据时局与个股的特点以及庄家自身的情况灵活地采用或为集中、或为分散、或为连贯等不同的建仓方式。有时候想一想这些庄家乃至自然界中的一切生物和事物之所以能够长期存在，都因为它们有着极强的适应能力。一个好的指标，一项好的技术，**一种好的理念在很多的情况下都能充分地发挥作用，就像是有人故意安排的一样，令人赞叹不已！**

由于险恶的市场环境，“聪明的庄家”也不得不学会去适应市场，并且这种适应能力也在随着市场转变而不断的变化。

天房发展（600322）是“二线黑马股”中的佼佼者，它的股价在 2007 年 3 月 5 日以 3. 59 元的价位启动（如图 2－29 中 A 点所示），至2007年6月20日最高已达到14.16元（如图2－29中B点所示），在3个多月的时间里整体涨幅高达2.94倍（如图2－29中所示）。我们先来看看天房发展在大涨之前的建仓体系（如图2－29中所示），不难看出天房发展的主体建仓部分是由2005年6月份左右形成的一个“小草肚皮”的“主升浪”演化而来的（如图2－29中所示），关于对它细节上判定可以参照上一节中的内容。天房发展主体建仓部分也呈现出“草肚皮”状，不过在形成过程中出现了两个高峰，属于“复合草肚皮”，这个“复合草肚皮”的形成是在当时大盘不断上涨，加之主力急迫的建仓心态的双重压力下所产生的，是顺应时势的产物。在“复合草肚皮”的后面有一个形成于2006年7～11月的“回档坑”，“回档坑”的作用是用来清理建仓过程中所产生的大量浮筹，而恰巧在这一时期的上证指数（000001）也是处于调整之中，也属顺应时势。其股价放量走出“回档坑”已是2006年12月份了，但是并没有迅速上涨，而是一直在相对的高位进行窄幅盘整，直到2007年3月才展开正式的拉升行情，一般这种周期较长、走势规范的窄幅盘整我都把它称作“银边”。先前我们曾介绍过大盘的整体背景，2006年12月～2007年3月是其第二次高潮，天房发展的股价在“高潮期”作出强势盘整，还是顺应时势；在股价大幅上涨之前主力的这一连串动作里成交量也一直呈现出规律性的变化，总体建仓时放大量，回档洗盘时缩小量，强势整理时再放大量，仍是在顺应时势（如图2－30中所示）。像天房发展这种由总体建仓——回落整理——银边增仓所组成的建仓体系，我通常把它称为股票的“增建仓体系”。总体建仓——回落整理——银边增仓只是其中的一种形态（详见《股市天元——王者之略》一书），比较合理的建仓方式在哪儿都能用得到。天房发展在其“增建仓体系”后的大幅拉升则更是顺应时势（如图2－31中所示）。

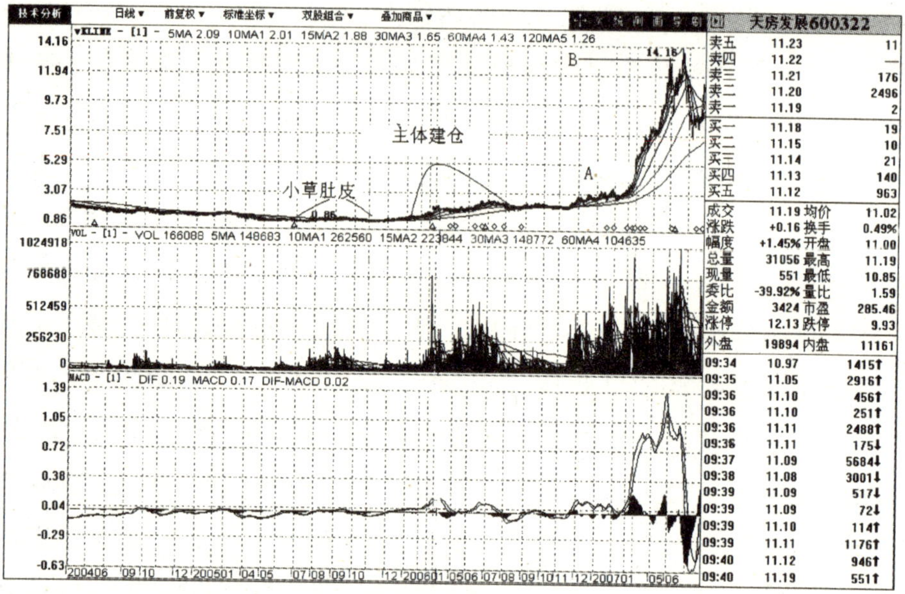
技术分析
日线
前复权
标准坐标
双股组合
叠加商品
天房发展600322
5MA 2.09 10MA1 2.01 15MA2 1.88 30MA3 1.65 60MA4 1.43 120MA5 1.26
B
14.16
主体建仓
A
小草肚皮
0.86
VOL 166088 5MA 148683 10MA1 262560 15MA2 223844 30MA3 148772 60MA4 104635
MACD DIF 0.19 MACD 0.17 DIF-MACD 0.02

图 2－29

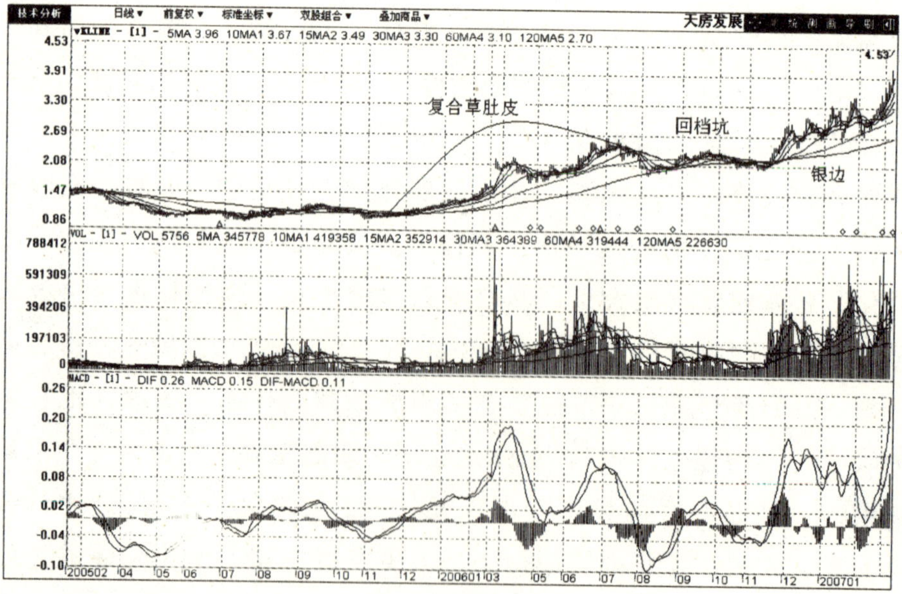
技术分析
日线
前复权
标准坐标
双股组合
叠加商品
天房发展
5MA 3.96 10MA1 3.67 15MA2 3.49 30MA3 3.30 60MA4 3.10 120MA5 2.70
4.53
复合草肚皮
回档坑
银边
VOL 5756 5MA 345778 10MA1 419358 15MA2 352914 30MA3 364389 60MA4 319444 120MA5 226630
MACD DIF 0.26 MACD 0.15 DIF-MACD 0.11

图 2－30

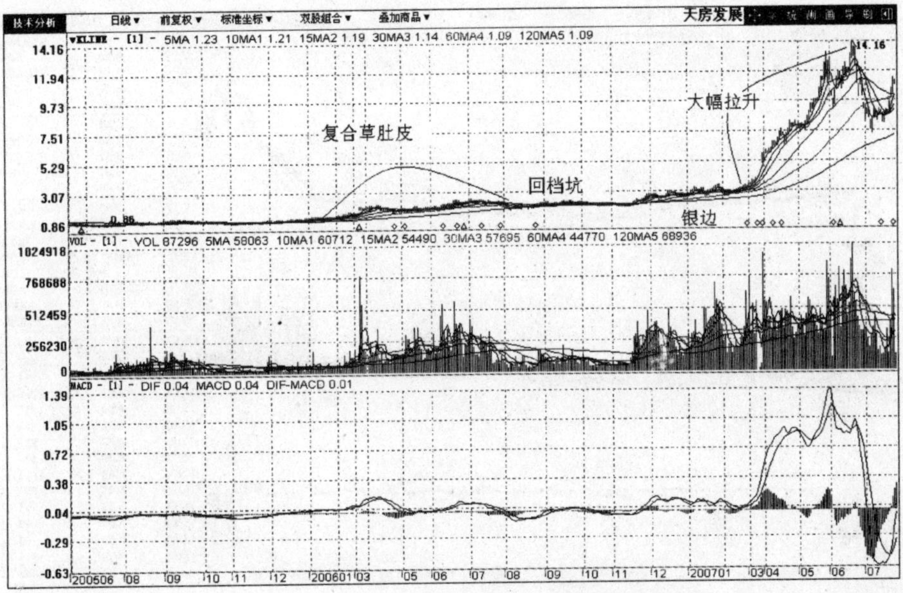

图 2－31

有些股票的庄家有极强的适应能力，它们会在起伏的股市中根据个股的具体情况进行灵活的操作，所以我们在具体的实盘分析过程中也不要囿于图形，应结合实际情况、抓住要点，细心地去品味、鉴别，品股亦如品茗，要用心去体会。

例如，乐山电力（600644）和天富热电（600509）的总体建仓是由两组不同层次上的"草肚皮"所组成（如图 2－32、图 2－33 中所示）。

耀皮玻璃（600819）的总体建仓总体看上去像"银边"，可细一分解又像"草肚皮"，属于两者的混合体（如图 2－34 中所示）。

东莞控股（000828）的总体建仓形态看上去虽不像前两者那么突出，但其股价下方的巨大成交量却格外引人注意（如图 2－35 中所示）。

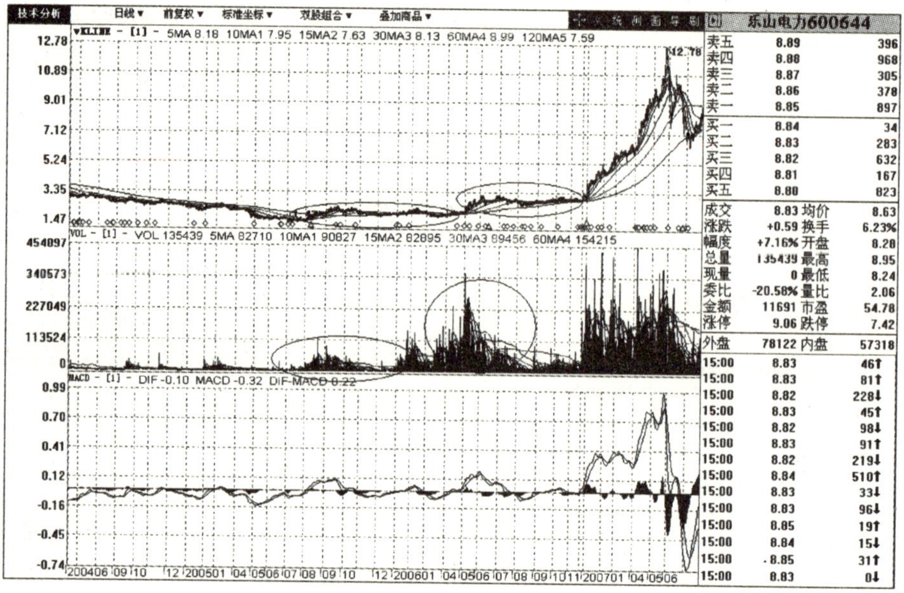
技术分析
日线 前复权 标准坐标 双股组合 叠加商品
乐山电力600644
KLINE - [1] - 5MA 8.18 10MA1 7.95 15MA2 7.63 30MA3 8.13 60MA4 8.99 120MA5 7.59
VOL - [1] - VOL 135439 5MA 82710 10MA1 90827 15MA2 82895 30MA3 89456 60MA4 154215
MACD - [1] - DIF -0.10 MACD -0.32 DIF-MACD 0.22
卖五 8.89 396
卖四 8.88 968
卖三 8.87 305
卖二 8.86 378
卖一 8.85 897
买一 8.84 34
买二 8.83 283
买三 8.82 632
买四 8.81 167
买五 8.80 823
成交 8.83 均价 8.63
涨跌 +0.59 换手 6.23%
幅度 +7.16% 开盘 8.28
总量 135439 最高 8.95
现量 0 最低 8.24
委比 -20.58% 量比 2.06
金额 11691 市盈 54.78
涨停 9.06 跌停 7.42
外盘 78122 内盘 57318

图 2－32

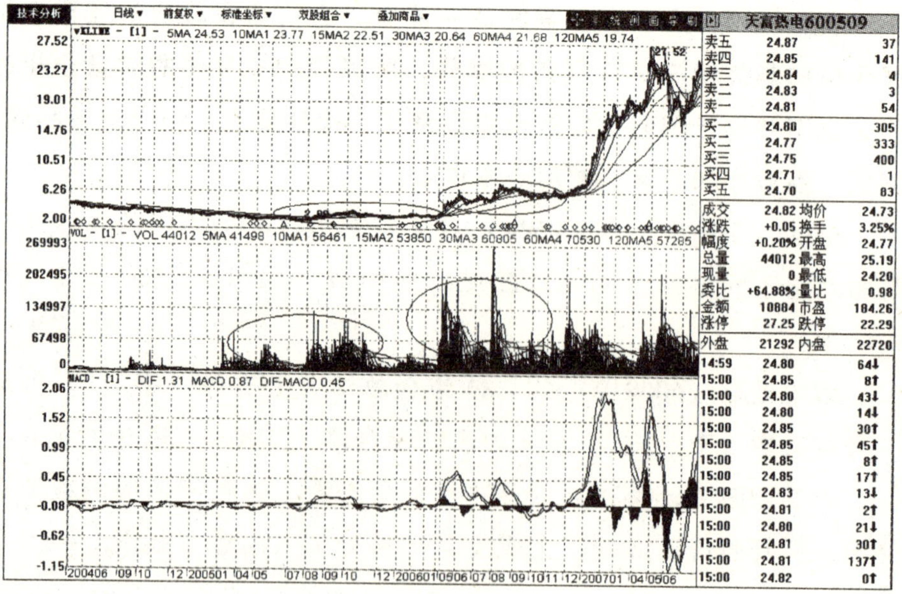
技术分析
日线 前复权 标准坐标 双股组合 叠加商品
天富热电600509
KLINE - [1] - 5MA 24.53 10MA1 23.77 15MA2 22.51 30MA3 20.64 60MA4 21.68 120MA5 19.74
VOL - [1] - VOL 44012 5MA 41498 10MA1 56461 15MA2 53850 30MA3 60805 60MA4 70530 120MA5 57285
MACD - [1] - DIF 1.31 MACD 0.87 DIF-MACD 0.45
卖五 24.87 37
卖四 24.85 141
卖三 24.84 4
卖二 24.83 3
卖一 24.81 54
买一 24.80 305
买二 24.77 333
买三 24.75 400
买四 24.71 1
买五 24.70 83
成交 24.82 均价 24.73
涨跌 +0.05 换手 3.25%
幅度 +0.20% 开盘 24.77
总量 44012 最高 25.19
现量 0 最低 24.20
委比 +64.88% 量比 0.98
金额 10884 市盈 184.26
涨停 27.25 跌停 22.29
外盘 21292 内盘 22720

图 2－33

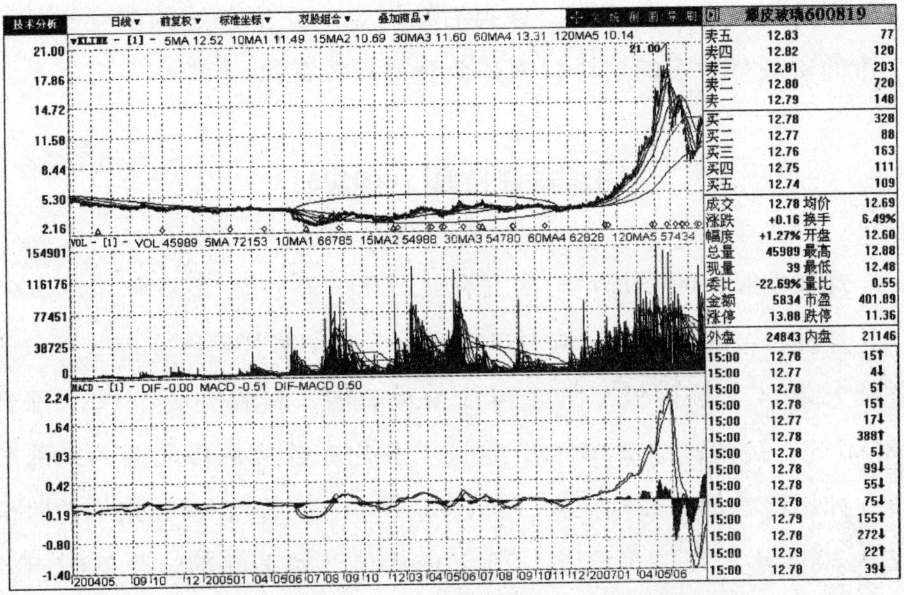
技术分析
日线
前复权
标准坐标
双股组合
叠加商品
耀皮玻璃600819
KLINE - [1] - 5MA 12.52 10MA1 11.49 15MA2 10.69 30MA3 11.60 60MA4 13.31 120MA5 10.14
21.00
VOL - [1] - VOL 45989 5MA 72153 10MA1 66785 15MA2 54988 30MA3 54780 60MA4 62828 120MA5 57434
MACD - [1] - DIF -0.00 MACD -0.51 DIF-MACD 0.50
卖五 12.83 77
卖四 12.82 120
卖三 12.81 203
卖二 12.80 720
卖一 12.79 148
买一 12.78 328
买二 12.77 88
买三 12.76 163
买四 12.75 111
买五 12.74 109
成交 12.78 均价 12.69
涨跌 +0.16 换手 6.49%
幅度 +1.27% 开盘 12.60
总量 45989 最高 12.88
现量 39 最低 12.48
委比 -22.69% 量比 0.55
金额 5834 市盈 401.89
涨停 13.88 跌停 11.36
外盘 24843 内盘 21146

图 2－34

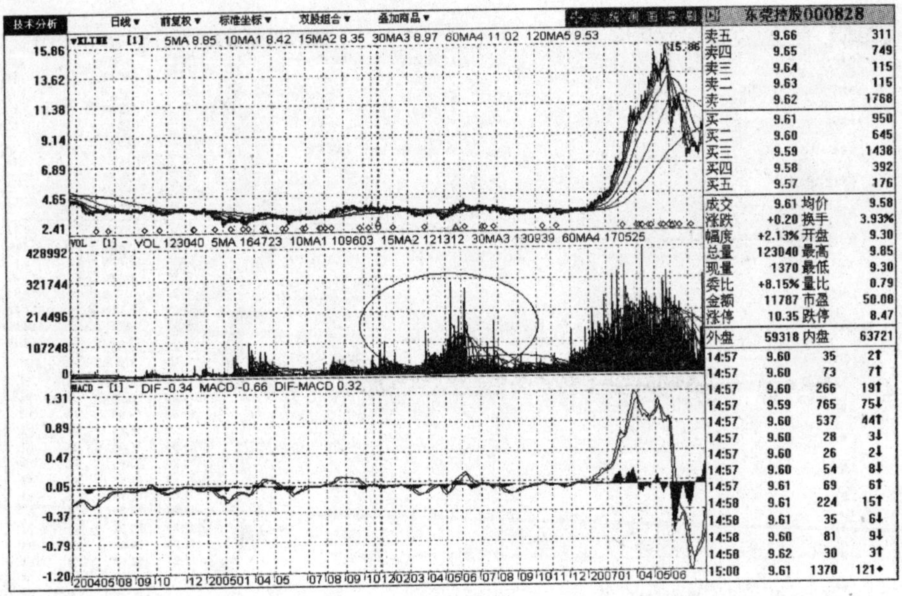
技术分析
日线
前复权
标准坐标
双股组合
叠加商品
东莞控股000828
KLINE - [1] - 5MA 8.85 10MA1 8.42 15MA2 8.35 30MA3 8.97 60MA4 11.02 120MA5 9.53
15.86
VOL - [1] - VOL 123040 5MA 164723 10MA1 109603 15MA2 121312 30MA3 130939 60MA4 170525
MACD - [1] - DIF -0.34 MACD -0.66 DIF-MACD 0.32
卖五 9.66 311
卖四 9.65 749
卖三 9.64 115
卖二 9.63 115
卖一 9.62 1768
买一 9.61 950
买二 9.60 645
买三 9.59 1438
买四 9.58 392
买五 9.57 176
成交 9.61 均价 9.58
涨跌 +0.20 换手 3.93%
幅度 +2.13% 开盘 9.30
总量 123040 最高 9.85
现量 1370 最低 9.30
委比 +8.15% 量比 0.79
金额 11787 市盈 50.08
涨停 10.35 跌停 8.47
外盘 59318 内盘 63721

图 2－35

不论形式上如何变化，这类后知即觉的庄家急迫的建仓心情和牛市的宏观背景下的建仓行为都会显得比较突出。

七、珠江控股（000505）

珠江控股（000505）与西北化工（000791）在2006年12～2007年3月份所爆发的主升行情中双双涨幅巨大，尤其是珠江控股一口气连续上涨14个涨停板，在这14个交易日内，其股价从5.12元涨到18.80元，涨幅高达2.67倍，这还不算它在连续涨停之前的助涨阶段，如累计相加其涨幅更大（如图2－36中所示）；西北化工的股价是从2006年12月15日以2.75元的价位开始上涨的，至2007年5月9日最高曾涨至11.96元，在这4个多月里的涨幅为3.35倍，平均一个月翻一番，涨幅及涨速也是相当惊人的（如图2－37中所示）。

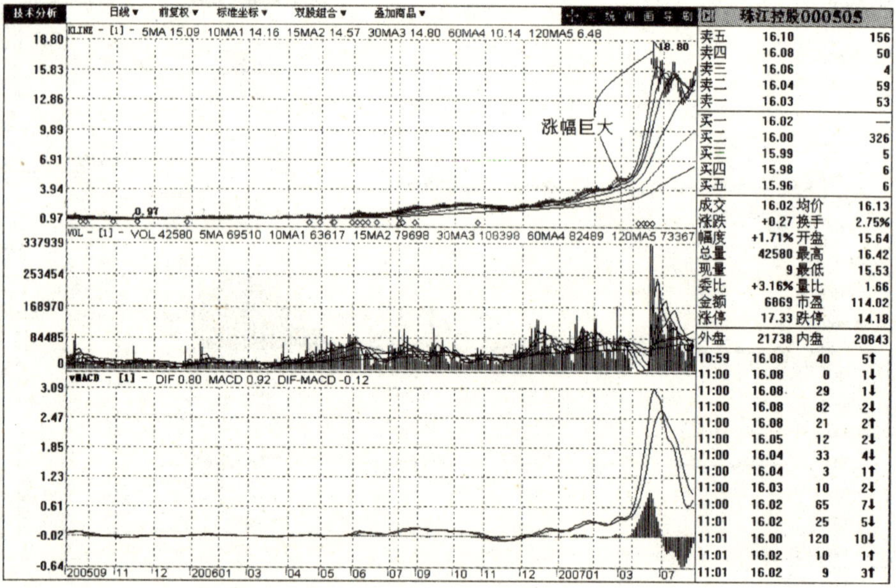

图2－36

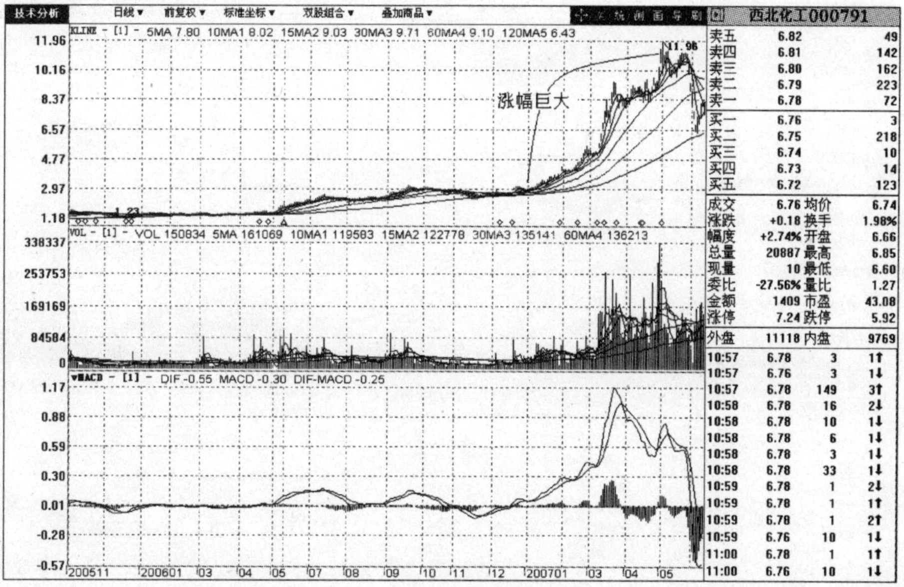

图 2－37

同样是黑马股，有的股票翻一番要四五个月左右，而有的只需要一二个月，且不说用时四五个月的这种股票在上涨途中会有多少“颠簸”，你能不能始终如一地持有，就其耗费时间的来说也是耽误不起的，谁不想在这难得一遇的大牛市里多炒几个来回？那么，我们就要去研究这种股票，研究它为什么会涨得这么快，研究它与别的黑马股有什么不同。从大的趋势上来看，珠江控股与西北化工分别在 2005 年 7 月～2007 年 1 月，与 2005 年 3 月～2006 年 12 月形成了外部特征明显并带有丰厚“成交量堆”的“草肚皮形态”，这一时期也恰好是多数“聪明的庄家”的总体建仓期，有所不同的是西北化工的“草肚皮”上有两个“峰顶”，属于“复合草肚皮”，而珠江控股只有一个（如图 2－38、图 2－39 中所示）。粗粗地看上去，珠江控股与西北化工的“草肚皮”与同一时期其他一些黑马股所形成的“草肚皮”没什么太大的区别，都是具有突出的“体貌特

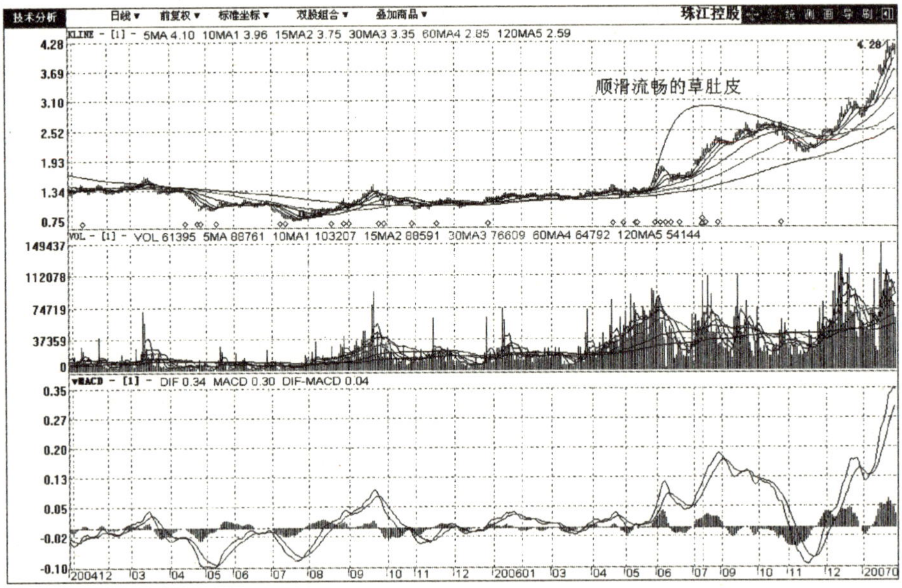
技术分析
日线
前复权
标准坐标
双股组合
叠加商品
珠江控股
KLINE - [1] - 5MA 4.10 10MA1 3.96 15MA2 3.75 30MA3 3.35 60MA4 2.85 120MA5 2.59
顺滑流畅的草肚皮
VOL - [1] - VOL 61395 5MA 88761 10MA1 103207 15MA2 88591 30MA3 76609 60MA4 64792 120MA5 54144
MACD - [1] - DIF 0.34 MACD 0.30 DIF-MACD 0.04

图 2－38

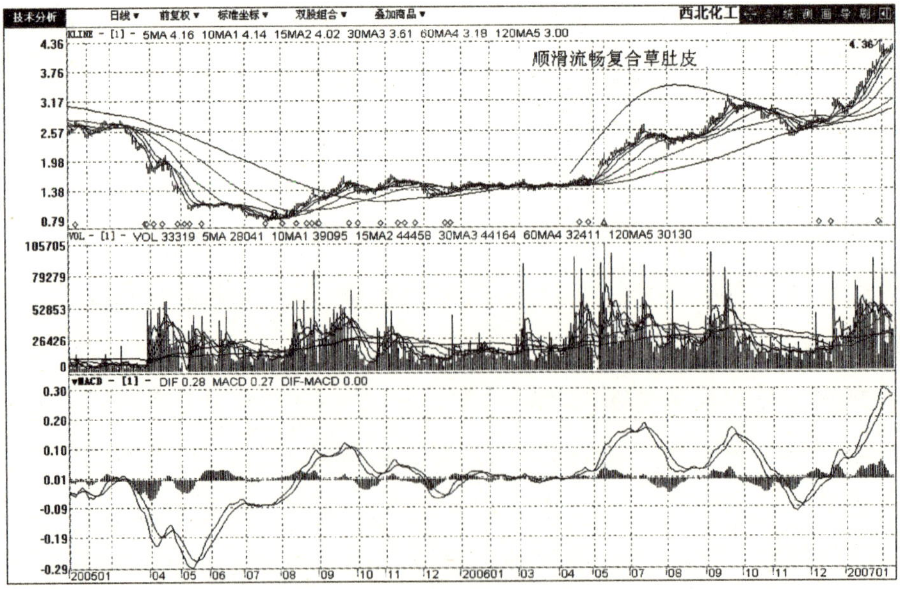
技术分析
日线
前复权
标准坐标
双股组合
叠加商品
西北化工
KLINE - [1] - 5MA 4.16 10MA1 4.14 15MA2 4.02 30MA3 3.61 60MA4 3.18 120MA5 3.00
顺滑流畅复合草肚皮
VOL - [1] - VOL 33319 5MA 28041 10MA1 39095 15MA2 44458 30MA3 44164 60MA4 32411 120MA5 30130
MACD - [1] - DIF 0.28 MACD 0.27 DIF-MACD 0.00

图 2－39

征”——丰厚的成交量堆。但你若细细地观察就会发现这两只股票在总体建仓期除具有突出的轮廓外，还具备顺滑细腻的外表，K 线与 K 线之间过激的波动幅度较小，多是大线条的总体波动（如图 2－38、图 2－39 中所示）。顺滑流畅、波动较少的外表说明主力持筹高、控盘好，这是“平行理论”中的“平行原理”，无论是股价的中长期走势或是中短期波动都是与这个客观规律密不可分的，珠江控股与西北化工的主升浪之所以能上涨得这样迅猛也是由于这个原因；另一方面，珠江控股的总体外形要比西北化工的更为顺滑一些，说明其主力的控盘程度也要比之好一些，因而后来的涨速也就要相对地快一些（如图 2－40、图 2－41 中所示）。

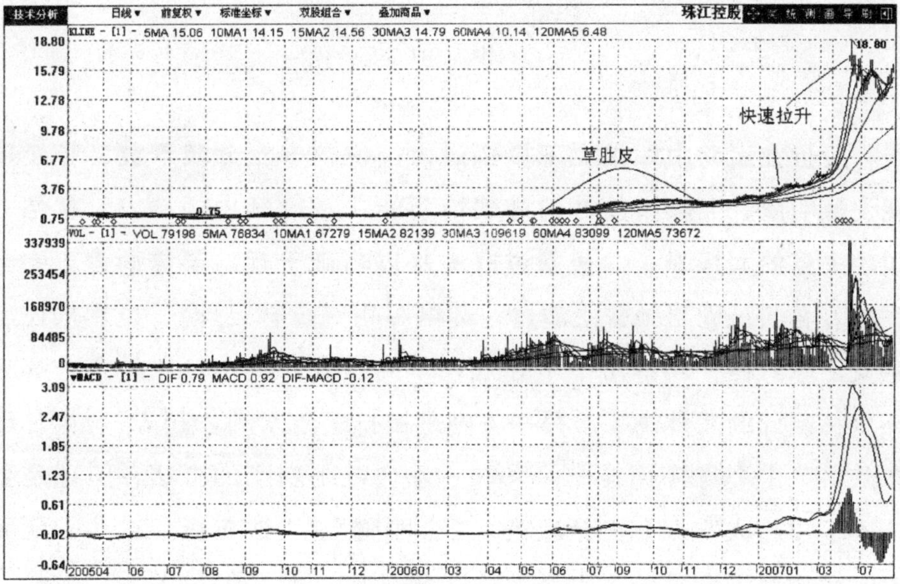

图 2－40

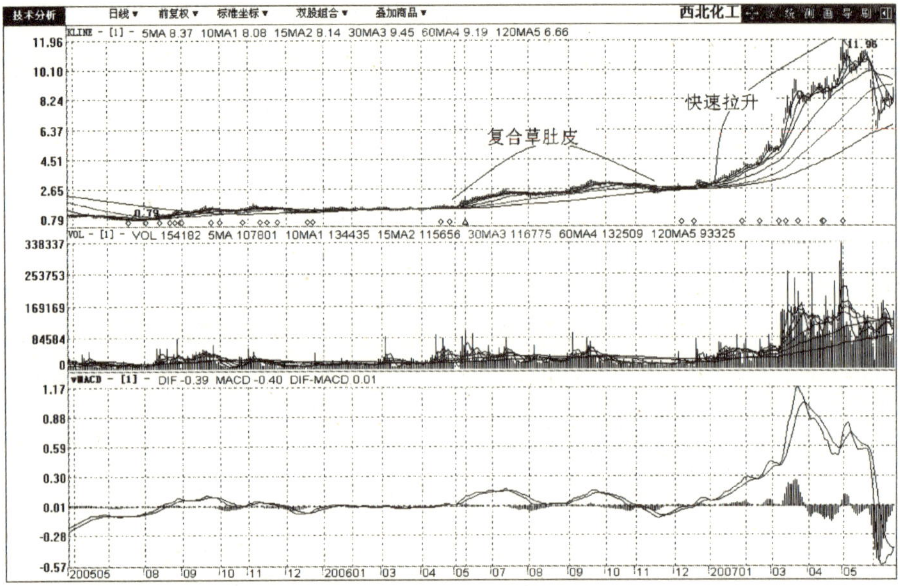

图 2－41

股价在运动中如果上下振幅过大，说明多空分歧严重，势必损耗上涨动能，而顺滑流畅的外表恰巧能化解掉其中的拙力，就像中国功夫里的太极拳，太极拳讲究的是以巧破千斤，顺势而为。中国香港著名演员周星驰曾主演过一部电影叫《少林足球》，电影描述了两支足球队在一场赛事中争夺冠亚军的过程，其中一方是个个都身怀少林绝计的武林高手，另一方则是被打了激素的“超人”。少林球队队员虽个个身怀绝技，并采取一系列以刚制刚的打法，但还是阻挡不了“超人”队猛烈地攻击，“金刚腿”、“铁布衫”这些刚猛无比的武功也先后被破，眼看败北之势渐成，但在最后关头，少林队还是用以柔克刚的太极功夫战胜了威力无比的“超人”，并获得了最后的胜利。这也是一种顺势而为的战略，硬碰硬往往是占不得上风的。我喜欢看电影，更喜欢看周星驰主演的电影，用心去想一想这位天才演员的确是无人可敌，虽然他在戏里演得都很搞笑，而且大多还是"小角色"，但在笑过之后又会让你陷入深思，这些个"小角色"无论遇到什么样的困境总会努力坚持下去，总会坚守着做人的基本原则，坚守着正义与责任，这种不屈不挠、永不放弃的精神也一直在激励着我。记得他还演过一部叫《喜剧之王》的电影，讲的是一个"跑龙套"的小演员艰苦奋斗的过程，其中有一场戏是这样的：由周星驰所饰演的"小演员"好不容易获得了一次与"大牌明星"合作的机会，但后来由于种种原因又使他失去了这次机会，当工作人员向他索回剧本的时候，周星驰嘴里说着看似不在乎的话语，手里却紧紧地握住剧本，眼睛里却是一片茫然，那种无奈、无助，与机会擦肩而过的感觉被周星驰演绎得淋漓尽致。人生就是这样无可奈何，是我们所不能奢望的，不过还是要不懈地坚持下去。他是用心在演戏，并能把每个"小角色"的艰苦奋斗过程都把握得出神入化，表面滑稽，但内涵深刻。我衷心祝愿这位伟大的天才演员将来能够被全世界的影迷所认同。

像我们这种弱小的股民在股市当中必将不断地受到挫折，希望不要轻易放弃，要学习这种不屈不挠、坚持不懈的精神！

八、锦龙股份（000712）

锦龙股份（000712）的股价从 2007 年 1 月 19 日开始以 4.32 元开盘（如图 2－42 中 A 点所示），此后便一路飞涨，至 2007 年 6 月 22 日最高曾创下 40.51 元的天价（如图 2－42 中 B 点所示），在短短 5 个月内股价总体升幅高达 8.38 倍，平均每个月上涨 2 倍左右，而且在整个上涨过程中股价几乎没有出现过回落调整，且以涨停板居多，所以无论是从涨幅或是涨速方面来讲，锦龙股份都是当之无愧的黑马股（如图 2－42 中所示）。

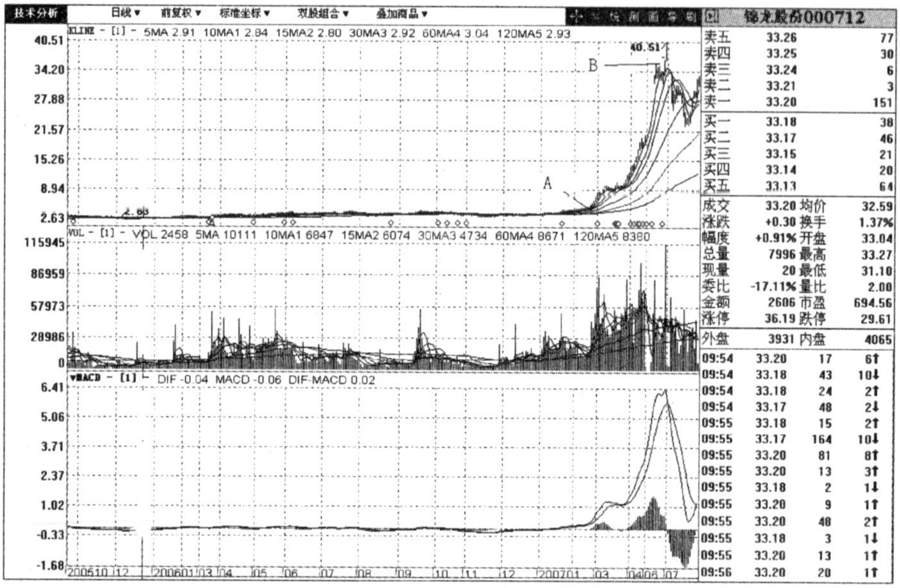

图 2-42

还是先来欣赏一下锦龙股份在大涨之前的总体走势结构吧。锦龙股份在大涨之前于 2005 年 7 月 ~2007 年 1 月间形成“大草肚皮”形态，“大草肚皮”呈现出丰厚的“成交量堆”，我们先来看看这个“大草肚皮”的外部形态，它虽然具有突出易变的外形，但在其外表的顺滑程度上明显不如上节所介绍的珠江控股与西北化工的顺畅流畅，显然其外形并不是导致其股价快速上涨的主要因素，**在技术条件下能影响到股票好坏、强弱的主要因素有股价的外部形态与成交量这两大方面。**既然，导致锦龙股份股价大涨的主要原因不在其外部形态上，那么，十有八九是由其内部成交量所致（如图 2-43 中所示）。我们再看看锦龙股份“大草肚皮”下方的“成交量堆”，这组“成交量堆”，不仅充沛、丰厚，其间还布满“量精”，我在《股市天元——王者之略》一书中曾详细地解释过“量精”，它不仅体现着主力控盘的收发自如，也象征着主力雄厚的实力及远大的志向（如图 2－43 中所示）。

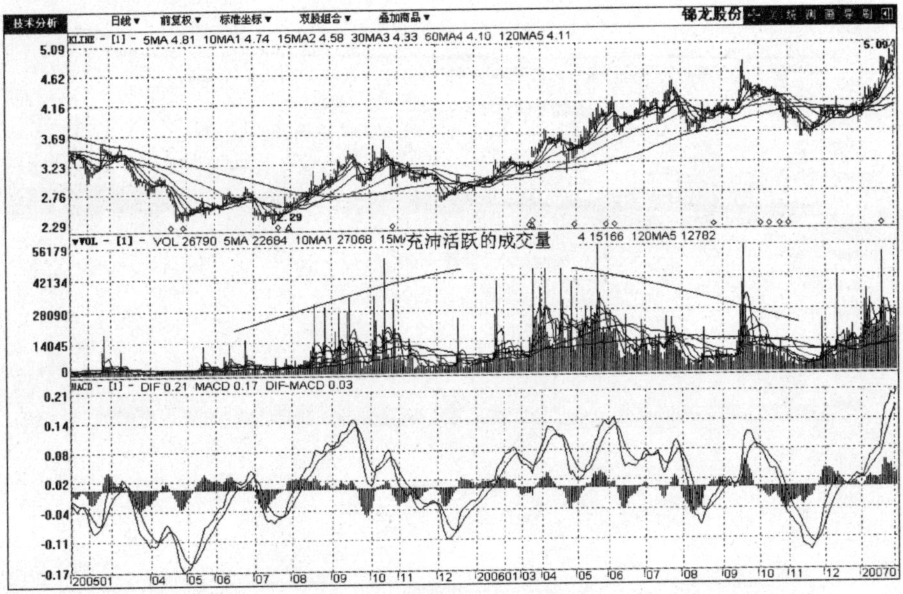

图 2－43

由此可见，在技术上导致锦龙股份股价快速飞涨的主要原因就是其成交量（如图 2－44 中所示）。

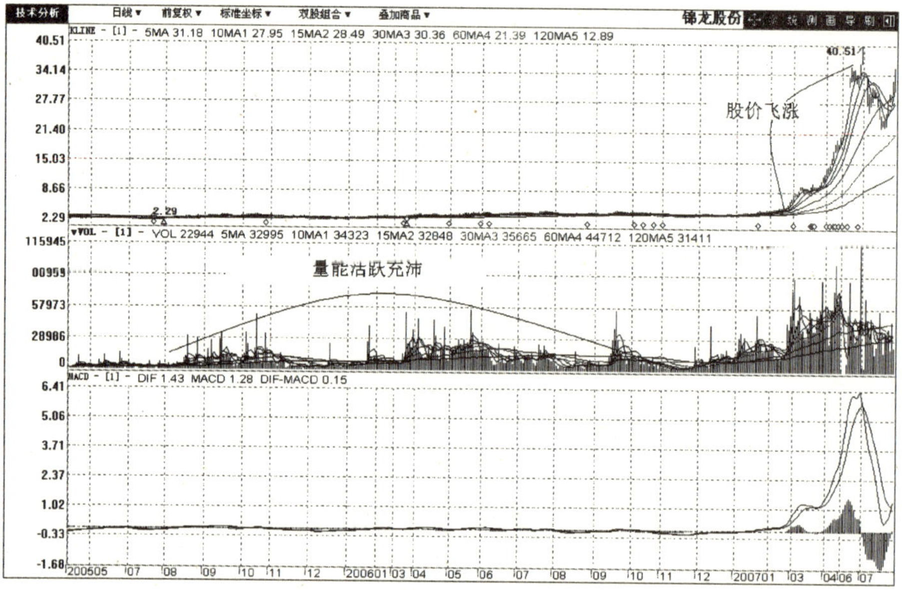

图 2－44

九、卧龙电器（600580）

和超级大牛股一样，由“聪明的庄家”所率领的“二线黑马股”也有好坏、强弱之分。**同样它们的好坏、强弱在技术上也是通过整体建仓时期的成交量分布，与股价总体走势的外部形态等方面来进行判别的。成交量丰厚、有规律，整体形态顺滑、工整就好，就强；反之，就坏，就弱。因为由“聪明的庄家”所率领的二线黑马股的主体建仓部分都是在市场趋势趋于明朗，主力建仓心情趋于急迫的背景下所形成的，所以突出的成交量便成为其显著的特征之一。因此，我们再区分二线黑马股的强弱和优劣之时应侧重于研判其外部形态这一方向。**

卧龙电器（600580）、交大昂立（600530）、双钱股份

（600623）和力诺太阳（600885）这4只股票在2006年12月~2007年3月所形成的主升浪中整体涨幅都不算大，平均也就在1.5倍左右，这和同一时期的其他黑马股是无法相提并论的（如图2-45、图2-46、图2-47、图2-48中所示）。如将这4只股票在上涨前的总体建仓行为作放大观察，就会发现它们在2005年7月~2006年12月这段时期都于其股价下方形成了丰厚的“成交量堆”，尤其是力诺太阳所形成的“成交量带”与任何黑马股相比都不逊色，那么，究竟是什么原因抑制了这几只股票的上涨空间？我认为是其总体建仓时期波幅过大、波动过频的外部形态所造成的，卧龙电器、交大昂立、双钱股份与力诺太阳这4只股票在急剧放量的同时，也形成了激烈的多空争夺之状，致使股价在这一时期形成了较大、较多的波动，这对股票未来的发展是极为不利的（如图2-49、图2-50、图2-51、图2-52中所示）。

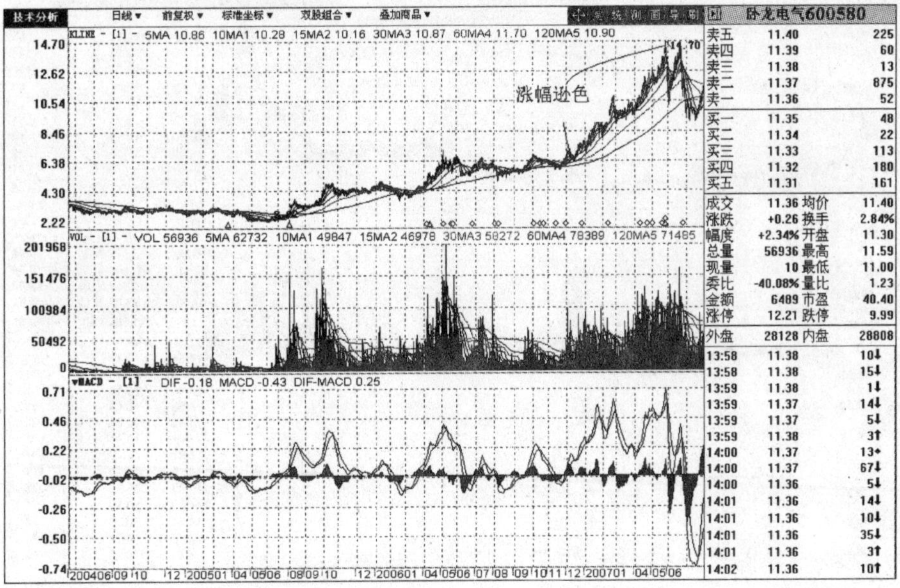

图2-45

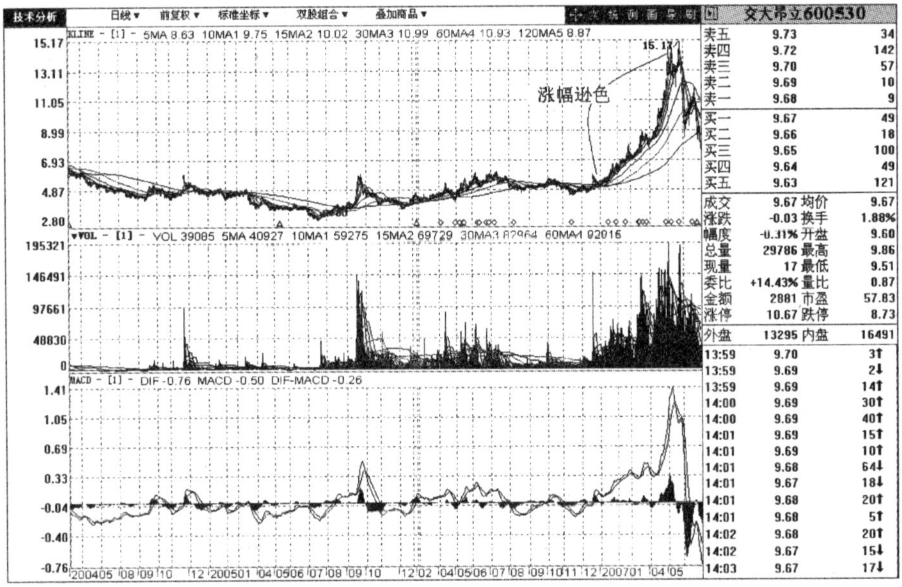
技术分析
日线▼ 前复权▼ 标准坐标▼ 双股组合▼ 叠加商品▼
文大帝立600530
KLINE - [1] - 5MA 8.63 10MA1 9.75 15MA2 10.02 30MA3 10.99 60MA4 10.93 120MA5 8.87
涨幅逊色
VOL - [1] - VOL 39085 5MA 40927 10MA1 59275 15MA2 69729 30MA3 82964 60MA4 92016
MACD - [1] - DIF -0.76 MACD -0.50 DIF-MACD -0.26

图 2－46

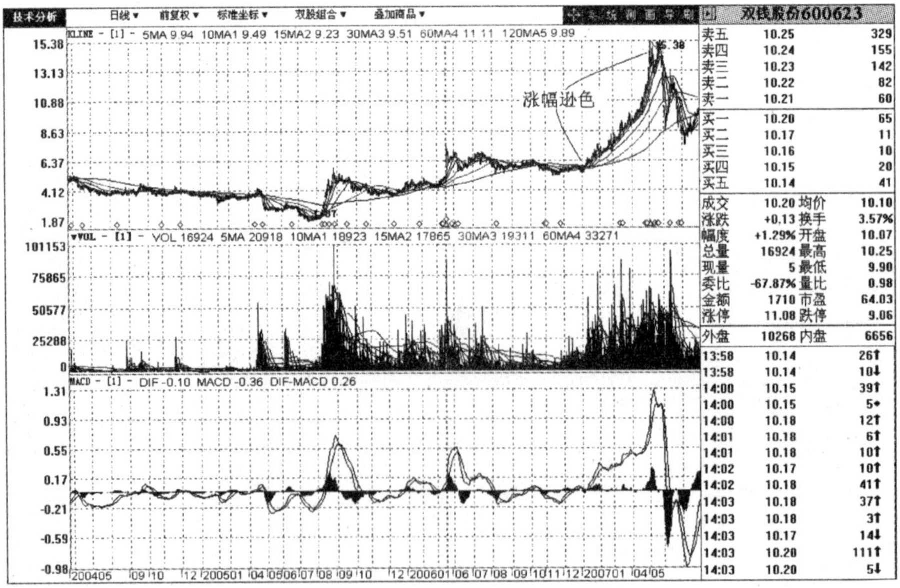
技术分析
日线▼ 前复权▼ 标准坐标▼ 双股组合▼ 叠加商品▼
双钱股份600623
KLINE - [1] - 5MA 9.94 10MA1 9.49 15MA2 9.23 30MA3 9.51 60MA4 11.11 120MA5 9.89
涨幅逊色
VOL - [1] - VOL 16924 5MA 20918 10MA1 18923 15MA2 17865 30MA3 19311 60MA4 33271
MACD - [1] - DIF -0.10 MACD -0.36 DIF-MACD 0.26

图 2－47

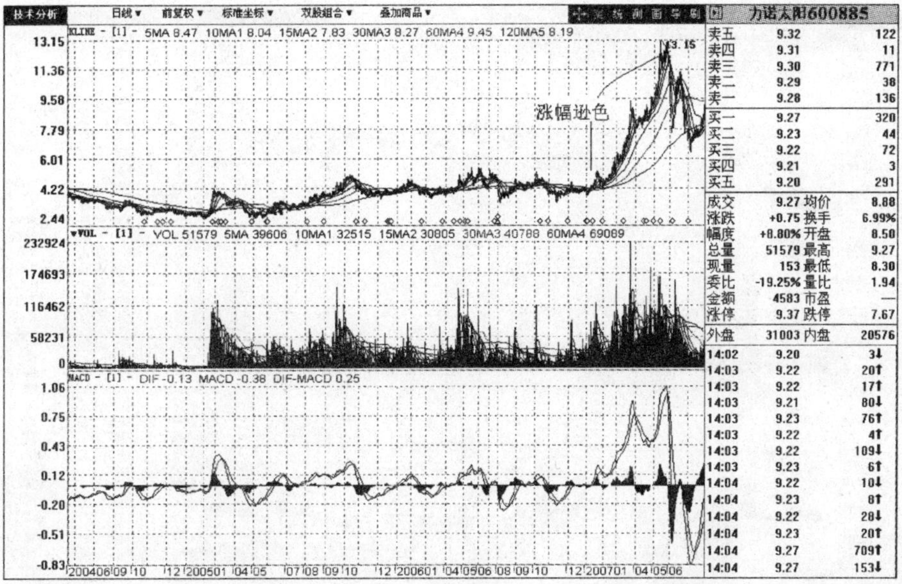
技术分析 日线 前复权 标准坐标 双股组合 叠加商品
力诺太阳600885
KLINE - [1] - 5MA 8.47 10MA1 8.04 15MA2 7.83 30MA3 8.27 60MA4 9.45 120MA5 8.19
涨幅逊色
VOL - [1] - VOL 51579 5MA 39606 10MA1 32515 15MA2 30805 30MA3 40788 60MA4 69089
MACD - [1] - DIF -0.13 MACD -0.38 DIF-MACD 0.25

图 2－48

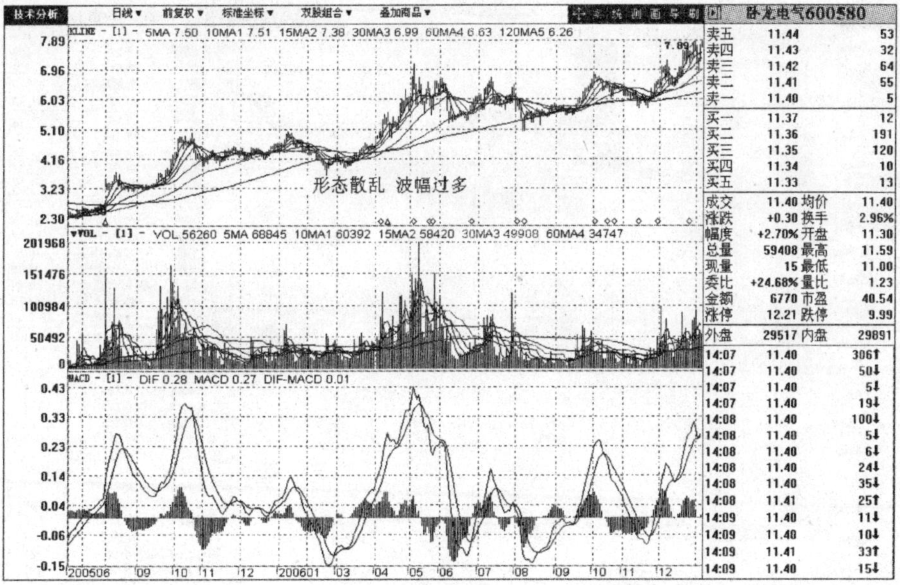
技术分析 日线 前复权 标准坐标 双股组合 叠加商品
卧龙电气600580
KLINE - [1] - 5MA 7.50 10MA1 7.51 15MA2 7.38 30MA3 6.99 60MA4 6.63 120MA5 6.26
形态散乱 波幅过多
VOL - [1] - VOL 56260 5MA 68845 10MA1 60392 15MA2 58420 30MA3 49908 60MA4 34747
MACD - [1] - DIF 0.28 MACD 0.27 DIF-MACD 0.01

图 2－49

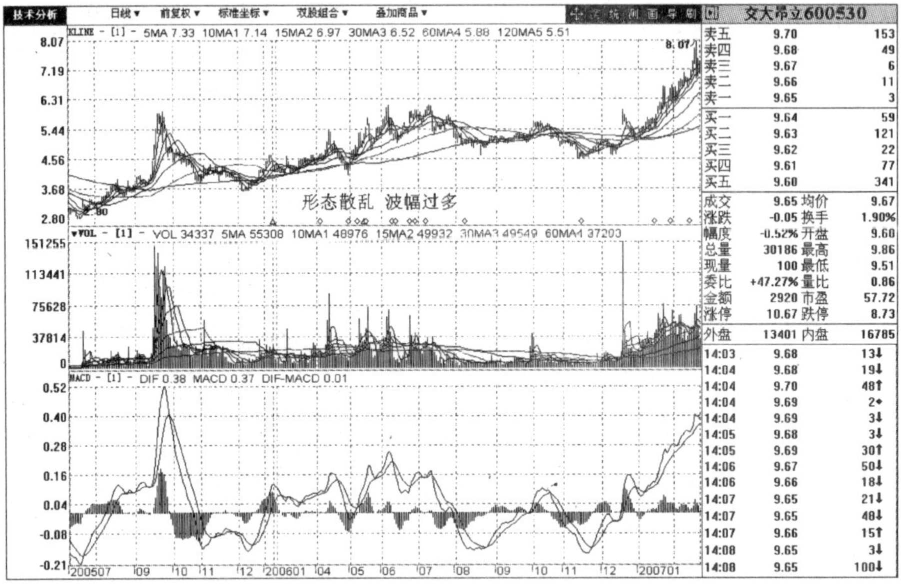
技术分析
日线
前复权
标准坐标
双股组合
叠加商品
文大帝立600530
KLINE - [1] - 5MA 7.33 10MA1 7.14 15MA2 6.97 30MA3 6.52 60MA4 5.88 120MA5 5.51
形态散乱 波幅过多
VOL - [1] - VOL 34337 5MA 55308 10MA1 48976 15MA2 49932 30MA3 49549 60MA4 37203
MACD - [1] - DIF 0.38 MACD 0.37 DIF-MACD 0.01

图 2－50

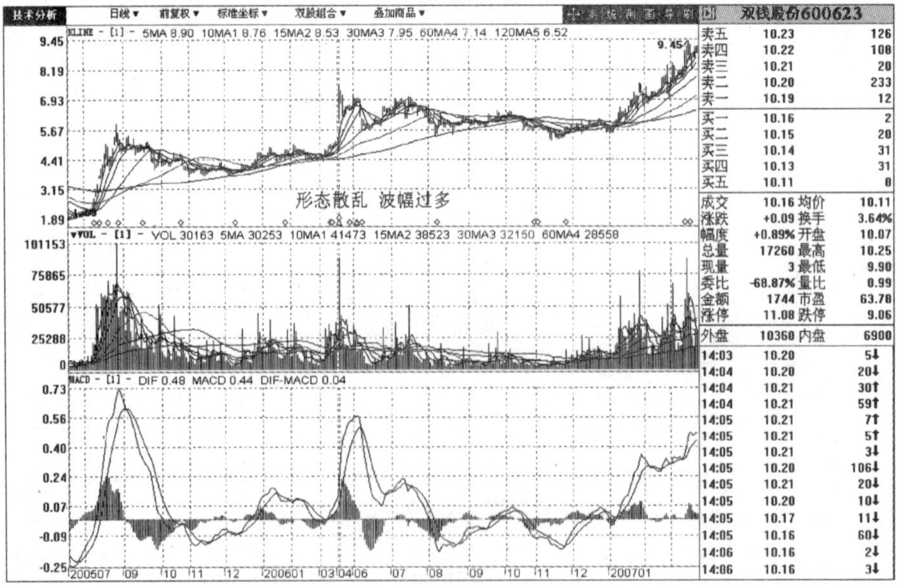
技术分析
日线
前复权
标准坐标
双股组合
叠加商品
双钱股份600623
KLINE - [1] - 5MA 8.90 10MA1 8.76 15MA2 8.53 30MA3 7.95 60MA4 7.14 120MA5 6.52
形态散乱 波幅过多
VOL - [1] - VOL 30163 5MA 30253 10MA1 41473 15MA2 38523 30MA3 32150 60MA4 28558
MACD - [1] - DIF 0.48 MACD 0.44 DIF-MACD 0.04

图 2－51

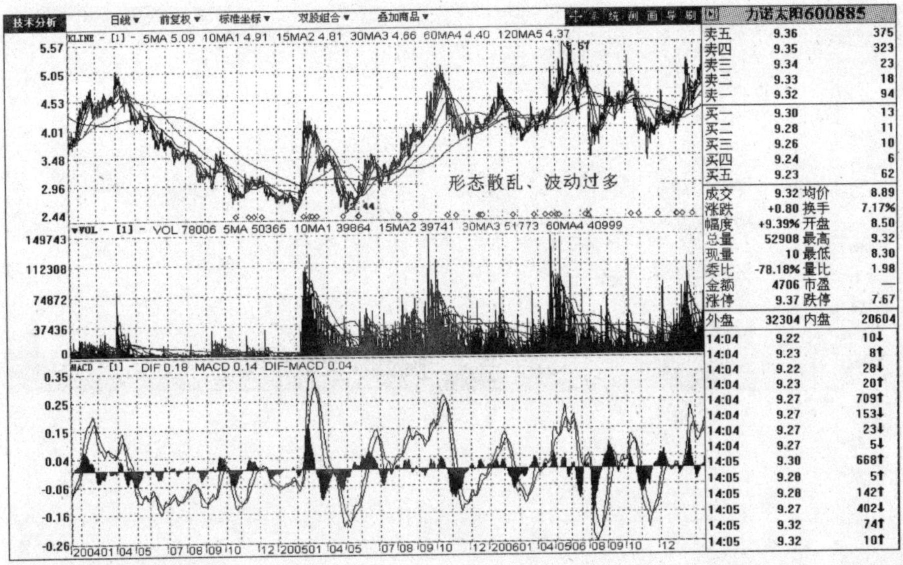

图 2－52

小结：由“聪明的庄家”所率领的二线黑马股一般都是在大盘转暖后在主力急迫建仓的心情下所形成的，通常都是吸货阶段迅猛有力，具有明显的外部特征和丰厚的成交量，我们在具体选择时应该抓住这一特点，并结合其外部形态一同去研判其强弱、好坏。

第二节　二类黑马股赏析

优秀的黑马股不仅涨幅巨大，涨速也相当惊人。这类股票通常都在整体趋势初露端倪时异常活跃，建仓周期既不太长，也不太短，充足而适中，操作手法强烈，通常会留下明显的痕迹。

我们下面给出的 K 线图，不作过多评论，就是要给大家一个丰富的想像空间，提高看图技巧。

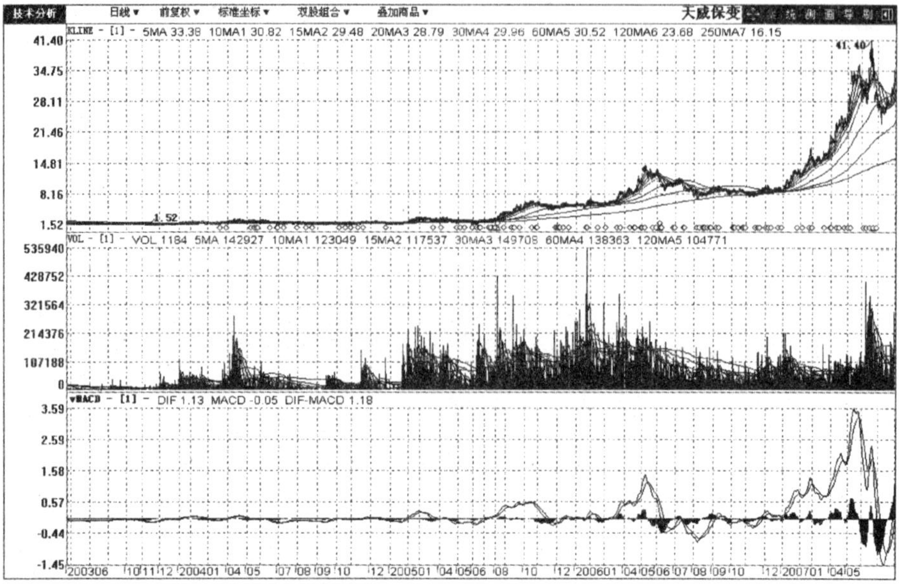

图 2-53　成交量集中，但股价结构不合理

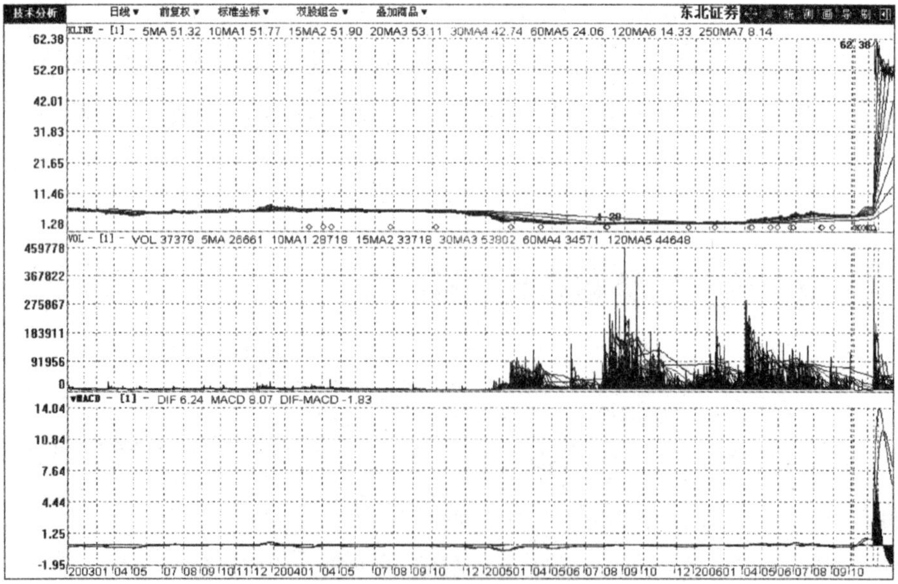

图 2-54　量能强大而集中

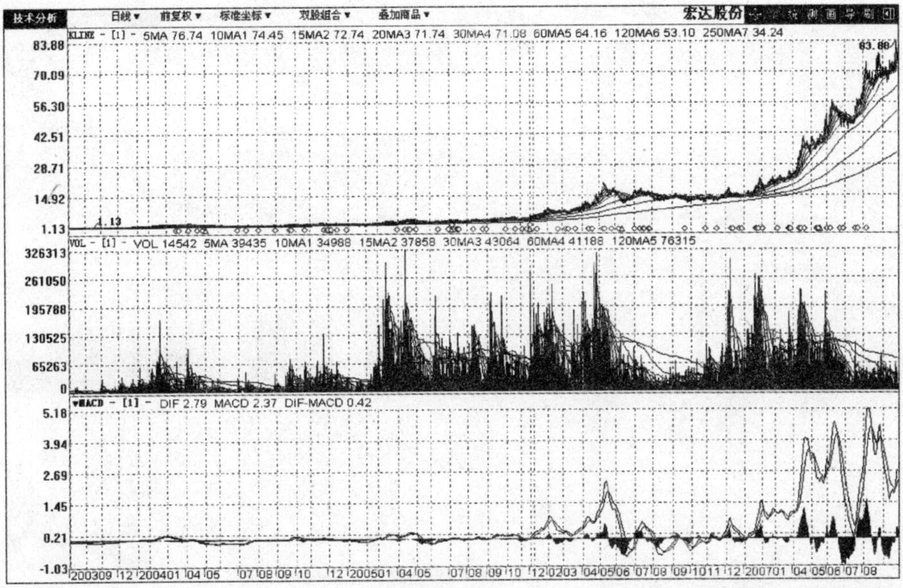

图 2-55　成交量集中，但股价结构不合理

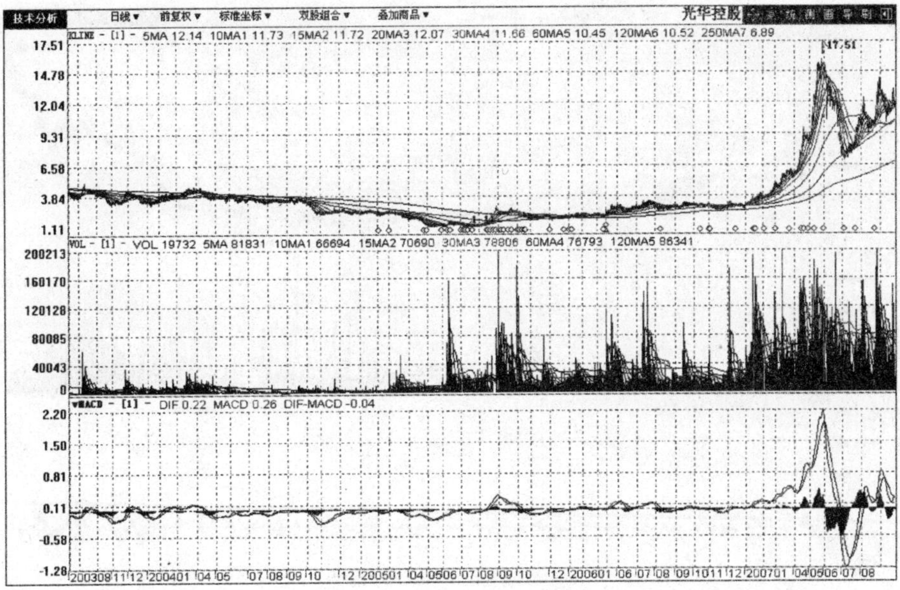

图 2-56　股价结构不严谨

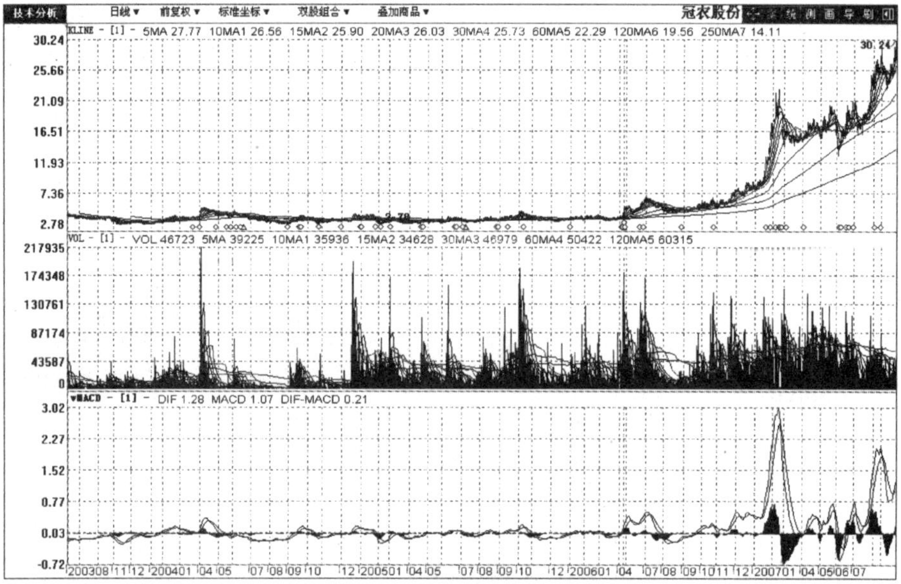

图 2-57 股价结构略为松散

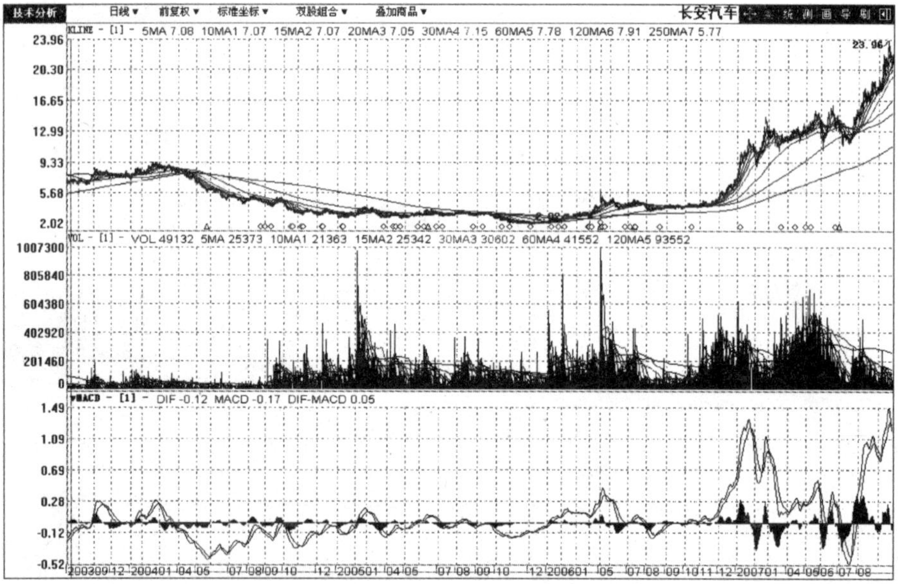

图 2-58 外形不突出、不舒展

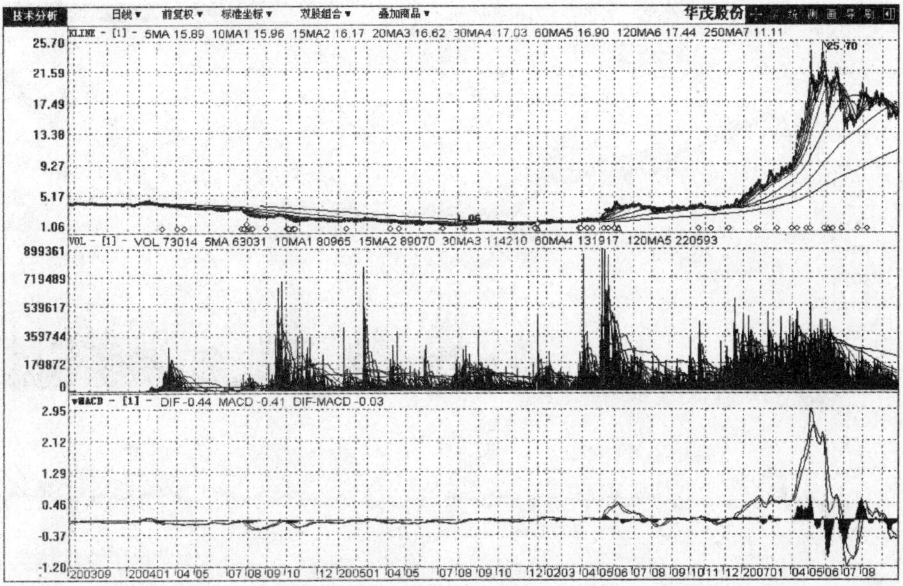

图 2－59　外形不突出

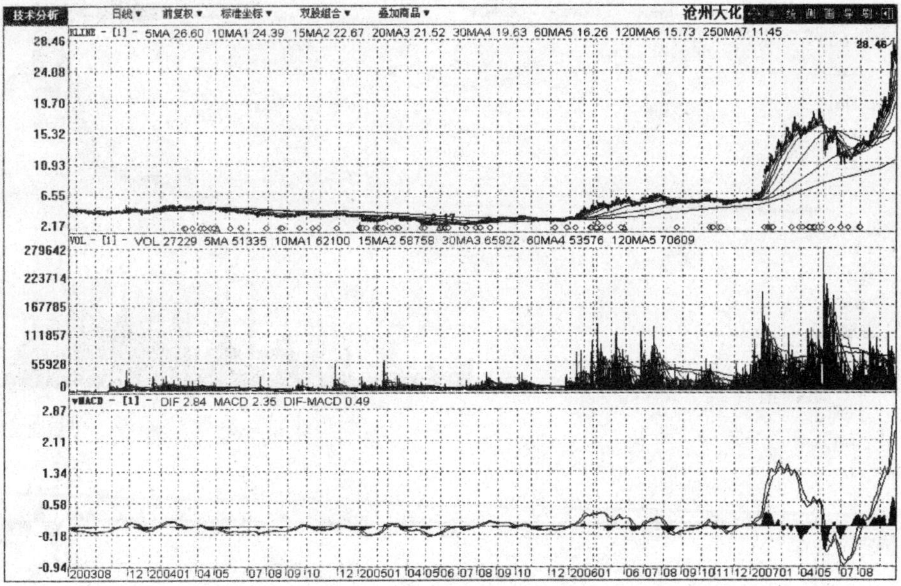

图 2－60　成交量集中较快

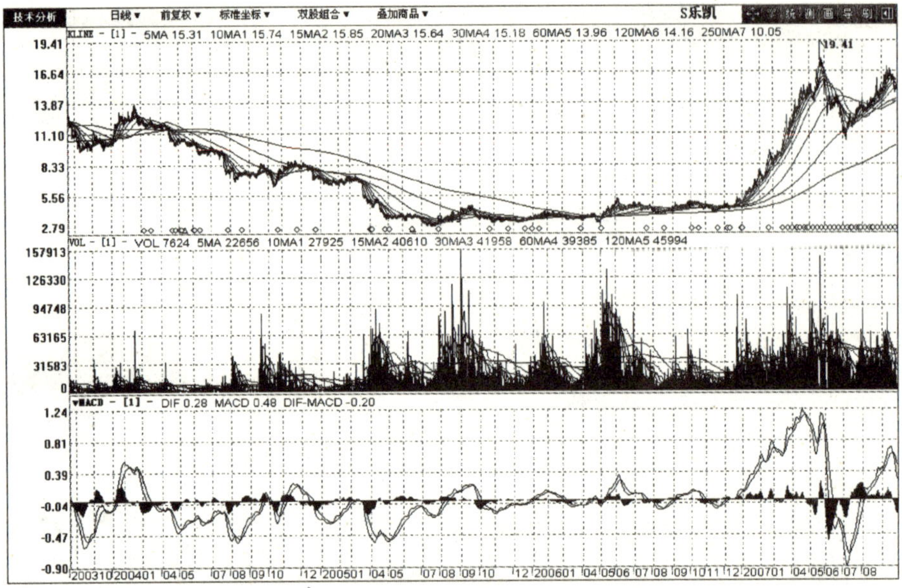

图 2-61 外形不舒展

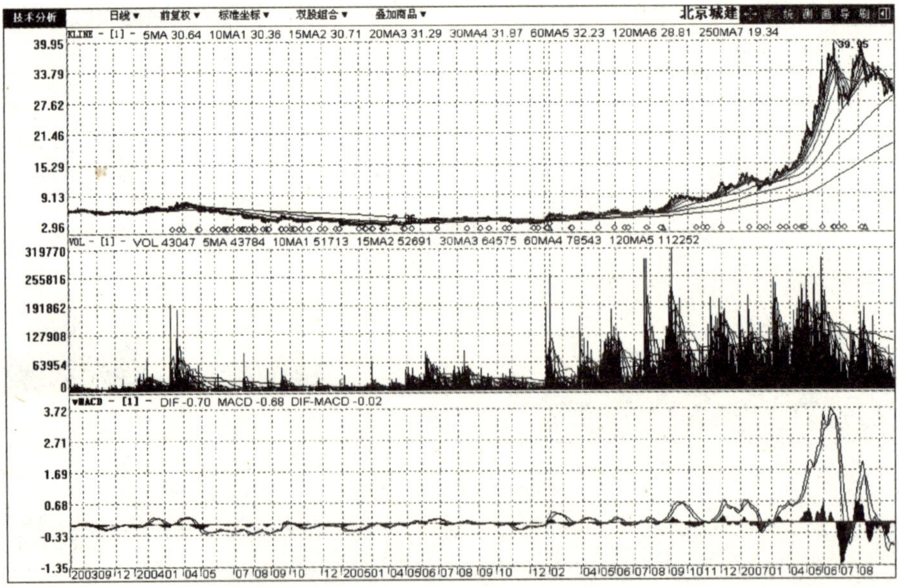

图 2-62 外形不突出、不舒展，拉升吃力

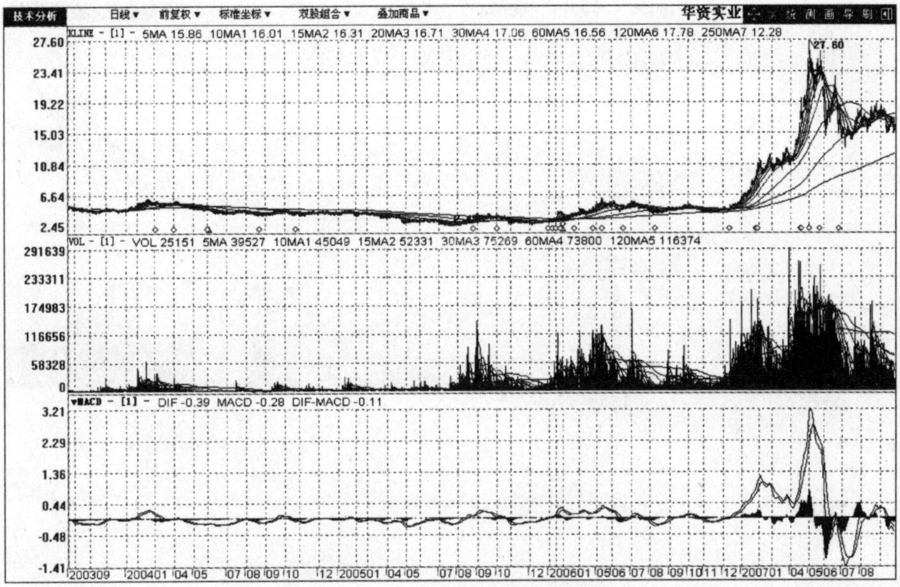

图 2-63 价量配合尚可

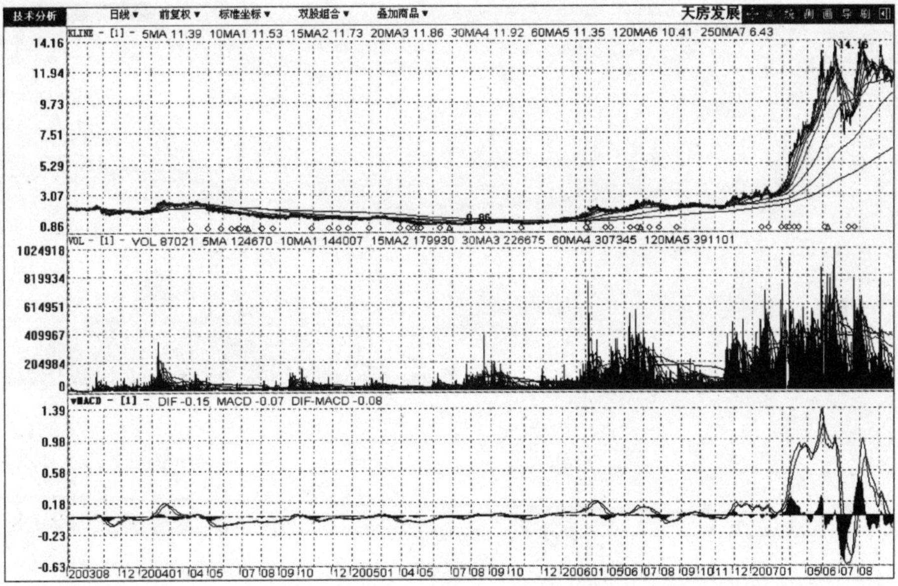

图 2-64 价量配合尚可

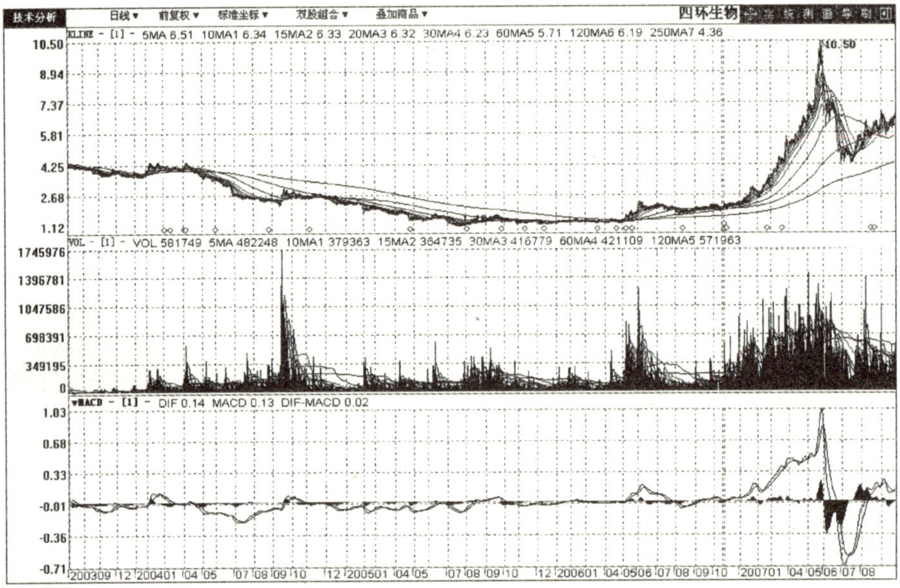

图 2-65 趋势较弱

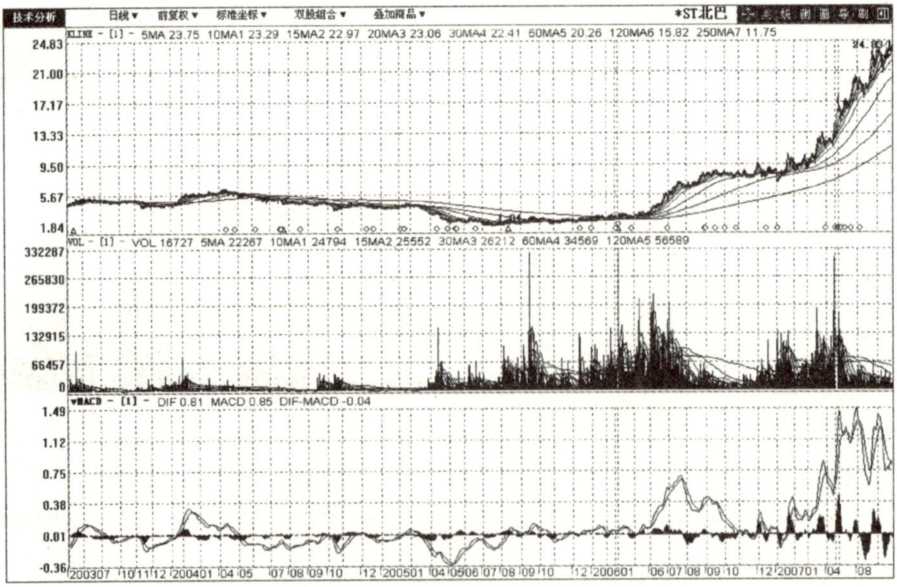

图 2-66 量能集中迅速

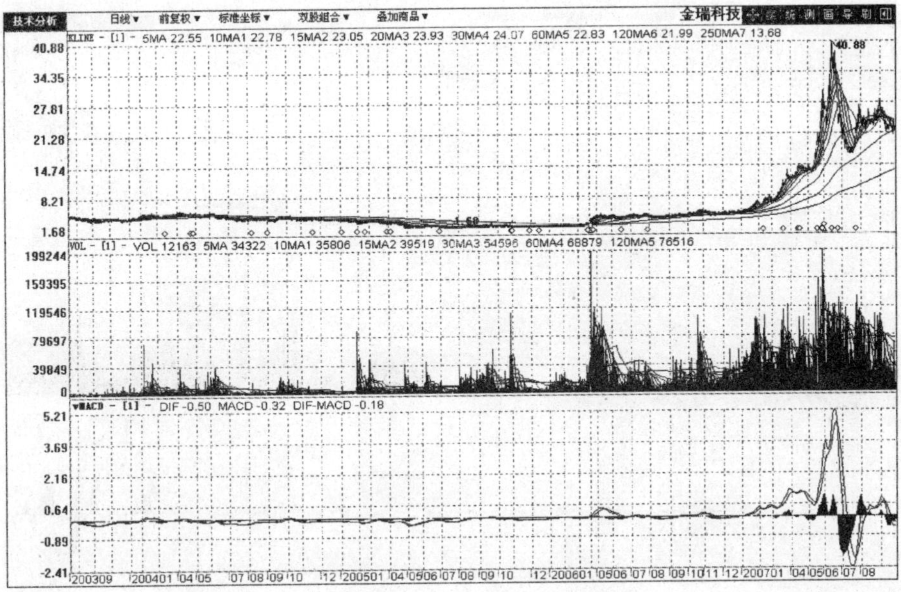

图 2-67　量能强大，调整充分

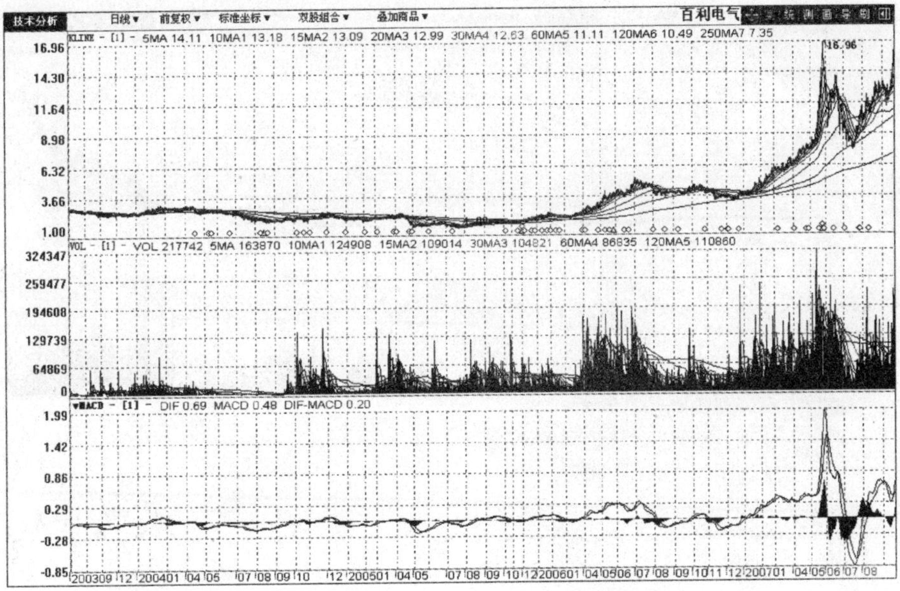

图 2-68　整体态势不流畅

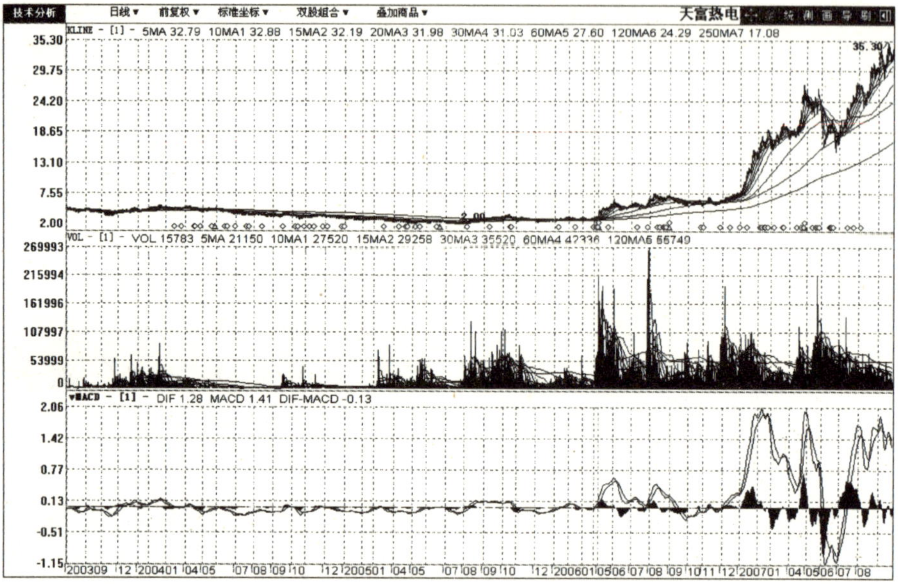

图 2-69　增仓动作强劲

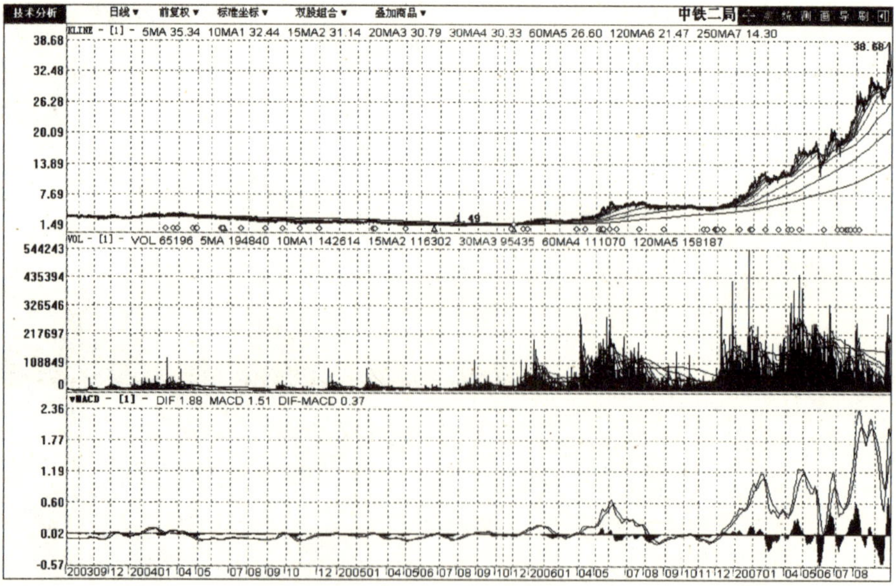

图 2-70　量价结构协调

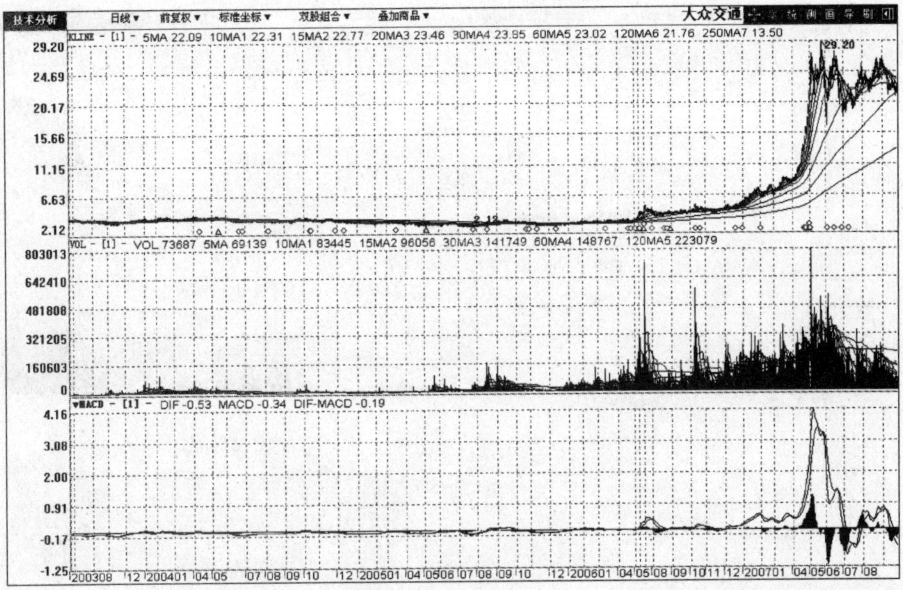

图 2－71　增仓动作强劲

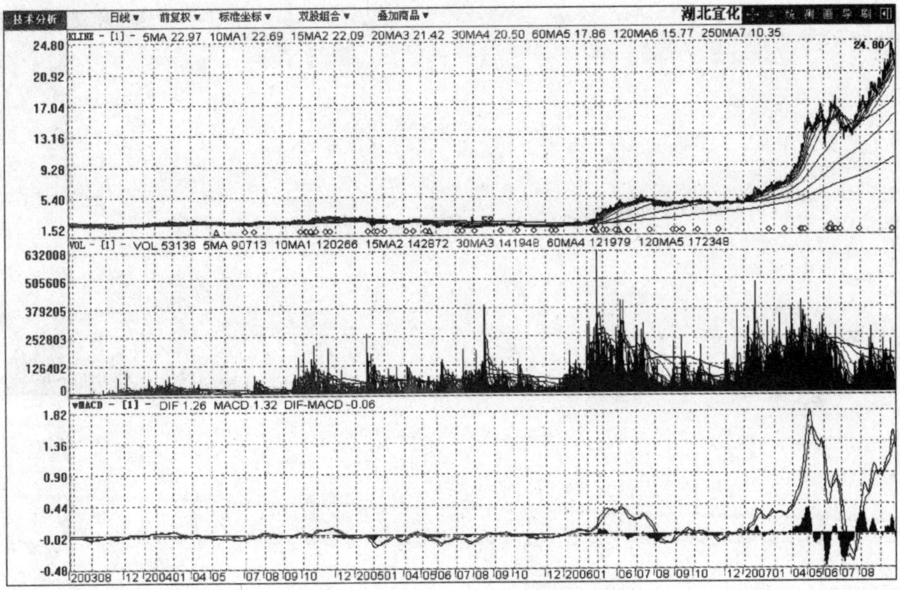

图 2－72　价量配合理想

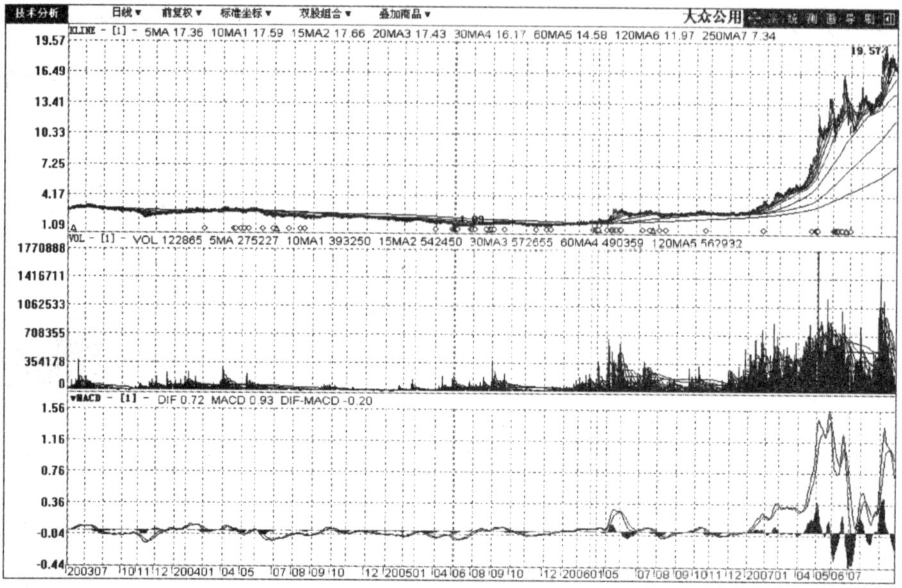

图 2－73　调整充分

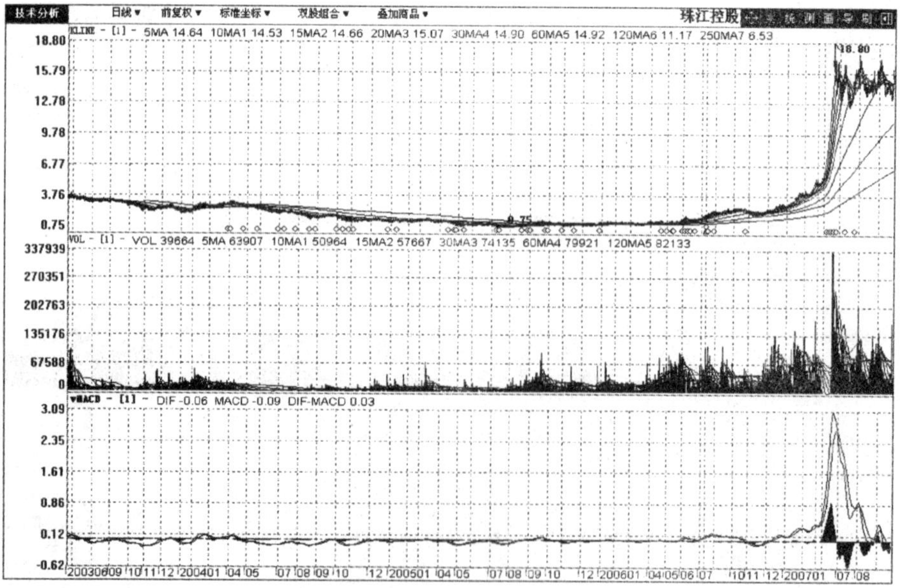

图 2－74　形态明确、突出

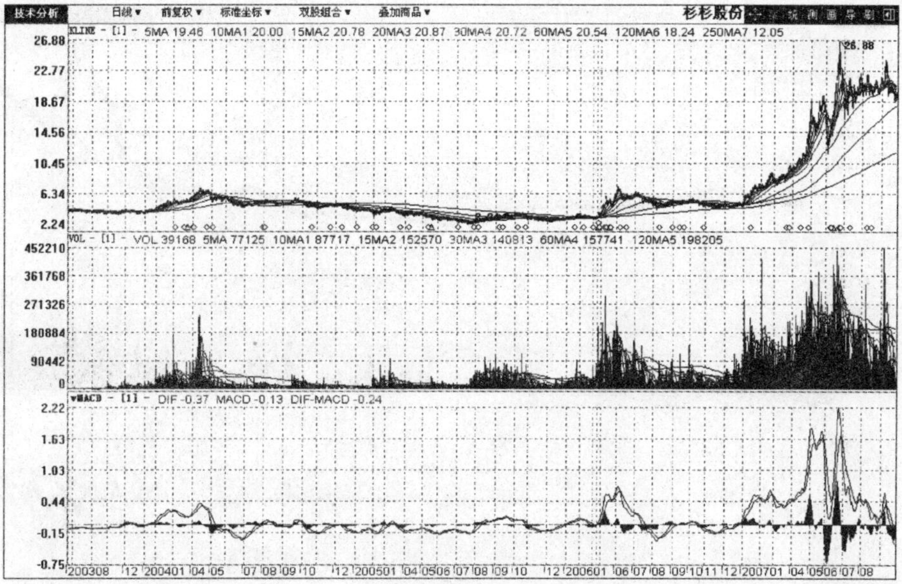

图 2－75　整体结构不合理

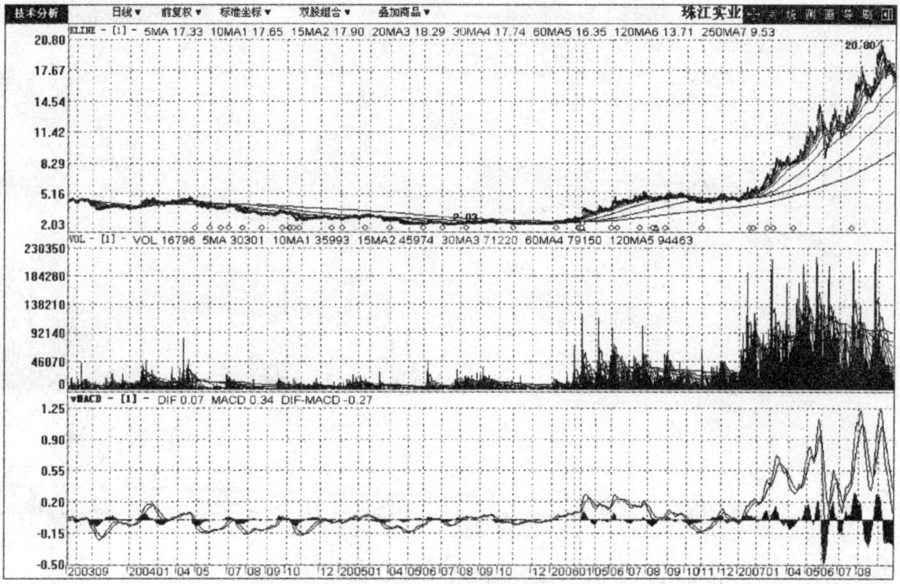

图 2－76　形态明确、突出

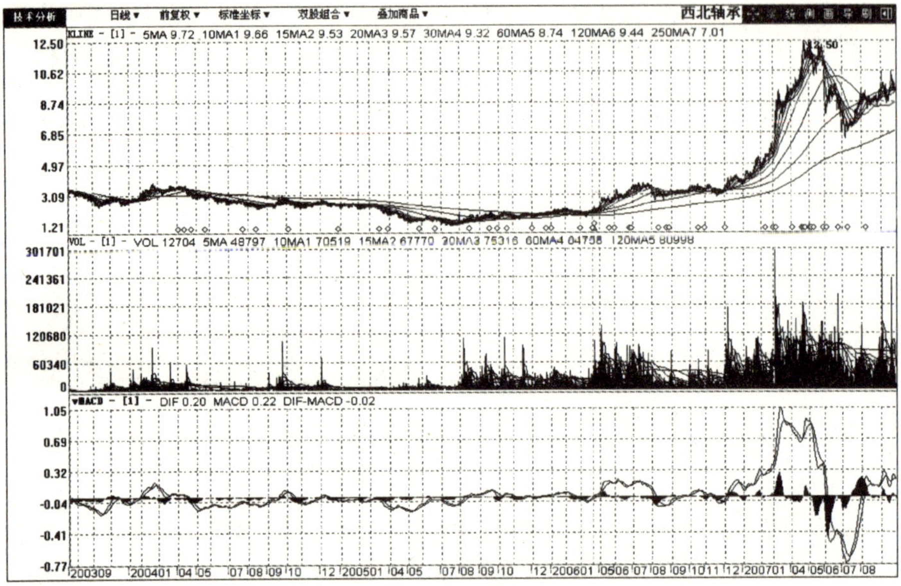

图 2-77 整体结构尚可

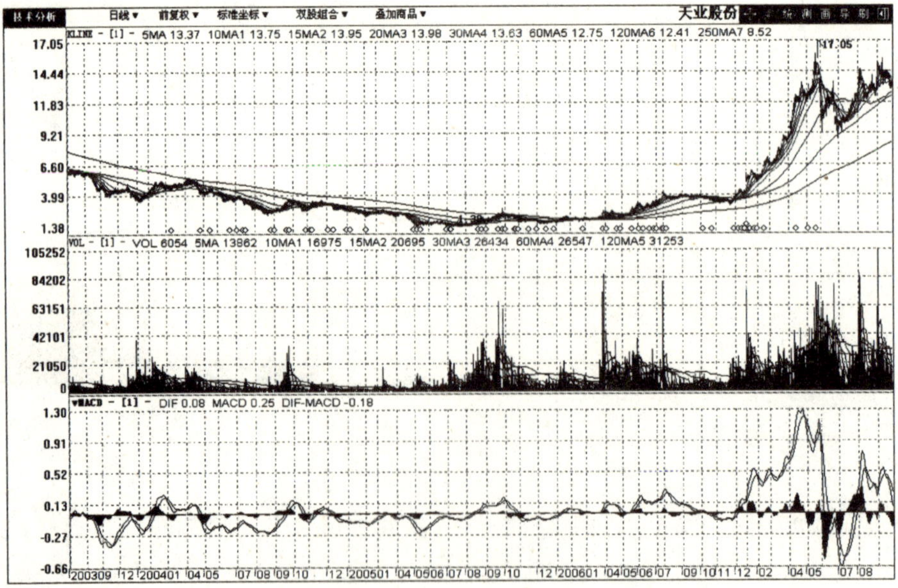

图 2-78 结构不够舒展

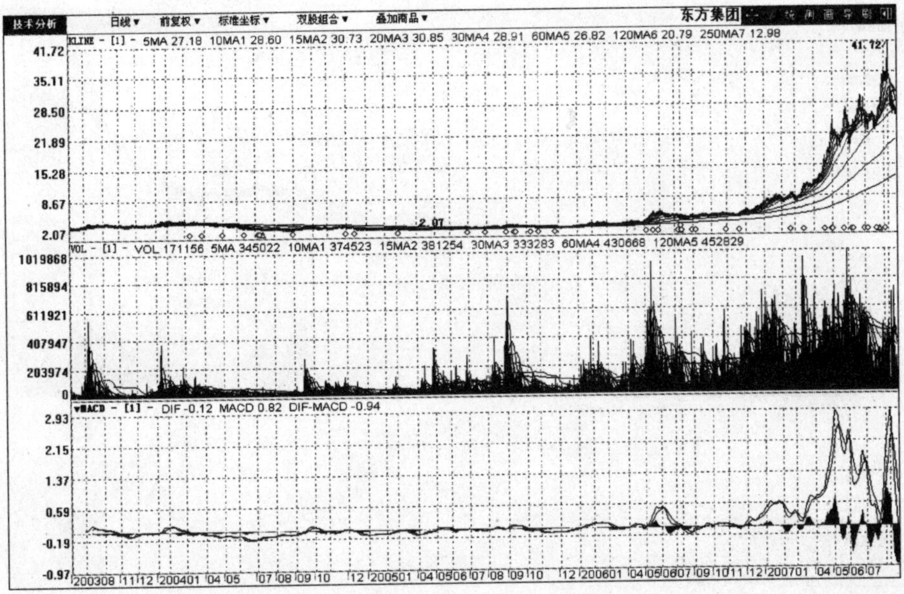

图 2－79　整体走势协调

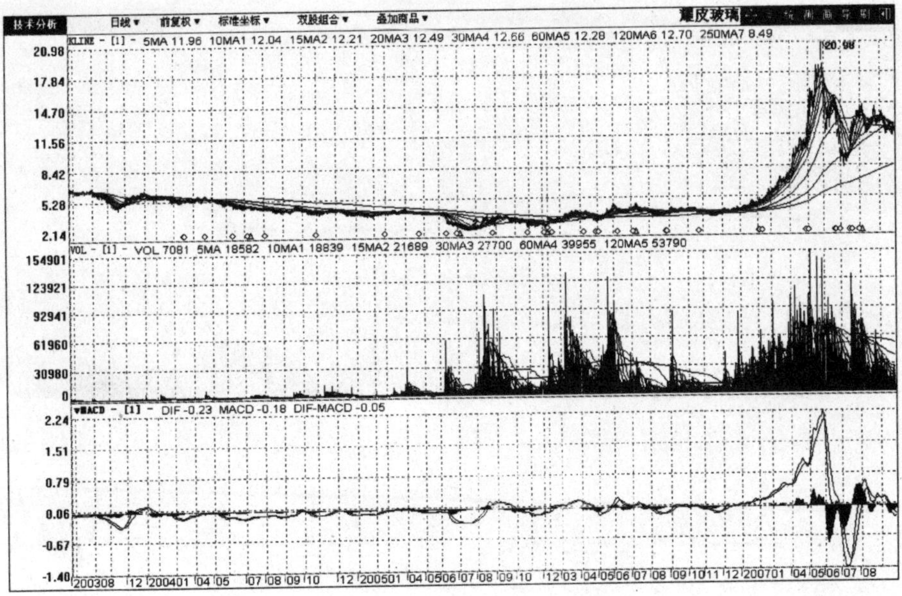

图 2－80　外形欠佳

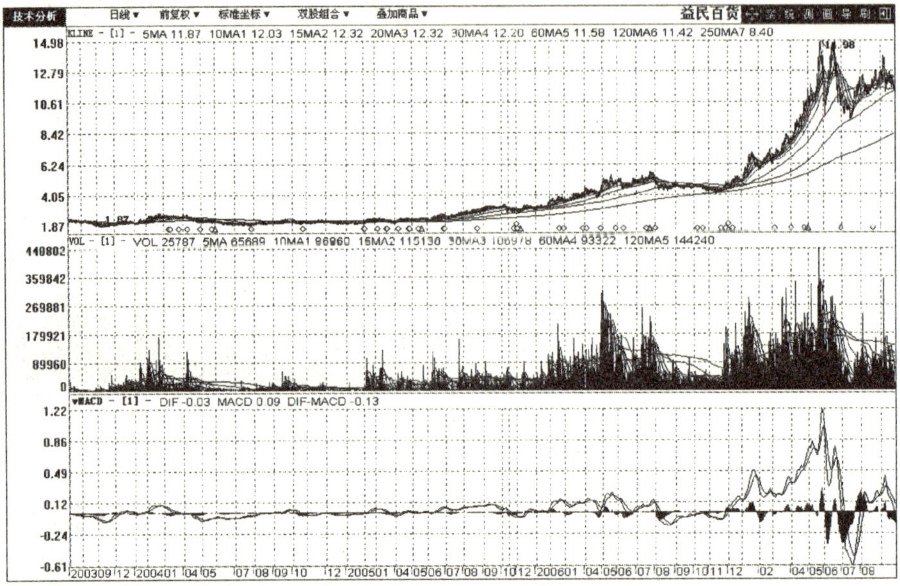

图 2-81　外部形态软弱

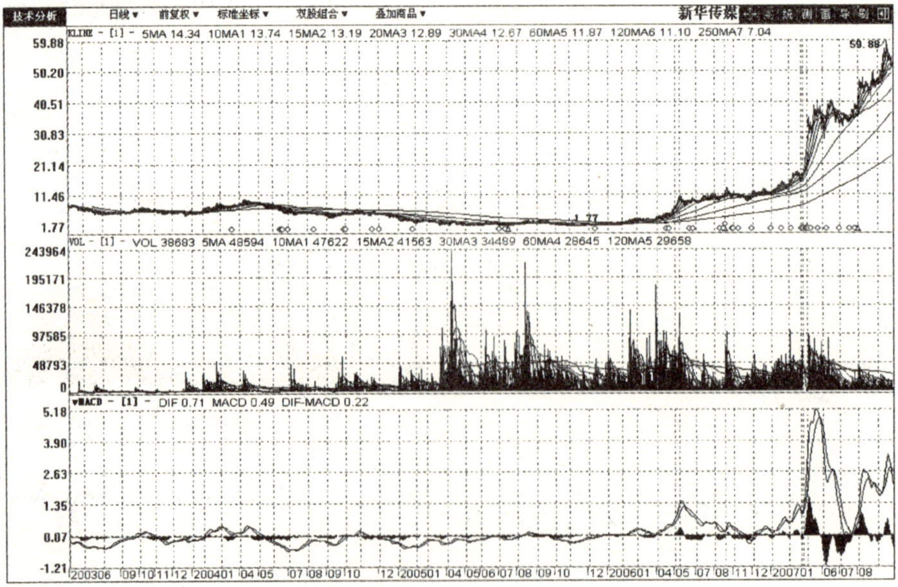

图 2-82　量能尚可，形态不突出

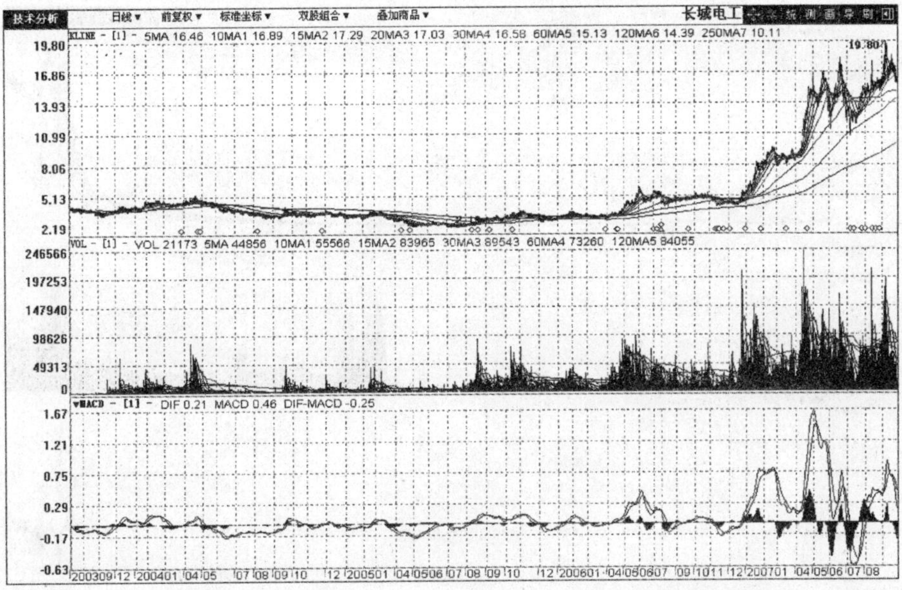

图 2-83 走势欠佳

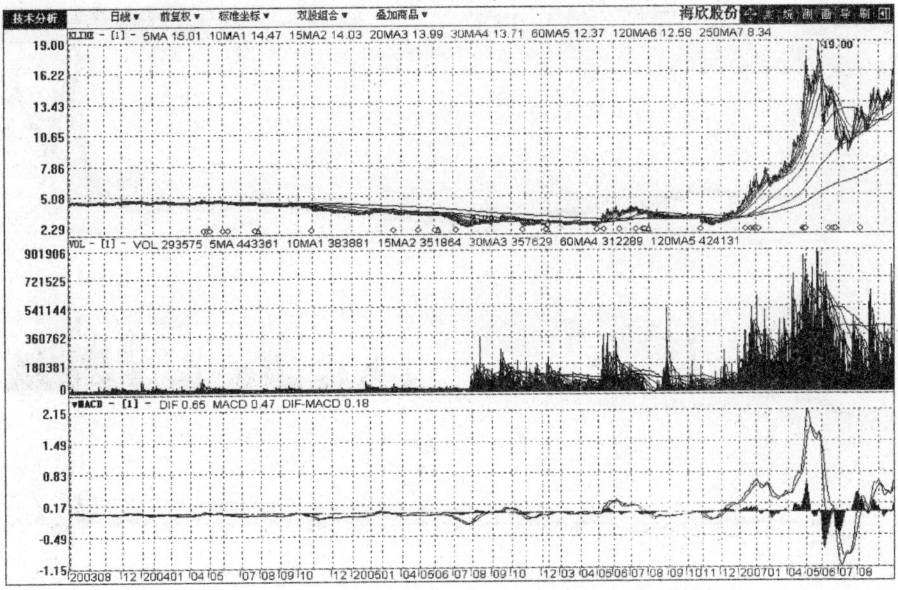

图 2-84 结构对称，能量充足

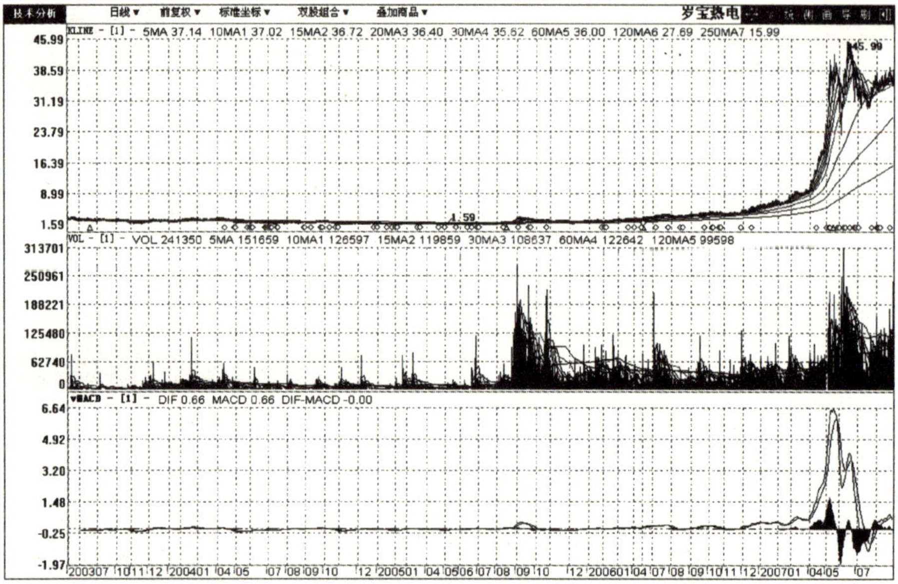

图 2-85 能量充足持久

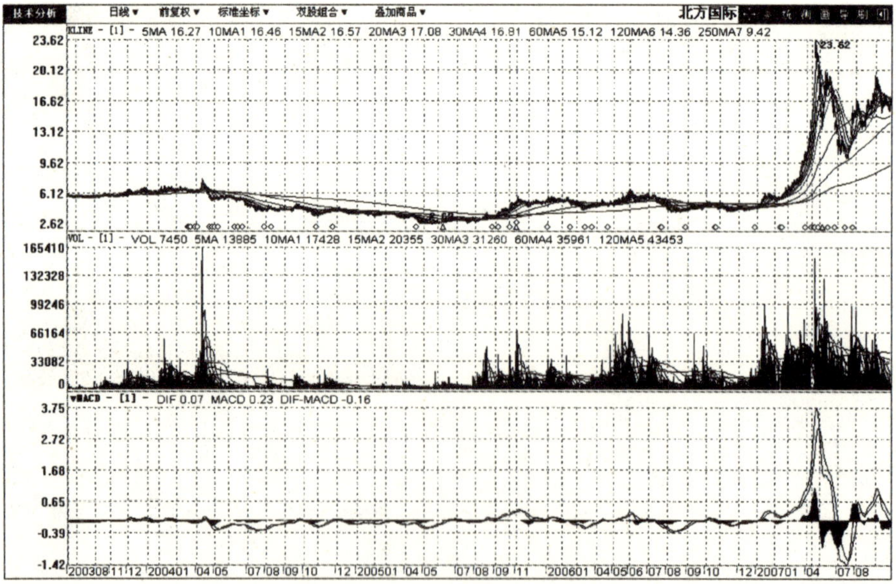

图 2-86 增仓动作明确

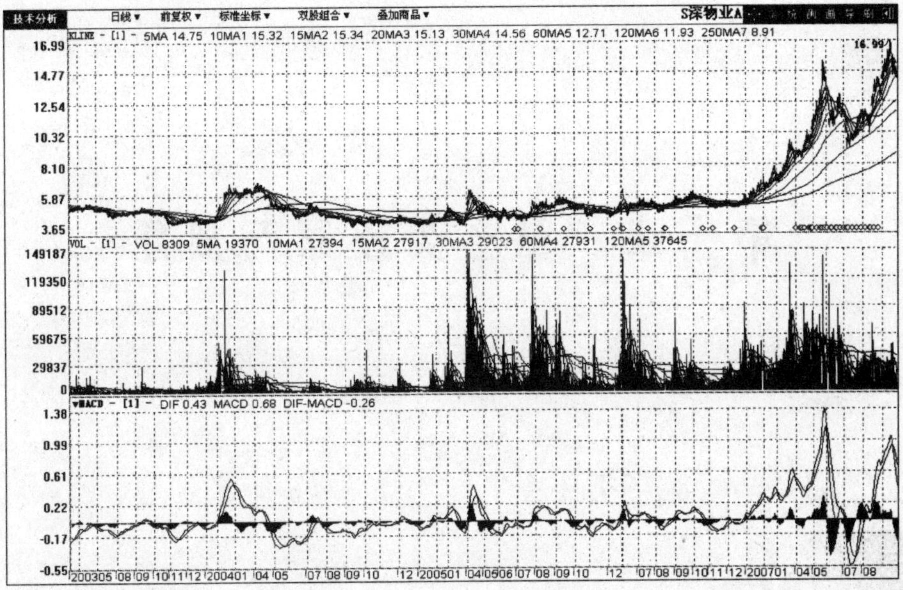

图 2－87 量价结构散乱

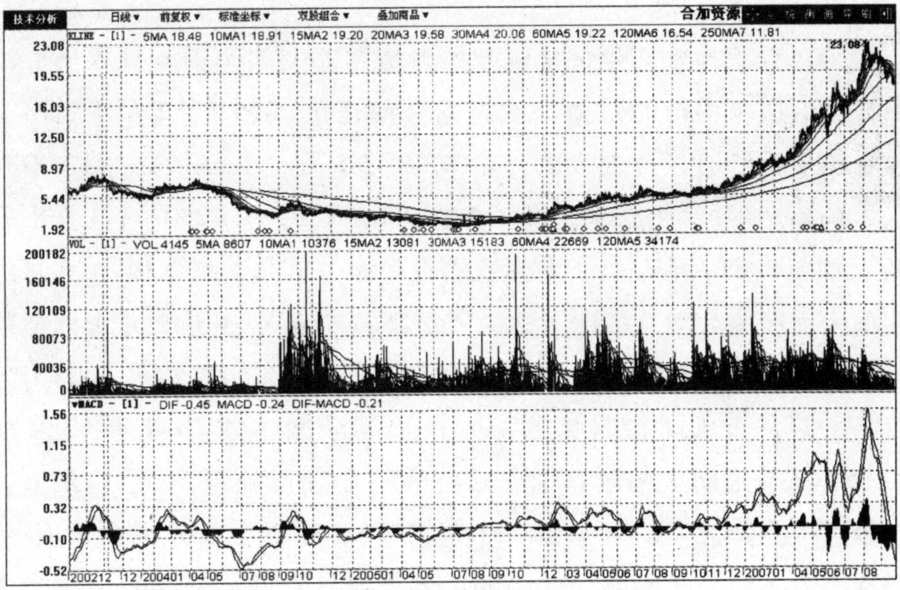

图 2－88 股价趋势较弱

第三章　第三类庄家与弱庄

第一节　第三类庄家

一、飙升股的运作规律及其技术特征

2006 年大牛市行情的准确起始点是在 2005 年 6 月 6 日的 998.23 点处，但这轮牛市的“第一次高潮”却是在 2005 年 12 月中旬由有色金属板块所引领并爆发的，至 2006 年 5 月，上证指数（000001）进入调整之中；“第二次高潮”是在 2006 年 12 月 ~2007 年 3 月形成的（如图 3－1 中所示）。前面我们把在大牛市起始点 2005 年 6 月份之前大力而持久建仓的庄家称为“智慧的庄家”，它们也是上证指数形成“第一次高潮”的“中坚力量”；把在大牛市起始点 2005 年 6 月份之后，至大牛市行情的第二个“高潮期”即 2006 年 12 月 ~2007 年 3 月之间大幅建仓的庄家称为“聪明的庄家”，它们是上证指数形成“第二次高潮”的“中坚力量”；后来在 2007 年的 5 ~6 月份又爆发了第三次高潮，其中的主要力量是我们称之为“第三类庄家”所主导的。

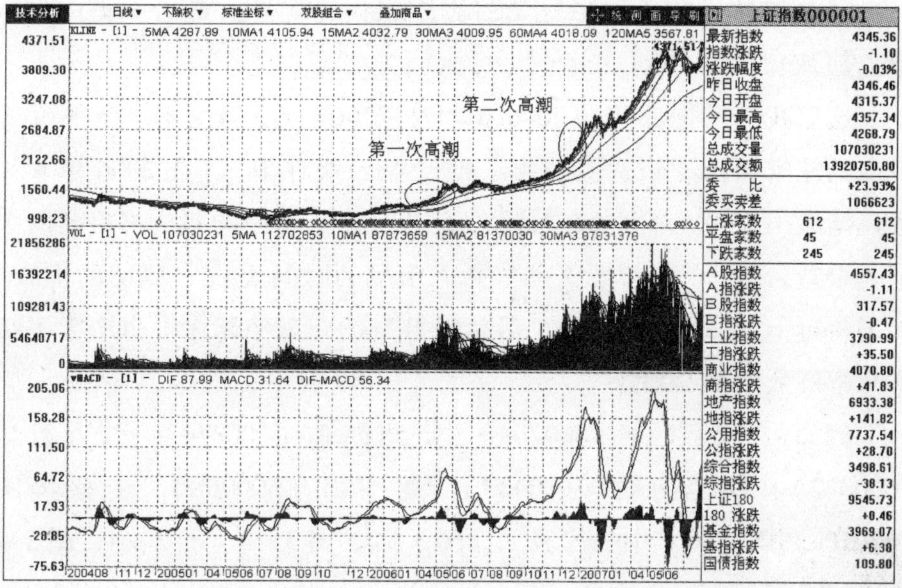

图3－1

股市中除了“智慧的庄家”和“聪明的庄家”之外，还存在着另一类庄家，它们既没有“智慧的庄家”的远见卓识，也没有“聪明的庄家”的善察秋毫，入市的时间还比较晚，有点像“后知后觉型”的股民，在股市全部庄家中所占的比例也比较大，但它们也并非完全一无是处，它们通常都是在行情最为火爆、行情最为疯狂的时刻才大举介入股市的，并凭借着强大资金实力把顺势而为的操盘原则发挥到极限，“疯狂”就是它们的代名词。由于质地比较好的上市公司早已被前两类庄家瓜分得差不多了，所以“绩差股”及“冷门股”就成了它们的主要操作对象，这是一个风险与机遇并存的时期，是短线高手与投机高手的天堂，也是希望即将破灭的时期。我曾和朋友们开玩笑说：2007 年的股市中有 100 个“智慧的庄家”，200 个“聪明的庄家”，1000 个“玩命的庄家”。前两类庄家持有的大多是质地优良的股票，并有充足的出货时间；

一旦局势扭转，我不知道这第三类庄家，也就是这最后一类庄家该何去何从！

这里我们就把那些在2006年4月~2007年3月之后才大举介入股市的庄家叫作“玩命的庄家”或“第三类庄家”。在2006年4月大盘指数出现过一次小的“高潮”，并且多数个股的股价都由此而上了一个新台阶。“第三类庄家”介入市场的时间要比“聪明的庄家”晚了将近10个月，在这类“勇猛无畏”的庄家率领之下也产生了很多涨幅巨大的黑马股。

例如，中大股份（600704）、新湖创业（600840）、江南重工（600072）、福建南纺（600483）、葛洲坝（600068）、亚盛集团（600108）等就是其中的代表（如图3-2、图3-3、图3-4、图3-5、图3-6、图3-7中所示）。

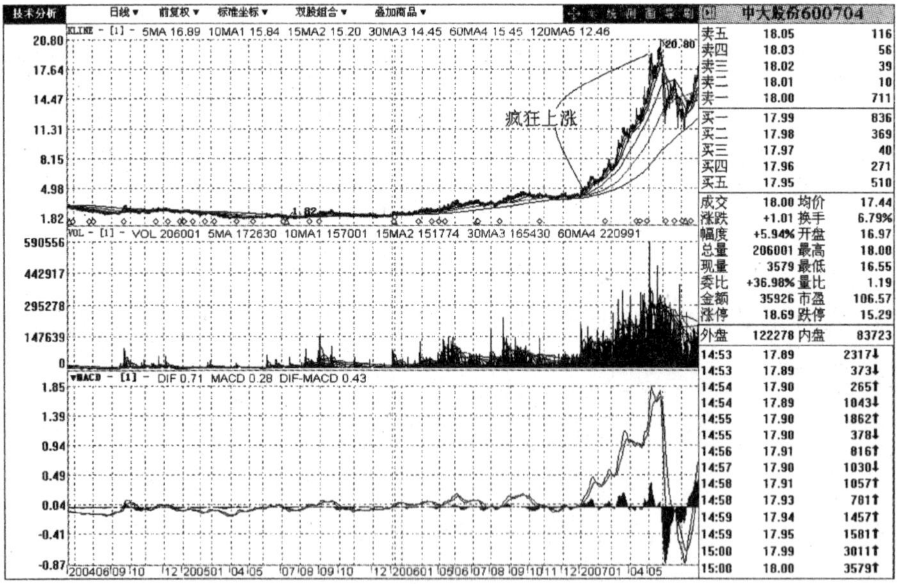

图3-2

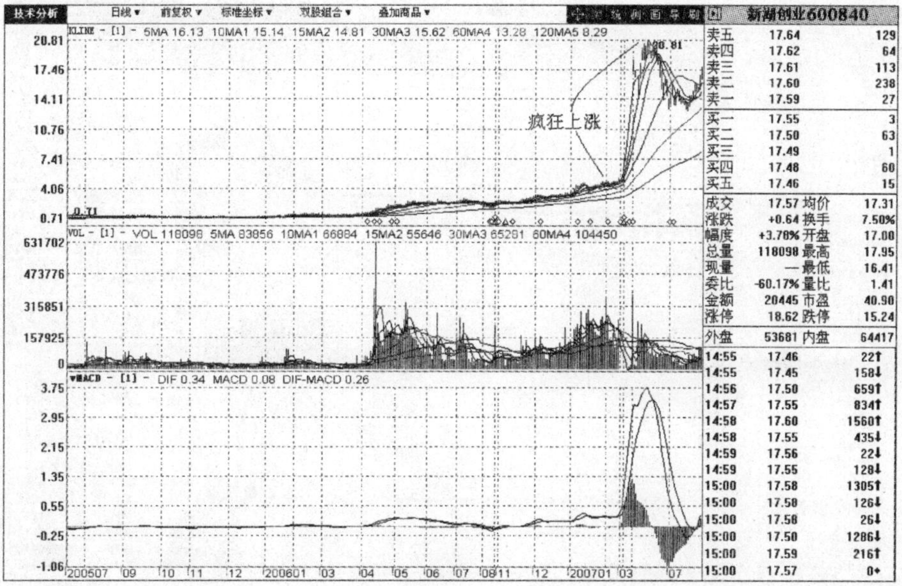
技术分析
日线
前复权
标准坐标
双股组合
叠加商品
新湖创业600840
KLINE - [1] - 5MA 16.13 10MA1 15.14 15MA2 14.81 30MA3 15.62 60MA4 13.28 120MA5 8.29
20.81
疯狂上涨
0.71
VOL - [1] - VOL 118098 5MA 83856 10MA1 66884 15MA2 55646 30MA3 65281 60MA4 104450
MACD - [1] - DIF 0.34 MACD 0.08 DIF-MACD 0.26
200507 09 10 11 12 200601 03 04 05 06 07 08 11 12 200701 03 07
卖五 17.64 129
卖四 17.62 64
卖三 17.61 113
卖二 17.60 238
卖一 17.59 27
买一 17.55 3
买二 17.50 63
买三 17.49 1
买四 17.48 60
买五 17.46 15
成交 17.57 均价 17.31
涨跌 +0.64 换手 7.50%
幅度 +3.78% 开盘 17.00
总量 118098 最高 17.95
现量 — 最低 16.41
委比 -60.17% 量比 1.41
金额 20445 市盈 40.90
涨停 18.62 跌停 15.24
外盘 53681 内盘 64417
14:55 17.46 22
14:55 17.45 158
14:56 17.50 659
14:57 17.55 834
14:58 17.60 1560
14:58 17.55 435
14:59 17.56 22
14:59 17.55 128
15:00 17.58 1305
15:00 17.58 126
15:00 17.58 26
15:00 17.50 1286
15:00 17.59 216
15:00 17.57 0

图 3-3

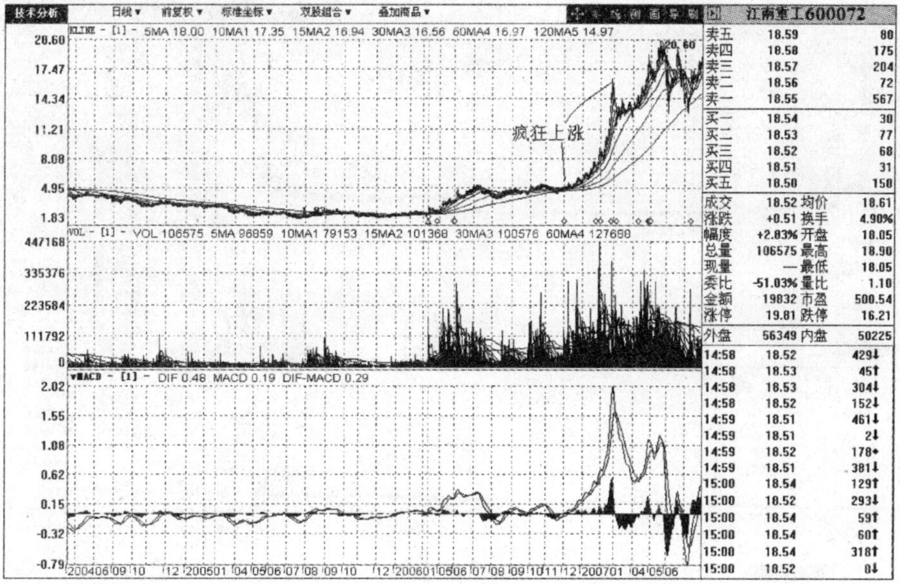
技术分析
日线
前复权
标准坐标
双股组合
叠加商品
江南重工600072
KLINE - [1] - 5MA 18.00 10MA1 17.35 15MA2 16.94 30MA3 16.56 60MA4 16.97 120MA5 14.97
20.60
疯狂上涨
VOL - [1] - VOL 106575 5MA 96859 10MA1 79153 15MA2 101368 30MA3 100576 60MA4 127680
MACD - [1] - DIF 0.48 MACD 0.19 DIF-MACD 0.29
200406 09 10 12 200501 04 05 06 07 08 09 10 12 200601 05 06 07 08 09 10 11 12 200701 04 05 06
卖五 18.59 80
卖四 18.58 175
卖三 18.57 204
卖二 18.56 72
卖一 18.55 567
买一 18.54 30
买二 18.53 77
买三 18.52 68
买四 18.51 31
买五 18.50 150
成交 18.52 均价 18.61
涨跌 +0.51 换手 4.90%
幅度 +2.83% 开盘 18.05
总量 106575 最高 18.90
现量 — 最低 18.05
委比 -51.03% 量比 1.10
金额 19832 市盈 500.54
涨停 19.81 跌停 16.21
外盘 56349 内盘 50225
14:58 18.52 429
14:58 18.53 45
14:58 18.53 304
14:58 18.52 152
14:59 18.51 461
14:59 18.51 2
14:59 18.52 178
14:59 18.51 381
15:00 18.54 129
15:00 18.52 293
15:00 18.54 59
15:00 18.54 60
15:00 18.54 318
15:00 18.52 0

图 3-4

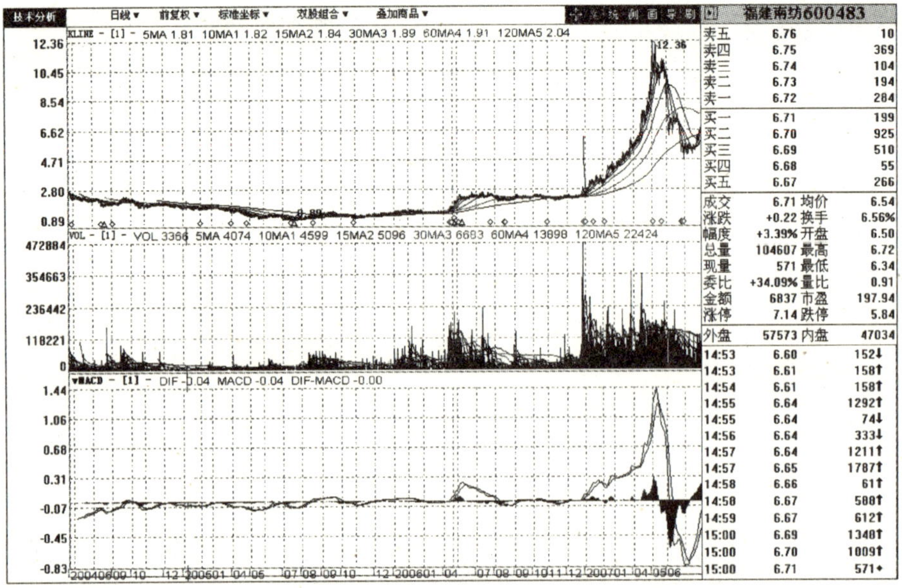
技术分析
日线▼ 前复权▼ 标准坐标▼ 双股组合▼ 叠加商品▼
福建南纺600483
KLINE - [1] - 5MA 1.81 10MA1 1.82 15MA2 1.84 30MA3 1.89 60MA4 1.91 120MA5 2.04
12.36
10.45
8.54
6.62
4.71
2.80
0.89
VOL - [1] - VOL 3366 5MA 4074 10MA1 4599 15MA2 5096 30MA3 6683 60MA4 13898 120MA5 22424
472884
354663
236442
118221
0
MACD - [1] - DIF -0.04 MACD -0.04 DIF-MACD -0.00
1.44
1.06
0.68
0.31
-0.07
-0.45
-0.83
卖五 6.76 10
卖四 6.75 369
卖三 6.74 104
卖二 6.73 194
卖一 6.72 284
买一 6.71 199
买二 6.70 925
买三 6.69 510
买四 6.68 55
买五 6.67 266
成交 6.71 均价 6.54
涨跌 +0.22 换手 6.56%
幅度 +3.39% 开盘 6.50
总量 104607 最高 6.72
现量 571 最低 6.34
委比 +34.09% 量比 0.91
金额 6837 市盈 197.94
涨停 7.14 跌停 5.84
外盘 57573 内盘 47034
14:53 6.60 152
14:53 6.61 158
14:54 6.61 158
14:55 6.64 1292
14:55 6.64 74
14:56 6.64 333
14:57 6.64 1211
14:57 6.65 1787
14:58 6.66 61
14:58 6.67 588
14:59 6.67 612
15:00 6.69 1348
15:00 6.70 1009
15:00 6.71 571

图3-5

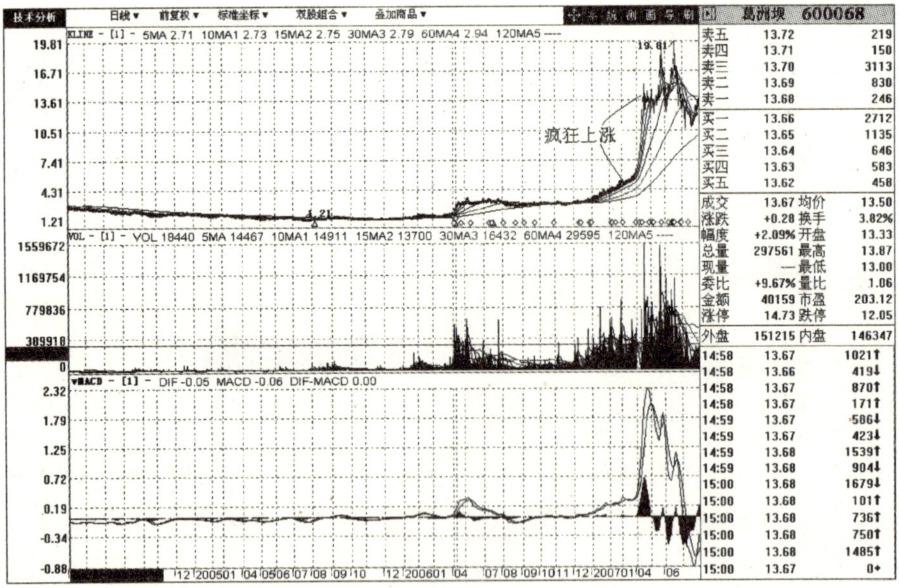
技术分析
日线▼ 前复权▼ 标准坐标▼ 双股组合▼ 叠加商品▼
葛洲坝 600068
KLINE - [1] - 5MA 2.71 10MA1 2.73 15MA2 2.75 30MA3 2.79 60MA4 2.94 120MA5 ----
19.81
16.71
13.61
10.51
7.41
4.31
1.21
疯狂上涨
VOL - [1] - VOL 18440 5MA 14467 10MA1 14911 15MA2 13700 30MA3 16432 60MA4 29595 120MA5 ----
1559672
1169754
779836
389918
0
MACD - [1] - DIF -0.05 MACD -0.06 DIF-MACD 0.00
2.32
1.79
1.25
0.72
0.19
-0.34
-0.88
卖五 13.72 219
卖四 13.71 150
卖三 13.70 3113
卖二 13.69 830
卖一 13.68 246
买一 13.66 2712
买二 13.65 1135
买三 13.64 646
买四 13.63 583
买五 13.62 458
成交 13.67 均价 13.50
涨跌 +0.28 换手 3.82%
幅度 +2.09% 开盘 13.33
总量 297561 最高 13.87
现量 — 最低 13.00
委比 +9.67% 量比 1.06
金额 40159 市盈 203.12
涨停 14.73 跌停 12.05
外盘 151215 内盘 146347
14:58 13.67 1021
14:58 13.66 419
14:58 13.67 870
14:58 13.67 171
14:59 13.67 586
14:59 13.67 423
14:59 13.68 1539
14:59 13.68 904
15:00 13.68 1679
15:00 13.68 101
15:00 13.68 736
15:00 13.68 750
15:00 13.68 1485
15:00 13.67 0

图3-6

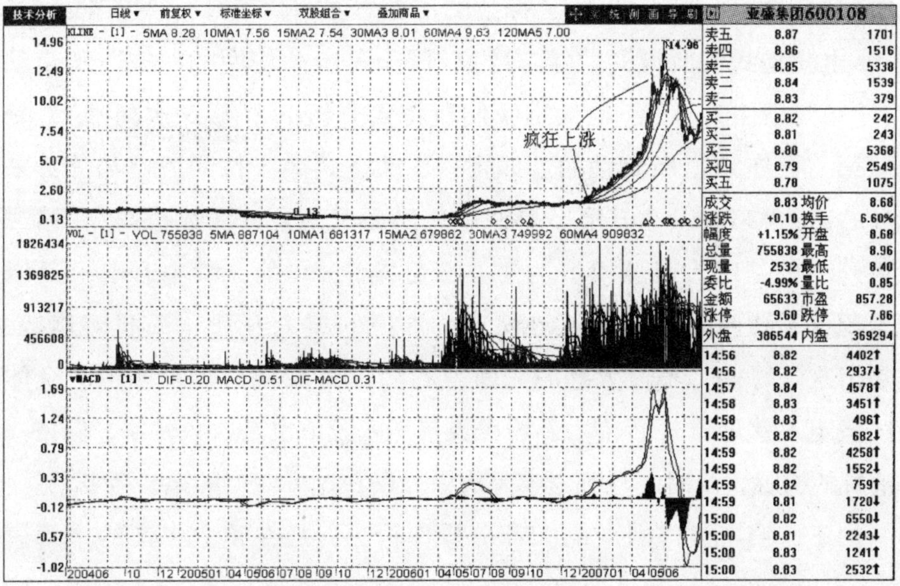

图 3-7

二、亚盛集团（600108）

著名的艾略特“波浪理论”把股票的一个完整的运动周期划分成两个大浪，一涨与一跌周而复始，其中上涨的那部分叫作“上升浪”；下跌的那部分叫作“下降浪”。“上升浪”又细分为5个子浪，其中有3个“推动浪”，2个“修正浪”，并且2个“修正浪”交替的出现于3个“推动浪”之中；“下降浪”也细分为3个子浪，其中有2个“推动浪”，1个“修正浪”，并且“修正浪”出现于2个“推动浪”之中。江恩也说过：“股市以3~4段波浪地运动。当市场在向上的运动中走了一段时间，永远不要认为它已经到达了最终的头部，因为如果这是一个真正的牛市，它会在到达最终的高点之前至少运行3段，也可能是4段”。以上这两段文字都有力地说明了一个问题：**真正的牛市在多数情况都是分3段上升来完成的，在这3段升浪之间会有2次调整。**2006年的大牛市行情也是如此，其“第一段主升浪”，也就是我们所说的“第一次高潮”，是由“智慧的庄家”所引导的；“第二段主升浪”，也就是我们所说的“第二次高潮”，是由“聪明的庄家”所带动的；“第三段主升浪”，也就是我们所将要分析的“第三次高潮”，是由“第三类庄家”所发动的。如将这三次“高潮”按照股性与涨势来化分的话：“第一段主升浪”是以绩优潜力股为主，涨势稳健；“第二段主升浪”是以大盘蓝筹股为主，涨势雄健；“第三段主升浪”是以概念题材、绩差股为主，涨势疯狂。常说的鸡犬升天、买股即赚钱，就是指这一时期，不过大幅的账面盈利稍不留神就会转瞬即逝。全体股民坚定不移地看好后市，新股民大量涌入股市也是这一时期，保持一份清醒的头脑，及时的趋利避害是成熟股民在这一时期的第一要务。

由于“第三类庄家”的大部分操作行为，是在整个牛市的“第三浪”，也就是市场行为最为疯狂的时期，此时的行情趋势与人气较“聪明的庄家”所在的“第二段主升浪”还要强烈很多，所以，这一时期的主力在整个操盘过程中，无论是从起势，还是拉升，乃至出货的猛烈程度上都是前两类庄家所无法比拟的，速战速决的精髓被它们发挥到了极限。

亚盛集团的股价是从2007年1月8日开始以2.21元的价位进入“主升浪”的（如图3－8中A点所示），至2007年5月28日最高曾摸至14.96元（如图3－8中B点所示），在4个多月的时间里共上涨了5.77倍，并且在上涨过程中几乎没有出现过调整，整个上涨动作一气呵成，同时也于上涨过程中在其股价下方形成了巨大的“成交量堆”（如图3－8中所示）。顺着图3－9中A点向后推移股价走势，就会发现亚盛集团的整体建仓部分起始于2006年4月初（如图3－9中C点所示），由此开始，其股价便在强大的推力下急速上涨，在上涨过程中其股价下方的成交量雄厚而有力，当股价在短期之内被迅速推高了数倍之后，主力手里握有了相当数量的筹码，又经过4个多月的高位缩量盘整后（如图3－9中所示），亚盛集团才正式展开了那段升幅高达5.77倍的主升行情（如图3－8中所示）。

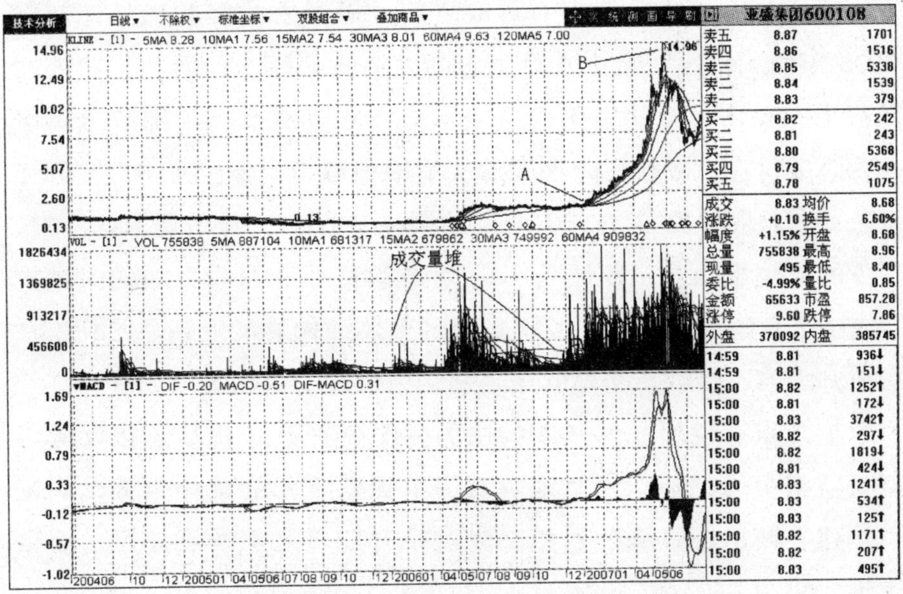
技术分析
日线▼ 不除权▼ 标准坐标▼ 双股组合▼ 叠加商品▼
亚盛集团600108
KLINE - [1] - 5MA 8.28 10MA1 7.56 15MA2 7.54 30MA3 8.01 60MA4 9.63 120MA5 7.00
14.96
B
A
0.13
VOL - [1] - VOL 755838 5MA 887104 10MA1 681317 15MA2 679862 30MA3 749992 60MA4 909832
成交量堆
MACD - [1] - DIF -0.20 MACD -0.51 DIF-MACD 0.31
200406 10 12 200501 04 05 06 07 08 09 10 12 200601 04 05 07 08 09 10 12 200701 04 05 06
卖五 8.87 1701
卖四 8.86 1516
卖三 8.85 5338
卖二 8.84 1539
卖一 8.83 379
买一 8.82 242
买二 8.81 243
买三 8.80 5368
买四 8.79 2549
买五 8.78 1075
成交 8.83 均价 8.68
涨跌 +0.10 换手 6.60%
幅度 +1.15% 开盘 8.68
总量 755838 最高 8.96
现量 495 最低 8.40
委比 -4.99% 量比 0.85
金额 65633 市盈 857.28
涨停 9.60 跌停 7.86
外盘 370092 内盘 385745

图 3－8

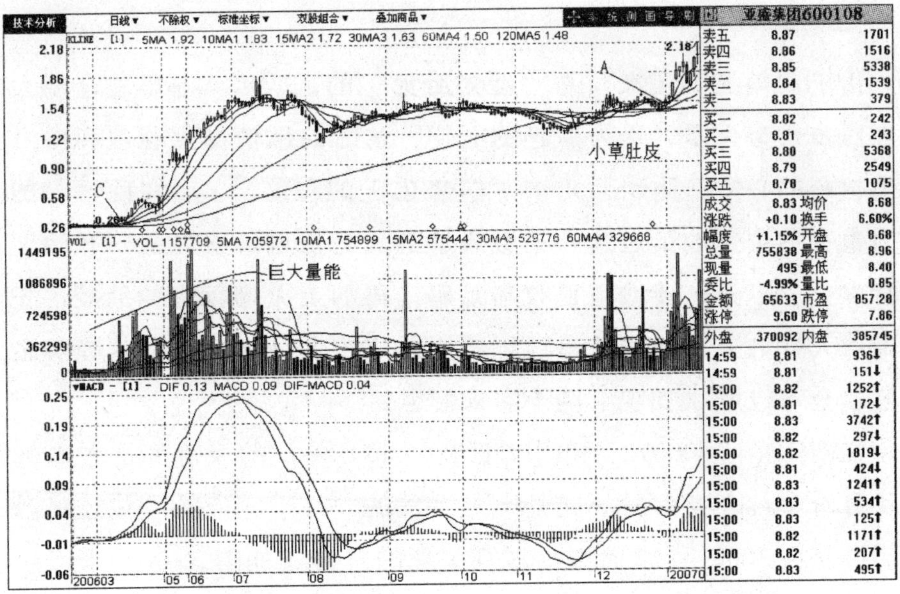
技术分析
日线▼ 不除权▼ 标准坐标▼ 双股组合▼ 叠加商品▼
亚盛集团600108
KLINE - [1] - 5MA 1.92 10MA1 1.83 15MA2 1.72 30MA3 1.63 60MA4 1.50 120MA5 1.48
2.18
A
小草肚皮
C
0.26
VOL - [1] - VOL 1157709 5MA 705972 10MA1 754899 15MA2 575444 30MA3 529776 60MA4 329668
巨大量能
MACD - [1] - DIF 0.13 MACD 0.09 DIF-MACD 0.04
200603 05 06 07 08 09 10 11 12 20070

图 3－9

在亚盛集团的主升浪没有形成之前，最重要的问题就是如何判断2006年的大幅度巨量上涨是主力的大力收集行为，而不是单纯的拉高行为？我认为亚盛集团的这段走势主要有这么几个细节可供研判：一是股价在大幅拉升时期的成交量根根有力、根根有神，并无迷乱之感；二是股价在接下来4个月的调整过程中没有出现深幅下挫，其下方的成交量也是活跃均匀；三是从2006年4月份开始的大幅拉升，至4个月的高位盘整，股价走势的整体结构顺滑流畅，尤其是在最后拉升之前还能以“小草肚皮”来结束盘整（如图3－9中所示）。

以上几点都说明亚盛集团的主力并没有在高位出货，相反筹码还有日益集中的趋势。完整地观看一下亚盛集团的整体走势，无论是总体建仓期，还是涨前回档期以及拉升期较之前两类庄家，都更为突出、集中、有力、迅猛。

三、江南重工（600072）

由于“第三类庄家”是“后知后觉”的，所以其总体建仓期大多在股市最为火爆、最为疯狂的时期，这时的行情激烈程度和主力急迫建仓的心情都达到了几乎“白热化”的程度。“后知后觉”的主力也害怕生生地错过这一千载难逢的大好机遇，所以从一开始便迅猛发力、不分良莠地盲目收集筹码，再加上火爆行情的助威，于是造成大批的消息股和绩差股以极大的成交量向上喷发，其趋势之猛烈完全可以用“壮观”两个字来形容。

江南重工（600072）和华升股份（600156）的股价都是在2006年4月份左右以极大的成交量向上爆发的，并于相应的高位经过盘整后，又在2006年12月以后展开了新的升势（如图3－10、图3－11中所示）。如果是在实盘操作过程中你看到上面的这两幅走势图，面对着经巨量推高后，又重新整理形成二次突破的江南重工与华升

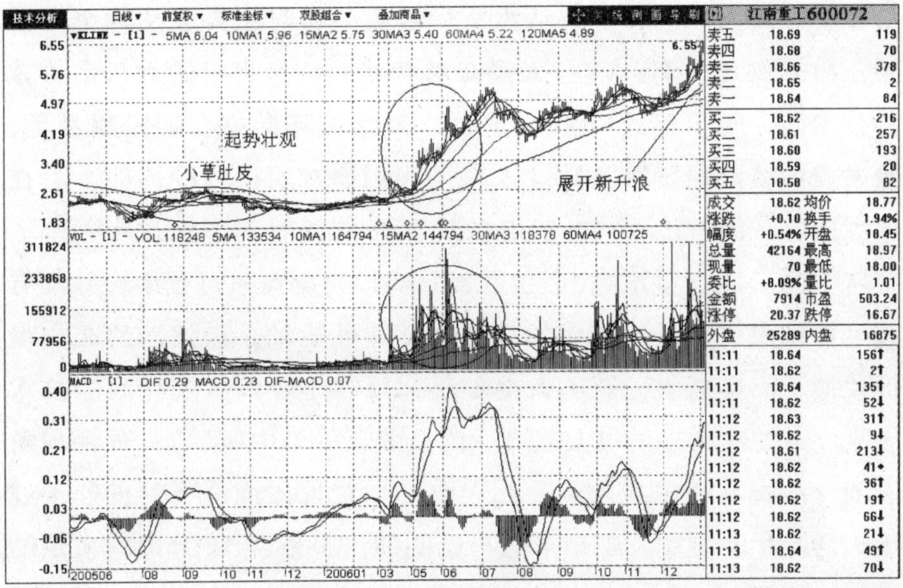

图 3－10

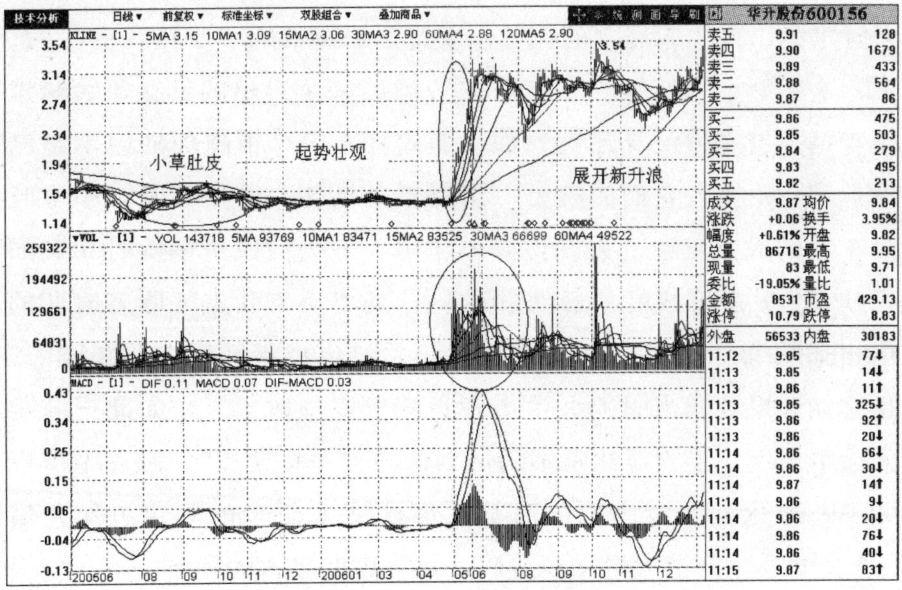

图 3－11

股份你会作何选择？**我个人认为在做实盘分析时主要应从两个方面入手：（1）技术方面；（2）大盘走势背景。**结合当时的大盘走势背景与技术面一同分析这一点很重要：**大盘宏观向好，则股票易涨；大盘宏观向淡，则股票易跌。**这就是我们通常所说的顺势而为。在技术方面，江南重工和华升股份在其2006年4月份上涨过程中都形成了巨大的“成交量堆”，股价在经拉高以后的盘整过程中，并没有出现失控现象，而是在相应的高位作规律性运动，盘整期的成交量不但规律，而且适中，既不大也不小，最终还是以多线托底的技术形态来完成二次突破的（如图3－10、图3－11中所示），种种现象都表明并没有高位出货迹象；在大盘走势背景方面，当时正处于红红火火的大牛时之中，牛市形态早已明朗，2006年12月以后大量的黑马股也开始集中的爆发，市场做多气氛强烈，炒作热点也在不断地扩散，在这种情况下主力稍有发力就会事半功倍。

还有一点也是值得注意的，江南重工与华升股份的股价在2006年4月迅猛、大幅起涨之前都曾出现过形态清晰的“小草肚皮”状。那么，这组形态清晰的“小草肚皮”与后来4月份的迅猛、大幅拉升是否是一组完整的动作呢？如果是这样，一个上涨周期岂不是已经结束了！不错，它们的确是一组完整的动作，可是前期“小草肚皮”下方的成交量看上去好像并不丰厚，但为何股价爆发时却又如此强劲有力？所形成的“成交量堆”是其“小草肚皮”吸筹时期的数倍（如图3－10、图3－11中所示），难道你不觉得有些蹊跷吗？但是，你如果结合当时的大牛市背景就可以理解了，在如此千载难逢的大牛市中，主力显然是不满足当初的“小草肚皮”，随着牛市行情的不断深化，主力为顺应时势，也该变了原来的既定方案，借“小草肚皮”主升浪大量囤积筹码，打算谋取更大的利益。

后来江南重工（中船股份）与华升股份的的主力就是这样做的，并把股价拉得很高很高（如图3－12、图3－13中所示）。

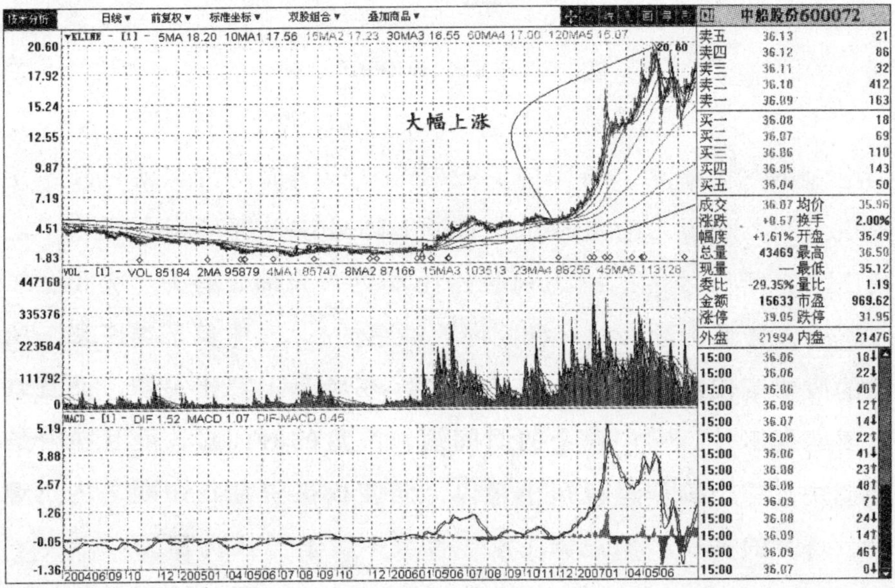

图 3－12

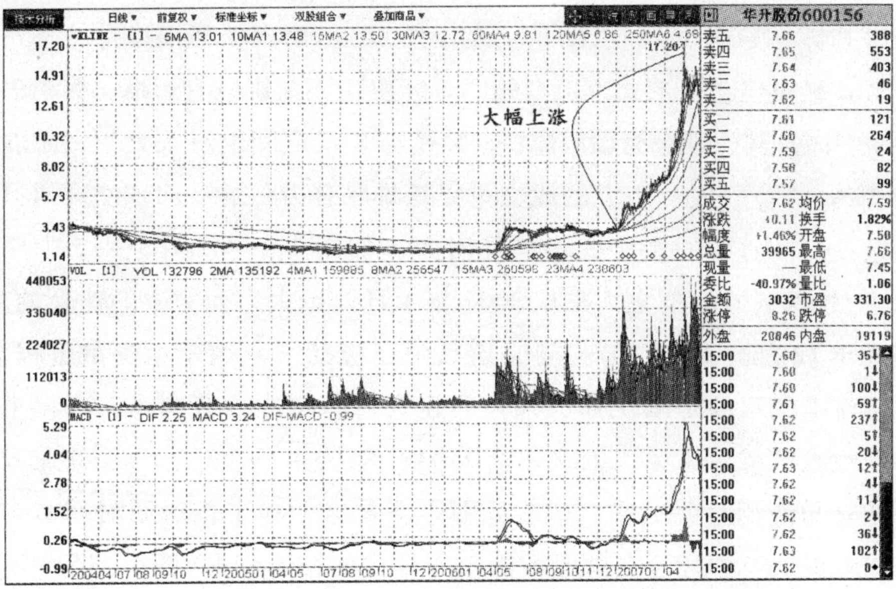

图 3－13

四、葛洲坝（600068）

由“第三类庄家”所操控的股票，其最明显的特点就是技术走势突出。这类股票无论在内部成交量上还是在外部形态上，与“聪明的庄家”所操控的二线黑马股相比都更为充沛、有力、突出、工整、顺滑，看上去给人以一种立体而动感的享受。**“第三类庄家”所操控的股票不仅在成交量上充沛有力，在形态上突出易辨，而且炒作盘周期也不长，它们建仓的时间短，洗盘的时间短，而且拉升的速度也快，整个操作过程短小精悍，能使投机资金在短期之内迅速获利，巧合的是这“第三类庄家”也大多属于“投机客”。**

葛洲坝（600068）与福建南纺（600483）这两只股票都在2006年4月以猛烈的攻势，巨大的成交量向上形成井喷之势，经过数天的急拉后，又于相应的高位形成缩量整理，最终又于同年12月重新展开升势（如图3－14、图3－15中所示）。葛洲坝与福建南纺都属于“草肚皮建仓”形式，二者的“草肚皮”不仅都具有清晰而突出的外表，而且其外表极为顺滑流畅，K线与K线之间没有太大、太激烈的震荡，“草肚皮”下方的成交量更是雄厚有力，这一切致使这两只股票在这一时期的走势变得极具活力（如图3－14、图3－15中所示）。这两只股票的主力是从2006年4月开始大力而集中的建仓的，至同年12月又重新展开升势，这其中还包括了一次中途洗盘过程，中途洗盘的目的是清洗掉大幅拉高建仓时所形成的获利盘，为将来的总攻行情减少压力，也就是说从2006年的4～12月主力总共完成了建仓与洗盘两项工作，从走势图中来看这两项工作所用时间基本是对等的，其中建仓与洗盘各占3个月（如图3－14、图3－15中所示）。最终这两只股票由2006年12月份进入主升浪后，又差不多都是在2007年5月见顶的，并且整个主升过程涨幅巨大（如图3－16、

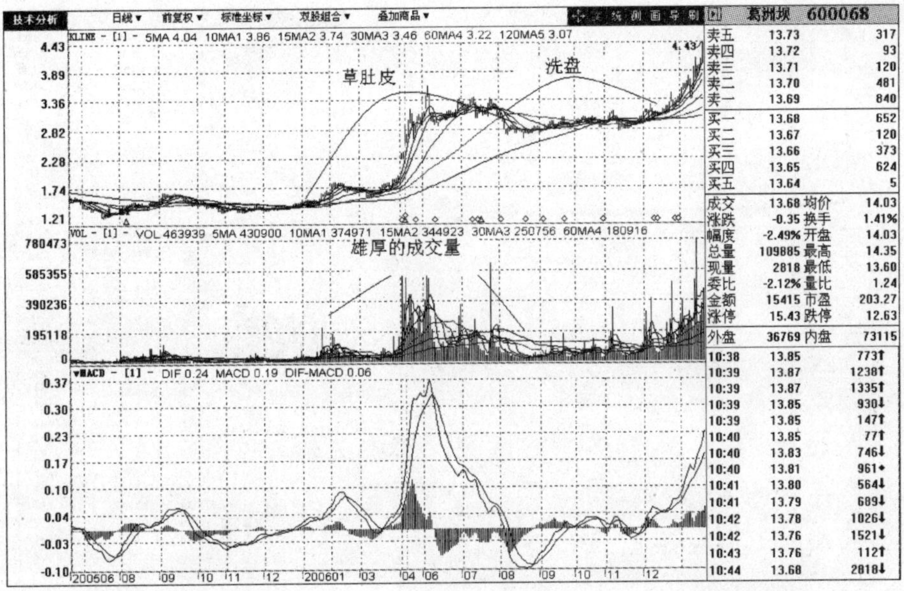

技术分析
日线▼ 前复权▼ 标准坐标▼ 叠股组合▼ 叠加商品▼
葛洲坝 600068
KLINE - [1] - 5MA 4.04 10MA1 3.86 15MA2 3.74 30MA3 3.46 60MA4 3.22 120MA5 3.07
草肚皮
洗盘
VOL - [1] - VOL 463939 5MA 430900 10MA1 374971 15MA2 344923 30MA3 250756 60MA4 180916
雄厚的成交量
MACD - [1] - DIF 0.24 MACD 0.19 DIF-MACD 0.06
200506 08 09 10 11 12 200601 03 04 06 07 08 09 10 11 12
卖五 13.73 317
卖四 13.72 93
卖三 13.71 120
卖二 13.70 481
卖一 13.69 840
买一 13.68 652
买二 13.67 120
买三 13.66 373
买四 13.65 624
买五 13.64 5
成交 13.68 均价 14.03
涨跌 -0.35 换手 1.41%
幅度 -2.49% 开盘 14.03
总量 109885 最高 14.35
现量 2818 最低 13.60
委比 -2.12% 量比 1.24
金额 15415 市盈 203.27
涨停 15.43 跌停 12.63
外盘 36769 内盘 73115

图 3－14

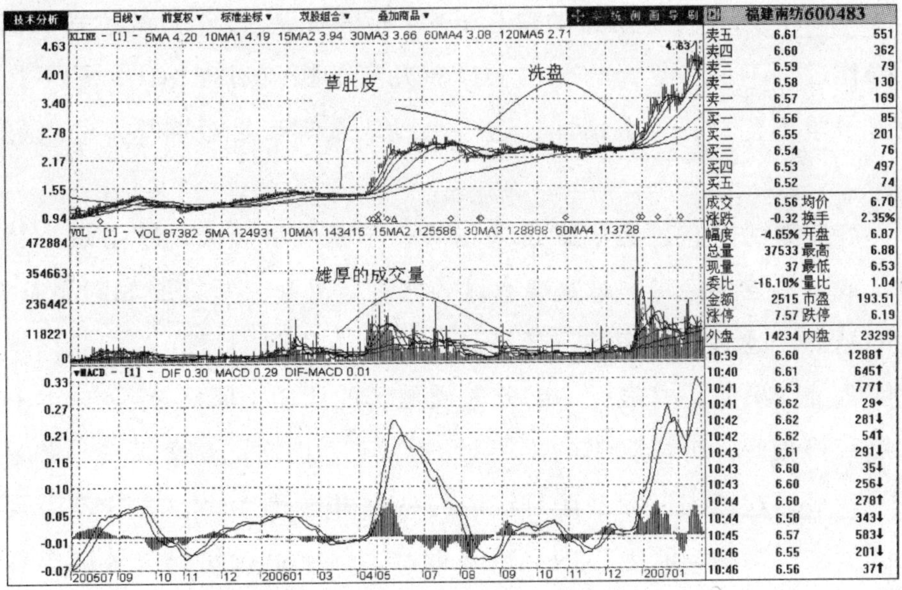

技术分析
日线▼ 前复权▼ 标准坐标▼ 叠股组合▼ 叠加商品▼
福建南纺 600483
KLINE - [1] - 5MA 4.20 10MA1 4.19 15MA2 3.94 30MA3 3.66 60MA4 3.08 120MA5 2.71
草肚皮
洗盘
VOL - [1] - VOL 87382 5MA 124931 10MA1 143415 15MA2 125586 30MA3 128888 60MA4 113728
雄厚的成交量
MACD - [1] - DIF 0.30 MACD 0.29 DIF-MACD 0.01
200507 09 10 11 12 200601 03 04 05 07 08 09 10 11 12 200701
卖五 6.61 551
卖四 6.60 362
卖三 6.59 79
卖二 6.58 130
卖一 6.57 169
买一 6.56 85
买二 6.55 201
买三 6.54 76
买四 6.53 497
买五 6.52 74
成交 6.56 均价 6.70
涨跌 -0.32 换手 2.35%
幅度 -4.65% 开盘 6.87
总量 37533 最高 6.88
现量 37 最低 6.53
委比 -16.10% 量比 1.04
金额 2515 市盈 193.51
涨停 7.57 跌停 6.19
外盘 14234 内盘 23299

图 3－15

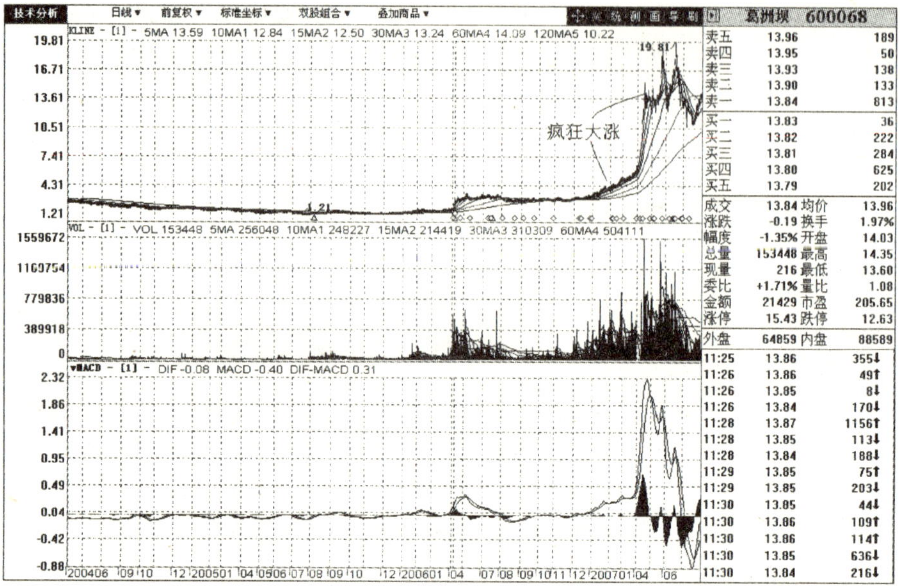

图 3-16

图 3-17 中所示）。3 个月的建仓，3 个月的洗盘，5 个月的拉升，整个操作过程不足一年，与前两类庄家几年的操盘过程相比，是不是更显得紧凑有力、短小精悍！这一类股票常常都是短期暴富的最好品种。

好股票的建仓过程想来真是精妙，不是气势庞大，就是短小精悍，或者是控盘极深，总是会有过人之处。品味一只好股如同品茶、如同品书，越品越觉精妙，越品越觉神奇。我曾问过许多人最喜欢读哪本证券书籍，有很大一部分人说是《股票作手回忆录》。这本书的确写得很好，可惜写书的人不炒股，只写出了关于股市的一番感受。我最喜欢读的证券书籍是江恩写的《华尔街 45 年》，这是由真正的炒客所写的，看上去内容虽显散乱，但字里行间都透露出作者盖世的股票才华，每一个字、每一句话都令人久久回味。根据作者留下的种种思路，你仿佛进入了江恩思想的世界，大脑会在这个世

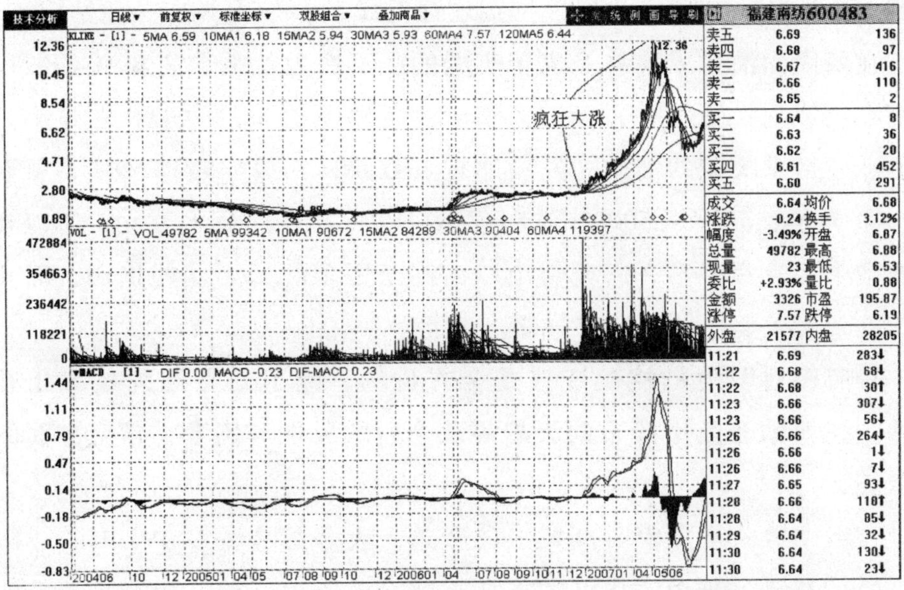

图 3－17

界里飞快的运行。有人曾说：书是越读越薄的。我认为真正的好书应该是越读越觉精妙的，炒股也一样，越炒越觉其中道理精妙，同时不能只看不练，理论联系实际你才会有独特的感受，你的水平才会有突破性的提高。

五、中水渔业（000798）

“会买的不如会卖的”，这句话在股市中几乎随处可以听到。细细琢磨虽然不是完全正确，但也确有一定的道理，主要是炒家们为了强调卖点的重要性而有意这样说明的。在股票市场中买点和卖点是同等重要的，假设你在一轮下跌行情的初始阶段买入股票，即使你再善于把握卖点，也是不可能从中获利的。同样，你在一轮上升行情的初始阶段卖出股票，即使你再善于把握买点，也是不可能赚到多少钱的。炒家们之所以特别地强调卖点，是因为在一般情况下，摆在股民面前的风险总是大于机遇的。不然为什么会有80%的股民都在赔钱呢？另外一方面，股市中由下跌所带来的风险，总是多于上涨所带来收益的倍数。假设你有1万元，你只需赔掉50%，就剩5000元了，而你从5000元却再要赚100%才能回到1万元，所以在股市中一旦亏了本，需要付出双倍甚至更多的努力才能挽回，而相比之下失去要比获得容易许多。

股民对风险的控制应该是全方位的，除了最普通的技术止损外，还要结合整个股市的大趋势及个股的股性等因素，作全方面的考虑。

由“第三类庄家”所操控的股票，大多都是爆发在牛市的“第三段主升浪”当中，并且这些股票的质地还很不好，多是些绩差股与消息股，虚高的股价经不起任何的考验，稍有风吹草动就会急速下跌，而且跌速极快，百分之几十的利润可能转眼即逝，所以在操作这类股票时，随时随地都要保持高度的警惕，控制风险是此时的第一要务。

例如，中水渔业（000798）的股价由2006年4月起形成“草肚皮”，并在同年12月于其“草肚皮”的“回档坑”后形成主升行情（如图3－18中所示）。中水渔业在2006年4～12月所形成的这个“草肚皮”，具有突出的形态，充沛的成交量与严谨的股价结构，符合“第三类庄家”的操作特点（如图3－19中所示）。另外，在2006年4月份之前该股也并无更大的建仓行为（如图3－20中所示），因此我们可以把它判定为“第三类股票”。中水渔业的主升浪是于2007年1月5日以3.03元的价位展开的（如图3－21中A点所示），至2007年5月28日曾创下11.78元的高价（如图3－21中B点所示），在不到5个月的时间里股价上涨了近3倍。

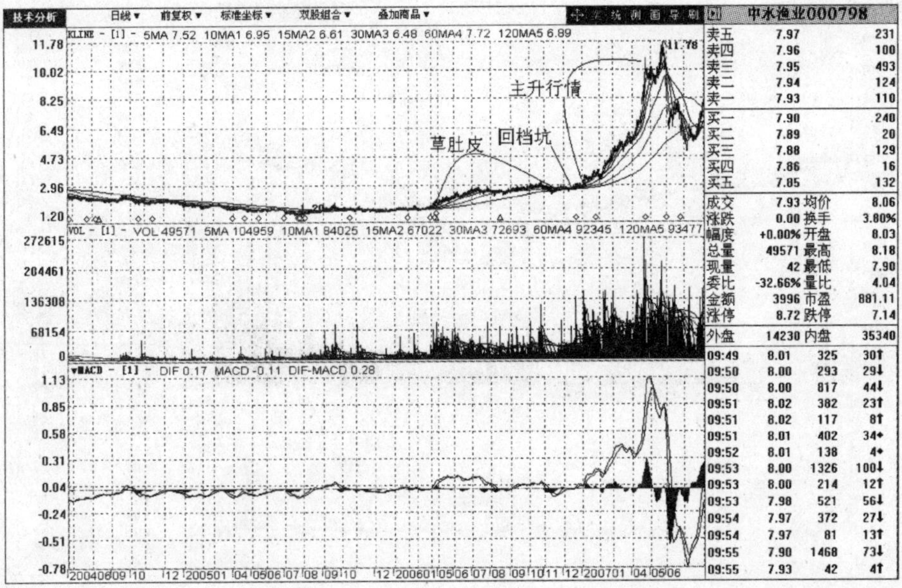
技术分析
日线
前复权
标准坐标
双股组合
叠加商品
中水渔业000798
KLINE - [1] - 5MA 7.52 10MA1 6.95 15MA2 6.61 30MA3 6.48 60MA4 7.72 120MA5 6.89
主升行情
回档坑
草肚皮
VOL - [1] - VOL 49571 5MA 104959 10MA1 84025 15MA2 67022 30MA3 72693 60MA4 92345 120MA5 93477
MACD - [1] - DIF 0.17 MACD -0.11 DIF-MACD 0.28

图 3－18

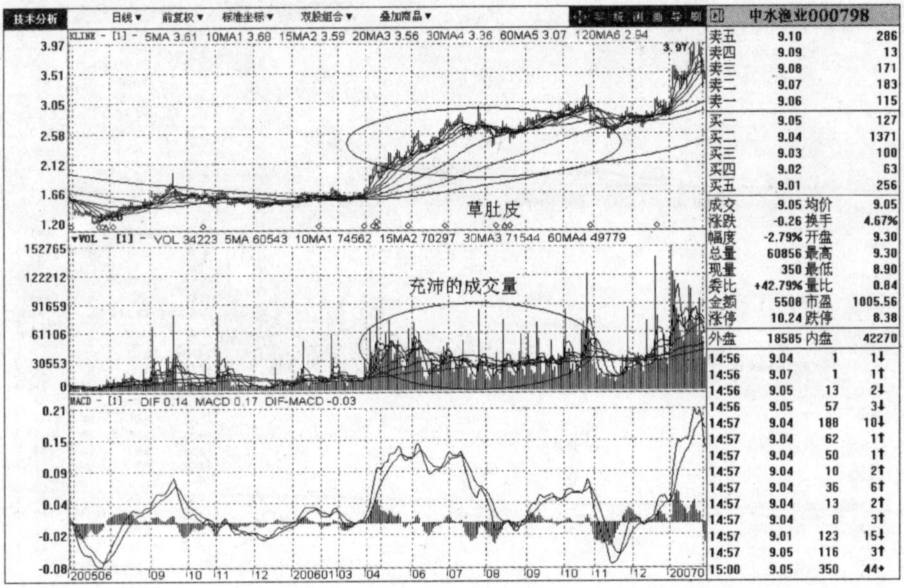
技术分析
日线
前复权
标准坐标
双股组合
叠加商品
中水渔业000798
KLINE - [1] - 5MA 3.61 10MA1 3.68 15MA2 3.59 20MA3 3.56 30MA4 3.36 60MA5 3.07 120MA6 2.94
草肚皮
VOL - [1] - VOL 34223 5MA 60543 10MA1 74562 15MA2 70297 30MA3 71544 60MA4 49779
充沛的成交量
MACD - [1] - DIF 0.14 MACD 0.17 DIF-MACD -0.03

图 3－19

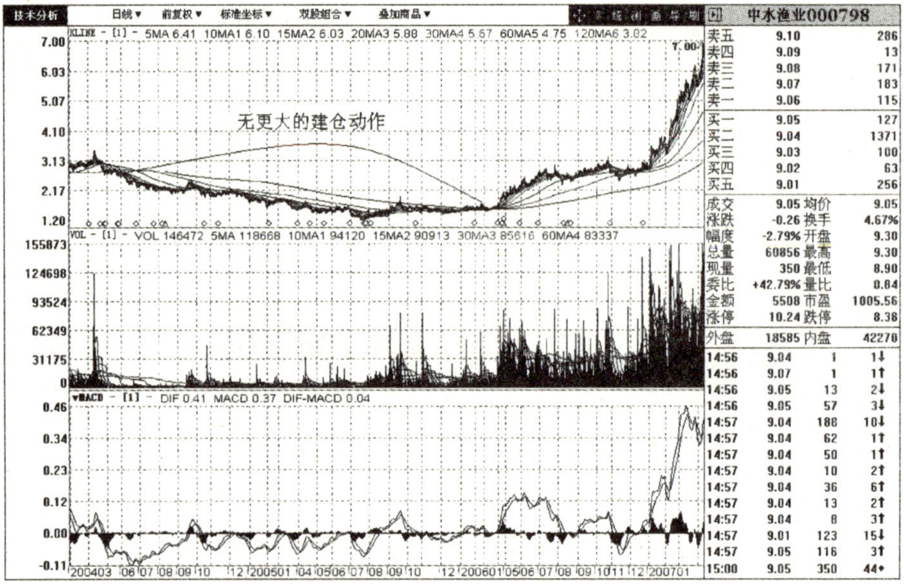
技术分析 日线 前复权 标准坐标 双股组合 叠加商品
中水渔业000798
KLINE - [1] - 5MA 6.41 10MA1 6.10 15MA2 6.03 20MA3 5.88 30MA4 5.67 60MA5 4.75 120MA6 3.82
无更大的建仓动作
VOL - [1] - VOL 146472 5MA 118668 10MA1 94120 15MA2 90913 30MA3 85616 60MA4 83337
MACD - [1] - DIF 0.41 MACD 0.37 DIF-MACD 0.04
卖五 9.10 286
卖四 9.09 13
卖三 9.08 171
卖二 9.07 183
卖一 9.06 115
买一 9.05 127
买二 9.04 1371
买三 9.03 100
买四 9.02 63
买五 9.01 256
成交 9.05 均价 9.05
涨跌 -0.26 换手 4.67%
幅度 -2.79% 开盘 9.30
总量 60856 最高 9.30
现量 350 最低 8.90
委比 +42.79% 量比 0.84
金额 5508 市盈 1005.56
涨停 10.24 跌停 8.38
外盘 18585 内盘 42270

图3-20

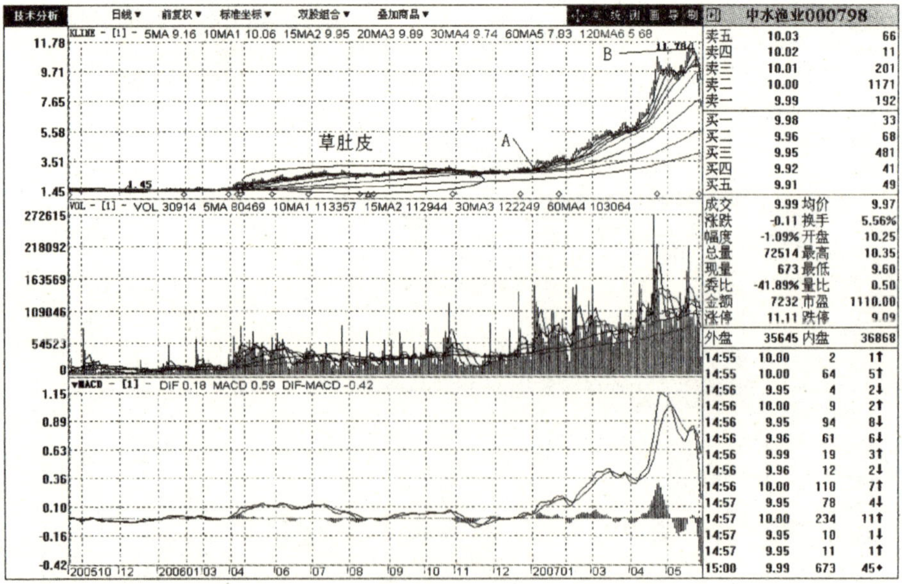
技术分析 日线 前复权 标准坐标 双股组合 叠加商品
中水渔业000798
KLINE - [1] - 5MA 9.16 10MA1 10.06 15MA2 9.95 20MA3 9.89 30MA4 9.74 60MA5 7.83 120MA6 5.68
B
A
草肚皮
VOL - [1] - VOL 30914 5MA 80469 10MA1 113357 15MA2 112944 30MA3 122249 60MA4 103064
MACD - [1] - DIF 0.18 MACD 0.59 DIF-MACD -0.42
卖五 10.03 66
卖四 10.02 11
卖三 10.01 201
卖二 10.00 1171
卖一 9.99 192
买一 9.98 33
买二 9.96 68
买三 9.95 481
买四 9.92 41
买五 9.91 49
成交 9.99 均价 9.97
涨跌 -0.11 换手 5.56%
幅度 -1.09% 开盘 10.25
总量 72514 最高 10.35
现量 673 最低 9.60
委比 -41.89% 量比 0.50
金额 7232 市盈 1110.00
涨停 11.11 跌停 9.09
外盘 35645 内盘 36868

图3-21

在不到5个月的时间里，中水渔业的股价上涨了近3倍，一定给相当一部分投机者带来了丰厚的利润，也一定有相当一部分投机者在高位不顾一切地疯狂买进，然而等待它们的必将是套牢的结局。中水渔业的股价于2007年5月28日创下11.78元的高价后，从第二个交易日便开始急速下跌，在短短的6个交易日内股价由11.78元跌至6.78元，几乎被拦腰斩断（如图3－22中A点所示）。短短的6个交易日跌去了近2个月的涨幅，跌势何其惨烈！不知道有多少追高股民被不幸地卷入这场深幅下跌之中。由此可见，“第三类股票”给股民带来的短期上的伤害是十分巨大的，我们在炒作此类股票时一定要时刻加以小心，一有风吹草动就要及时离场，切不可过分贪婪。

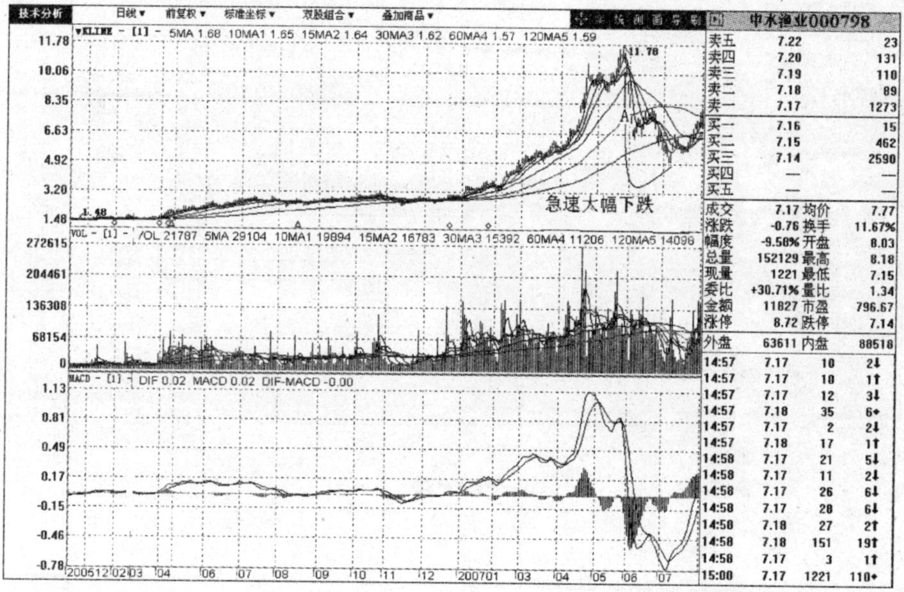

图3－22

应该引起注意的是，由于二线黑马股许多也是由“聪明的庄家”在追切建仓心态下所形成的，所以也具有许多与“第三类股票”相近的特点，因此，许多二线黑马股在上涨末期蕴含着巨大的下跌风险。

例如，我们在第二章中所介绍过的大众交通（600611）和天房发展（600322）等股票，都在主升浪后出现过比较深幅的下跌情况（如图3－23、图3－24中所示）。

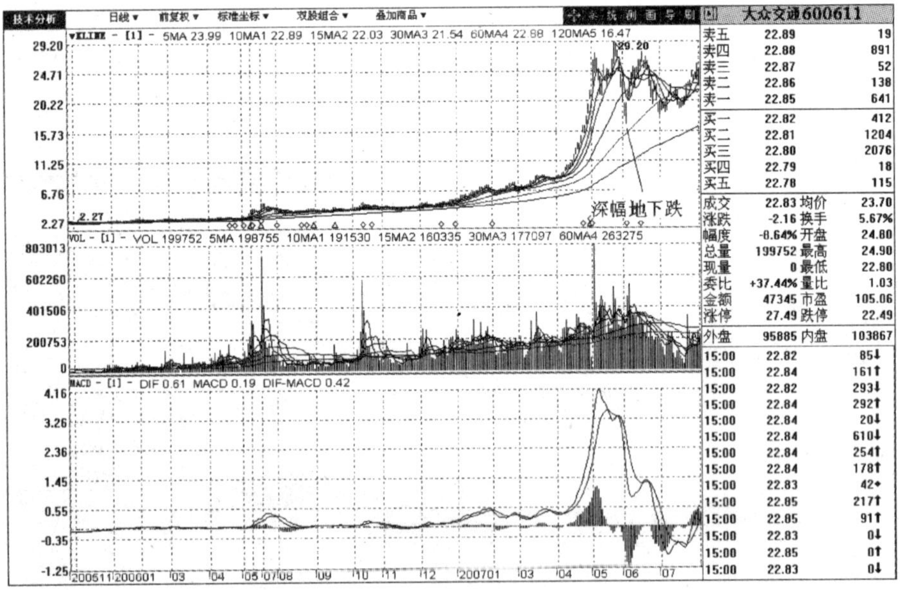

图3－23

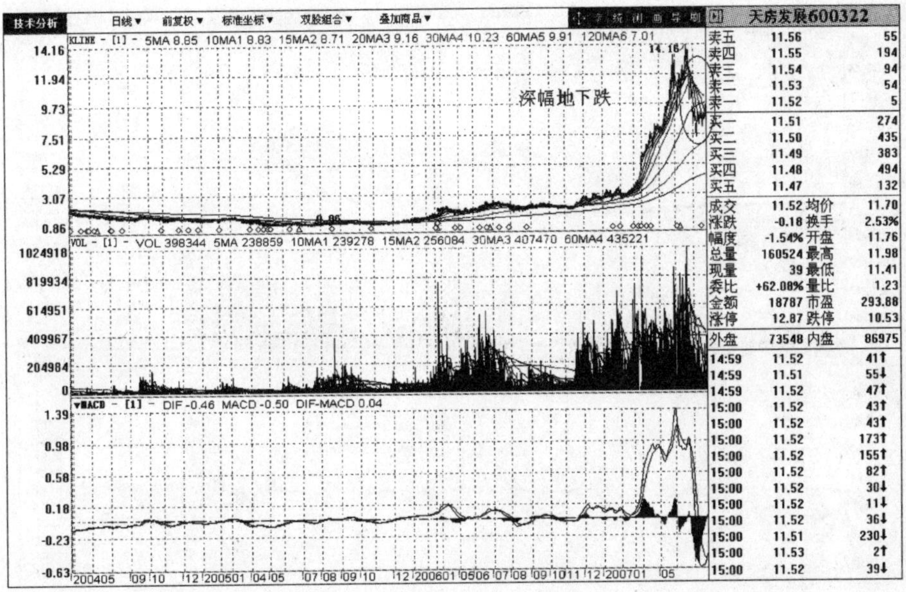

图 3-24

六、沧州大化（600230）

同样，“第三类庄家”也是有强有弱的，操作思想有的积极，有的消极，我们在实盘操作过程中，也应加以区分，去挑选那些能在某段时期内给你带来最大收益的个股，尽量规避那些涨势曲折，又耗费时间的个股。**对于这两类股票的把握也主要体现在量与形上，充沛有力的成交量与顺畅工整的股价走势是“第三类股票”大涨的质量保证。**

前面所介绍的亚盛集团（600108）与葛洲坝（600068）等股票在大幅拉升之前的建仓走势中，都形成了充沛有力的“成交量堆”，同时也具备了顺畅工整的股价结构，因此，才有了后来卓尔不群的表现（如图 3-25、图 3-26 中所示）。

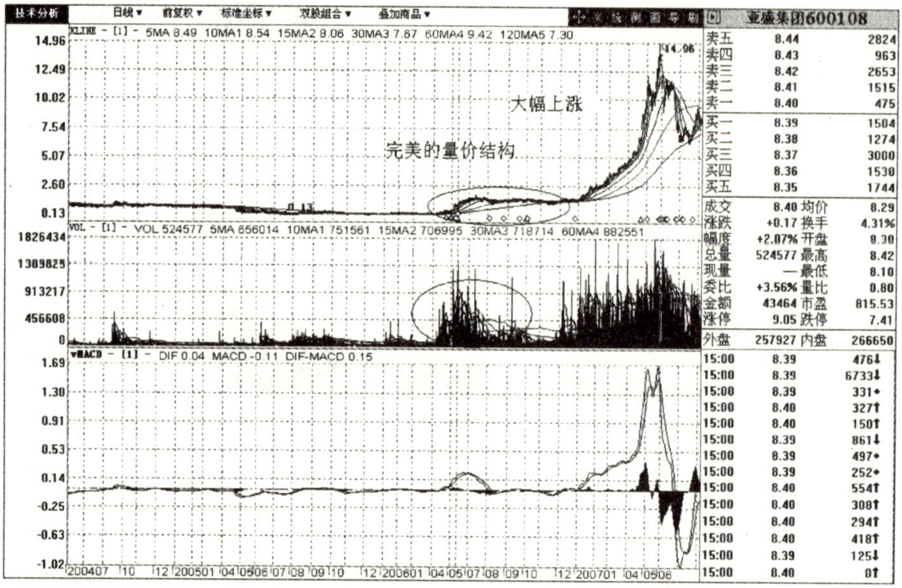
技术分析
日线 前复权 标准坐标 双股组合 叠加商品
亚盛集团600108
大幅上涨
完美的量价结构

图 3－25

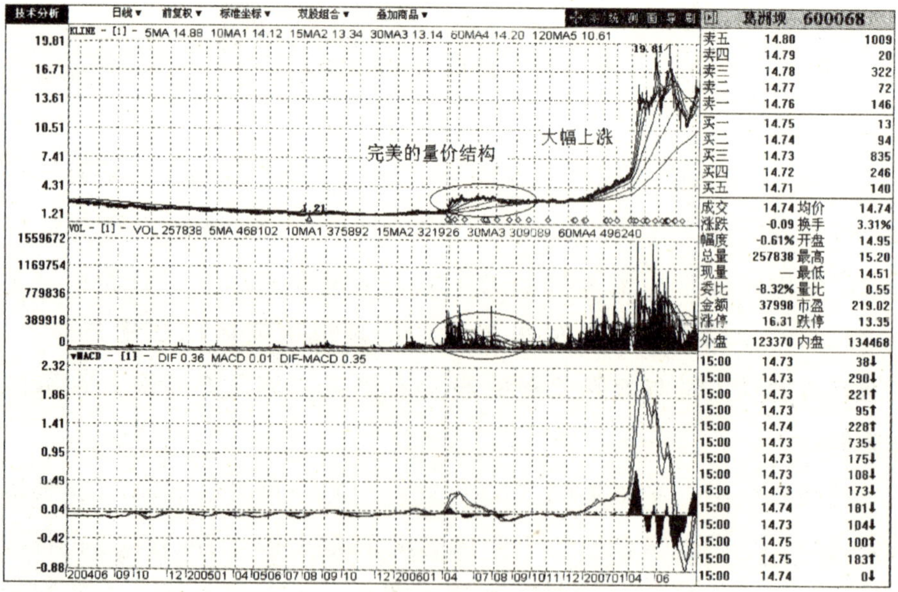
技术分析
日线 前复权 标准坐标 双股组合 叠加商品
葛洲坝 600068
完美的量价结构
大幅上涨

图 3－26

在前面我们所提到的江南重工（600072）在大幅拉升之前的建仓走势中成交量虽显充足，但是在股价结构上小有波动，稍显凌乱，所以其在后来的上涨高度上与亚盛集团和葛洲坝相比就略占下风（如图3－27中所示）。

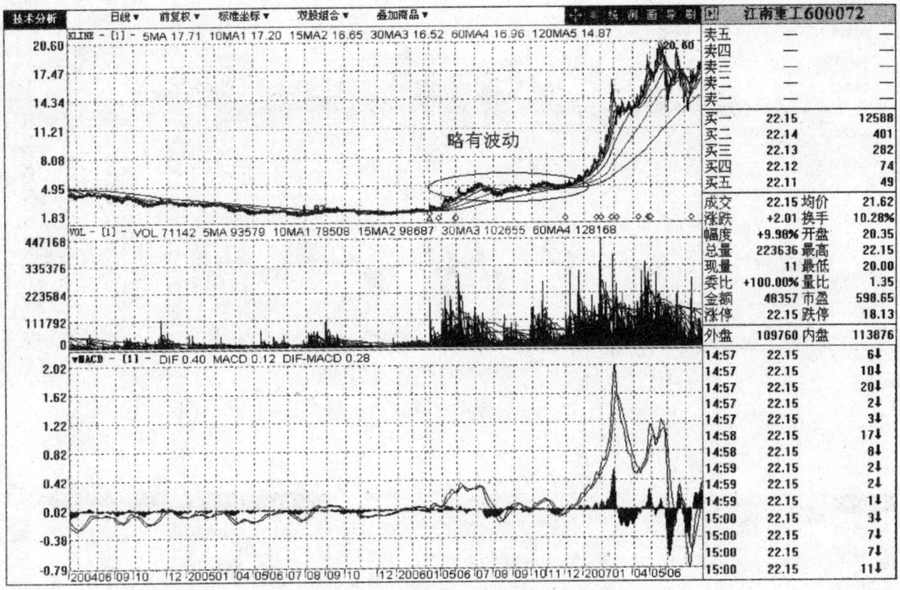

图3－27

沧州大化（600230）在建仓时期也于其“草肚皮”上形成了许多“小浪”，与江南重工犯了同一个“毛病”（如图3－28中所示），因而也造成了其涨幅与涨速上的不足（如图3－29中所示）。

由于由“聪明的庄家”与“第三类庄家”所操纵的股票普遍具有建仓周期较短的特点，所以其对股价外形结构的要求也较由“第一类庄家”所操控的股票来说要高，因为周期相对较短则更要求主力表现出控盘力度；相反，周期较长其间也难免受到各方因素的影响，在无碍大局的情况下有稍许波动，也实属正常。在对由“聪明的庄家”与“第三类庄家”所操纵的股票在作具体选择时，应尽量

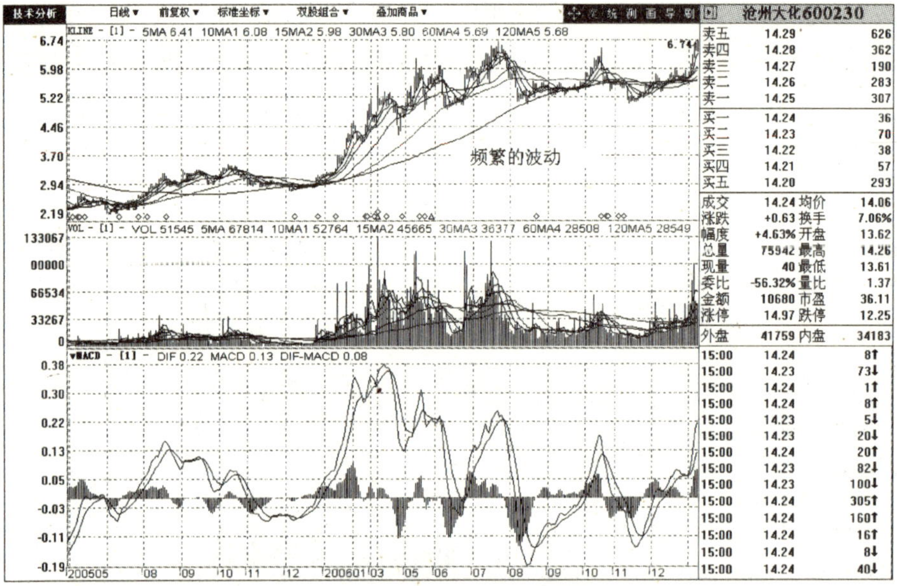
技术分析
日线 前复权 标准坐标 双股组合 叠加商品
沧州大化600230
KLINE - [1] - 5MA 6.41 10MA1 6.08 15MA2 5.98 30MA3 5.80 60MA4 5.69 120MA5 5.68
频繁的波动
VOL - [1] - VOL 51545 5MA 67814 10MA1 52764 15MA2 45665 30MA3 36377 60MA4 28508 120MA5 28549
MACD - [1] - DIF 0.22 MACD 0.13 DIF-MACD 0.08
卖五 14.29 626
卖四 14.28 362
卖三 14.27 190
卖二 14.26 283
卖一 14.25 307
买一 14.24 36
买二 14.23 70
买三 14.22 38
买四 14.21 57
买五 14.20 293
成交 14.24 均价 14.06
涨跌 +0.63 换手 7.06%
幅度 +4.63% 开盘 13.62
总量 75942 最高 14.26
现量 40 最低 13.61
委比 -56.32% 量比 1.37
金额 10680 市盈 36.11
涨停 14.97 跌停 12.25
外盘 41759 内盘 34183

图 3－28

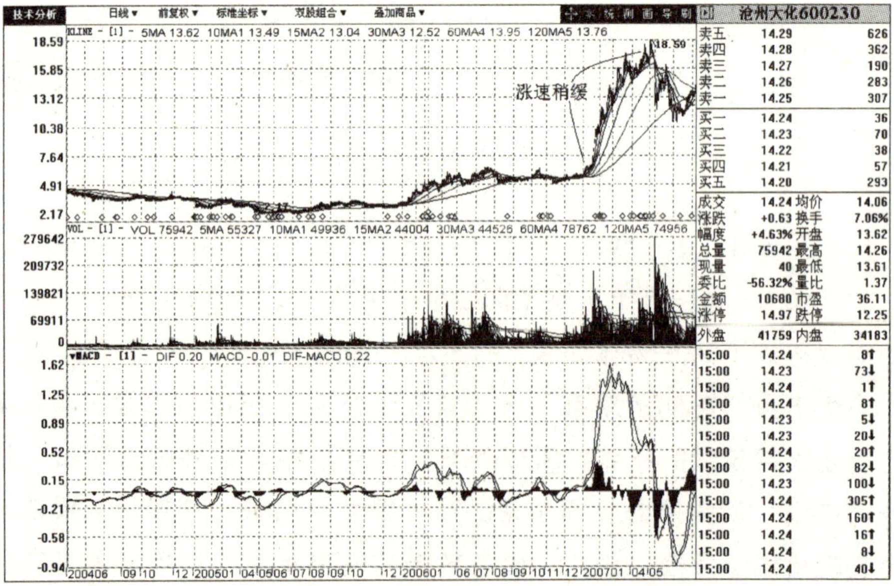
技术分析
日线 前复权 标准坐标 双股组合 叠加商品
沧州大化600230
KLINE - [1] - 5MA 13.62 10MA1 13.49 15MA2 13.04 30MA3 12.52 60MA4 13.95 120MA5 13.76
涨速稍缓
VOL - [1] - VOL 75942 5MA 55327 10MA1 49936 15MA2 44004 30MA3 44526 60MA4 78762 120MA5 74956
MACD - [1] - DIF 0.20 MACD -0.01 DIF-MACD 0.22
卖五 14.29 626
卖四 14.28 362
卖三 14.27 190
卖二 14.26 283
卖一 14.25 307
买一 14.24 36
买二 14.23 70
买三 14.22 38
买四 14.21 57
买五 14.20 293
成交 14.24 均价 14.06
涨跌 +0.63 换手 7.06%
幅度 +4.63% 开盘 13.62
总量 75942 最高 14.26
现量 40 最低 13.61
委比 -56.32% 量比 1.37
金额 10680 市盈 36.11
涨停 14.97 跌停 12.25
外盘 41759 内盘 34183

图 3－29

把握“平行理论”这一原则。

小结：由“第三类庄家”所操纵的股票与“聪明的庄家”的相比在速度上更具迅猛性，在外形上更具突出性，它们往往是“疯狂”的代名词。一般都具有急涨急跌的特性，不仅能使我们在短期内暴富，也能令我们在短期内蒙受巨大损失，在操作这类股票时防范风险是我们的第一要务。

第二节　弱　　庄

一、弱势股的运作规律及其技术特征

由以上三类庄家所操控的股票在风格与时间上虽各有差异，但大多是些牛股和黑马股。**牛股的上涨周期一般来说都相对较长，多在3~18个月之间，上涨幅度可达数倍甚至数十倍左右；黑马股的上涨周期一般来说都相对较短，多在1~3个月之间，上涨幅度可在一倍至数倍之间。相对来说由“智慧的庄家”所操控的股票形成“牛股”的概率较大，由“聪明的庄家”及“第三类庄家”所操控的股票形成“黑马股”的概率较高。**

但是还有一些股票，它们在市场中的中长期表现既没有牛股的风范，也没有黑马股的迅猛，上涨起来有气无力、一波三折，而且涨幅还相当有限，即使在涨势逼人的大牛市行情中也不会有什么上佳的表现。这些股票与其说它是弱庄，到不如说它是一些小有规模的大户行为或是纯粹的散户行为。

例如，曙光股份（600303）、通葡股份（600365）、常林股份（600710）、亿阳信通（600289）、华海药业（600521）、辽宁时代（600241）等从技术角度上有看，都属于这类弱庄所炒作的股票（如图3－30、图3－31、图3－32、图3－33、图3－34、图3－35中所示）。

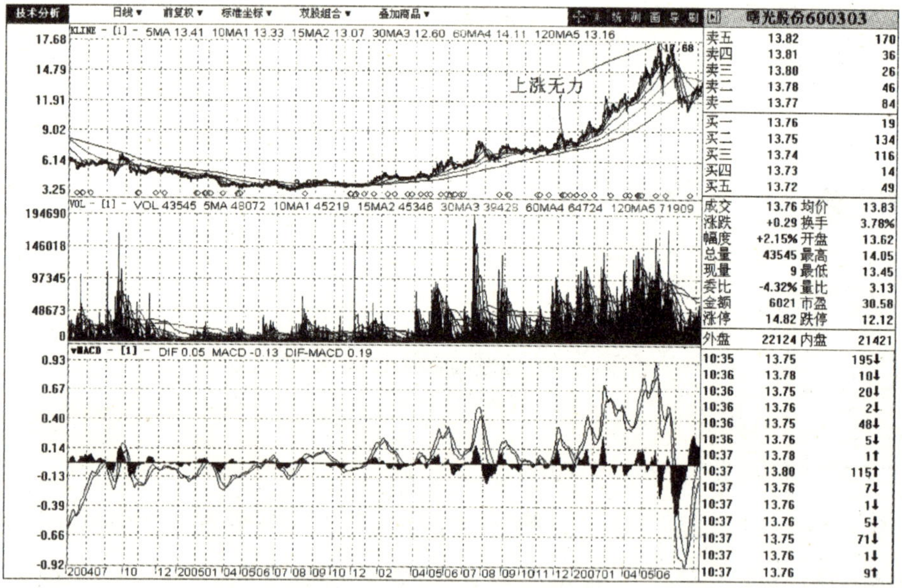

图3－30

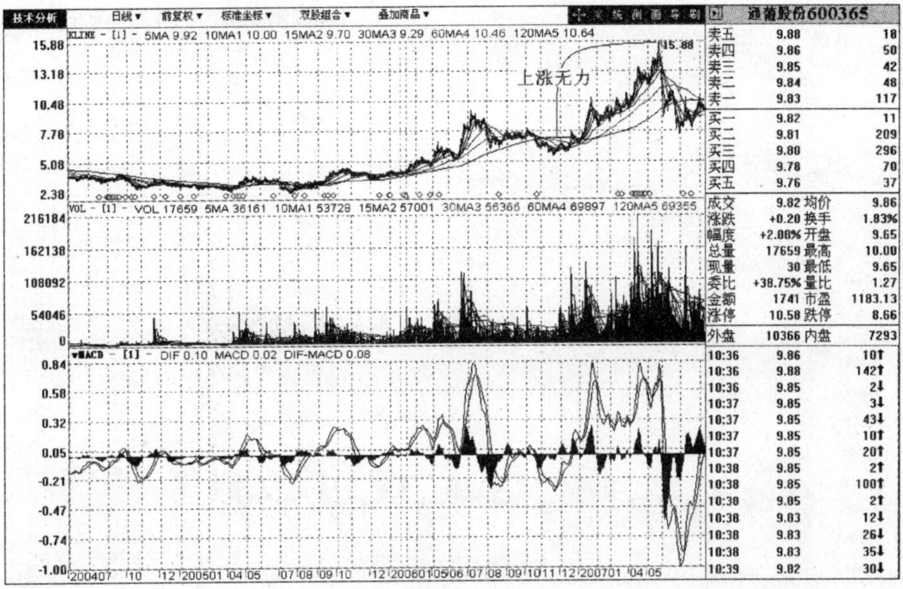
技术分析
日线
前复权
标准坐标
双股组合
叠加商品
通葡股份600365
KLINE - [1] - 5MA 9.92 10MA1 10.00 15MA2 9.70 30MA3 9.29 60MA4 10.46 120MA5 10.64
上涨无力
15.88
VOL - [1] - VOL 17659 5MA 36161 10MA1 53728 15MA2 57001 30MA3 56366 60MA4 69897 120MA5 69355
MACD - [1] - DIF 0.10 MACD 0.02 DIF-MACD 0.08

图 3－31

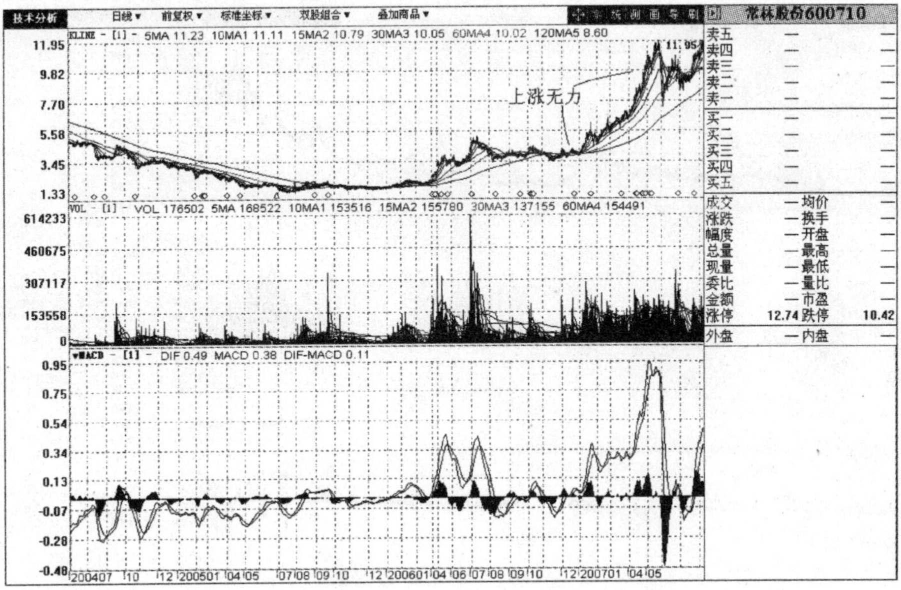
技术分析
日线
前复权
标准坐标
双股组合
叠加商品
常林股份600710
KLINE - [1] - 5MA 11.23 10MA1 11.11 15MA2 10.79 30MA3 10.05 60MA4 10.02 120MA5 8.60
上涨无力
11.95
VOL - [1] - VOL 176502 5MA 168522 10MA1 153516 15MA2 155780 30MA3 137155 60MA4 154491
MACD - [1] - DIF 0.49 MACD 0.38 DIF-MACD 0.11

图 3－32

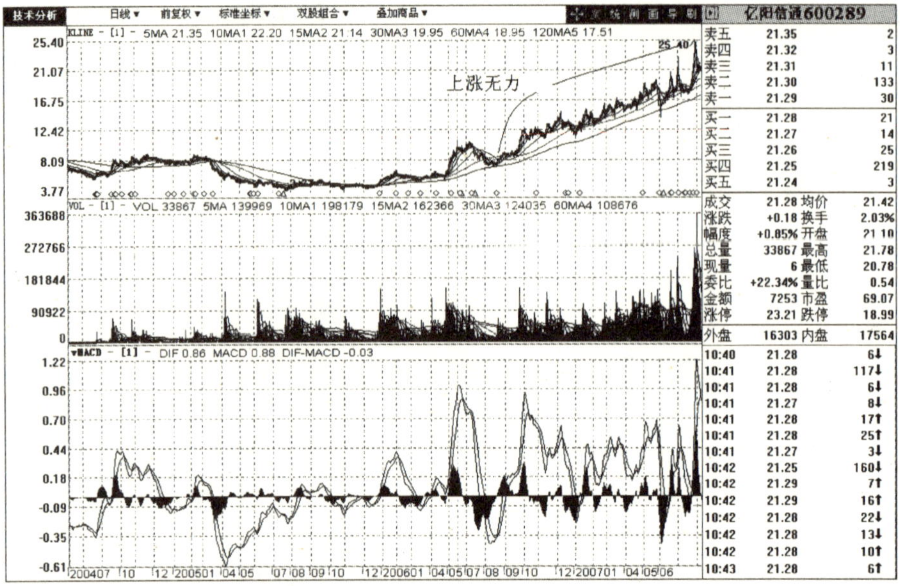
技术分析
日线 前复权 标准坐标 双股组合 叠加商品
亿阳信通600289
KLINE - [1] - 5MA 21.35 10MA1 22.20 15MA2 21.14 30MA3 19.95 60MA4 18.95 120MA5 17.51
25.40
上涨无力
VOL - [1] - VOL 33867 5MA 139969 10MA1 198179 15MA2 162366 30MA3 124035 60MA4 108676
MACD - [1] - DIF 0.86 MACD 0.88 DIF-MACD -0.03
卖五 21.35 2
卖四 21.32 3
卖三 21.31 11
卖二 21.30 133
卖一 21.29 30
买一 21.28 21
买二 21.27 14
买三 21.26 25
买四 21.25 219
买五 21.24 3
成交 21.28 均价 21.42
涨跌 +0.18 换手 2.03%
幅度 +0.85% 开盘 21.10
总量 33867 最高 21.78
现量 6 最低 20.78
委比 +22.34% 量比 0.54
金额 7253 市盈 69.07
涨停 23.21 跌停 18.99
外盘 16303 内盘 17564

图 3－33

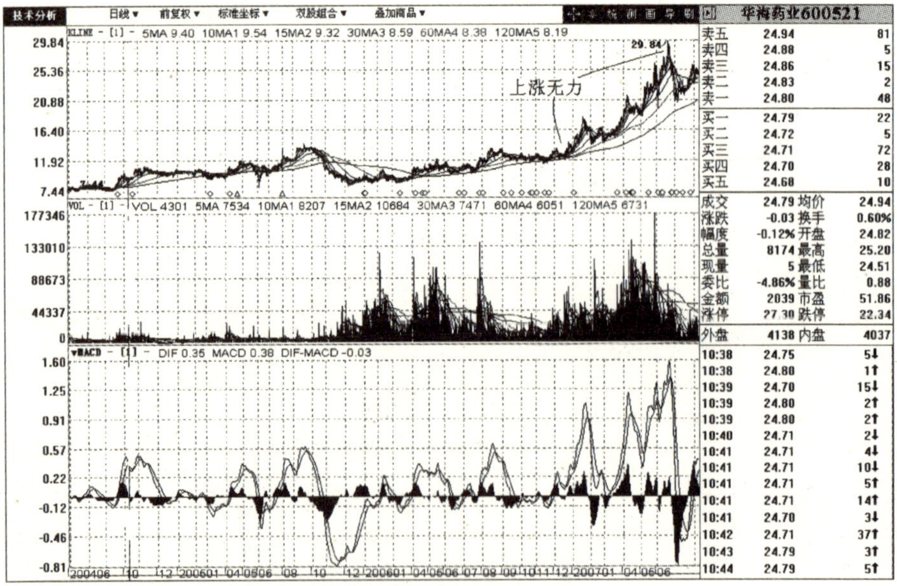
技术分析
日线 前复权 标准坐标 双股组合 叠加商品
华海药业600521
KLINE - [1] - 5MA 9.40 10MA1 9.54 15MA2 9.32 30MA3 8.59 60MA4 8.38 120MA5 8.19
29.84
上涨无力
VOL - [1] - VOL 4301 5MA 7534 10MA1 8207 15MA2 10684 30MA3 7471 60MA4 6051 120MA5 6731
MACD - [1] - DIF 0.35 MACD 0.38 DIF-MACD -0.03
卖五 24.94 81
卖四 24.88 5
卖三 24.86 15
卖二 24.83 2
卖一 24.80 48
买一 24.79 22
买二 24.72 5
买三 24.71 72
买四 24.70 28
买五 24.68 10
成交 24.79 均价 24.94
涨跌 -0.03 换手 0.60%
幅度 -0.12% 开盘 24.82
总量 8174 最高 25.20
现量 5 最低 24.51
委比 -4.86% 量比 0.88
金额 2039 市盈 51.86
涨停 27.30 跌停 22.34
外盘 4138 内盘 4037

图 3－34

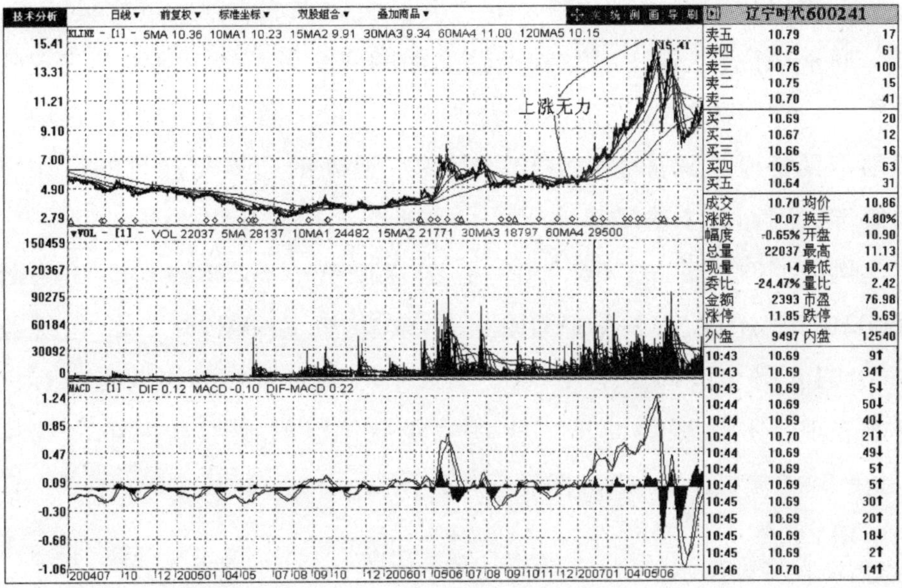

图3－35

操作这种股票费心费神，还赚不到多少钱，尤其是在大牛市行情里，如果你不幸买入了这类股票，简直是种折磨，不仅浪费了大好的行情，在心理上也要承受不少的痛苦，并且在相当的时期内都会使你的操作心态受到不良的影响，所以，我们在实盘操作过程中应尽量从技术角度上去避免遭遇此类个股。

二、曙光股份（600303）

每一只股票都有自己的结构特点，不仅牛股与黑马股有，“弱庄股”也有，我们之所以研究牛股与黑马股的走势特点就是为了寻找它们，而我们研究“弱庄股”的走势特点则是为了远离它们。**对于“弱庄股”的把握主要体现在两个方面：内在成交量与股价的外在走势。**

在这里我们将着重介绍一下“弱庄股”在起涨前的成交量特点。

通常来说，“弱庄股”在上涨之前的成交量系统，既不会表现的像牛股一样厚重持久，也不会表现像黑马股一样突出有力，它们一般都不具备厚重的体态、突出的思想、清晰的边界与连贯的运作思路等等，因而看上去既显略无力，又显略无神，乱作一团。

例如，曙光股份（600303）、浙江阳光（600261）、浙江医药（600216）、深深宝 A（000019）、*ST 大唐（600198）、长电科技（600584）等个股即使是在 2006 年大牛市最为疯狂的末期也难有良好的表现，不是涨势曲折，就是涨幅有限，丝毫不具牛市之气象（如图 3－36、图 3－37、图 3－38、图 3－39、图 3－40、图 3－41 中所示）。

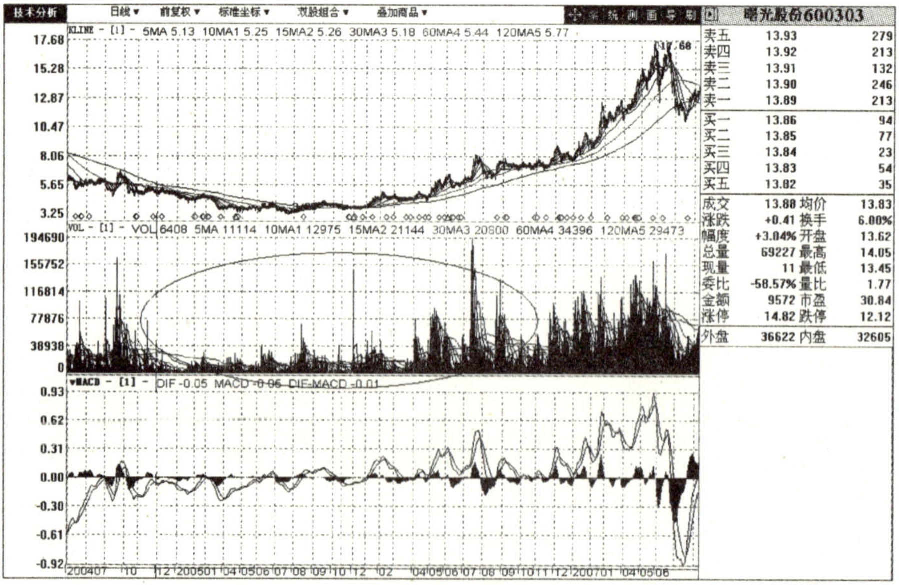

图 3－36

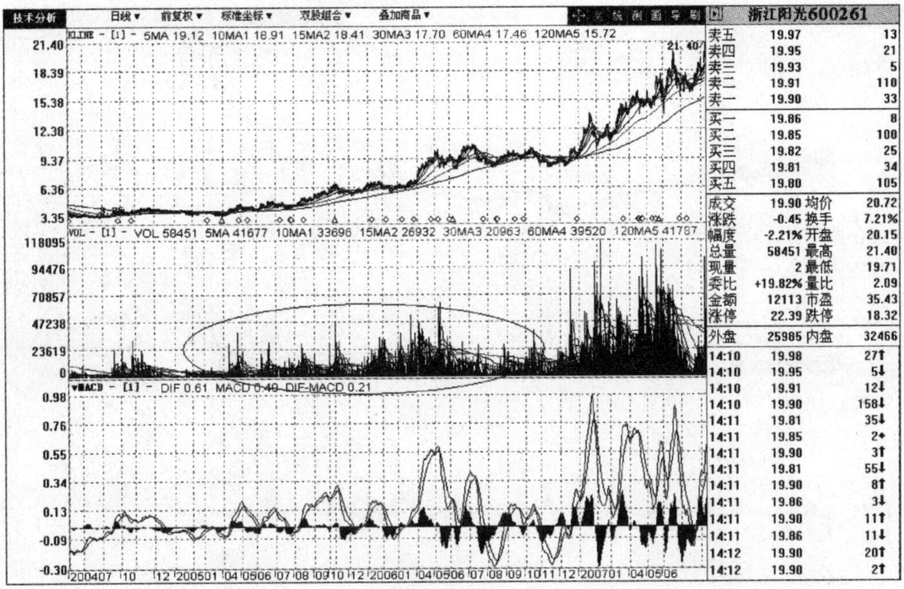

技术分析
日线▼ 前复权▼ 标准坐标▼ 双股组合▼ 叠加商品▼
浙江阳光600261
KLINE - [1] - 5MA 19.12 10MA1 18.91 15MA2 18.41 30MA3 17.70 60MA4 17.46 120MA5 15.72
VOL - [1] - VOL 58451 5MA 41677 10MA1 33696 15MA2 26932 30MA3 20963 60MA4 39520 120MA5 41787
MACD - [1] - DIF 0.61 MACD 0.40 DIF-MACD 0.21
卖五 19.97 13
卖四 19.95 21
卖三 19.93 5
卖二 19.91 110
卖一 19.90 33
买一 19.86 8
买二 19.85 100
买三 19.82 25
买四 19.81 34
买五 19.80 105
成交 19.90 均价 20.72
涨跌 -0.45 换手 7.21%
幅度 -2.21% 开盘 20.15
总量 58451 最高 21.40
现量 2 最低 19.71
委比 +19.82% 量比 2.09
金额 12113 市盈 35.43
涨停 22.39 跌停 18.32
外盘 25985 内盘 32466

图 3－37

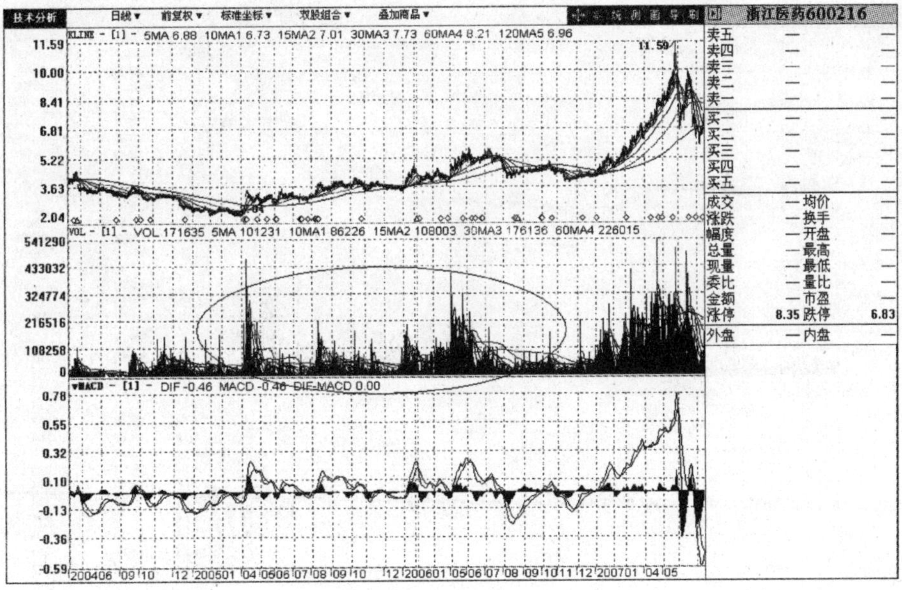

技术分析
日线▼ 前复权▼ 标准坐标▼ 双股组合▼ 叠加商品▼
浙江医药600216
KLINE - [1] - 5MA 6.88 10MA1 6.73 15MA2 7.01 30MA3 7.73 60MA4 8.21 120MA5 6.96
VOL - [1] - VOL 171635 5MA 101231 10MA1 86226 15MA2 108003 30MA3 176136 60MA4 226015
MACD - [1] - DIF -0.46 MACD -0.46 DIF-MACD 0.00
卖五
卖四
卖三
卖二
卖一
买一
买二
买三
买四
买五
成交 均价
涨跌 换手
幅度 开盘
总量 最高
现量 最低
委比 量比
金额 市盈
涨停 8.35 跌停 6.83
外盘 内盘

图 3－38

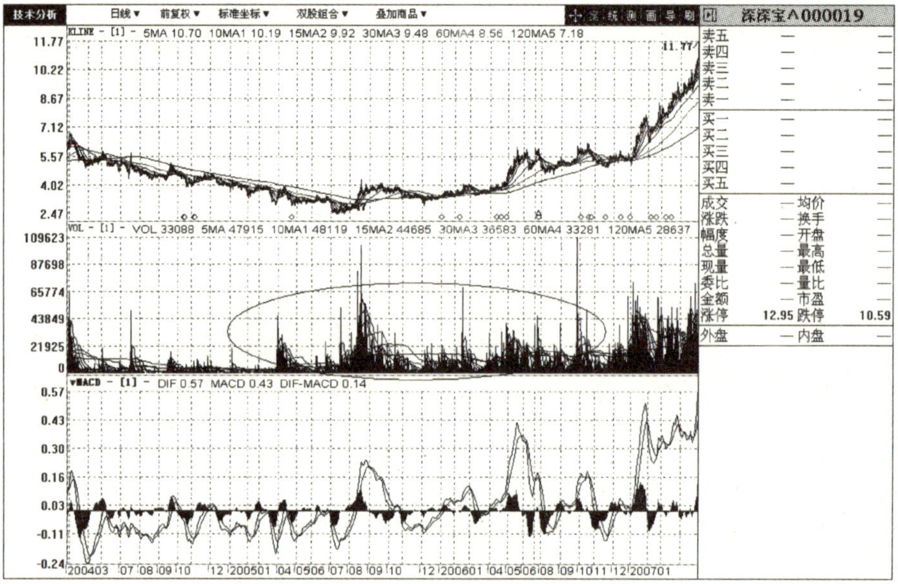
技术分析
日线 前复权 标准坐标 双股组合 叠加商品
深深宝A000019
KLINE - [1] - 5MA 10.70 10MA1 10.19 15MA2 9.92 30MA3 9.48 60MA4 8.56 120MA5 7.18
VOL - [1] - VOL 33088 5MA 47915 10MA1 48119 15MA2 44685 30MA3 36583 60MA4 33281 120MA5 28637
MACD - [1] - DIF 0.57 MACD 0.43 DIF-MACD 0.14
涨停 12.95 跌停 10.59

图 3－39

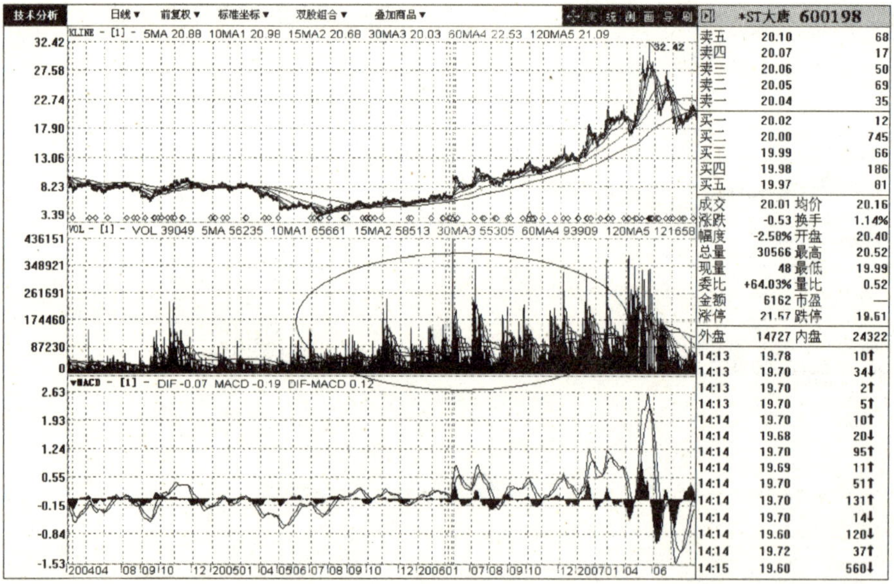
技术分析
日线 前复权 标准坐标 双股组合 叠加商品
*ST大唐 600198
KLINE - [1] - 5MA 20.88 10MA1 20.98 15MA2 20.68 30MA3 20.03 60MA4 22.53 120MA5 21.09
VOL - [1] - VOL 39049 5MA 56235 10MA1 65661 15MA2 58513 30MA3 55305 60MA4 93909 120MA5 121658
MACD - [1] - DIF -0.07 MACD -0.19 DIF-MACD 0.12
卖五 20.10 68
卖四 20.07 17
卖三 20.06 50
卖二 20.05 69
卖一 20.04 35
买一 20.02 12
买二 20.00 745
买三 19.99 66
买四 19.98 186
买五 19.97 81
成交 20.01 均价 20.16
涨跌 -0.53 换手 1.14%
幅度 -2.58% 开盘 20.40
总量 30566 最高 20.52
现量 48 最低 19.99
委比 +64.03% 量比 0.52
金额 6162 市盈 —
涨停 21.57 跌停 19.61
外盘 14727 内盘 24322

图 3－40

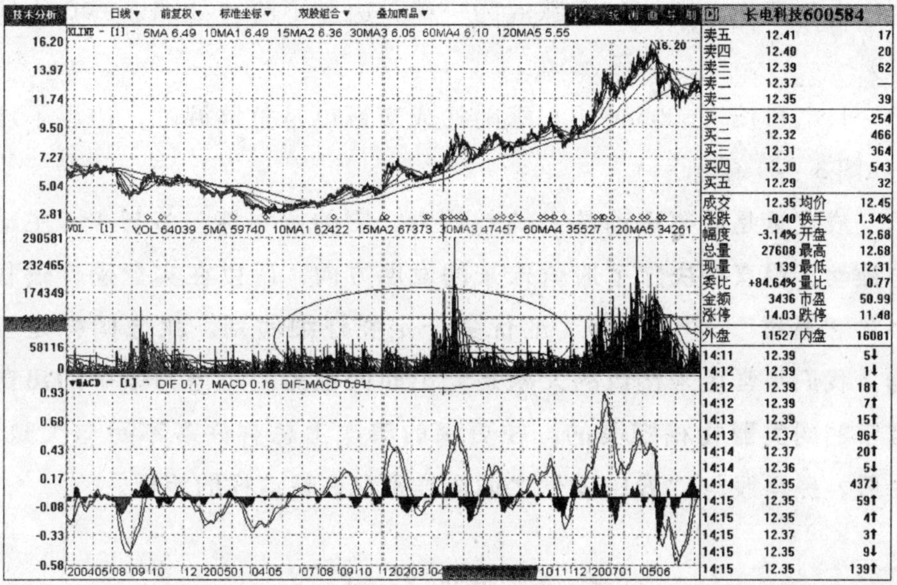

图3-41

曙光股份（600303）在起涨前的成交量虽显丰厚，但看上去似也杂乱无章，没有较为突出的操作思想，在回档整理时期也无明显规律可循（如图3-36中所示）。

浙江阳光（600261）在起涨前的成交量既不够丰厚，同样也没有较为突出的重点，回档整理时期也显杂乱无章（如图3-37中所示）。

浙江医药（600216）在起涨前的成交量虽有突出的重点，但其他部分较为零乱，暗示主力控盘无度（如图3-38中所示）。

深深宝A（000019）在起涨前成交量的最大特点就是整体还尚未协调，就忙于启动，并且回档时成交量局部形态也不够工整，从该股回档前的成交量来看，如能再延迟几个月待建仓更为充分以后，也许还会有上佳的表现（如图3-39中所示）。

*ST大唐（600198）在起涨前的成交量也是主次难分，没有较

为突出的思想，回档与上涨混为一体，边界不清（如图 3 – 40 中所示）。

长电科技（600584）起涨前的成交量也是整体混乱，边界不清（如图 3 – 41 中所示）。

成交量是股票运动的灵魂与动力，它的好与坏、多与少、主动与被动，都直接决定了股价未来的发展方向，所以在实盘操作过程中对“量堆”与“量带”的优劣一定要仔细鉴别。就像同样是瓷器，我们平常用来盛饭的大碗是无论如何也无法与博物馆中的出自官窑的同类器物相媲美的，在更深的层次上总有许多不足与欠缺。牛股、黑马股与“弱庄股”之间同样也存在着这样的差异。

三、大元股份（600146）

股票的成交量是股价运动的原动力，它的好与坏直接影响着股价的未来发展趋势，它是由买卖双方的供求数量所组成的，属内在的因素；而股价的外形在更多的时候是一种内在因素的外在表现，就是说在某只股票的内在条件成熟之后就会不知不觉地流露于外表，但这种流露是发自内在的，是不可伪装的，就像人的气质一样。“腹有诗书气自华”，说的就是这个道理。如果将这个道理反过来理解，那么具有“华丽”“外表的股票，也极有可能就是具有实质内在的股票，因此，绝大多数的“弱庄股”是不具备“华丽”外表的。

例如，大元股份（600146）、上海贝岭（600171）、凤凰光学（600071）、赤天化（600227）、民丰特纸（600235）、天通股份（600330）等涨幅有限的“弱庄股”在其总体建仓时的股价走势都极为散乱，大涨大跌频繁地交替出现的（如图 3 – 42、图 3 – 43、图 3 – 44、图 3 – 45、图 3 – 46、图 3 – 47 中所示）。

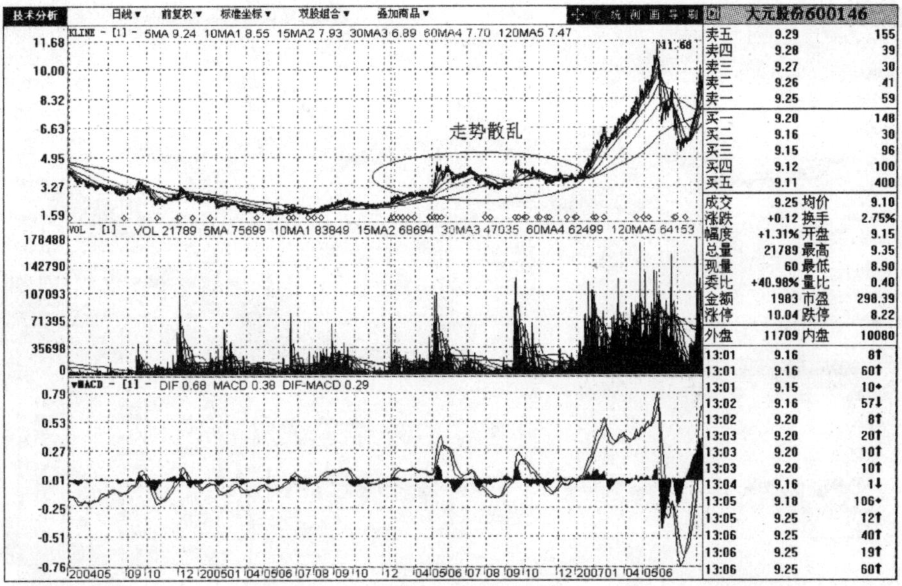
技术分析
日线 前复权 标准坐标 双股组合 叠加商品
大元股份600146
KLINE - [1] - 5MA 9.24 10MA1 8.55 15MA2 7.93 30MA3 6.89 60MA4 7.70 120MA5 7.47
11.68
走势散乱
VOL - [1] - VOL 21789 5MA 75699 10MA1 83849 15MA2 68694 30MA3 47035 60MA4 62499 120MA5 64153
MACD - [1] - DIF 0.68 MACD 0.38 DIF-MACD 0.29
200405 09 10 12 200501 04 05 06 07 08 09 10 12 04 05 06 07 08 09 10 12 200701 04 05 06
卖五 9.29 155
卖四 9.28 39
卖三 9.27 30
卖二 9.26 41
卖一 9.25 59
买一 9.20 148
买二 9.16 30
买三 9.15 96
买四 9.12 100
买五 9.11 400
成交 9.25 均价 9.10
涨跌 +0.12 换手 2.75%
幅度 +1.31% 开盘 9.15
总量 21789 最高 9.35
现量 60 最低 8.90
委比 +40.98% 量比 0.40
金额 1983 市盈 298.39
涨停 10.04 跌停 8.22
外盘 11709 内盘 10080

图 3-42

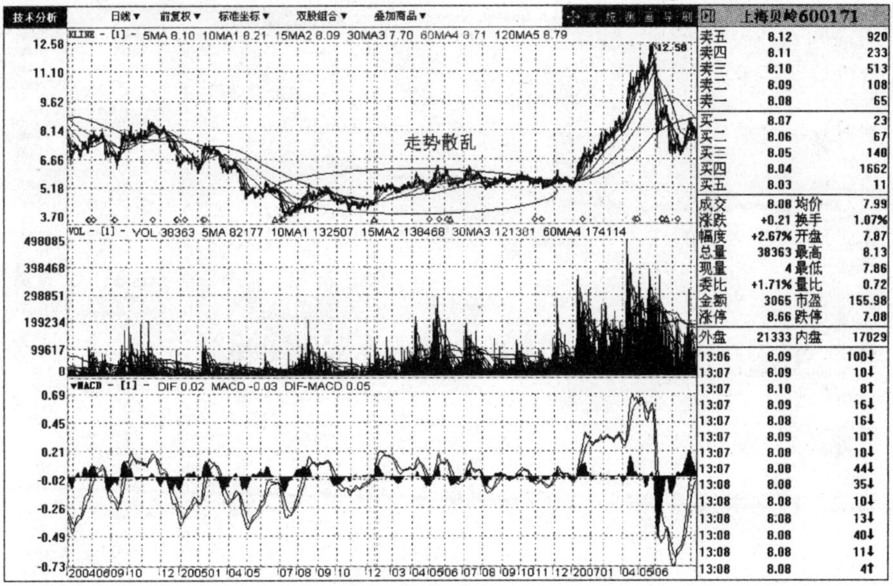
技术分析
日线 前复权 标准坐标 双股组合 叠加商品
上海贝岭600171
KLINE - [1] - 5MA 8.10 10MA1 8.21 15MA2 8.09 30MA3 7.70 60MA4 8.71 120MA5 8.79
12.58
走势散乱
VOL - [1] - VOL 38363 5MA 82177 10MA1 132507 15MA2 138468 30MA3 121381 60MA4 174114
MACD - [1] - DIF 0.02 MACD -0.03 DIF-MACD 0.05
200406 09 10 12 200501 04 05 07 08 09 10 12 03 04 05 06 07 08 09 10 11 12 200701 04 05 06
卖五 8.12 920
卖四 8.11 233
卖三 8.10 513
卖二 8.09 108
卖一 8.08 65
买一 8.07 23
买二 8.06 67
买三 8.05 140
买四 8.04 1662
买五 8.03 11
成交 8.08 均价 7.99
涨跌 +0.21 换手 1.07%
幅度 +2.67% 开盘 7.87
总量 38363 最高 8.13
现量 4 最低 7.86
委比 +1.71% 量比 0.72
金额 3065 市盈 155.98
涨停 8.66 跌停 7.08
外盘 21333 内盘 17029

图 3-43

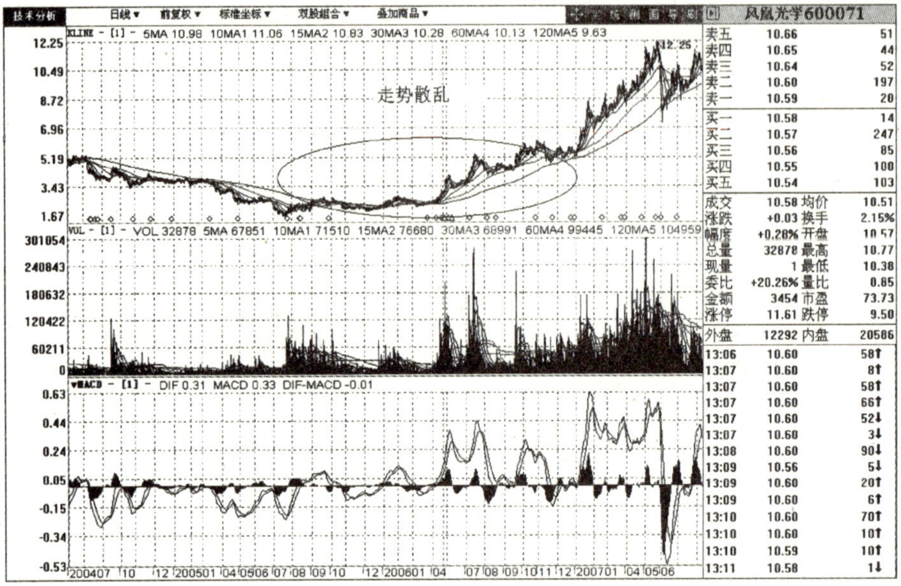
技术分析
日线 前复权 标准坐标 双股组合 叠加商品
凤凰光学600071
XLINE - [1] - 5MA 10.98 10MA1 11.06 15MA2 10.83 30MA3 10.28 60MA4 10.13 120MA5 9.63
走势散乱
12.25
VOL - [1] - VOL 32878 5MA 67851 10MA1 71510 15MA2 76680 30MA3 68991 60MA4 99445 120MA5 104959
MACD - [1] - DIF 0.31 MACD 0.33 DIF-MACD -0.01
卖五 10.66 51
卖四 10.65 44
卖三 10.64 52
卖二 10.60 197
卖一 10.59 20
买一 10.58 14
买二 10.57 247
买三 10.56 85
买四 10.55 100
买五 10.54 103
成交 10.58 均价 10.51
涨跌 +0.03 换手 2.15%
幅度 +0.28% 开盘 10.57
总量 32878 最高 10.77
现量 1 最低 10.38
委比 +20.26% 量比 0.85
金额 3454 市盈 73.73
涨停 11.61 跌停 9.50
外盘 12292 内盘 20586

图 3－44

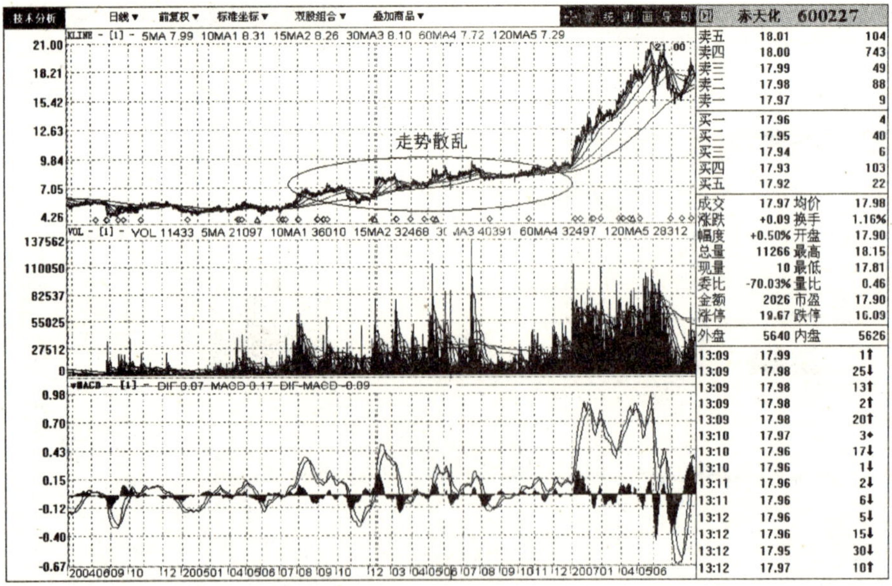
技术分析
日线 前复权 标准坐标 双股组合 叠加商品
赤天化 600227
XLINE - [1] - 5MA 7.99 10MA1 8.31 15MA2 8.26 30MA3 8.10 60MA4 7.72 120MA5 7.29
走势散乱
21.00
VOL - [1] - VOL 11433 5MA 21097 10MA1 36010 15MA2 32468 30MA3 40391 60MA4 32497 120MA5 28312
MACD - [1] - DIF 0.07 MACD 0.17 DIF-MACD -0.09
卖五 18.01 104
卖四 18.00 743
卖三 17.99 49
卖二 17.98 88
卖一 17.97 9
买一 17.96 4
买二 17.95 40
买三 17.94 6
买四 17.93 103
买五 17.92 22
成交 17.97 均价 17.98
涨跌 +0.09 换手 1.16%
幅度 +0.50% 开盘 17.90
总量 11266 最高 18.15
现量 10 最低 17.81
委比 -70.03% 量比 0.46
金额 2026 市盈 17.90
涨停 19.67 跌停 16.09
外盘 5640 内盘 5626

图 3－45

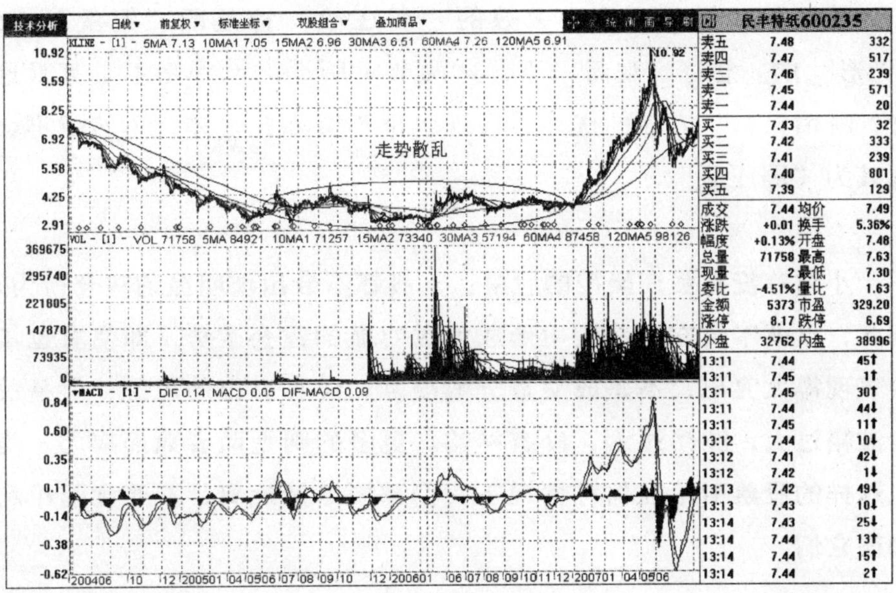
技术分析 日线▼ 前复权▼ 标准坐标▼ 双股组合▼ 叠加商品▼
民丰特纸600235
KLINE - [1] - 5MA 7.13 10MA1 7.05 15MA2 6.96 30MA3 6.51 60MA4 7.26 120MA5 6.91
10.92
走势散乱
VOL - [1] - VOL 71758 5MA 84921 10MA1 71257 15MA2 73340 30MA3 57194 60MA4 87458 120MA5 98126
MACD - [1] - DIF 0.14 MACD 0.05 DIF-MACD 0.09
200406 10 12 200501 04 05 06 07 08 09 10 12 200601 06 07 08 09 10 11 12 200701 04 05 06
卖五 7.48 332
卖四 7.47 517
卖三 7.46 239
卖二 7.45 571
卖一 7.44 20
买一 7.43 32
买二 7.42 333
买三 7.41 239
买四 7.40 801
买五 7.39 129
成交 7.44 均价 7.49
涨跌 +0.01 换手 5.36%
幅度 +0.13% 开盘 7.48
总量 71758 最高 7.63
现量 2 最低 7.30
委比 -4.51% 量比 1.63
金额 5373 市盈 329.20
涨停 8.17 跌停 6.69
外盘 32762 内盘 38996

图 3－46

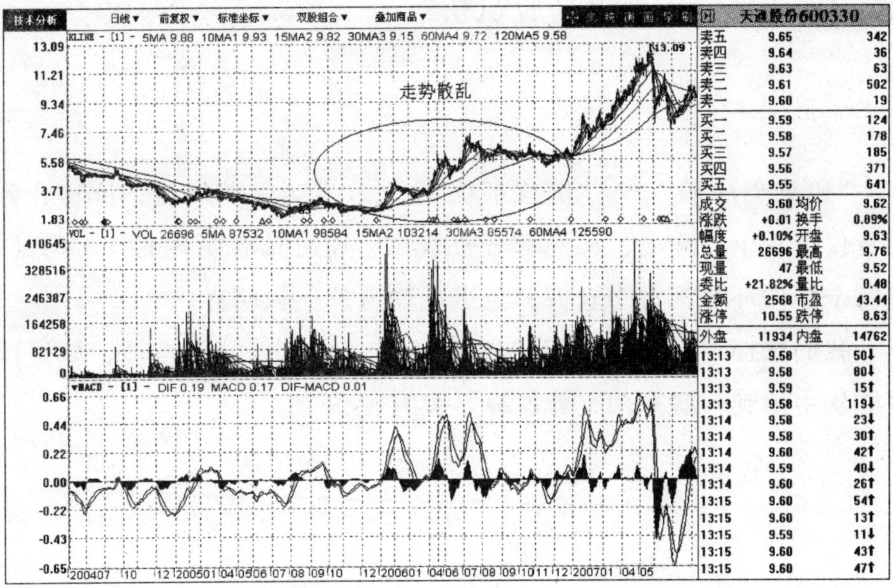
技术分析 日线▼ 前复权▼ 标准坐标▼ 双股组合▼ 叠加商品▼
天通股份600330
KLINE - [1] - 5MA 9.88 10MA1 9.93 15MA2 9.82 30MA3 9.15 60MA4 9.72 120MA5 9.58
13.09
走势散乱
VOL - [1] - VOL 26696 5MA 87532 10MA1 98584 15MA2 103214 30MA3 65574 60MA4 125590
MACD - [1] - DIF 0.19 MACD 0.17 DIF-MACD 0.01
200407 10 12 200501 04 05 06 07 08 09 10 12 200601 04 06 07 08 09 10 11 12 200701 04 05
卖五 9.65 342
卖四 9.64 36
卖三 9.63 63
卖二 9.61 502
卖一 9.60 19
买一 9.59 124
买二 9.58 178
买三 9.57 185
买四 9.56 371
买五 9.55 641
成交 9.60 均价 9.62
涨跌 +0.01 换手 0.89%
幅度 +0.10% 开盘 9.63
总量 26696 最高 9.76
现量 47 最低 9.52
委比 +21.82% 量比 0.48
金额 2568 市盈 43.44
涨停 10.55 跌停 8.63
外盘 11934 内盘 14762

图 3－47

根据我多年的观察，多数的“弱庄股”都是既“无量”，又“无形”的。您仔细观看一下，这两节中所举的例子是不是都是这样？哪怕只有一方面的优点，表现得也不会如此之差，不然也不会称其为“弱庄股”了。

小结：没有强庄操控的股票，一般都不会出现明显的建仓行为，因此，也就不会在走势图中形成太过明显的建仓走势。即使有也不会表现得太突出，不是成交量分散凌乱，没有突出的思想；就是股价波幅过大，波动过频，没有神韵。更多的则是两者兼而有之。类似这样的股票不论在何种情况下我们都要尽量远离，不要贪图小利去碰它们。

第三节　三类黑马股赏析

“第三类庄股”与“弱庄股”的主力活动周期最短，从建仓到出货仅仅几个月而已，虽然部分股票在运作时具有明显的技术特征，但每个操作环节都过于仓促，急涨急跌现象比较明显。

我们选择了一些这类股票的 K 线图，并配以简要点评，如果读者能从中悟到一些东西，那就算是很有收获了。

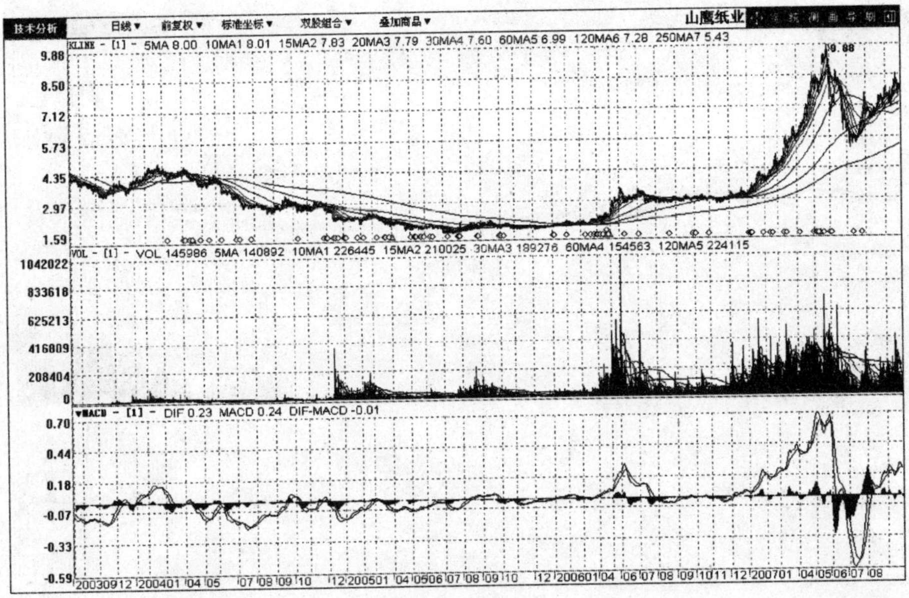

图3-48 建仓时间短暂

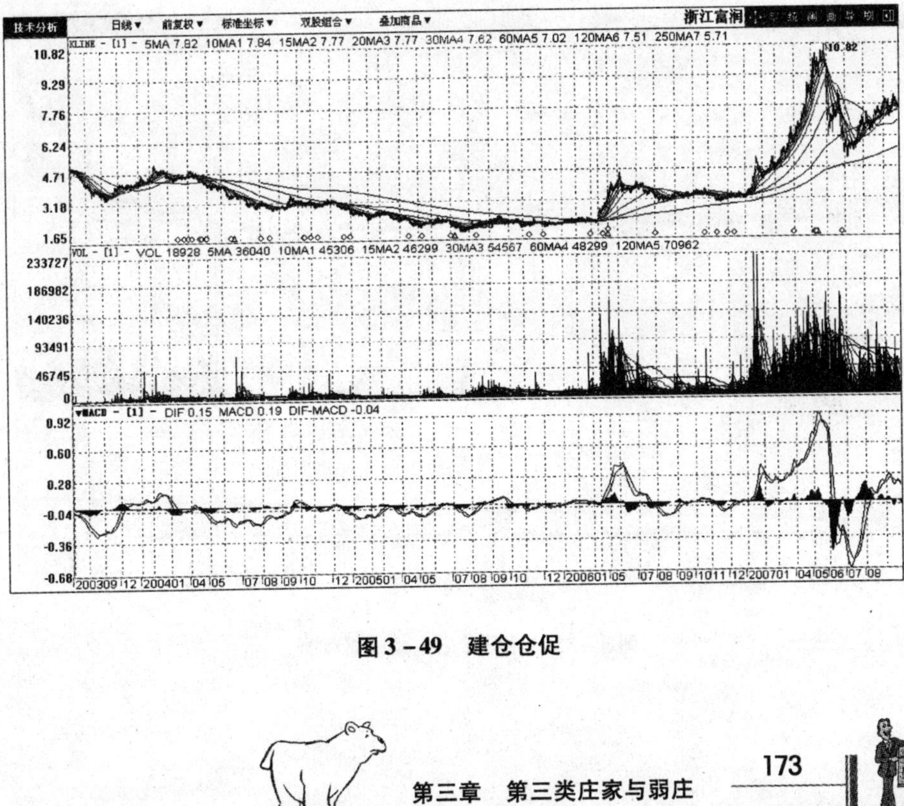

图3-49 建仓仓促

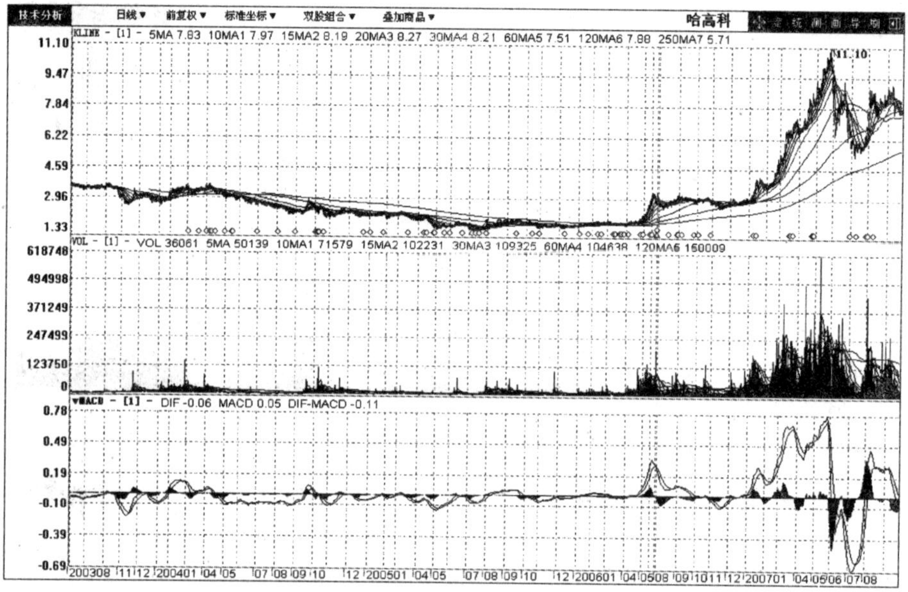

图 3－50　建仓仓促

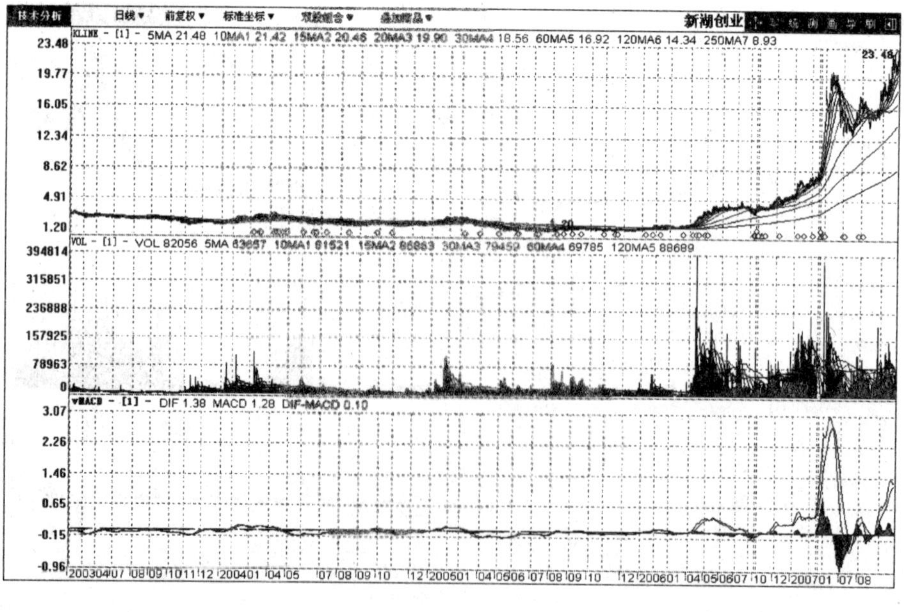

图 3－51　外形突出，成交量明显

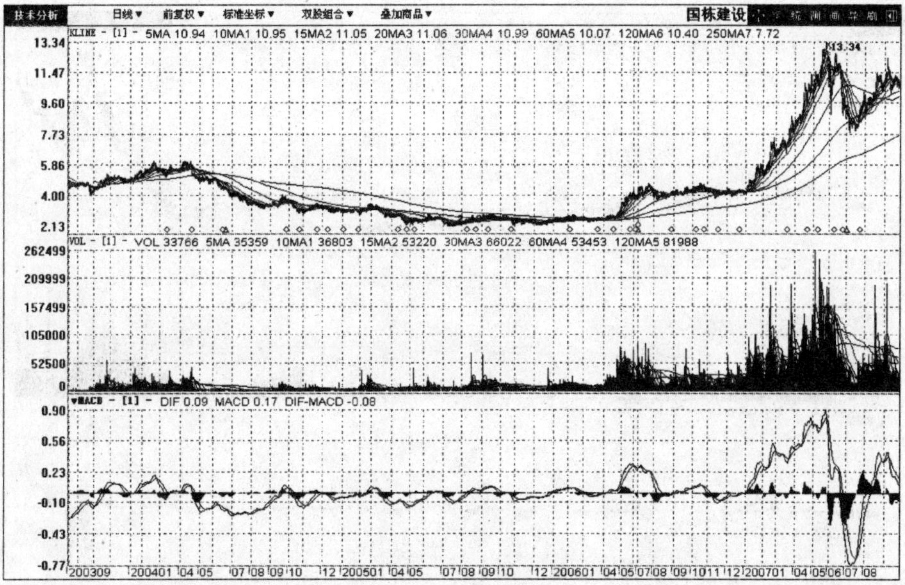

图 3－52 外形突出

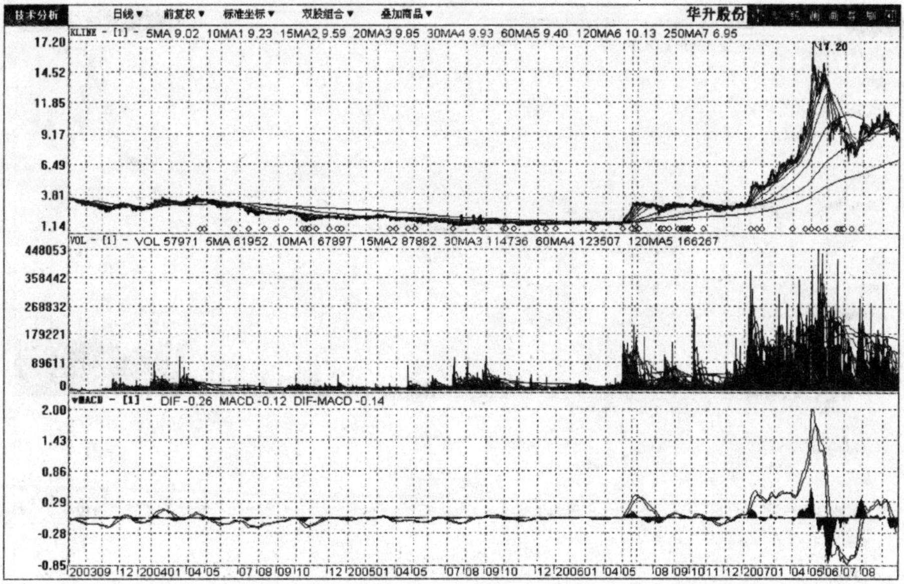

图 3－53 外形突出，但建仓仓促

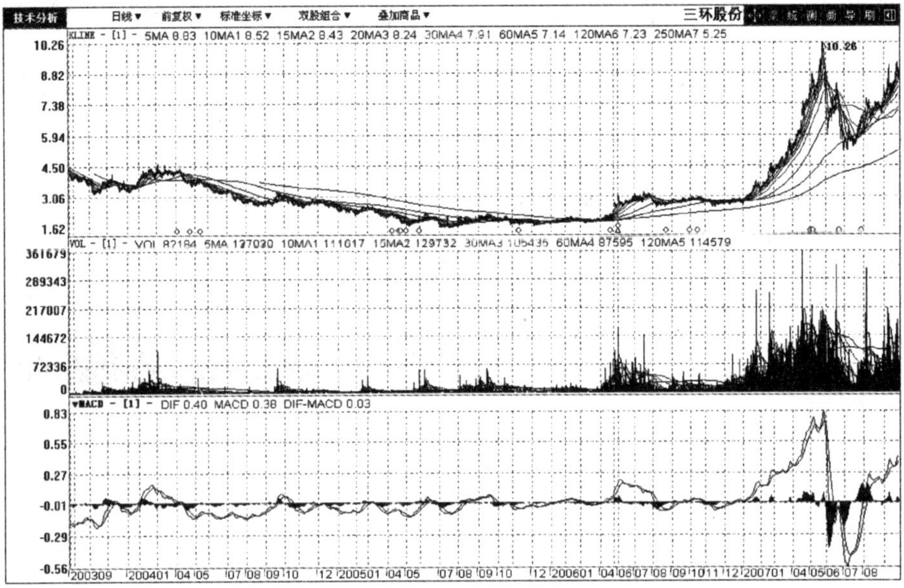

图 3-54　外形突出，成交量明显

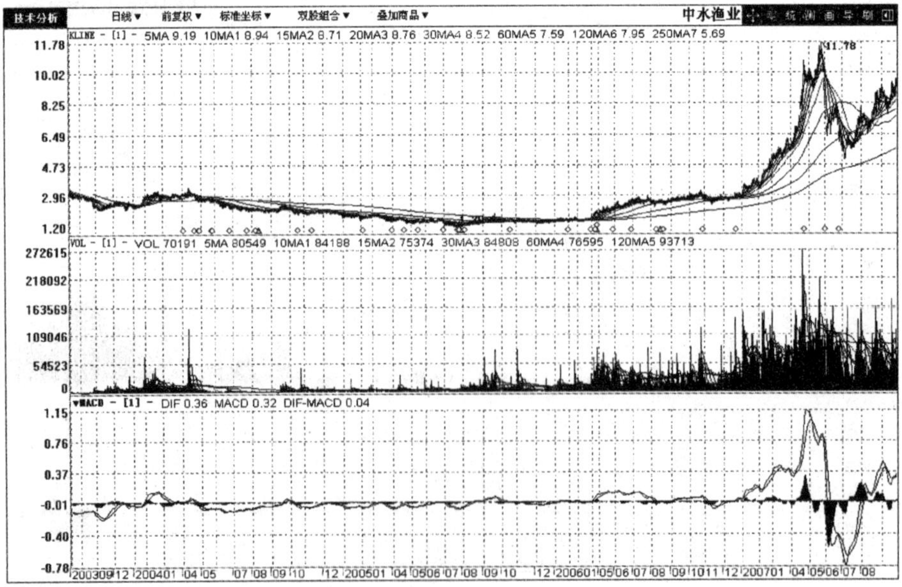

图 3-55　能量均匀，外形突出

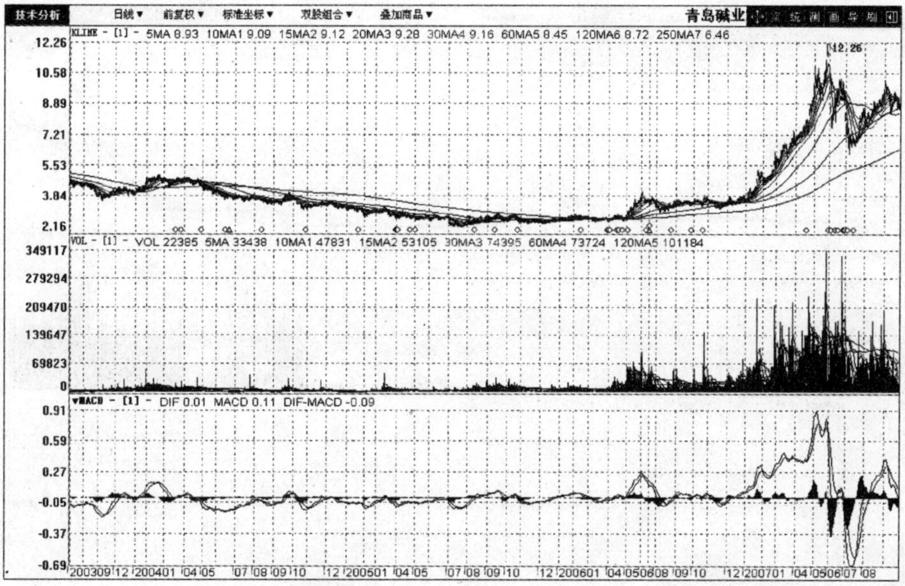

图 3-56 外形突出

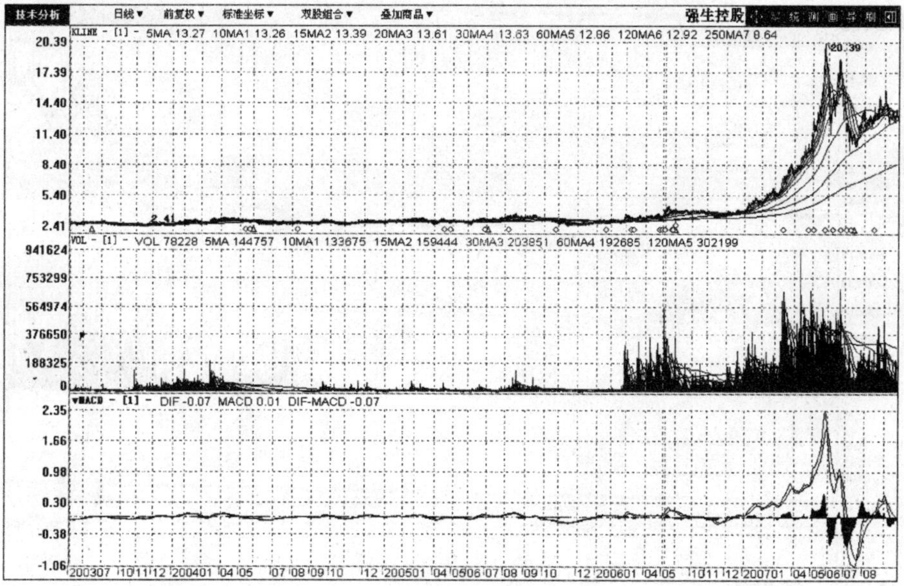

图 3-57 能量集中而突出

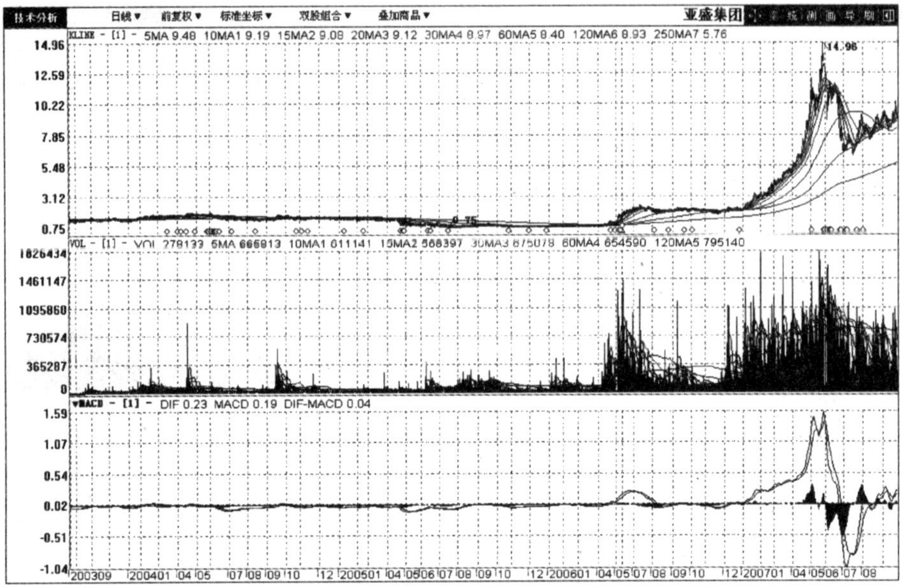

图 3-58　能量与外形均突出

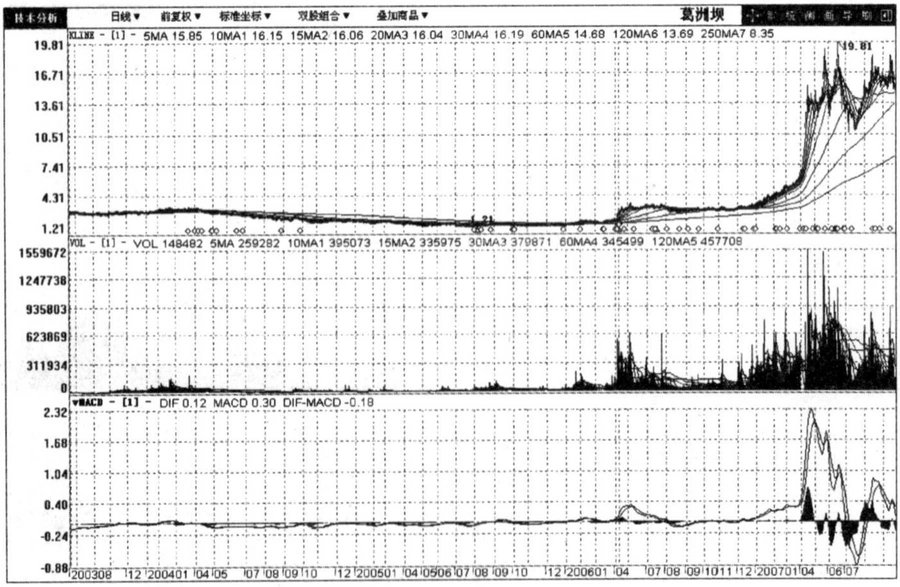

图 3-59　能量与外形均突出

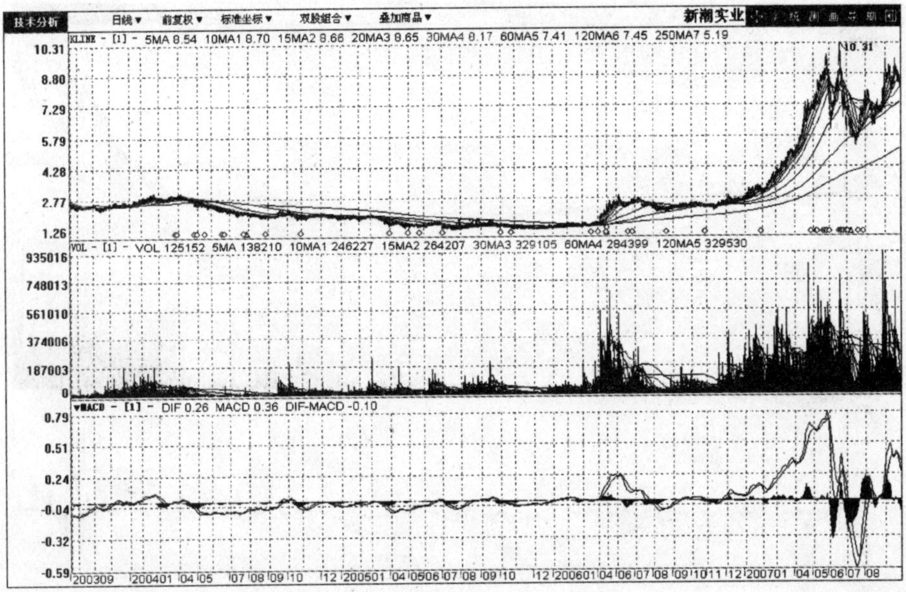

图 3-60 外形突出，成交量明显

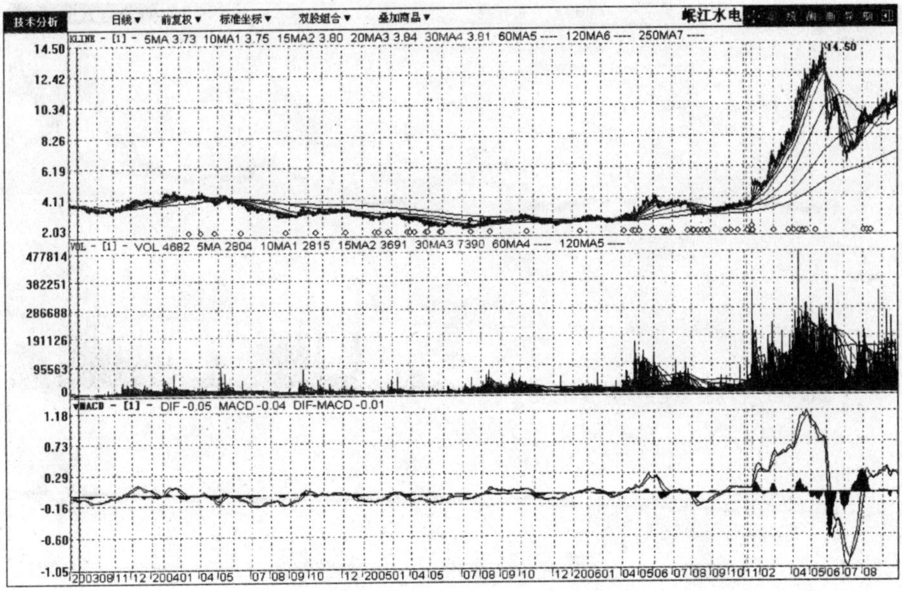

图 3-61 外形突出，但结构不够舒展

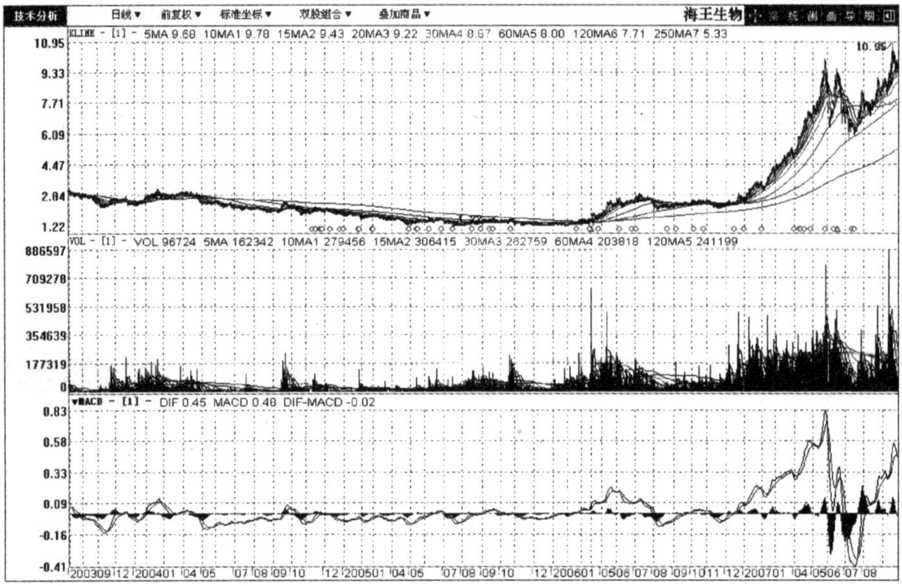

图 3－62　外形突出

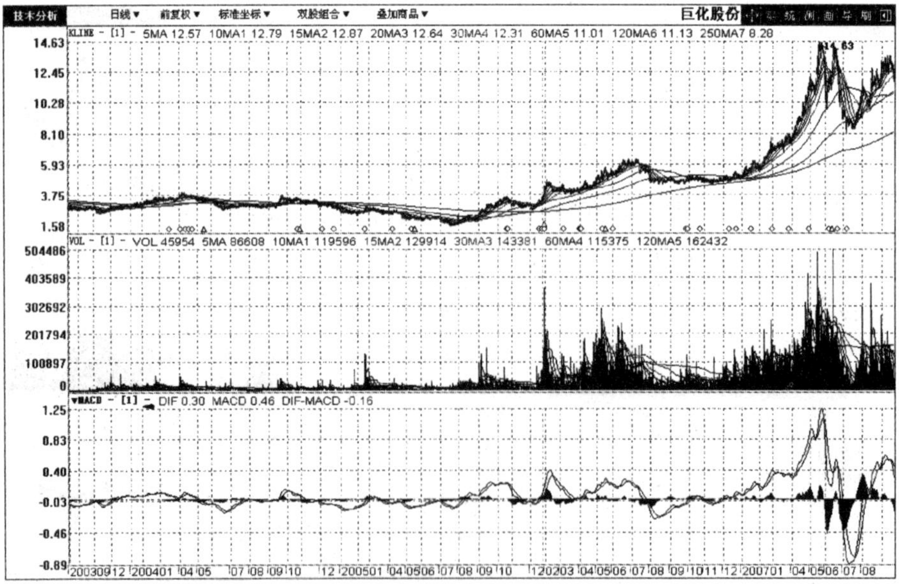

图 3－63　外形突出，但结构散乱

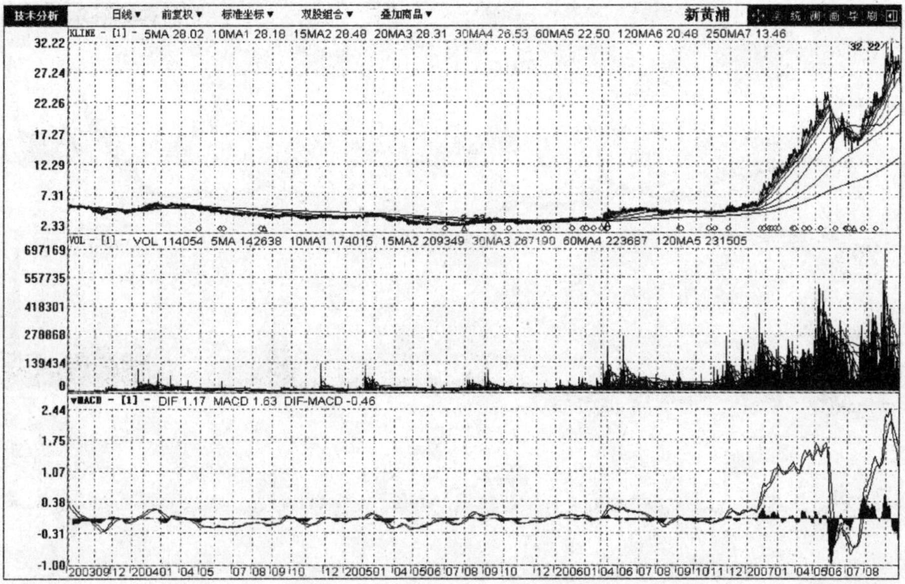

图 3－64　能量与外形均突出

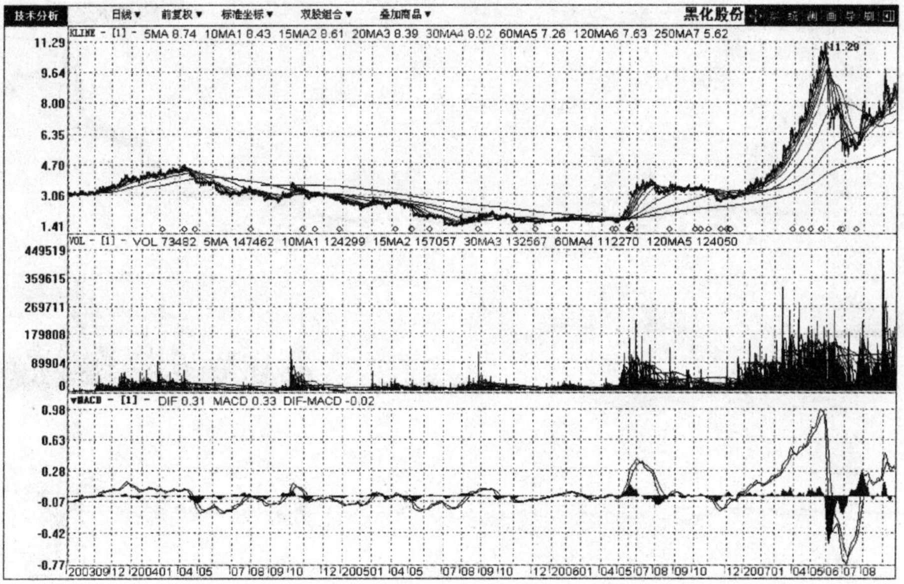

图 3－65　外形突出，但结构不够舒展

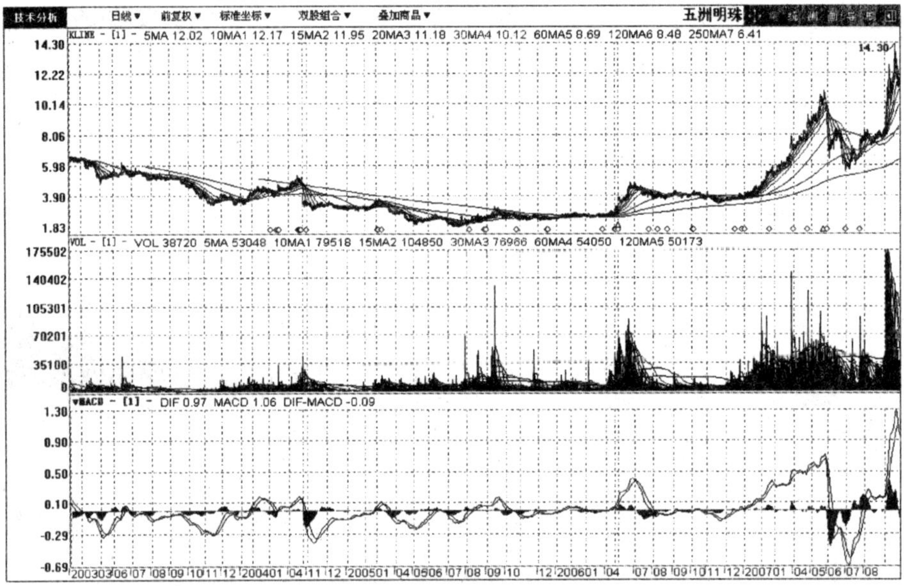

图 3－66　外形突出，但结构不舒展

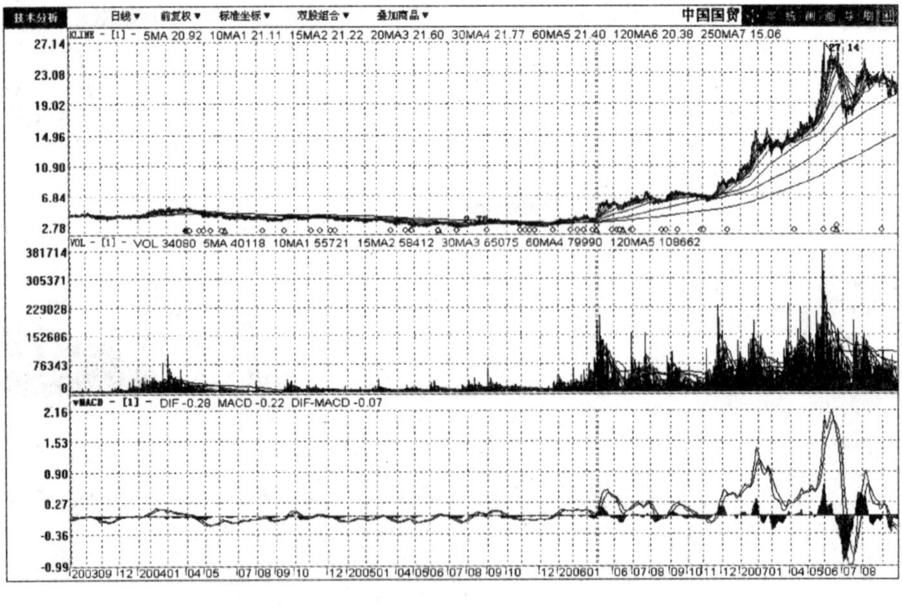

图 3－67　起涨处不够舒展流畅

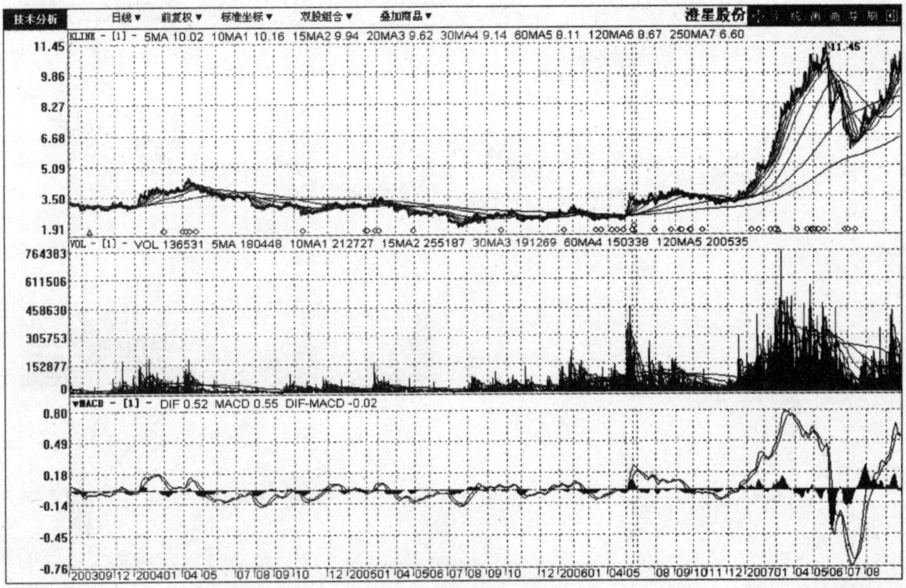

图 3-68　整体形态有些凌乱

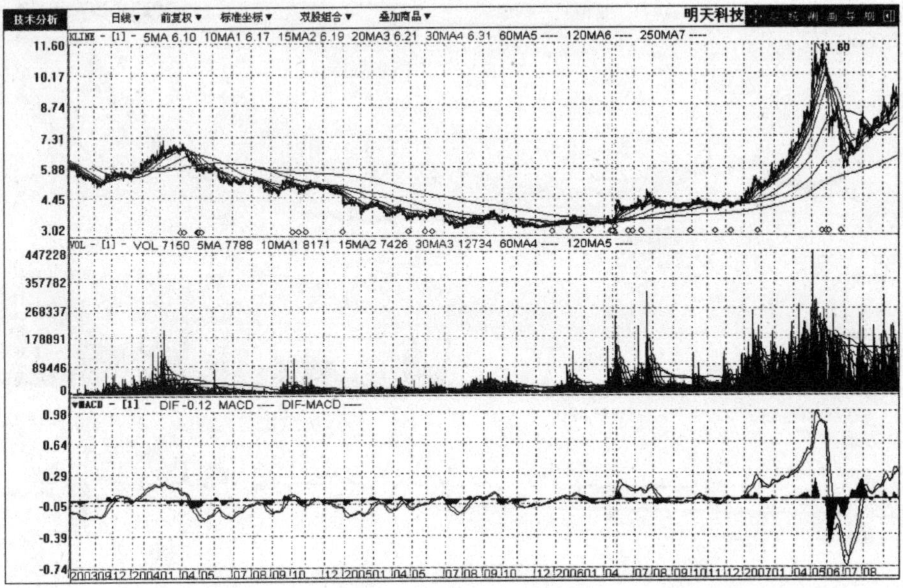

图 3-69　形态凌乱的弱股

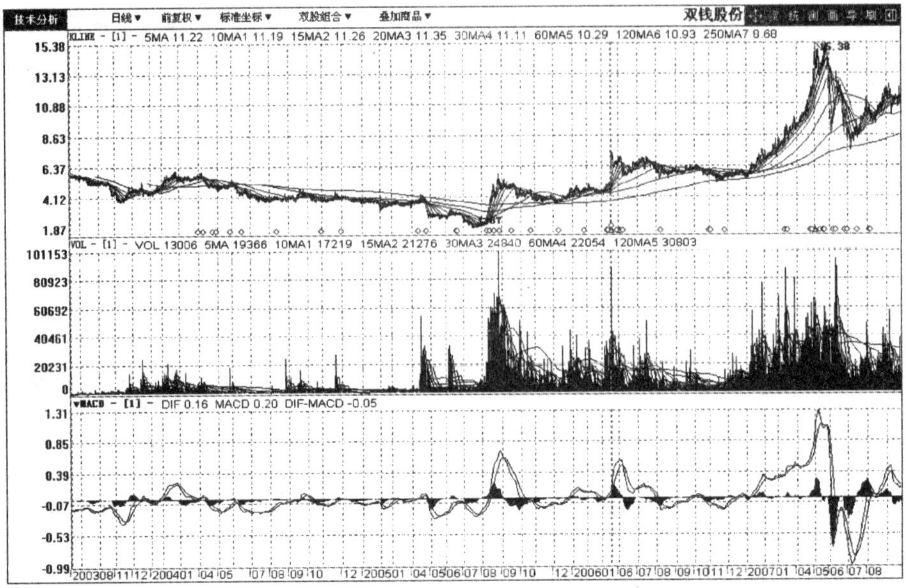

图 3－70　形态凌乱，无神无力

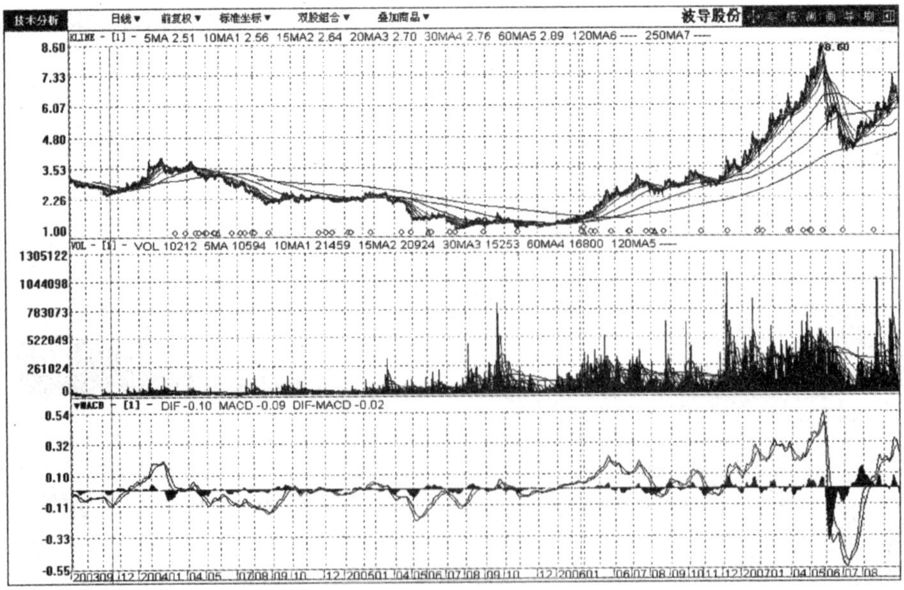

图 3－71　有量无形

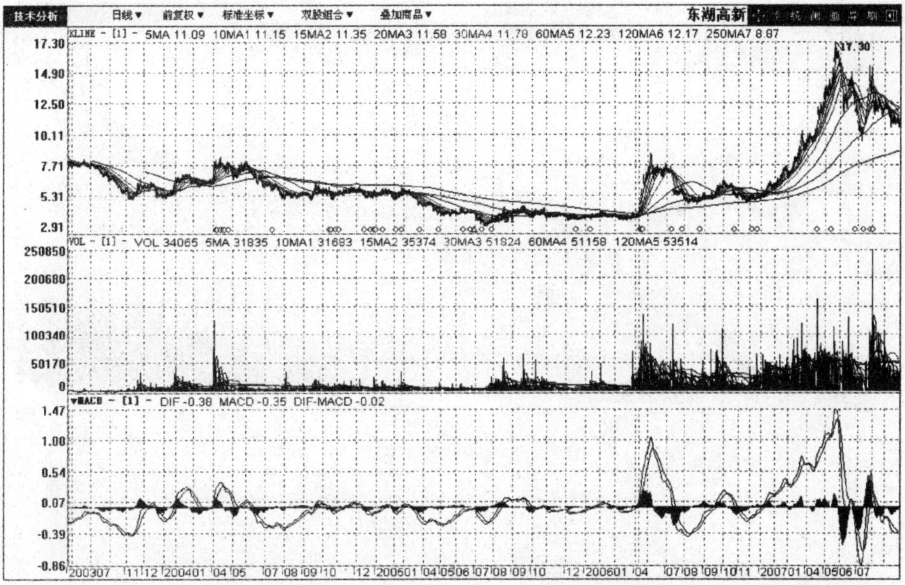

图 3-72　成交量突出，但外形软弱

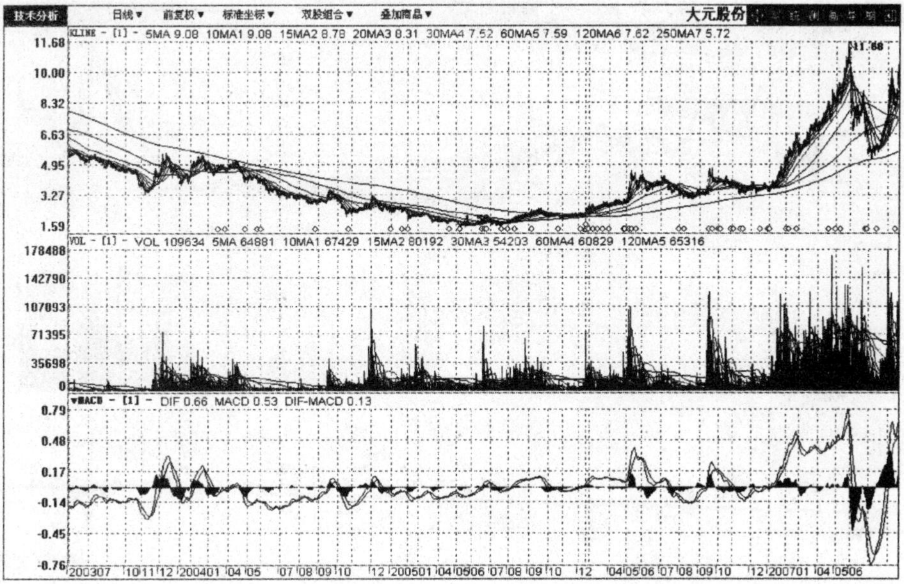

图 3-73　形态凌乱，无神无力

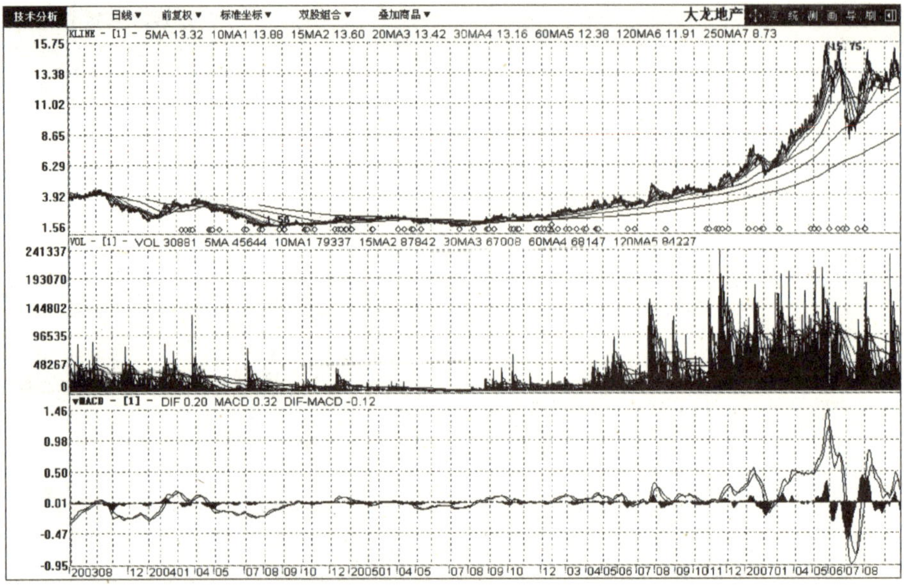

图3－74　总体走势偏弱

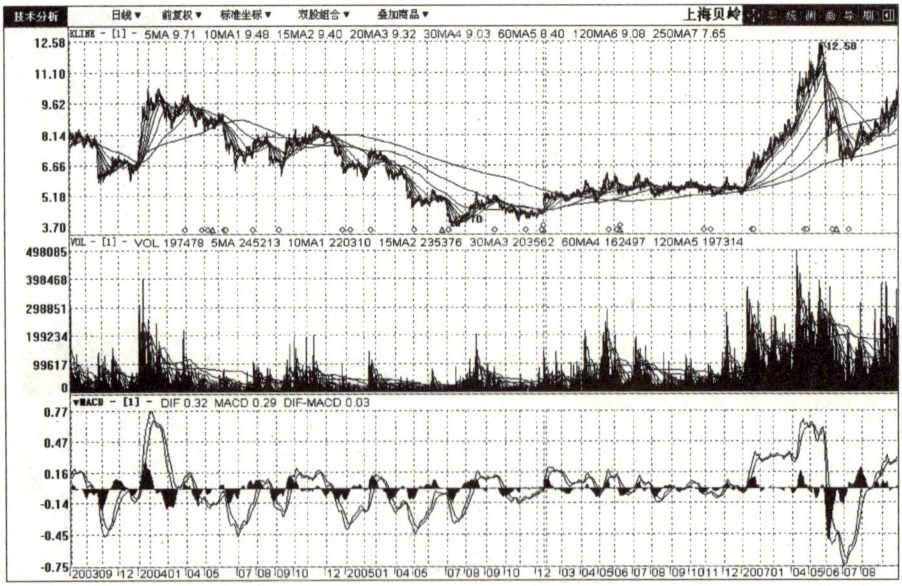

图3－75　形态凌乱的弱股

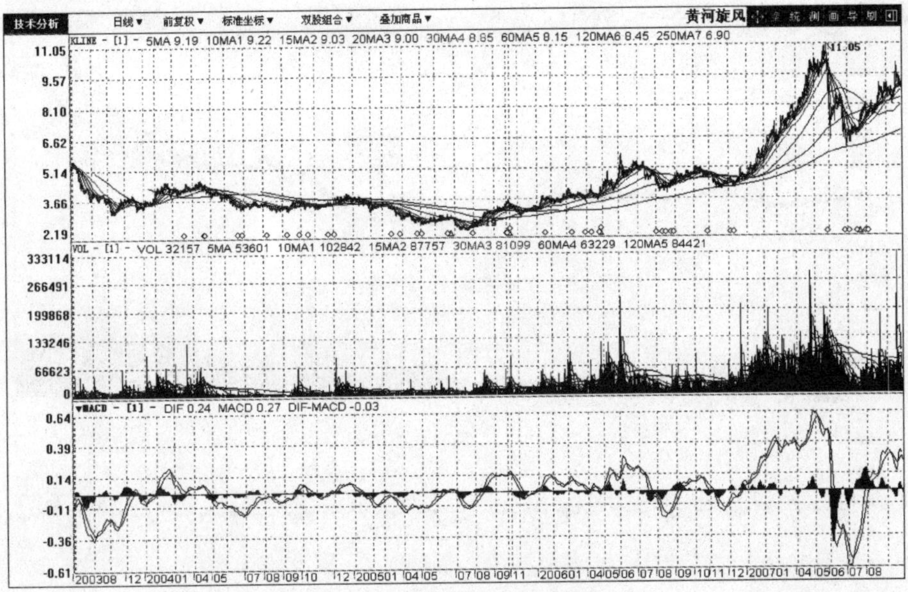

图 3-76 形态凌乱的弱股

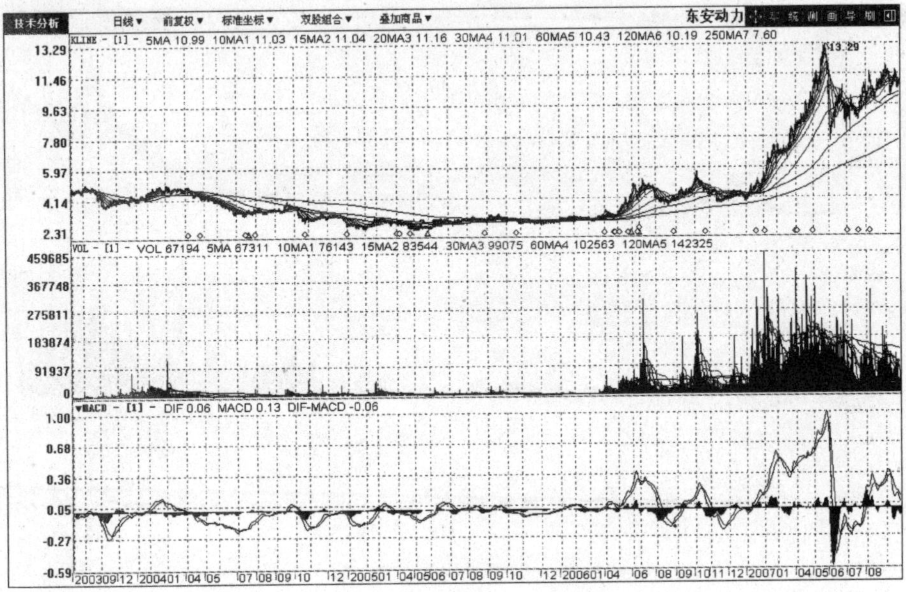

图 3-77 成交量突出，但外形软弱

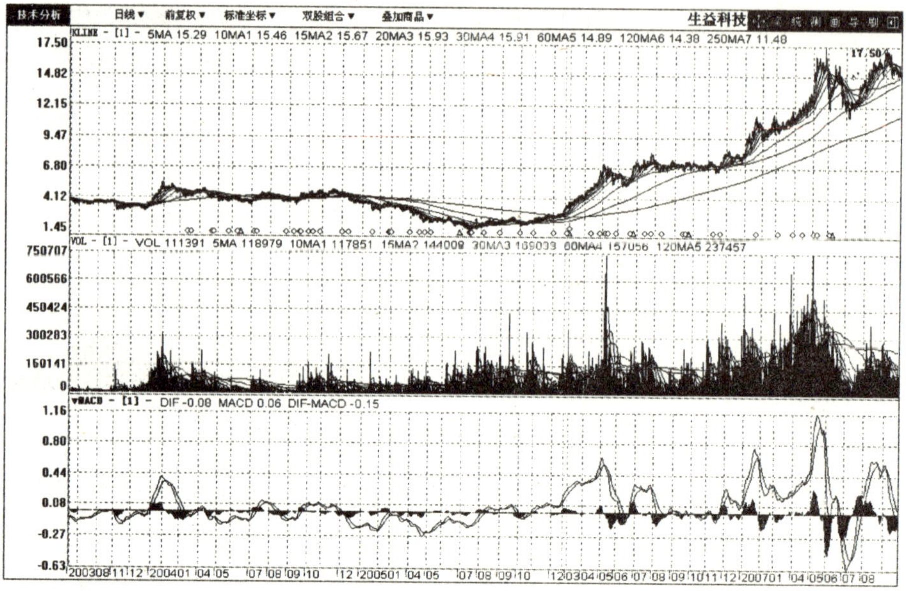

图3-78 有量无形

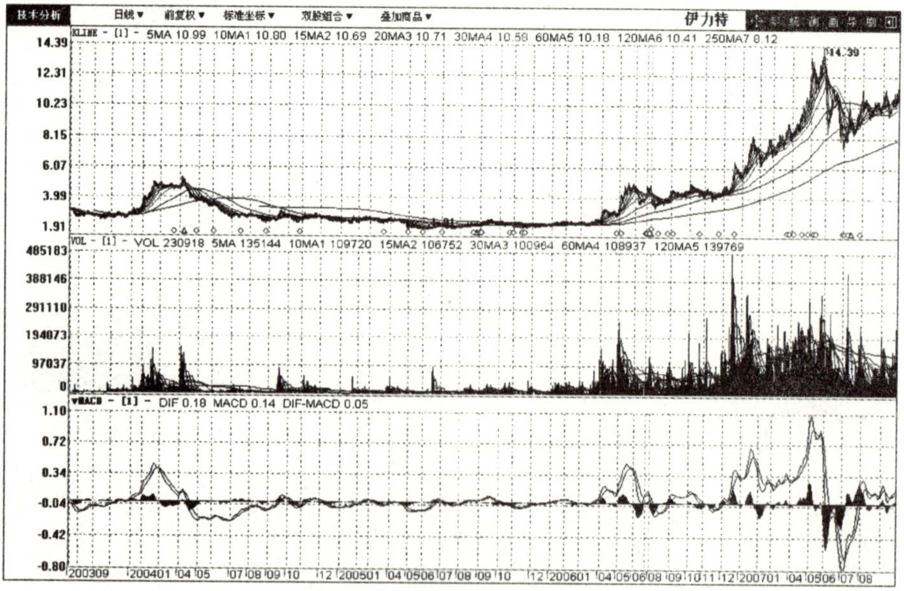

图3-79 整体结构不够协调

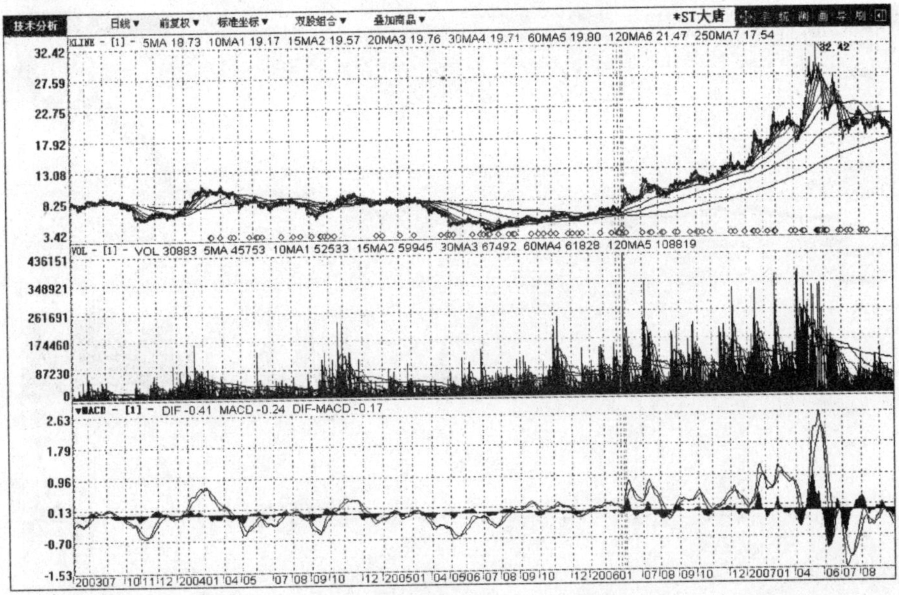

图 3－80　形态凌乱的弱股

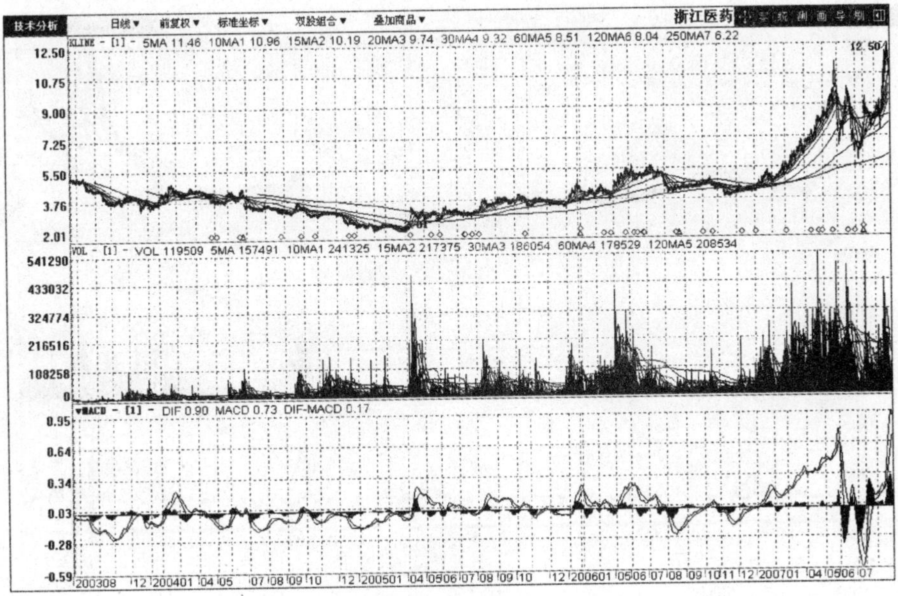

图 3－81　股价走势不够舒展

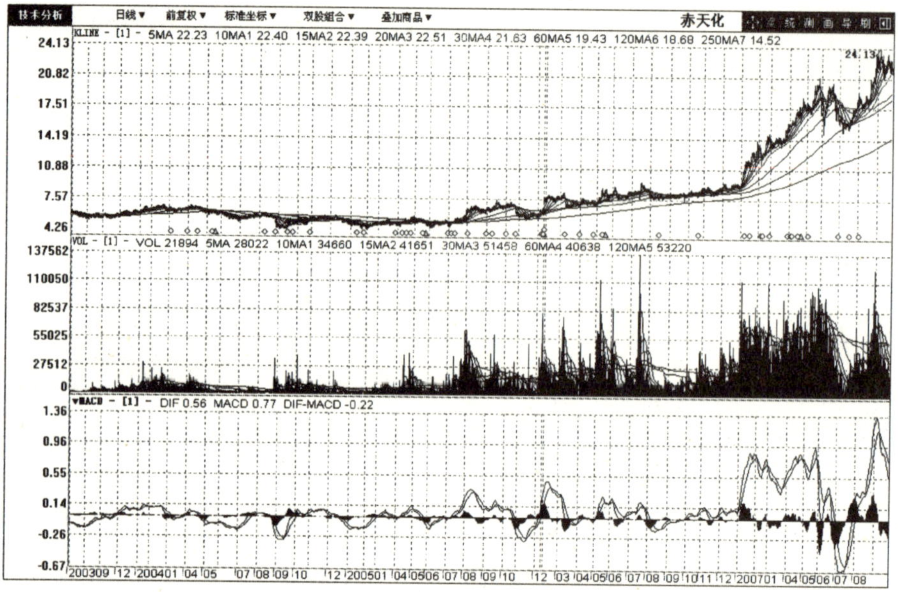

图 3-82　股价走势不够舒展

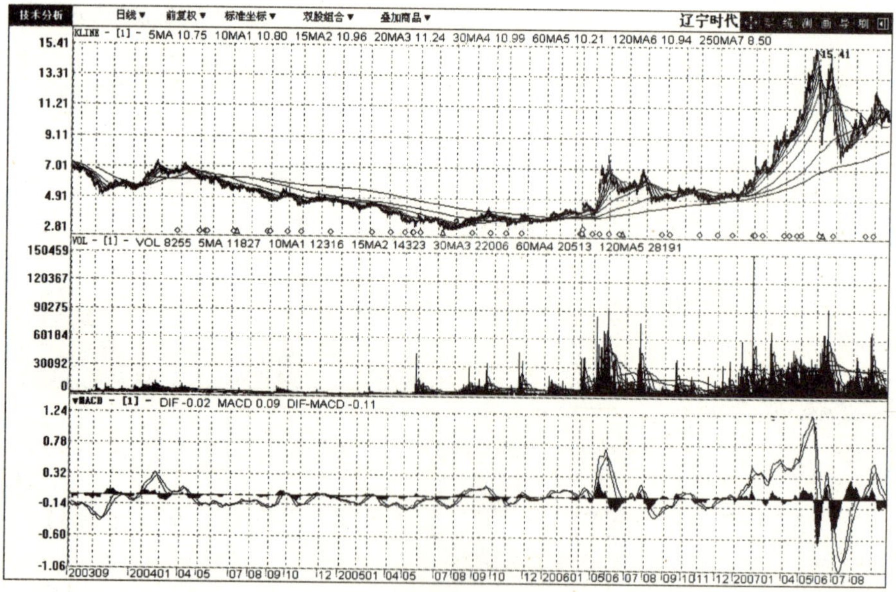

图 3-83　形态凌乱的弱股

第四章　三量定股性

中国是一个拥有着5000年辉煌历史的文明古国。中华民族勤劳、勇敢、善良，同时又富有聪明和智慧。据说，美国投资大师彼得·林奇的母亲当年购买富达基金时，只是因为她相信在富达基金工作的中国人蔡志勇。她说：东方人，聪明。想不到这句话影响了他儿子一生。后来彼得·林奇也到富达基金工作了。在这5000年的历史长河中，中华民族除有四大发明外，还有无数的文化珍宝在代代相传，其中中药学就是一枝璀璨的奇葩。中药的原材料主要来自植物、动物和部分矿物质，由于其主要原料来源以植物居多，使用也最广泛，所以古来相沿把药学称为“草本”，所谓“诸药草类最多，诸药以草为本”。正是因为所谓“诸药草类最多，诸药以草为本”，所以中药与以人工合成的西药相比，具有明显的低毒害、低副作用等方面的优势，随着人们生活水平及认识的提高，中草药已被越来越多的人所接受。随着现代自然科学的高速发展以及中药事业自身发展的需要，中药学已经形成了以中药鉴定学、中药药理学、中药药剂学、中药炮制学和中药分析化学等分支学科及8000余种中药所组成的综合学科。

用“包治百病”这句话来形容现代中药学并不算过分，但她是从古至今在实践与摸索中慢慢发展起来的。原始社会人们为了维持基本的生活需要，在饥不择食的生活中，不可避免的误食了一些有毒甚至剧毒的动植物，以致出现呕吐、腹泻、腹痛、昏迷甚至死亡等中毒现象，但也有因偶然食用了某些植物使原有的病痛减轻或完全消除。通过长时间的摸索，人们逐渐积累并总结出辨别食物与植物的经验。从最初的“神农尝百草之滋味，察水泉之甘苦，令民知所辟就。当此之时，一日而遇七十毒”，到后来的“君有疾饮药，臣先尝之；亲有疾饮药，子先尝之。医不三世，不服其药”。可以看出中药学在从初级走向成熟的发展过程中也付出了惨重的代价，它是一个不断摸索与总结的过程。炒股票也一样，是一个边实践、边总结、边学习的过程，现代的投资理论内容丰富、博大精深，都是前人们在几百年的实践过程中不断总结出来的，不知有多少人为此付出了巨大的代价，并且这种付出从有股市的那一天开始，直至今时，一刻也没有停止过。早在2000多年前的春秋时期，我们聪明的祖先就对各种药物的药性有了初步的认识，并总结出了四气、五味、归经、升降沉浮等具有高度概括性的指导性纲领，中药的性能是对中药基本性质和特征的高度概括。直至医学昌明的今天，四气、五味、归经、升降沉浮等基本理论，也是从医者了解药性理论的核心内容。四气即寒、热、温、凉，它是药物性能的重要标志之一。一般来说，具有寒凉性质的药物，主要有清热泻火、凉血解毒等作用；而具有温热性质的药物主要有温里散寒、补火助阳等作用。简单地说就是：热药治凉病，凉药治热病。复杂的中药理论，几千种中草药，被简单的“四气”理论概括地如此精炼，即使不通医术者在看过“四气”论后也仿佛变成内行了！使你不得不佩服前人的聪明才智以及他们不断探索、高度概括事物的能力。

常听到股民谈论股票时谈到“股性”两字，若细细地追究起来，他们都是把表面上的易涨易跌、走势相对灵活的个股定性为“股性活”；把走势相对稳定、少起波澜的个股定性为“股性死”。并按此去选股票，追求那些所谓“股性活”的股票。这样的划分简直是太儿戏了！当真正的行情来临时，你所谓“股性活”的股票很可能涨不过“股性死”的，因为你所看到的只是表面上的一些东西，**真正**

的变化是源于内部的，真正能够推动股价涨跌的是股票的成交量。受中医理论的影响，我尝试着按股票在运动过程中成交量的表现形式及分布情况，在真正的意义上把股票划分一下属性，以便于在实盘操作过程中更准确地理解股票的每一段走势，并从中寻找机会。

中药有“四气”，我只把股票简单地划分为“三性”：火性、温性与凉性。划分越简单越好，越简单就越便于掌握，如果把事情搞复杂了，不但难于掌握，应用起来也别手别脚，也违背了我们追求简单、实用的初衷了。

第一节　火　性　股

中国人都希望把事业做得如日中天，把日子过得红红火火，都希望吉祥如意，都希望有个好的开端，所以本章我就以“火性股”作为开头。根据我这些年的观察：**大多数股票在正常的“无趋势”运动状态下，成交量的平均换手率一般都保持在2%～3%左右。如果出现5%以上的换手率，应该说该股在当日的表现就比较活跃了，如果连续十几天或数十天都出现5%以上的换手，形成巨大的“成交量堆”，那么，应该说该股在近期的表现就比较“火爆”了。**因此，我们就把那些在较长时期内平均换手率超过5%以上股票具有明显“成交量堆”或“成交量带”的股票称为“火性股”。

例如，鹏博士（600804）、中国船舶（600150）、美的电器（000527）、宝新能源（000690）、太钢不锈（000825）等股票都是比较典型的“火性股”，它们在行情爆发之前所形成的“成交量堆”的平均换手率都远远高于5%的幅度（如图4－1、图4－2、图4－3、图4－4、

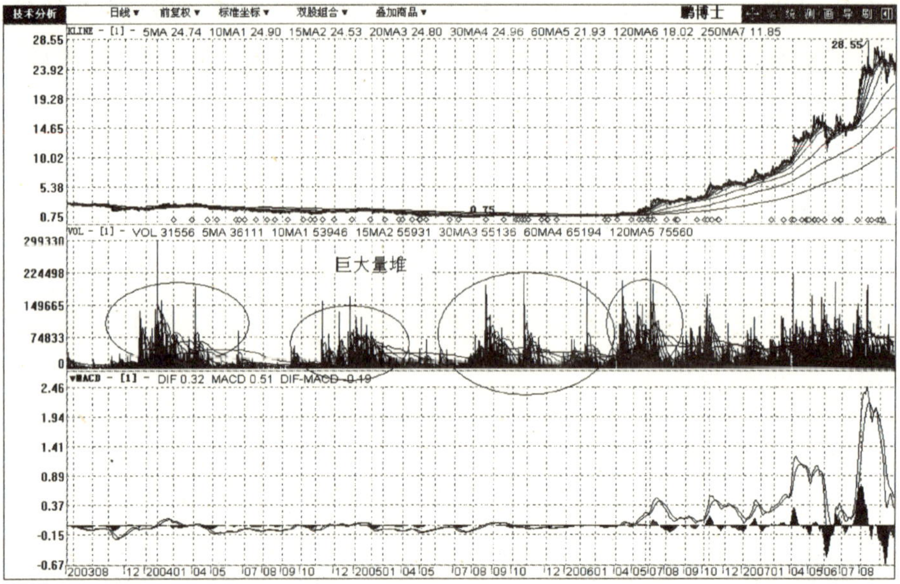
技术分析
日线
前复权
标准坐标
双股组合
叠加商品
鹏博士
KLINE - [1] - 5MA 24.74 10MA1 24.90 15MA2 24.53 20MA3 24.80 30MA4 24.96 60MA5 21.93 120MA6 18.02 250MA7 11.85
VOL - [1] - VOL 31556 5MA 36111 10MA1 53946 15MA2 55931 30MA3 55136 60MA4 65194 120MA5 75560
巨大量堆
MACD - [1] - DIF 0.32 MACD 0.51 DIF-MACD -0.19

图 4-1

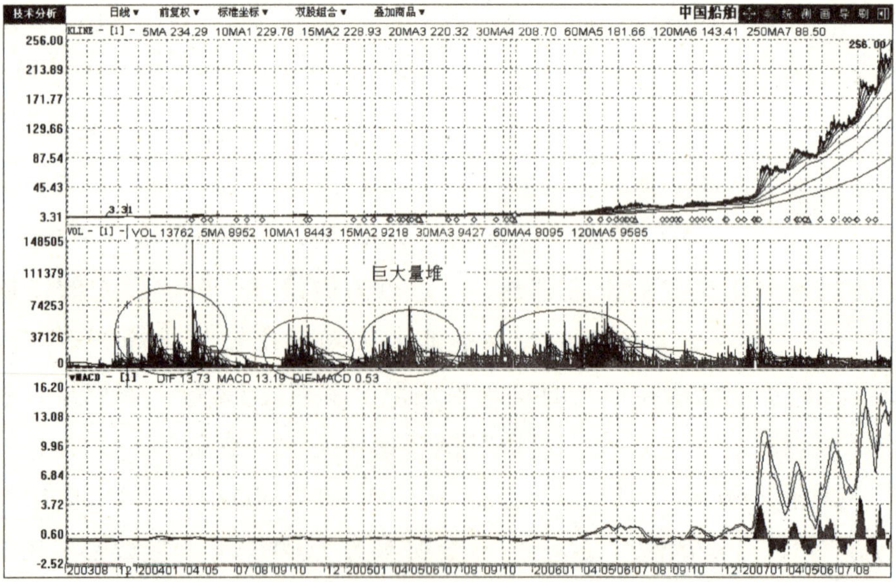
技术分析
日线
前复权
标准坐标
双股组合
叠加商品
中国船舶
KLINE - [1] - 5MA 234.29 10MA1 229.78 15MA2 228.93 20MA3 220.32 30MA4 208.70 60MA5 181.66 120MA6 143.41 250MA7 88.50
VOL - [1] - VOL 13762 5MA 8952 10MA1 8443 15MA2 9218 30MA3 9427 60MA4 8095 120MA5 9585
巨大量堆
MACD - [1] - DIF 13.73 MACD 13.19 DIF-MACD 0.53

图 4-2

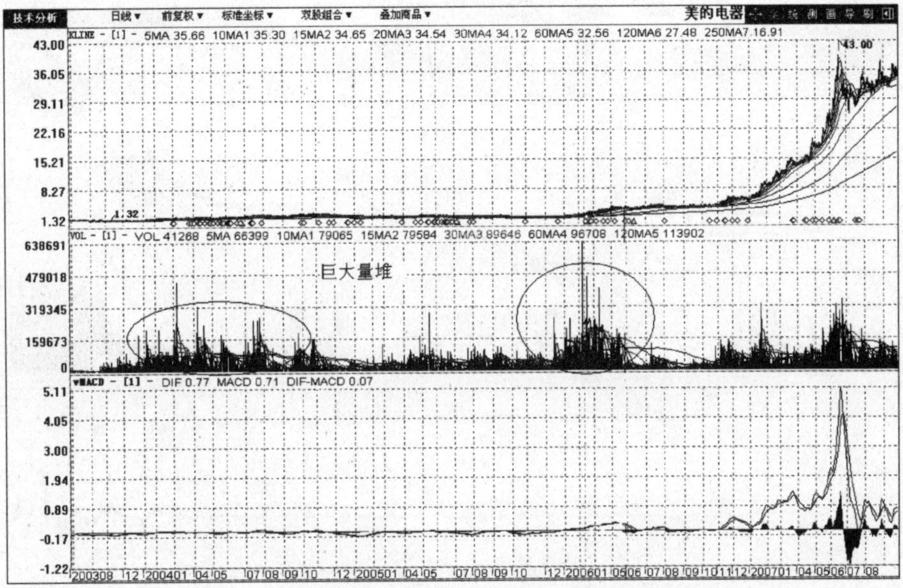
技术分析
日线▼ 前复权▼ 标准坐标▼ 双股组合▼ 叠加商品▼
美的电器
KLINE - [1] - 5MA 35.66 10MA1 35.30 15MA2 34.65 20MA3 34.54 30MA4 34.12 60MA5 32.56 120MA6 27.48 250MA7 16.91
43.00
36.05
29.11
22.16
15.21
8.27
1.32
VOL - [1] - VOL 41268 5MA 66399 10MA1 79065 15MA2 79584 30MA3 89646 60MA4 96708 120MA5 113902
638691
479018
319345
159673
0
巨大量堆
MACD - [1] - DIF 0.77 MACD 0.71 DIF-MACD 0.07
5.11
4.05
3.00
1.94
0.89
-0.17
-1.22
200308 12 200401 04 05 07 08 09 10 12 200501 04 05 07 08 09 10 12 200601 05 06 07 08 09 10 11 12 200701 04 05 06 07 08

图 4-3

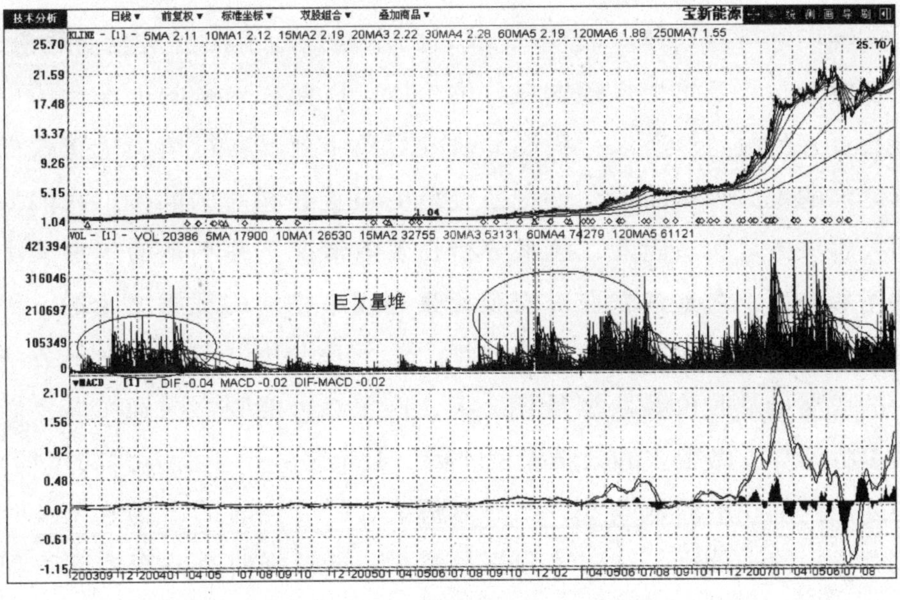
技术分析
日线▼ 前复权▼ 标准坐标▼ 双股组合▼ 叠加商品▼
宝新能源
KLINE - [1] - 5MA 2.11 10MA1 2.12 15MA2 2.19 20MA3 2.22 30MA4 2.28 60MA5 2.19 120MA6 1.88 250MA7 1.55
25.70
21.59
17.48
13.37
9.26
5.15
1.04
VOL - [1] - VOL 20386 5MA 17900 10MA1 26530 15MA2 32755 30MA3 63131 60MA4 74279 120MA5 61121
421394
316046
210697
105349
0
巨大量堆
MACD - [1] - DIF -0.04 MACD -0.02 DIF-MACD -0.02
2.10
1.56
1.02
0.48
-0.07
-0.61
-1.15
200309 12 200401 04 05 07 08 09 10 12 200501 04 05 06 07 08 09 10 12 02 04 05 06 07 08 09 10 11 12 200701 04 05 06 07 08

图 4-4

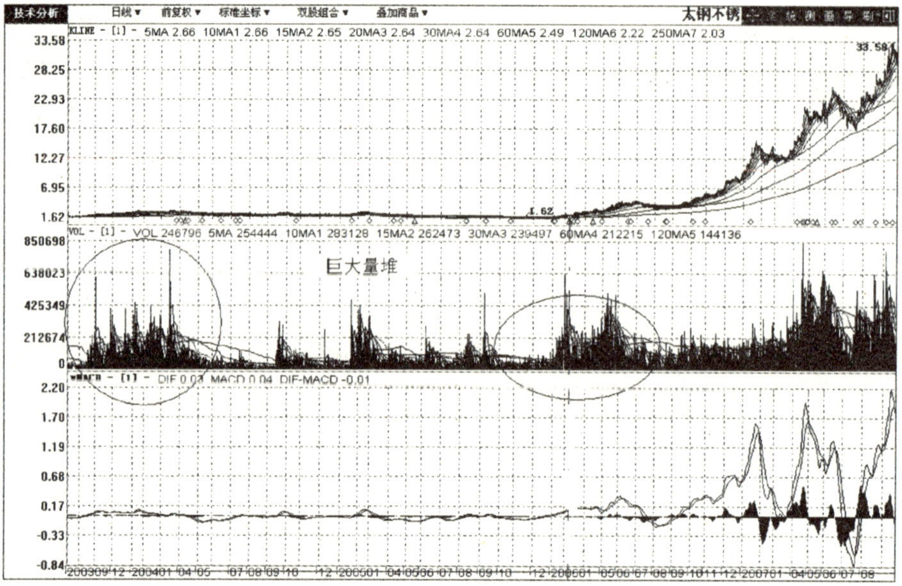

图 4 –5

图 4 –5 中所示)。

我们之所以划分“股性”，其目的主要是为了在行情发动之前，有所察觉，并及时介入预期良好的个股，以便在未来的上涨行情中获得良好的收益。所以，我们的研究对象主要是在行情尚未正式展开之前的主力吸货阶段，如把研究范畴设置在相对的高位，我们的研究将失去意义。**因此，技术分析在多数情况下并不是简单意义上的图形分析，它是建立在对宏观背景与股市格局的理解之上的。**曾有不少读者要求我把“金角”、“银边”、“草肚皮”等技术分析方法中的成交量及股价等数据量化一下，这怎么可能呢？这确实需要做很多的计算，做很多的数学模型才行。股市是一个千变万化的市场，很多东西都在不断地改变，实战分析更要结合当时的市场气氛及时代背景一同去分析，这样才会更具意义。气氛强时有些东西就表现地强一些，气氛淡时有些东西就表现地弱一些，不能一概而定，否则就不称之为“分析”了。比如我们这里把具有平均值在 5% 以上的“成交量堆”的股票定义为“火性股”，也不是十分完美的，“成交量堆”的大于小是相对而言的，如果底数是1%，那么3%可能就算大了；如果底数是5%，那么10%才能算大。因此，我们在具体分析时也不要过于死板，要结合具体情况灵活掌握。

火性股根据其形态的不同一般可分为两大类。我们会在后边的内容中作详细介绍。

一、鹏博士（600804）

在大熊市或行情久经低迷后，总会有些股票呈现出活跃的态势，形成或大、或小、或多、或少的“成交量堆”。在正常的情况下，我通常认为：**“成交量堆”的量比越大，出现的次数越多，分布情况越有规律，这只股票未来的发展前景就越好。**“成交量堆”的量比越大，说明庄家每次吸筹的决心与力量越大；“成交量堆”出现的次数越多，说明主力总体建仓越丰厚；“成交量堆”分布情况越有规律，说明主力的总体操盘越有计划，这一切都暗示着有实力机构的大举介入，而非短线的游击庄家所为。

在2002～2005年这段中国股市有史以来最为低迷的时期里，鹏博士的整体走势虽然也呈现出了下滑的趋势，但从2002年12月起，其每隔半年左右就会形成一组巨大的“成交量堆”，至2006年5月主升浪展开之前，共形成4组巨大的“成交量堆”，并且是很大的“成交量堆”。我粗略地计算了一下每组“成交量堆”的平均换手率都超过10%以上（如图4-6中所示）。

一般的“火性股”除具丰厚的成交量堆以外，都具有以下几个特点：

1. 形成周期较长，体形庞大。

一般的形成周期都在数月至数年之间，鹏博士的就长达3年之

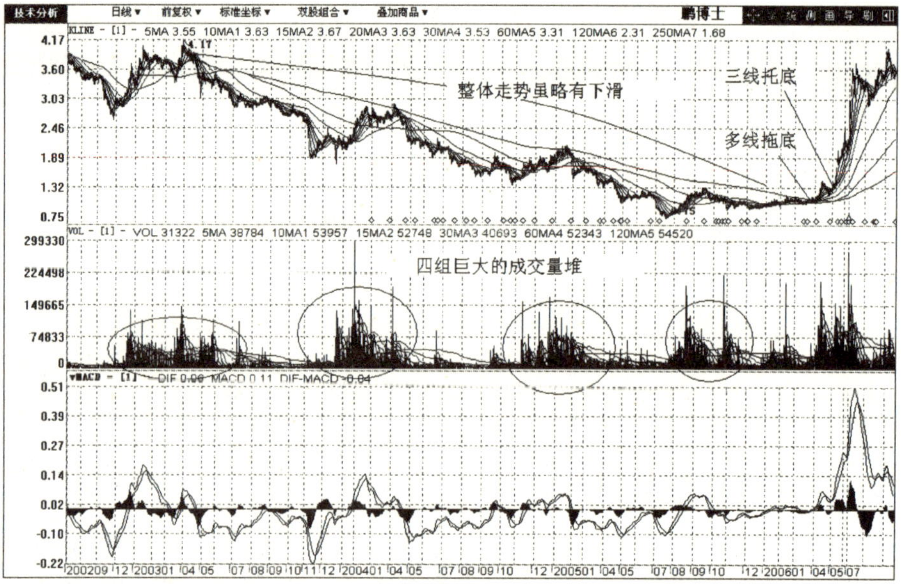

图 4－6

久（如图 4－6 中所示）。

2. 整体走势在巨大“成交量堆”的烘托下，都能保持着相对的强势格局。

鹏博士的整体走势虽略有下滑（如图 4－6 中所示），但总体趋势还是远远地强于同一时期上证指数（000001）的。

3. “火性股”主升浪的启动点多数都是在牛市行情里，并且大多于“多线托底”处形成放量攀升。

鹏博士的主升浪就是于“多线拖底”处启动，后又于“三线托底”处展开的，整个过程都相当规范（如图 4－6 中所示）。

“火性股”由于“成交量堆”丰厚，周期跨度大，主力操盘有计划，所以主升浪大多都涨势猛烈、涨幅巨大，鹏博士的股价自进入主升浪后股价在一年左右的时间里上涨了近 30 倍（如图 4－7 中所示）。

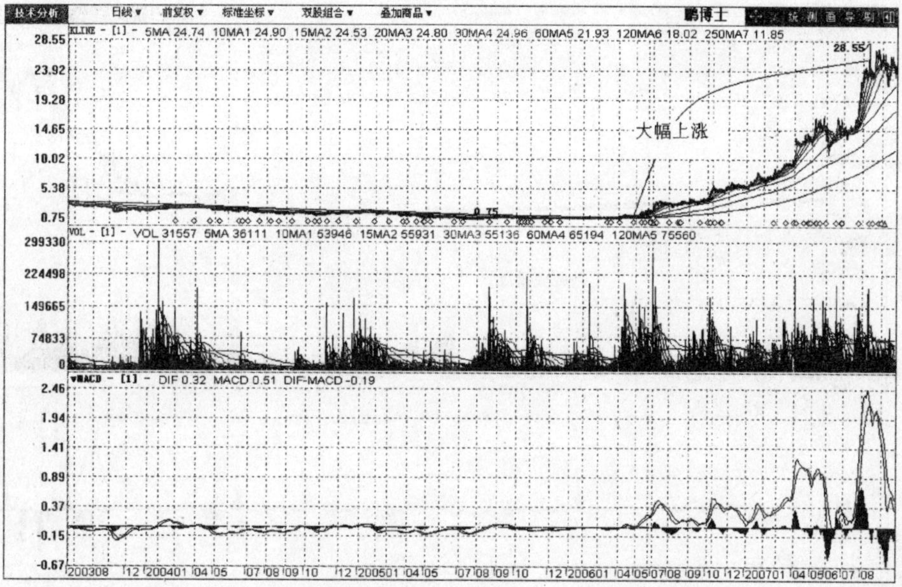

图 4 -7

由于“火性股”相对集中而又均散分布的“成交量堆”，不仅能使主力在大盘处于弱势之时获得丰厚的筹码，而且还能在很大程度上迷惑散户，左一堆、右一堆的巨量会把普通的散户弄得晕头转向，甚至迷失了方向。而且这样分布的“成交量堆”，还可以根据时局发展的需要，具有自我调节能力，大盘强则我强，大盘弱则我弱，使人难辨真假，因此在 2006 年大牛市里，有很多的超级大牛股都是具有巨大而分散的“成交量堆”所构成的“火性股”。

例如，深市的宏源证券（000562）、农产品（000061）、双汇发展（000895）；沪市的东方锅炉（600786）、天地科技（600582）等股票，并且它们都在后来的主升浪中涨幅巨大（如图 4 -8、图 4 -9、图 4 -10、图 4 -11、图 4 -12 中所示）。

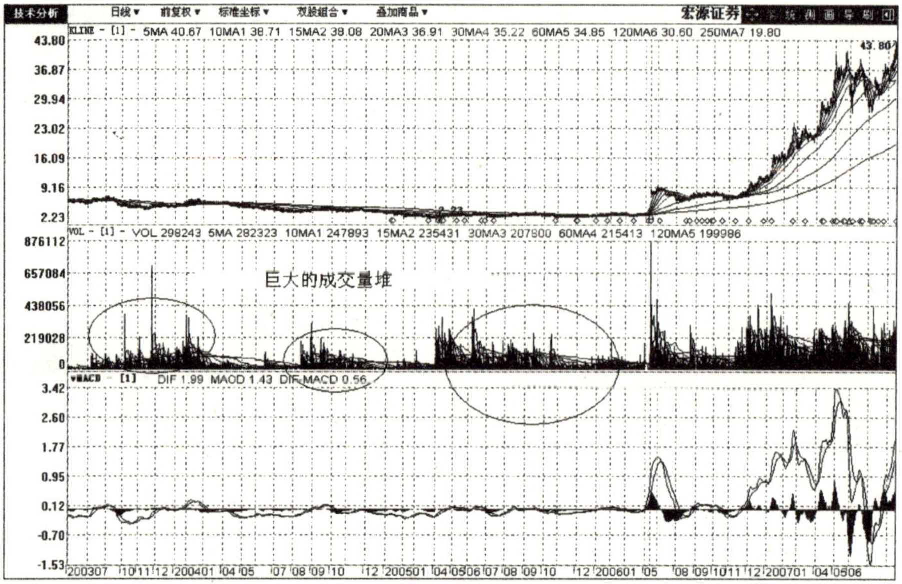
技术分析
日线
前复权
标准坐标
双股组合
叠加商品
宏源证券
KLINE - [1] - 5MA 40.67 10MA1 38.71 15MA2 38.08 20MA3 36.91 30MA4 35.22 60MA5 34.85 120MA6 30.60 250MA7 19.80
VOL - [1] - VOL 298243 5MA 282323 10MA1 247893 15MA2 235431 30MA3 207900 60MA4 215413 120MA5 199986
巨大的成交量堆
MACD - [1] DIF 1.99 MACD 1.43 DIF-MACD 0.56

图4-8

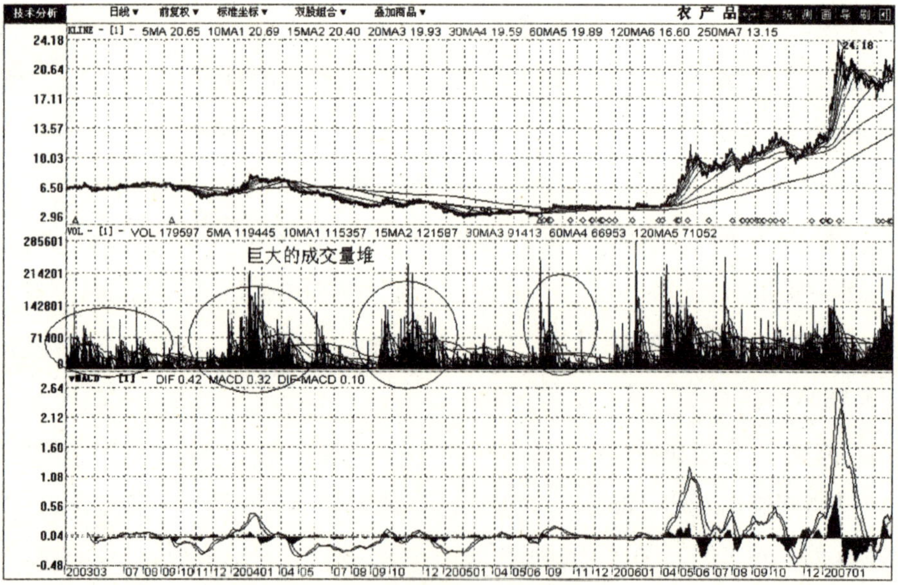
技术分析
日线
前复权
标准坐标
双股组合
叠加商品
农产品
KLINE - [1] - 5MA 20.65 10MA1 20.69 15MA2 20.40 20MA3 19.93 30MA4 19.59 60MA5 19.89 120MA6 16.60 250MA7 13.15
VOL - [1] - VOL 179597 5MA 119445 10MA1 115357 15MA2 121587 30MA3 91413 60MA4 66953 120MA5 71052
巨大的成交量堆
MACD - [1] - DIF 0.42 MACD 0.32 DIF-MACD 0.10

图4-9

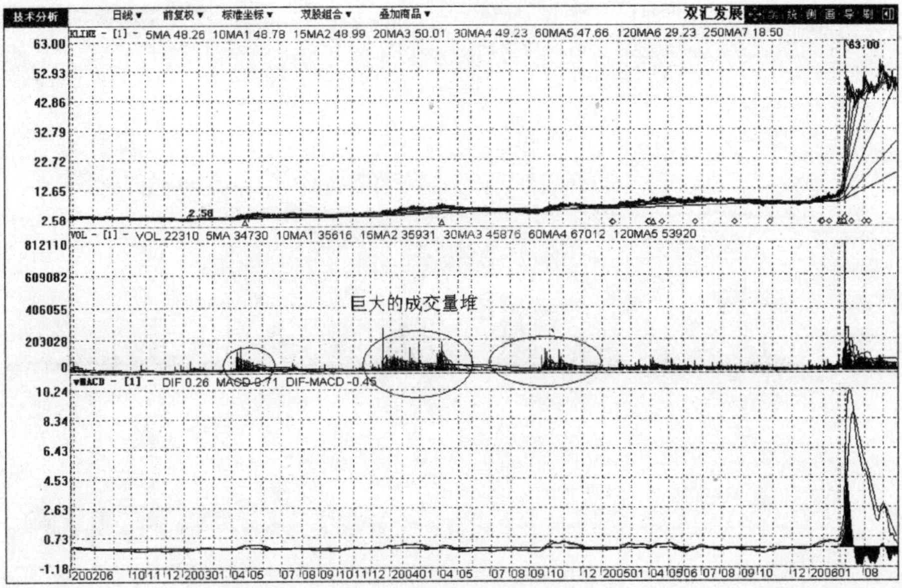

技术分析
日线▼
前复权▼
标准坐标▼
双股组合▼
叠加商品▼
双汇发展
KLINE - [1] - 5MA 48.26 10MA1 48.78 15MA2 48.99 20MA3 50.01 30MA4 49.23 60MA5 47.66 120MA6 29.23 250MA7 18.50
VOL - [1] - VOL 22310 5MA 34730 10MA1 35616 15MA2 35931 30MA3 45876 60MA4 67012 120MA5 53920
巨大的成交量堆
MACD - [1] - DIF 0.26 MACD 0.71 DIF-MACD -0.45

图 4-10

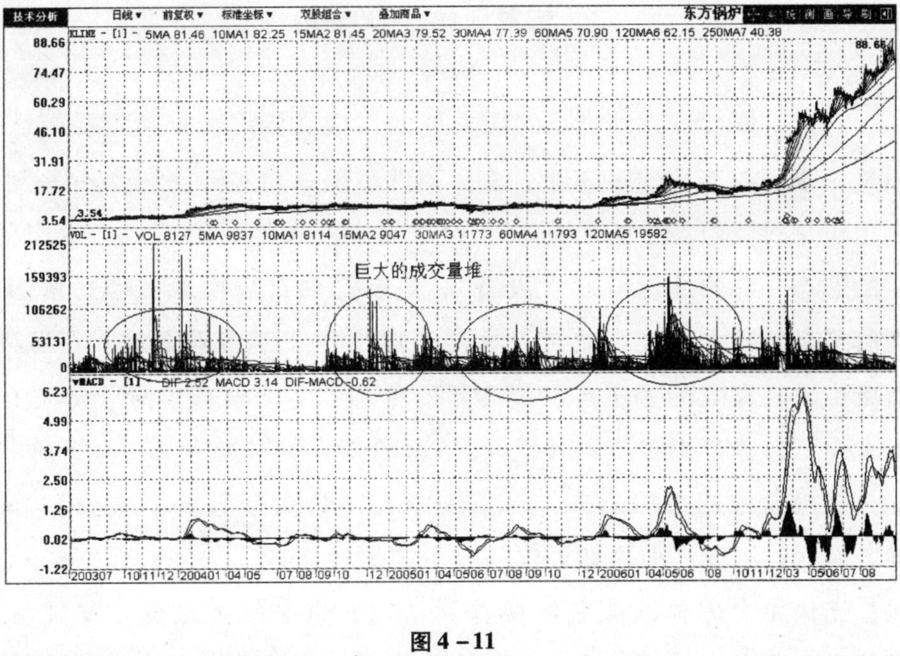

技术分析
日线▼
前复权▼
标准坐标▼
双股组合▼
叠加商品▼
东方锅炉
KLINE - [1] - 5MA 81.46 10MA1 82.25 15MA2 81.45 20MA3 79.52 30MA4 77.39 60MA5 70.90 120MA6 62.15 250MA7 40.38
VOL - [1] - VOL 8127 5MA 9837 10MA1 8114 15MA2 9047 30MA3 11773 60MA4 11793 120MA5 19582
巨大的成交量堆
MACD - [1] - DIF 2.52 MACD 3.14 DIF-MACD -0.62

图 4-11

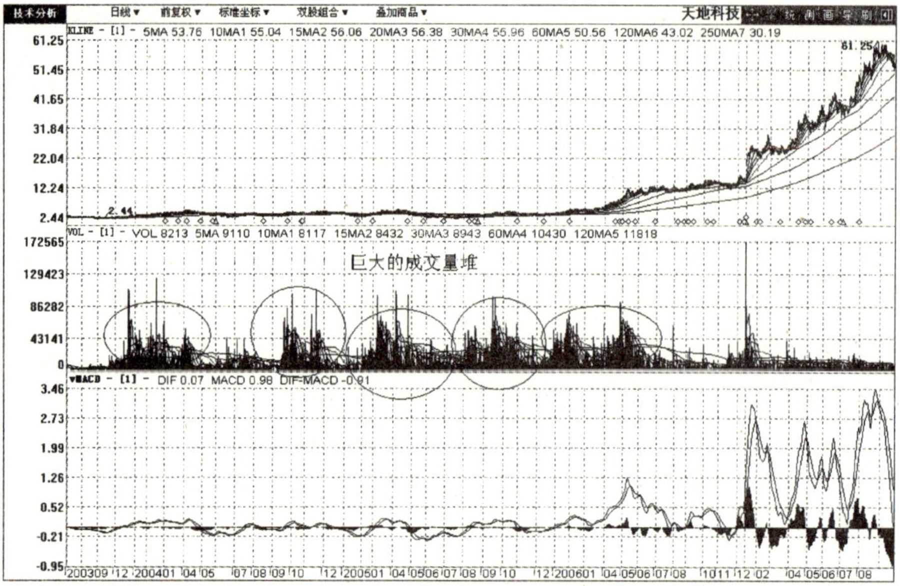

图 4－12

二、宏源证券（000562）

外形丰厚、形态清晰、间隔有序的“成交量堆”自然容易辨认，但是由于证券市场的多变性，总会使理想模式与实际情况有所差别，这也正是股票市场的魅力所在。**股市当中没有固定的模式，没有固定的形态，有的是永恒的“股道”，只有抓住市场中最核心的东西，理解了市场当中的变化之道，才能于股市中立于不败之地。**在股票市场中总是失败的人居多，因为不断学习、善于观察、勤于思考的人太少了！曾有很多读者对我说：“真希望你的书能少卖一些，你把这么多操盘绝招都写出来，将来庄家会不会改变操盘手法呢”？的确，有这种可能，但是如果你掌握了“股市之道”，还会有这种担心吗？**无论主力怎样改变它的操作手法，它也必须要建仓，要洗盘，要拉升，要出货的。在这一系列的动作中，总是会留下种种痕迹的，**

总会露出种种神韵的，总会有很多内在的东西要体现出来的，总是要符合宏观时代背景的，这就是不变的“股市之道”。

我在写作每一本书的时候，总喜欢把最规范的案例放在每个章节的第一位，这样做的目的主要是为了能把最规范、最正规的理念作为第一印象保留在广大读者的脑海之中，然后在结合时情将各种常见的变异逐步地渗透，尽量让读者既能在理论上得到充分的认识，又能在实际操盘过程中灵活地掌握。像上一节中的鹏博士（600804）那样，在相对低位形成几组“成交量堆”丰厚，外形明显、间距相当、分布匀称，让人一眼就能认出来的“火性股”在现实行情中还是为数不多的。

宏源证券（000562）的股价自 2006 年 3 月 31 日以 3. 16 元的价位启动（如图 4 – 13 中 A 点所示），至 2007 年 8 月 13 日最高已摸至 43. 50 元（如图 4 – 13 中 B 点所示），在一年半的时间里股价上涨了 13. 76 倍，是一只十足的“超级大牛股”，并且以后还有继续创新高的能力（如图 4 – 13 中所示）。我们还是先来看看这只股票在大幅拉

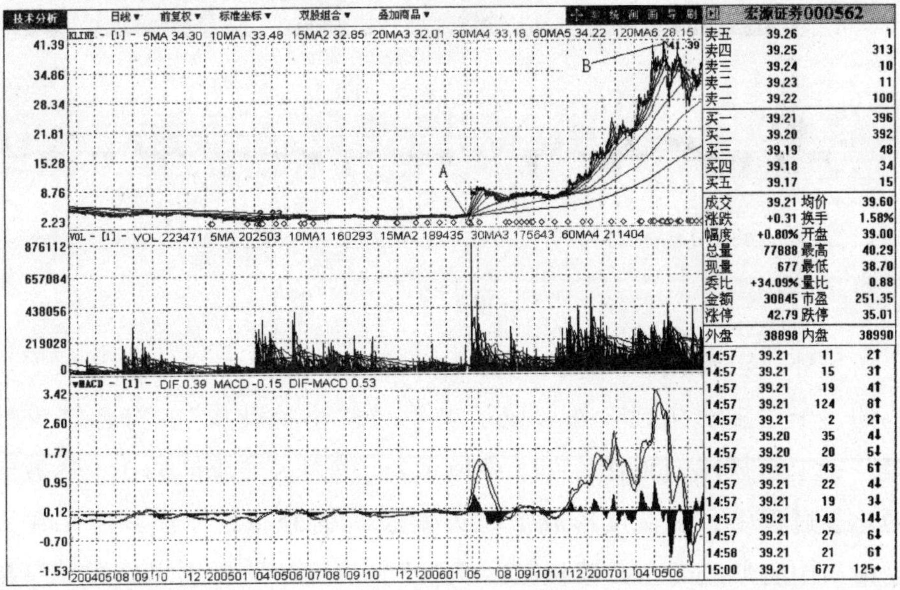

图 4 – 13

升行情产生之前的总体走势及价量分布是否具有“火性股”的特点？在图4－14中我们可以看出从2002年6月～2006年3月，在宏源证券的超级主升浪尚未形成的这段时期里，该股的股价下方共形成了5组巨大的“成交量堆”，这5组“成交量堆”从外形与分布状况上来看，虽不如鹏博士的突出、规律，却也清晰可辨（如图4－14中所示）。虽然在2002～2005年这段时间里宏源证券的总体走势也呈现出了下滑的趋势，但这是受当时的大熊市所影响，其总体趋势还是远强于当时的深证成分指数的（399001）。

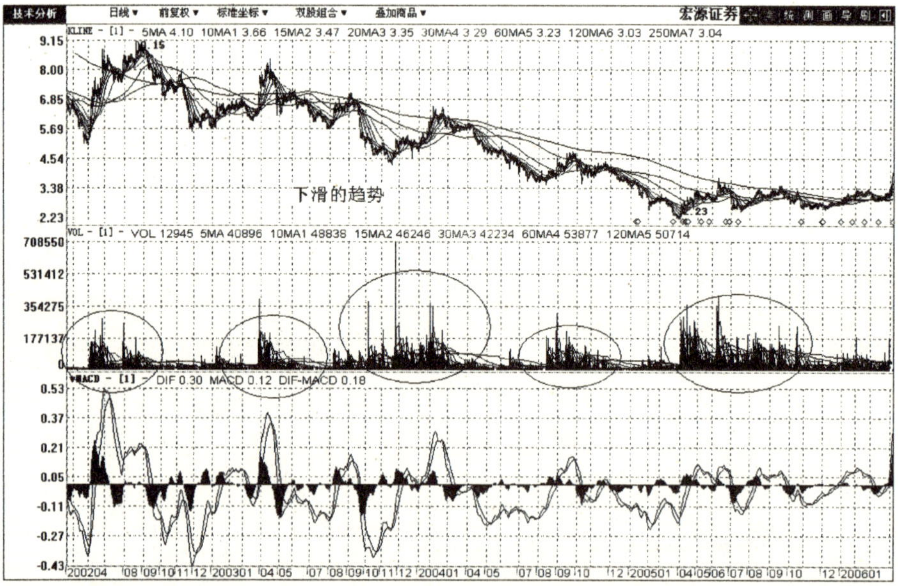

图4－14

另外，宏源证券在即将展开主升浪之前的技术走势也是相当规范的，于“多线托底”处形成了完美的“小草肚皮”，符合“火性股”的上涨规律（如图4－15中所示）。正因为宏源证券在长达数年的建仓过程中，成交量形成了“火性股”的分布，才使其后来在大牛市当中所形成的主升浪极具“火性”，从而才造就出了这样一只超级大牛股（如图4－16中所示）。

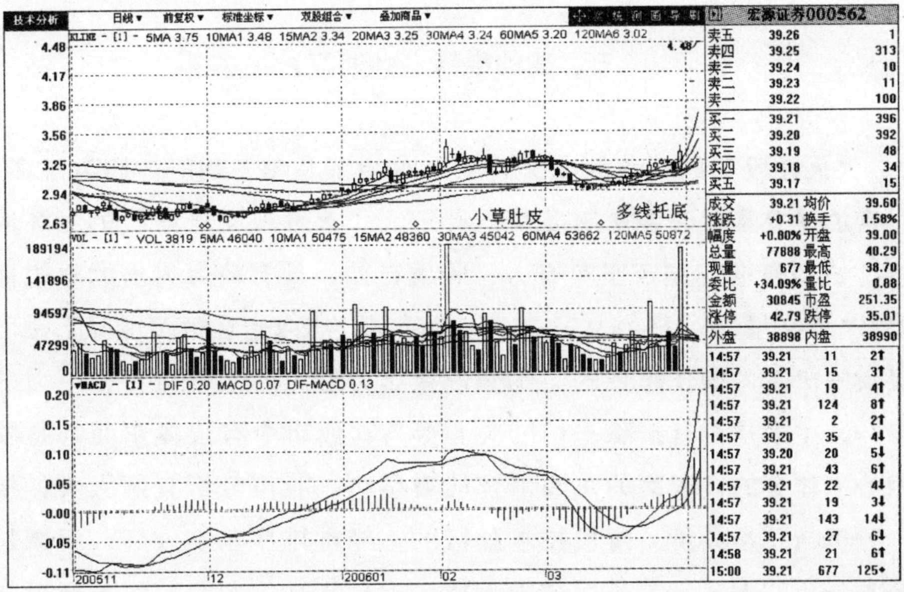
技术分析
日线▼ 前复权▼ 标准坐标▼ 双股组合▼ 叠加商品▼
宏源证券000562
KLINE - [1] - 5MA 3.75 10MA1 3.48 15MA2 3.34 20MA3 3.25 30MA4 3.24 60MA5 3.20 120MA6 3.02
4.48
4.17
3.86
3.56
3.25
2.94
2.63
小草肚皮
多线托底
VOL - [1] - VOL 3819 5MA 46040 10MA1 50475 15MA2 48360 30MA3 45042 60MA4 53662 120MA5 50872
189194
141896
94597
47299
0
MACD - [1] - DIF 0.20 MACD 0.07 DIF-MACD 0.13
0.20
0.15
0.10
0.05
-0.00
-0.05
-0.11
200511 12 200601 02 03
卖五 39.26 1
卖四 39.25 313
卖三 39.24 10
卖二 39.23 11
卖一 39.22 100
买一 39.21 396
买二 39.20 392
买三 39.19 48
买四 39.18 34
买五 39.17 15
成交 39.21 均价 39.60
涨跌 +0.31 换手 1.58%
幅度 +0.80% 开盘 39.00
总量 77888 最高 40.29
现量 677 最低 38.70
委比 +34.09% 量比 0.88
金额 30845 市盈 251.35
涨停 42.79 跌停 35.01
外盘 38898 内盘 38990
14:57 39.21 11 2
14:57 39.21 15 3
14:57 39.21 19 4
14:57 39.21 124 8
14:57 39.21 2 2
14:57 39.20 35 4
14:57 39.20 20 5
14:57 39.21 43 6
14:57 39.21 22 4
14:57 39.21 19 3
14:57 39.21 143 14
14:57 39.21 27 6
14:58 39.21 21 6
15:00 39.21 677 125

图 4-15

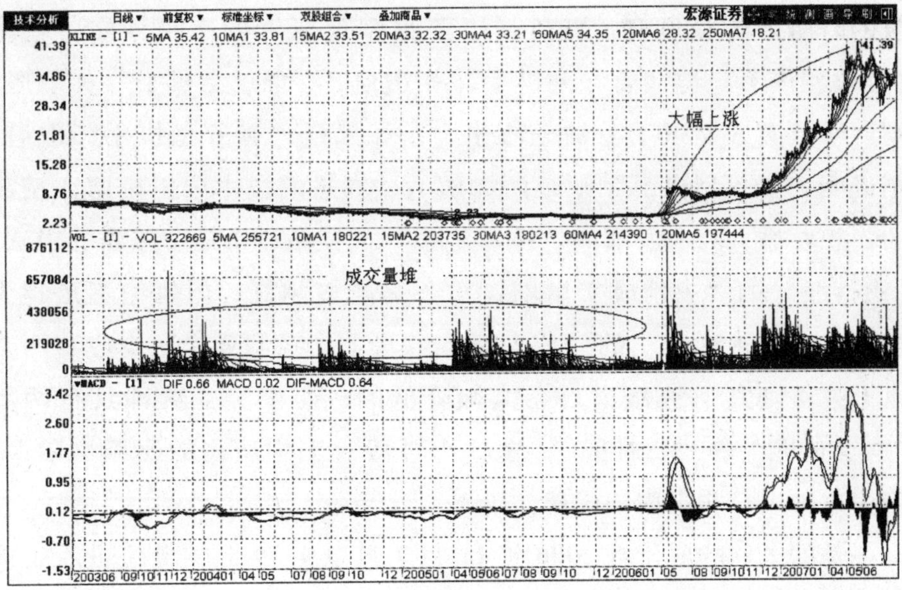
技术分析
日线▼ 前复权▼ 标准坐标▼ 双股组合▼ 叠加商品▼
宏源证券
KLINE - [1] - 5MA 35.42 10MA1 33.81 15MA2 33.51 20MA3 32.32 30MA4 33.21 60MA5 34.35 120MA6 28.32 250MA7 18.21
41.39
34.86
28.34
21.81
15.28
8.76
2.23
大幅上涨
VOL - [1] - VOL 322669 5MA 255721 10MA1 180221 15MA2 203735 30MA3 180213 60MA4 214390 120MA5 197444
876112
657084
438056
219028
0
成交量堆
MACD - [1] - DIF 0.66 MACD 0.02 DIF-MACD 0.64
3.42
2.60
1.77
0.95
0.12
-0.70
-1.53
200306 09 10 11 12 200401 04 05 07 08 09 10 12 200501 04 05 06 07 08 09 10 12 200601 05 08 09 10 11 12 200701 04 05 06

图 4-16

三、美的电器（000527）

“火性股”的“火性成交量堆”也绝不是越多越好，因为过多、过密的成交量有时会掺杂很多“水分”，“火性成交量堆”的好坏应以“成交量堆”是否坚实有力、收发自如，具有较为突出的思想而定。“成交量堆”是主力集中操作的结果，所以它在很多情况下是可以反映出主力操作思想的，比如说在压力最大的区域是否有主力的参与，主力是否有排除一切的决心等等。**股市中有很多东西都是要用心去体会的，表面的东西谁都能看得到。**股市分析有两大类：技术分析与基本分析。擅长技术分析的人经常排斥基本分析；而擅长基本分析的人又经常排斥技术分析。近百年来，人们对技术分析与基本分析争论不休。我是这样理解的：**技术分析与基本分析，二者各有千秋，在不同的背景下所产生的作用也不同，但它们都能在相应的时期内各领风骚。**此外，也要根据驾驭者的水平而定，就像“善攻型棋手”与“善守型棋手”相遭遇，“善攻型棋手”如取胜，则说明“善守型棋手”缺乏攻击力；如果是“善守型棋手”取胜，则说明“善攻型棋手”缺乏防御能力。真正的技术分析是博大精深的，想要靠一两个所谓的“操盘绝招”来笑傲股市是个愚蠢的想法。“火性股”的“火性成交量堆”虽不是越多越好，但也绝不是越少越好，在“火性股”的“成交量堆数量上，我们要求至少应有两组以上，否则其上涨概率是会大幅降低的，而事实上这种具有两组“成交量堆”的“火性股”，在“火性股”当中所占的比例也最大，因为这种组合非常简洁优化。

美的电器的股价在2006年11月7日以4.59元的价位进入主升浪（如图4－17中A点所示），到2007年6月18日该股收在了43元的高位（如图4－17中B点所示），在半年多的时间里整体涨幅高

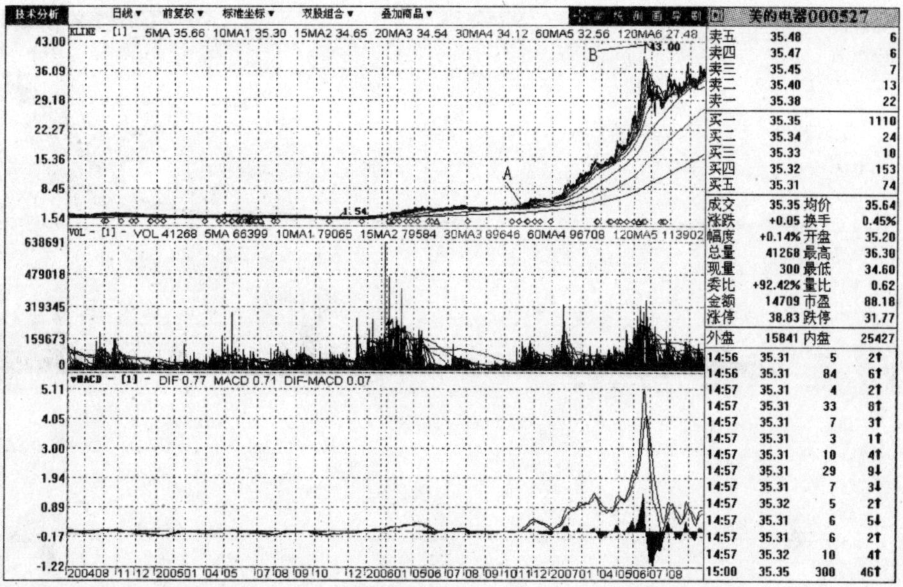

图 4-17

达 9.36 倍。如追溯其大涨前的股价走势，可以看出早在 2003 年 12 月~2004 年 10 月该股就于其股价下方形成巨大的“成交量堆”，10 个月的“大量堆”可以说明主力的建仓程度是非常充分的，与此同时股价也形成强势“草肚皮”，随后该股的成交量与股价便双双进入调整中，在大规模建仓后回落洗盘是必不可少的环节，这种缩量调整一直持续到 2005 年的 12 月份，其股价才开始猛烈回升，并于其股价下方形成第二组丰厚的“成交量堆”，经第二组丰厚的“成交量堆”酝酿后，其股价终于在调整后以“多线托底”的方式进入波澜壮阔主升浪（如图 4-18 中所示）。

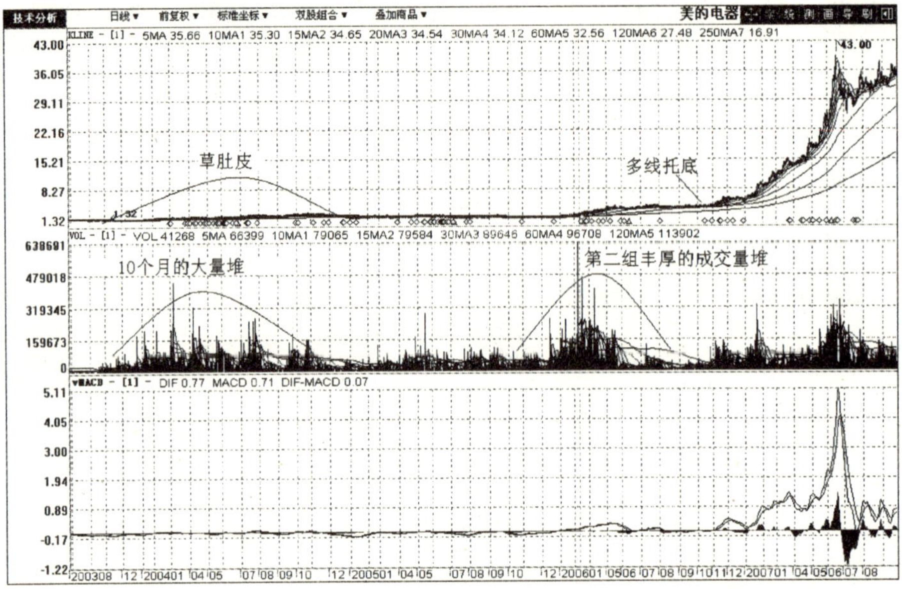

图 4－18

看过《股市天元——王者之略》一书的朋友，一定会对美的电器在主升浪形成之前的这种量价结构感到非常熟悉，不错，这就是该书在“量价经典”一章中所介绍的多数黑马股在起涨前所普遍采用的一种建仓模式，我们通常把它称之为“增建仓系统”。股票的“增建仓系统”是由两组强大的“成交量堆”所组成的（由建仓与拉升前的增仓两个主要部分所构成的）。就像我在《股市天元——王者之略》一书中说得那样：“从最初的‘大规模的总体建仓’到‘大幅回落整理’再到‘小规模增仓’又到‘小幅回落整理’，其中建仓、洗盘两个最重要环节全都是经过双道‘工序’的”，这是一个非常优化的组合。美的电器正属于这种结构非常理想的“火性股”，因此，才毫不费力地形成如此之大的涨幅（如图 4－19 中所示）。

还有，像宝新能源（000690）、格力电器（000651）、太钢不锈（000825）等超级大牛股，都属于这种底部带有两组巨大成交量堆的“火性股”（如图 4－20、图 4－21、图 4－22 中所示）。

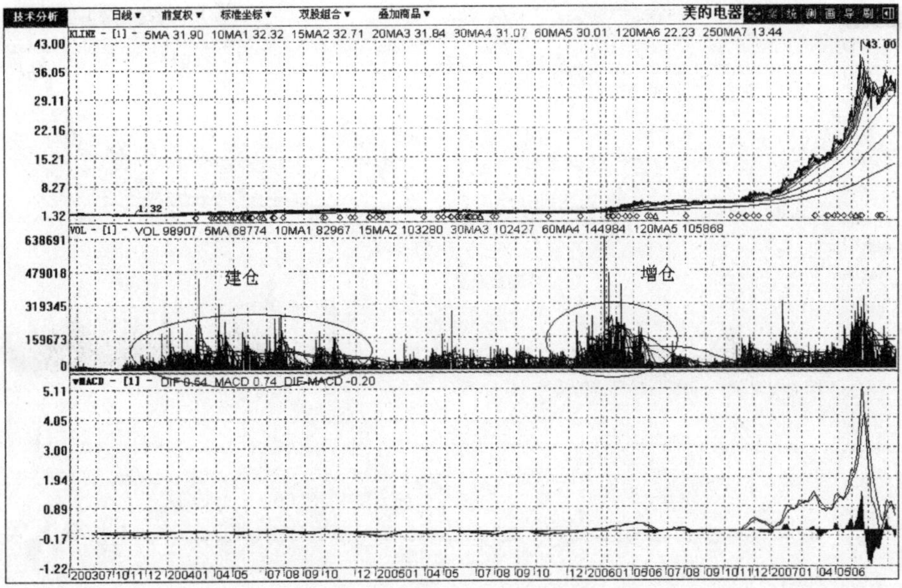
技术分析
日线▼ 前复权▼ 标准坐标▼ 双股组合▼ 叠加商品▼
美的电器
KLINE - [1] - 5MA 31.90 10MA1 32.32 15MA2 32.71 20MA3 31.84 30MA4 31.07 60MA5 30.01 120MA6 22.23 250MA7 13.44
43.00
36.05
29.11
22.16
15.21
8.27
1.32
VOL - [1] - VOL 98907 5MA 68774 10MA1 82967 15MA2 103280 30MA3 102427 60MA4 144984 120MA5 105868
638691
479018
319345
159673
0
建仓
增仓
MACD - [1] - DIF 0.54 MACD 0.74 DIF-MACD -0.20
5.11
4.05
3.00
1.94
0.89
-0.17
-1.22
200307 10 11 12 200401 04 05 07 08 09 10 12 200501 04 05 07 08 09 10 12 200601 05 06 07 08 09 10 11 12 200701 04 05 06

图 4 - 19

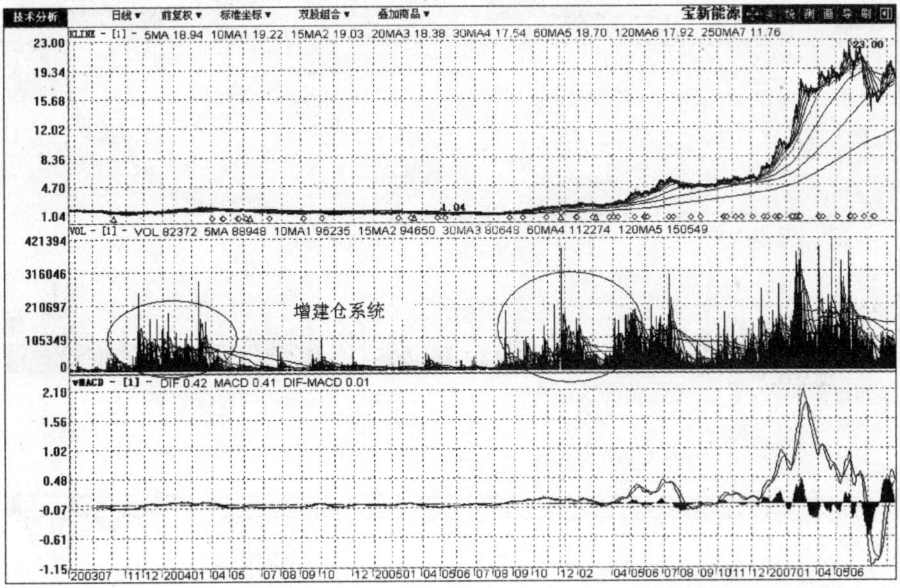
技术分析
日线▼ 前复权▼ 标准坐标▼ 双股组合▼ 叠加商品▼
宝新能源
KLINE - [1] - 5MA 18.94 10MA1 19.22 15MA2 19.03 20MA3 18.38 30MA4 17.54 60MA5 18.70 120MA6 17.92 250MA7 11.76
23.00
19.34
15.68
12.02
8.36
4.70
1.04
VOL - [1] - VOL 82372 5MA 88948 10MA1 96235 15MA2 94650 30MA3 80648 60MA4 112274 120MA5 150549
421394
316046
210697
105349
0
增建仓系统
MACD - [1] - DIF 0.42 MACD 0.41 DIF-MACD 0.01
2.10
1.56
1.02
0.48
-0.07
-0.61
-1.15
200307 11 12 200401 04 05 07 08 09 10 12 200501 04 05 06 07 08 09 10 12 02 04 05 06 07 08 09 10 11 12 200701 04 05 06

图 4 - 20

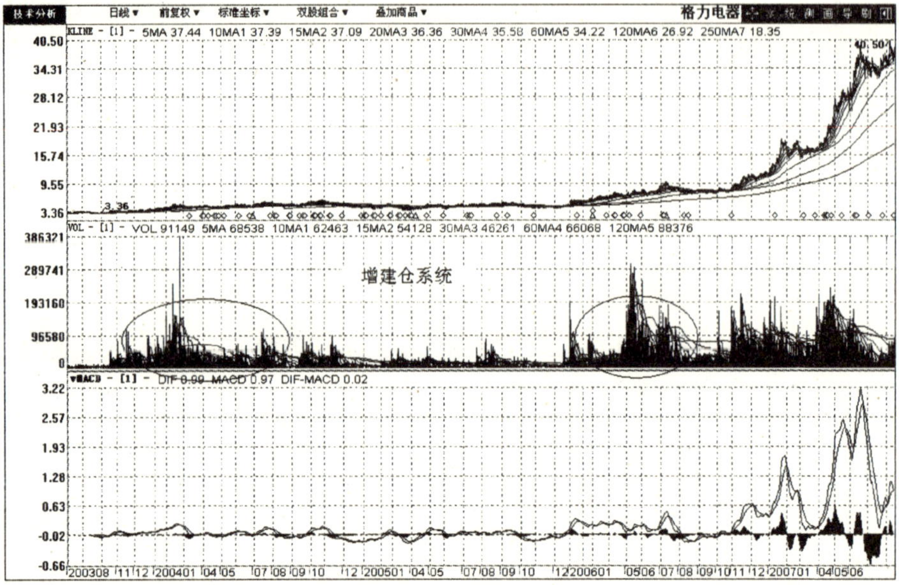
技术分析
日线
前复权
标准坐标
双股组合
叠加商品
格力电器
KLINE - [1] - 5MA 37.44 10MA1 37.39 15MA2 37.09 20MA3 36.36 30MA4 35.58 60MA5 34.22 120MA6 26.92 250MA7 18.35
VOL - [1] - VOL 91149 5MA 68538 10MA1 62463 15MA2 54128 30MA3 46261 60MA4 66068 120MA5 88376
增建仓系统
MACD - [1] - DIF 0.99 MACD 0.97 DIF-MACD 0.02

图 4－21

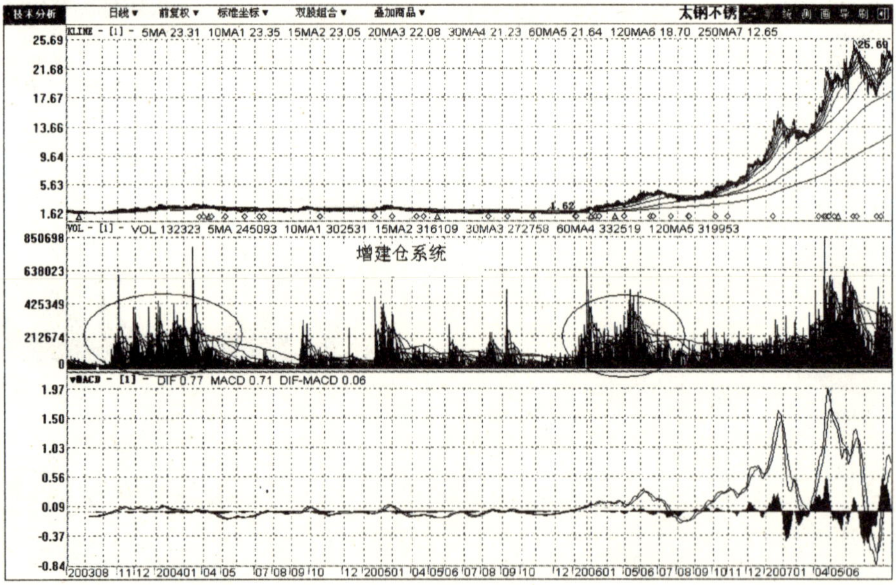
技术分析
日线
前复权
标准坐标
双股组合
叠加商品
太钢不锈
KLINE - [1] - 5MA 23.31 10MA1 23.35 15MA2 23.05 20MA3 22.08 30MA4 21.23 60MA5 21.64 120MA6 18.70 250MA7 12.65
VOL - [1] - VOL 132323 5MA 245093 10MA1 302531 15MA2 316109 30MA3 272758 60MA4 332519 120MA5 319953
增建仓系统
MACD - [1] - DIF 0.77 MACD 0.71 DIF-MACD 0.06

图 4－22

小结：“火性股”一般都具有清晰而突出的“成交量堆”，并且数目都在两组以上，呈均散分布的状态，并且多数的“火性股”都在比较规范的技术条件下展开猛烈而有力的主升行情，具有“火爆”的气质特征。

第二节 温 性 股

我们介绍完“火性股”，再来介绍“温性股”，很容易让人产生误会，认为“温性股”就是那些在底部建仓区域所形成的“成交量堆”与“火性股”相比略小或略为温和的股票，这是一种错误的理解。**一般来说，“温性股”所表现出来的成交量的大小和“火性股”的没什么两样，也要求在一定的时期内平均换手率保持在5%以上，呈现出较为集中，而又突出放大的趋势，由此可以看出“温性股”与“火性股”的根本区别并不在于成交量数值的多少上。**“温性股”与“火性股”有所不同的是在其成交量的总体分布上，“火性股”的成交量往往是集中形成而又散开分布的，形成一组又一组的“成交量堆”；而“温性股”的成交量一般都是集中形成，而又集中分布的，形成一片一片的“成交量带”。

例如，武钢股份（600005）、宏图高科（600122）、烟台万华（600309）、中远航运（600428）、金融街（000402）、张裕A（000869）等股票都具有大片“成交量带”的“超级大牛股”，都属于“温性股”（如图4－23、图4－24、图4－25、图4－26、图4－27、图4－28中所示）。

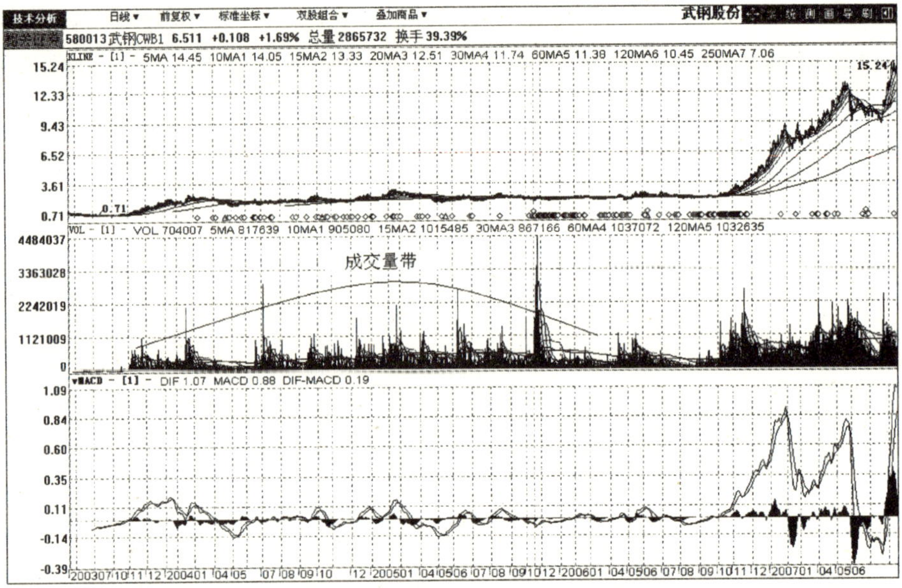
技术分析
日线▼ 前复权▼ 标准坐标▼ 双股组合▼ 叠加商品▼
武钢股份
580013武钢CWB1 6.511 +0.108 +1.69% 总量2865732 换手39.39%
KLINE - [1] - 5MA 14.45 10MA1 14.05 15MA2 13.33 20MA3 12.51 30MA4 11.74 60MA5 11.38 120MA6 10.45 250MA7 7.06
VOL - [1] - VOL 704007 5MA 817639 10MA1 905080 15MA2 1015485 30MA3 867166 60MA4 1037072 120MA5 1032635
成交量带
MACD - [1] - DIF 1.07 MACD 0.88 DIF-MACD 0.19

图 4－23

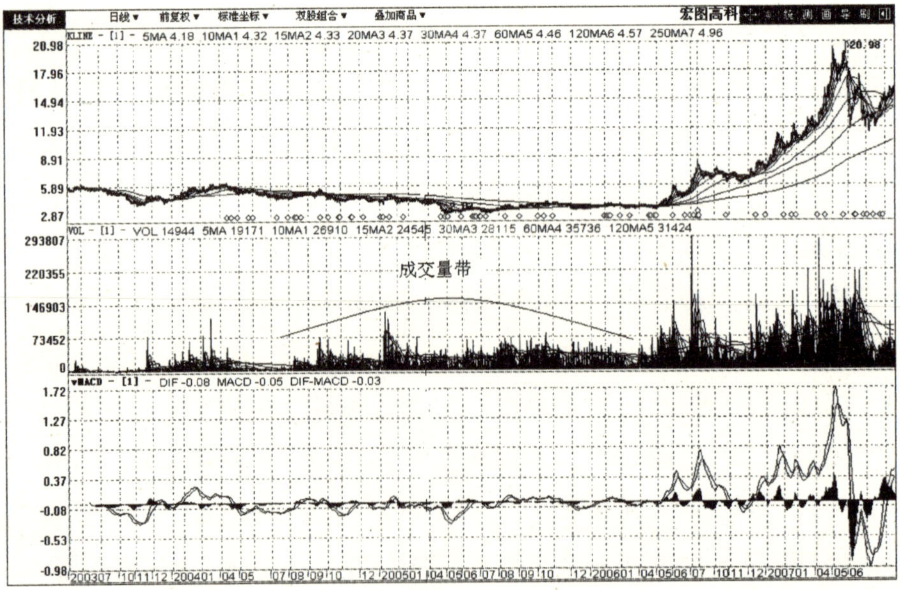
技术分析
日线▼ 前复权▼ 标准坐标▼ 双股组合▼ 叠加商品▼
宏图高科
KLINE - [1] - 5MA 4.18 10MA1 4.32 15MA2 4.33 20MA3 4.37 30MA4 4.37 60MA5 4.46 120MA6 4.57 250MA7 4.96
VOL - [1] - VOL 14944 5MA 19171 10MA1 26910 15MA2 24545 30MA3 28115 60MA4 35736 120MA5 31424
成交量带
MACD - [1] - DIF -0.08 MACD -0.05 DIF-MACD -0.03

图 4－24

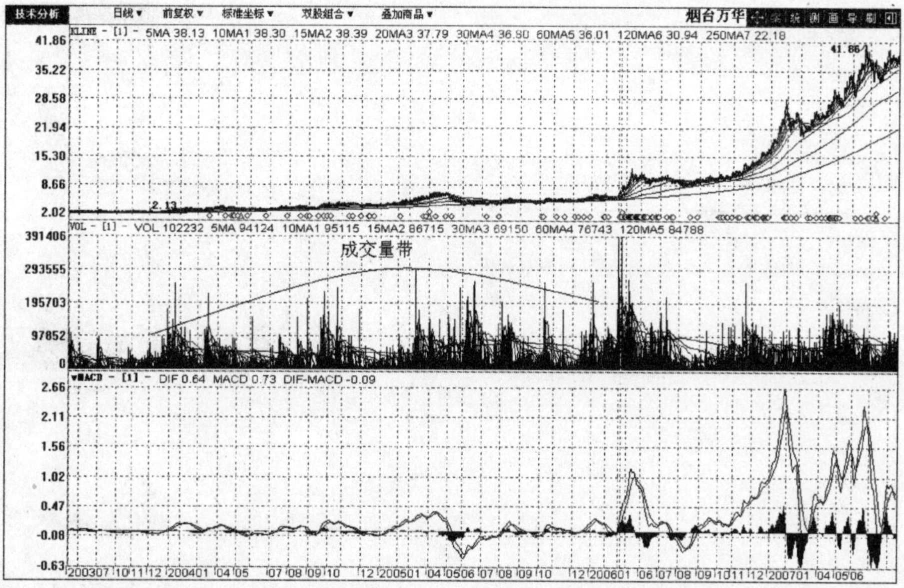
技术分析
日线
前复权
标准坐标
双股组合
叠加商品
烟台万华
KLINE - [1] - 5MA 38.13 10MA1 38.30 15MA2 38.39 20MA3 37.79 30MA4 36.80 60MA5 36.01 120MA6 30.94 250MA7 22.18
VOL - [1] - VOL 102232 5MA 94124 10MA1 95115 15MA2 86715 30MA3 69150 60MA4 76743 120MA5 84788
成交量带
MACD - [1] - DIF 0.64 MACD 0.73 DIF-MACD -0.09

图 4－25

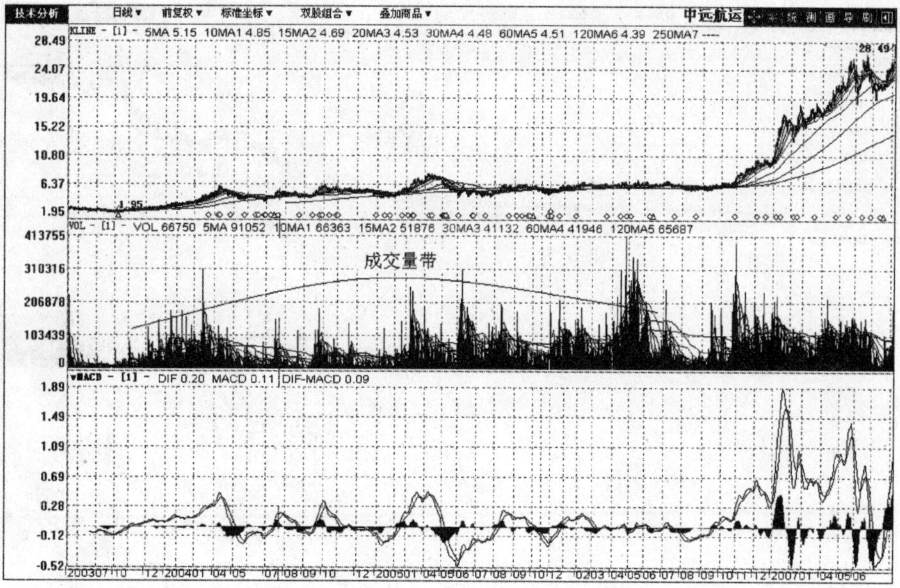
技术分析
日线
前复权
标准坐标
双股组合
叠加商品
中远航运
KLINE - [1] - 5MA 5.15 10MA1 4.85 15MA2 4.69 20MA3 4.53 30MA4 4.48 60MA5 4.51 120MA6 4.39 250MA7 ----
VOL - [1] - VOL 66750 5MA 91052 10MA1 66363 15MA2 51876 30MA3 41132 60MA4 41946 120MA5 65687
成交量带
MACD - [1] - DIF 0.20 MACD 0.11 DIF-MACD 0.09

图 4－26

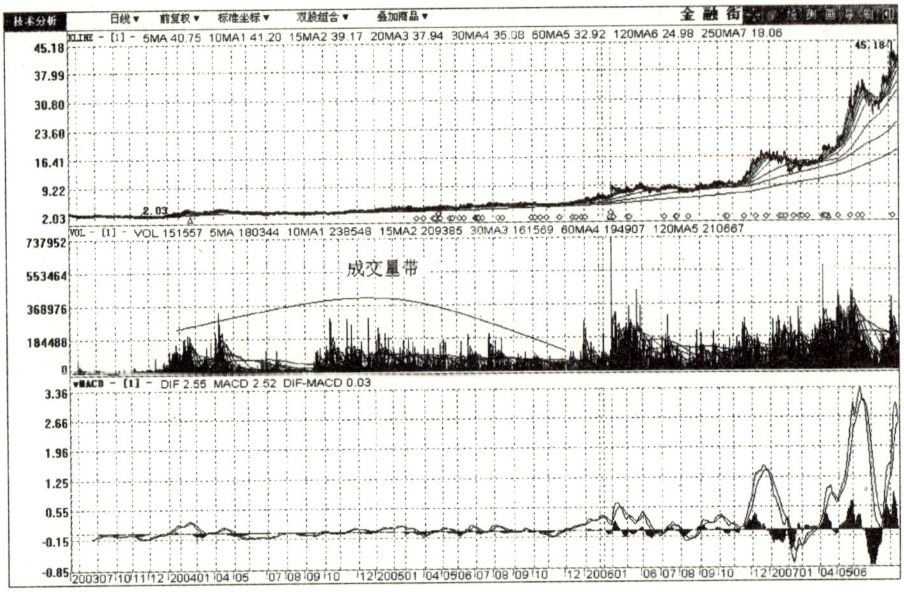
技术分析
日线
前复权
标准坐标
双股组合
叠加商品
金融街
KLINE - [1] - 5MA 40.75 10MA1 41.20 15MA2 39.17 20MA3 37.94 30MA4 35.08 60MA5 32.92 120MA6 24.98 250MA7 18.06
VOL - [1] - VOL 151557 5MA 180344 10MA1 238548 15MA2 209385 30MA3 161569 60MA4 194907 120MA5 210667
成交量带
MACD - [1] - DIF 2.55 MACD 2.52 DIF-MACD 0.03

图 4 – 27

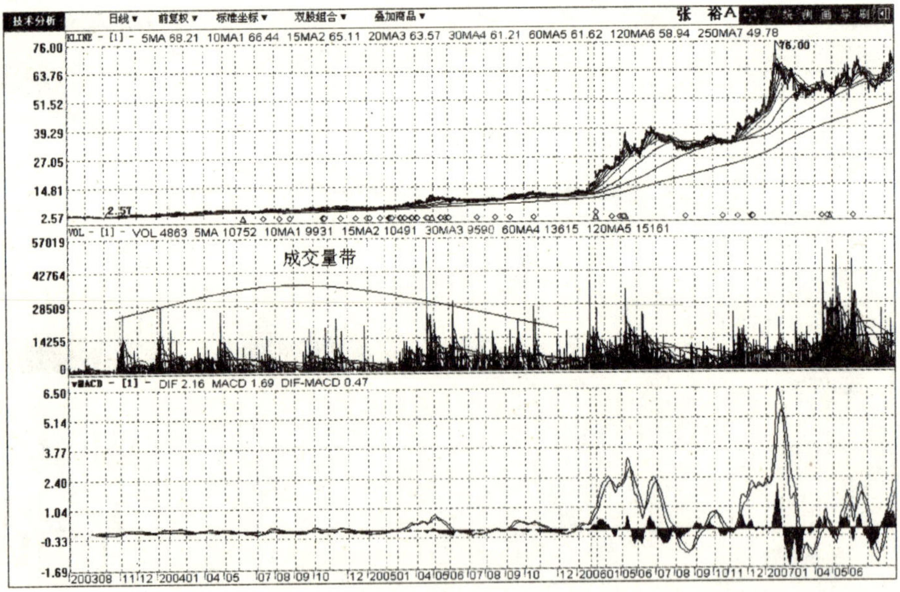
技术分析
日线
前复权
标准坐标
双股组合
叠加商品
张 裕A
KLINE - [1] - 5MA 68.21 10MA1 66.44 15MA2 65.11 20MA3 63.57 30MA4 61.21 60MA5 61.62 120MA6 58.94 250MA7 49.78
VOL - [1] - VOL 4863 5MA 10752 10MA1 9931 15MA2 10491 30MA3 9590 60MA4 13615 120MA5 15161
成交量带
MACD - [1] - DIF 2.16 MACD 1.69 DIF-MACD 0.47

图 4 – 28

我在《股市天元——量价精要》一书的“金角、银边、草肚皮”一章中对“成交量堆”与“成交量带”都有过具体的介绍，“成交量堆”与“成交量带”分别存在于金角、草肚皮与银边之中。不过，那时的介绍仅是限于形成原因及外部形态上的介绍，二者还有许多具体的特性与区别，当时还没有来得及说明，在这里我将对两种不同分布状况下的成交量，作其特性及特点上的说明。

一、中远航运（600428）

“火性股”的成交量都是以“量堆”的形式分散分布的，在成交量比较集中的“量堆”区域通常会造成局部价位的向上拱起，形成“草肚皮”状，这种现象以由两组“成交量堆”所构成的“火性股”当中体现得最为明显，通常它们都是由一建、一增两个“草肚皮”所组成的，由于在建仓与增仓之间主力还有一次大规模的洗盘行为，这会使股价形成一定幅度的回落，但在增仓时股价会被相应地抬高，因此，两组成交量堆总体上还是处于均衡状态的。

例如，上节中所提到的宝新能源（000690）和格力电器（000651）等就属于这种类型的股票（如图4－29、图4－30中所示）。

由多组“成交量堆”所组成的“火性股”在其成交量的大幅起伏跌宕当中，多数股票的股价也会跟随波动，但由于“多量堆”结构整体形态的庞大，及各个“量堆”都对股价造成一定程度的冲击，又使得股价的起伏趋势得到均衡，所以总体看上去趋势也比较平稳。

例如，天地科技（600582）和中国船舶（600150）等就属于这种类型的股票（如图4－31、图4－32中所示）。

正是由于火性股这种能够保持长期均衡底部的构造，才使其能够成为多数超级大牛股的超级大底。

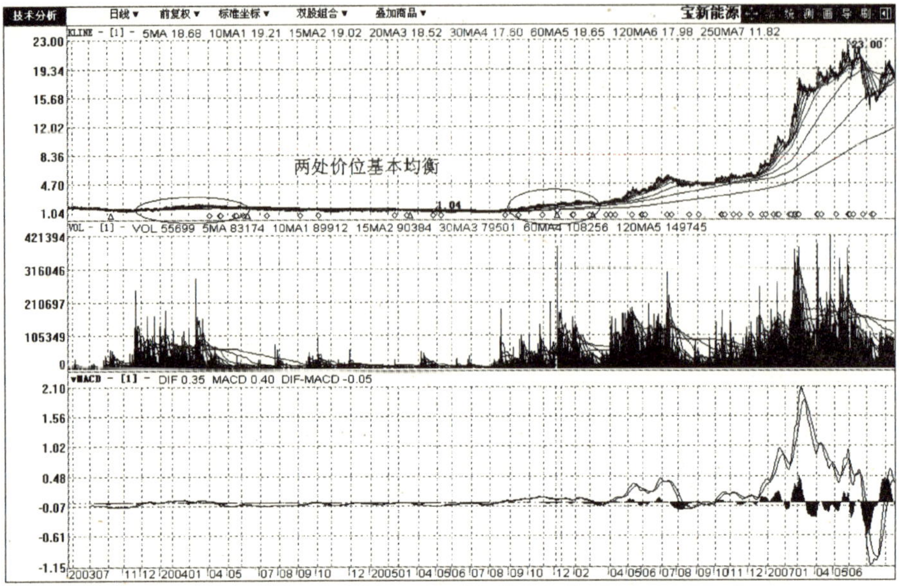
技术分析
日线
前复权
标准坐标
双股组合
叠加商品
宝新能源
KLINE - [1] - 5MA 18.68 10MA1 19.21 15MA2 19.02 20MA3 18.52 30MA4 17.60 60MA5 18.65 120MA6 17.98 250MA7 11.82
两处价位基本均衡
VOL - [1] - VOL 55699 5MA 83174 10MA1 89912 15MA2 90384 30MA3 79501 60MA4 108256 120MA5 149745
MACD - [1] - DIF 0.35 MACD 0.40 DIF-MACD -0.05

图 4－29

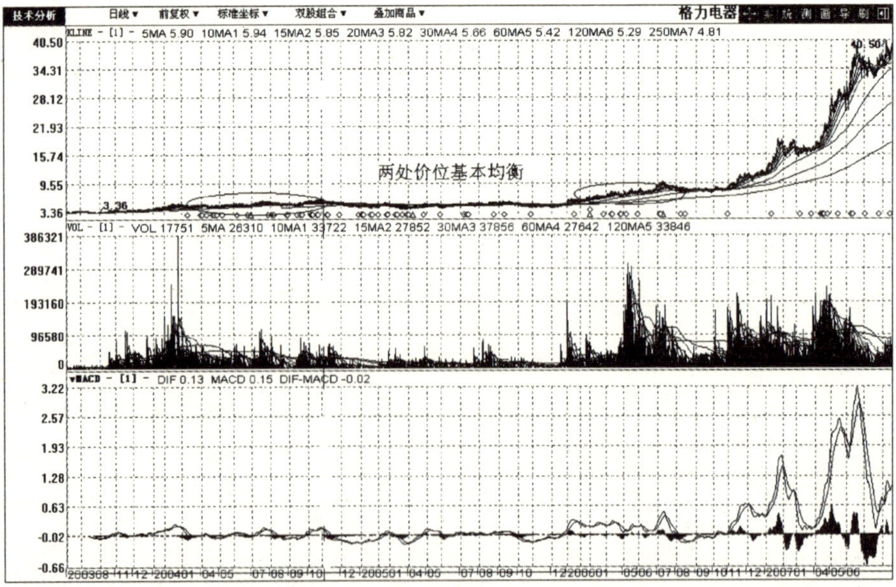
技术分析
日线
前复权
标准坐标
双股组合
叠加商品
格力电器
KLINE - [1] - 5MA 5.90 10MA1 5.94 15MA2 5.85 20MA3 5.82 30MA4 5.66 60MA5 5.42 120MA6 5.29 250MA7 4.81
两处价位基本均衡
VOL - [1] - VOL 17751 5MA 26310 10MA1 33722 15MA2 27852 30MA3 37856 60MA4 27642 120MA5 33846
MACD - [1] - DIF 0.13 MACD 0.15 DIF-MACD -0.02

图 4－30

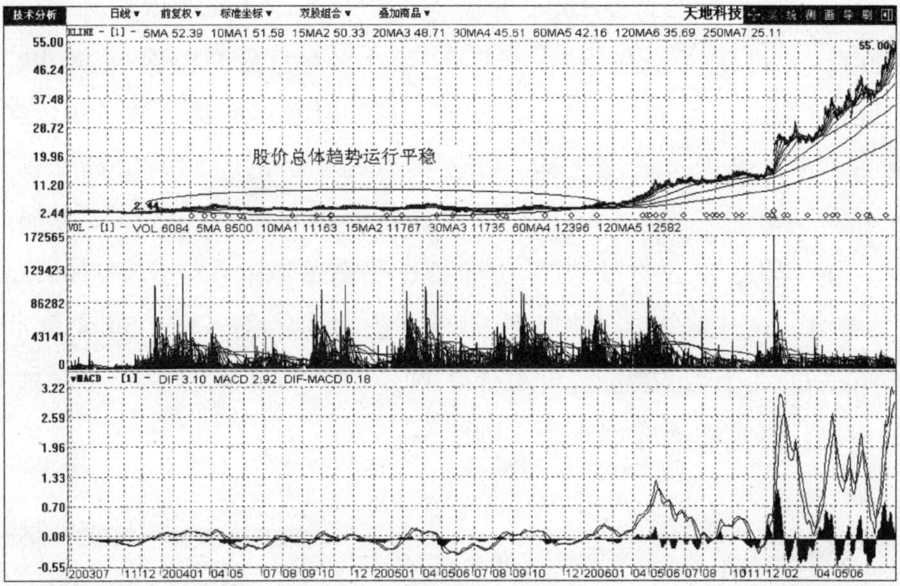
技术分析
日线
前复权
标准坐标
双股组合
叠加商品
天地科技
KLINE - [1] - 5MA 52.39 10MA1 51.58 15MA2 50.33 20MA3 48.71 30MA4 45.61 60MA5 42.16 120MA6 35.69 250MA7 25.11
股价总体趋势运行平稳
VOL - [1] - VOL 6084 5MA 8500 10MA1 11163 15MA2 11767 30MA3 11735 60MA4 12396 120MA5 12582
MACD - [1] - DIF 3.10 MACD 2.92 DIF-MACD 0.18

图 4-31

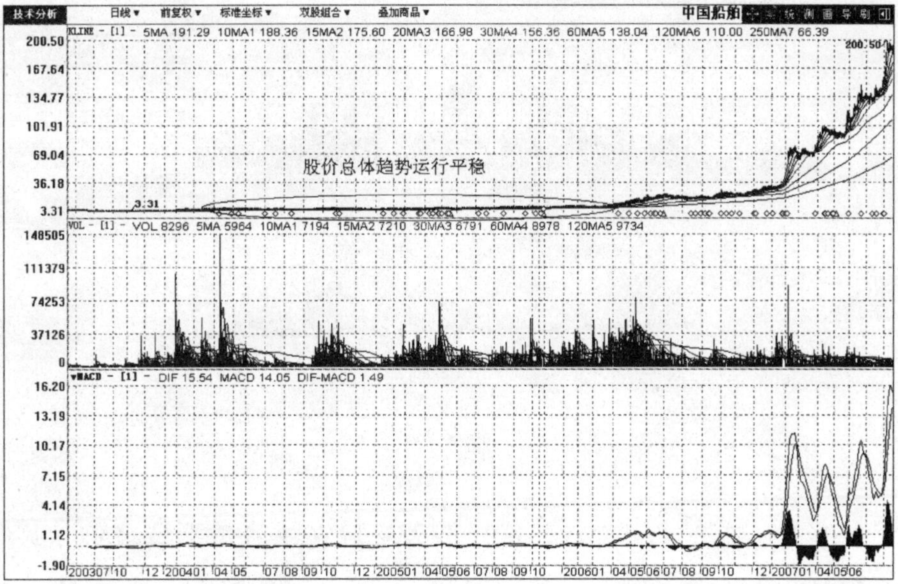
技术分析
日线
前复权
标准坐标
双股组合
叠加商品
中国船舶
KLINE - [1] - 5MA 191.29 10MA1 188.36 15MA2 175.60 20MA3 166.98 30MA4 156.36 60MA5 138.04 120MA6 110.00 250MA7 66.39
股价总体趋势运行平稳
VOL - [1] - VOL 8296 5MA 5964 10MA1 7194 15MA2 7210 30MA3 6791 60MA4 8978 120MA5 9734
MACD - [1] - DIF 15.54 MACD 14.05 DIF-MACD 1.49

图 4-32

中远航运的股价在2006年10月24日以6.44元的价位开始启动（如图4－33中A点所示），至2007年8月6日最高曾摸至28.49元（如图4－33中B点所示），在不到一年的时间里股价上涨了4倍多。再看看中远航运于大涨之前，差不多有两年多的时间股价都处在一个相对平衡的区域内，更重要的是在这个相对平衡的区域下方形成了一条丰厚的“成交量带”，并且这个平衡区域处在一个相对的低位（如图4－34中所示）。中远航运的这条长达2年多的“成交量带”没有太过严重的间断部位，基本上保持着较为完整的趋势，并且十分丰厚，其日后还应该有不小的涨幅。

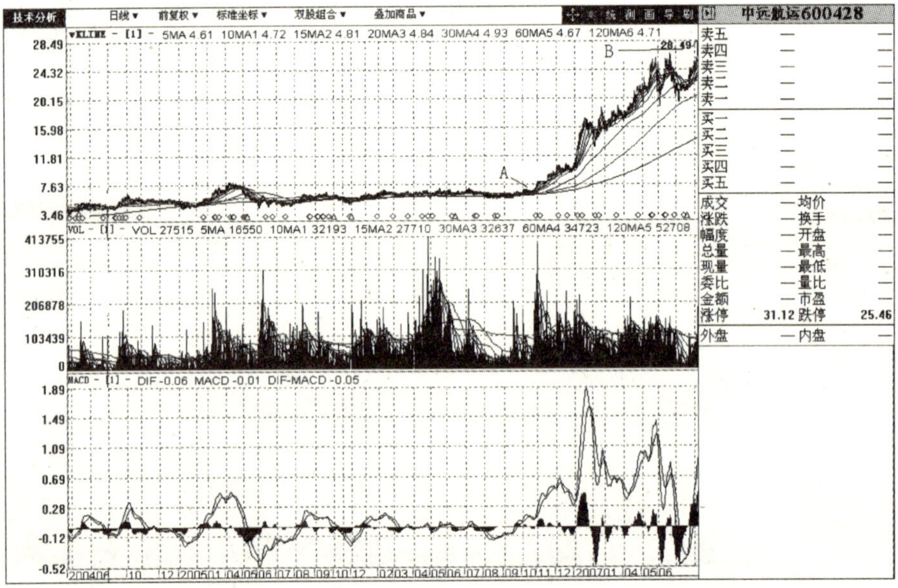

图4－33

像武钢股份（600005）这样的大牛股在主升浪形成之前，其股价下方也是形成一条丰厚的“量带”，属于“温性股”的走势（如图4－35中所示）。

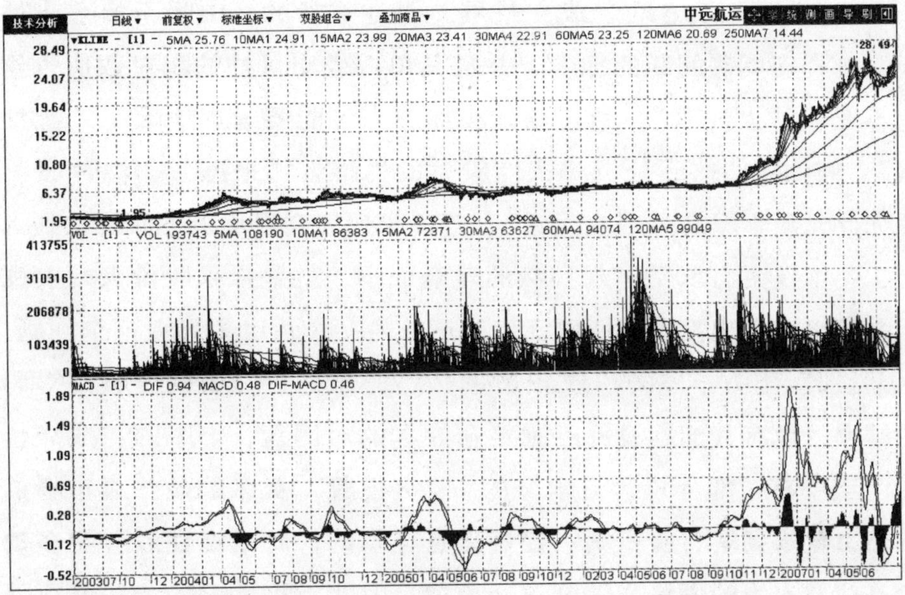

图 4 - 34

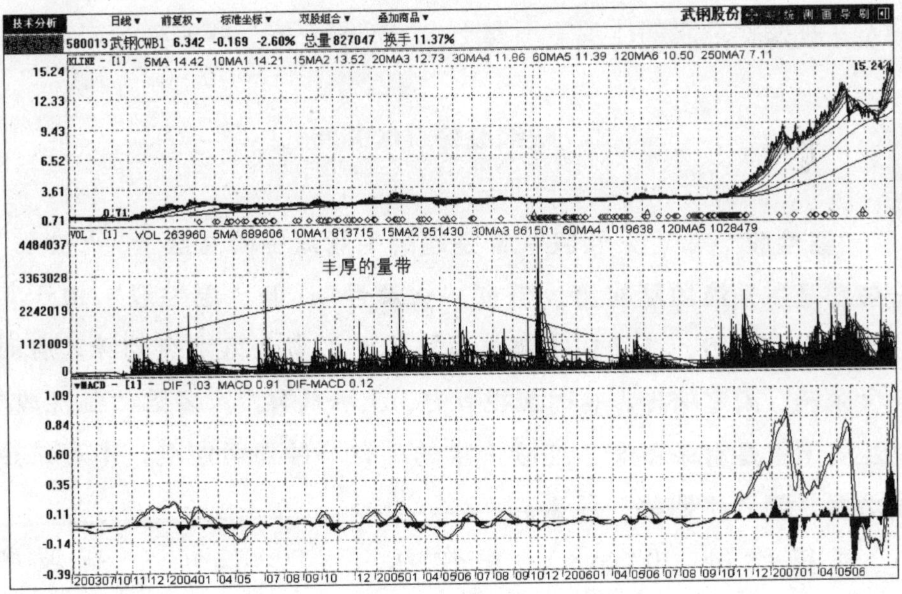

图 4 - 35

“温性股”下方的“成交量堆”是连成片的，中间不像“火性股”那样有明确间断的地方，并且其单根成交量柱的相对数值也丝毫不亚于“火性股”，如若累计相加起来可能要远远地大于“火性股”。假如我们按照分析“火性股”的思维方式来思考“温性股”，凭如此充足丰厚的“成交量带”，等庄家建完仓还不得把股价抬到天上去？不仅主力承受不起高额的建仓成本，就是未来股价大幅上涨的空间也被占用没了。所以我们要还从另一个角度去思考这个问题！“温性股”下方丰厚的“成较量带”不完全是主力大幅度收集筹码的结果，也有其抑制股价控制建仓成本的对倒盘，丰厚的“成交量带”当中有一部分是含有水分的。**“火性股”更多的是依靠市场的自然力量来调解自身平衡，控制建仓成本的；而“温性股”更多的则是依靠人为的力量来做到这一点的。**因此“火性股”的主升行情多数带有一股原始而自然的野性，猛烈而凶悍，这一点可以从前面所介绍的“火性股”中得到体会；而“温性股”的主升行情则更多的是一种操作理念的体现，不温不火、控制有度、涨势绵长。

二、鞍钢股份（000898）

“温性股”和“火性股”都是超级牛股诞生的摇篮。“火性股”一般都是主升浪凶猛有力，带有“火爆性”，但“温性股”由于其独特的形成原因，往往在走势与风格方面都表现得别有韵味，有时温文尔雅、闲庭信步，有时挺拔有力、上涨从容。大多数“温性股”的主升浪都是有条不紊、连续上攻的，有一种外柔内刚、不可抗拒的力量，颇具“儒将”风采。

鞍钢股份（000898）、焦作万方（000612）、福耀玻璃（600660）、上海机场（600009）等4只股票是2006年大牛市中著名的大牛股，它们在各自的主升行情里股价涨幅都在数倍至数十倍之间（并且还有能力继续攀升）（如图 4 – 36、图 4 – 37、图 4 – 38、图 4 – 39 中所示）。它们在大涨前都曾在很长的一段时期内表现出了“温性股”的结构特点：在股价于相对低位处于总体平衡的趋势下在其股价下方形成连贯而丰厚的“成交量带”（如图 4 – 40、图 4 – 41、图 4 – 42、图 4 – 43 中所示）。

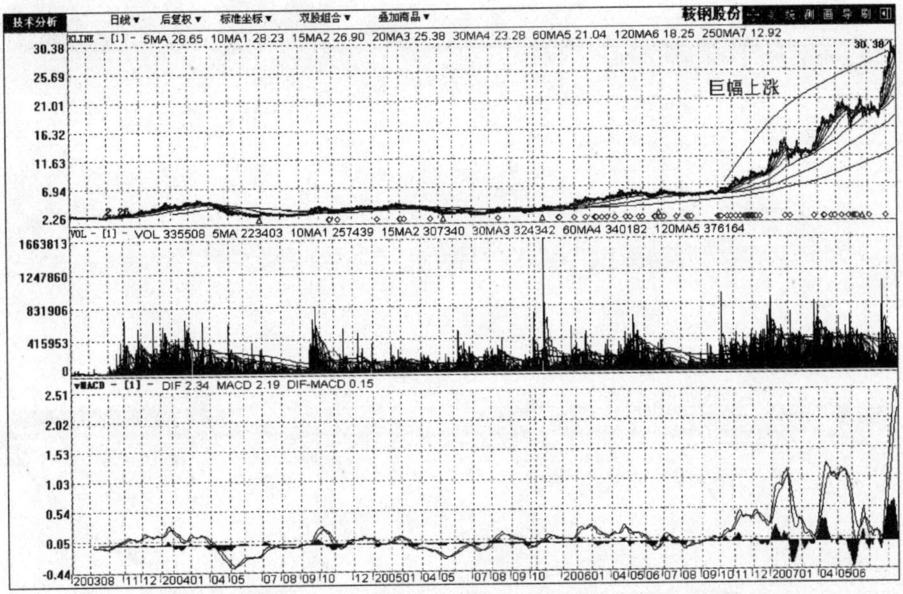

图 4 – 36

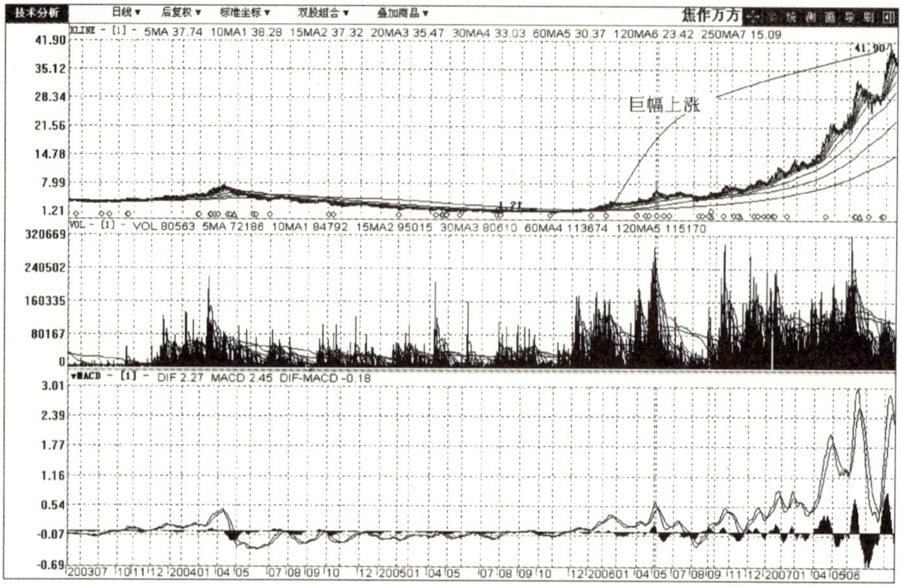
技术分析
日线
后复权
标准坐标
双股组合
叠加商品
焦作万方
KLINE - [1] - 5MA 37.74 10MA1 38.28 15MA2 37.32 20MA3 35.47 30MA4 33.03 60MA5 30.37 120MA6 23.42 250MA7 15.09
巨幅上涨
VOL - [1] - VOL 80563 5MA 72186 10MA1 84792 15MA2 95015 30MA3 80610 60MA4 113674 120MA5 115170
MACD - [1] - DIF 2.27 MACD 2.45 DIF-MACD -0.18
200307 10 11 12 200401 04 05 07 08 09 10 12 200501 04 05 07 08 09 10 12 200601 04 05 07 08 09 11 12 200701 04 05 06

图 4-37

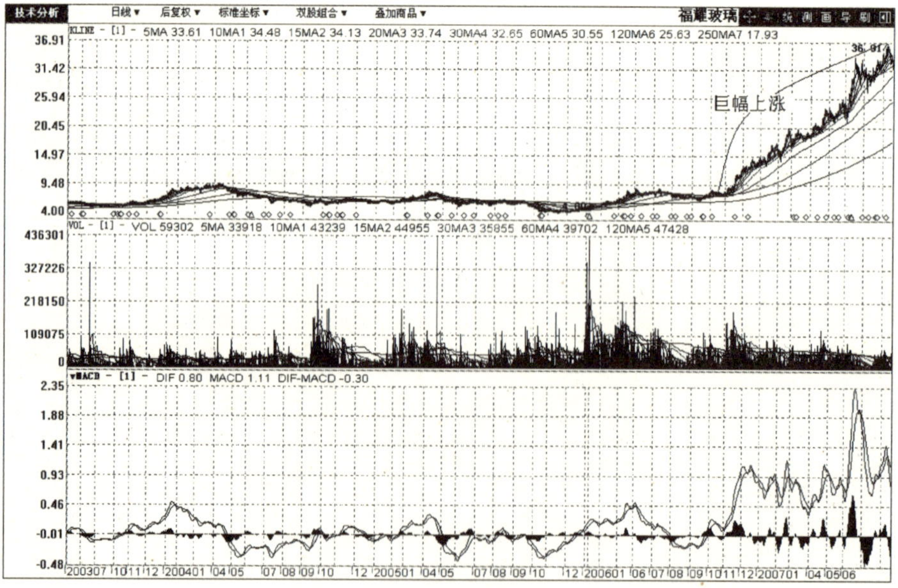
技术分析
日线
后复权
标准坐标
双股组合
叠加商品
福耀玻璃
KLINE - [1] - 5MA 33.61 10MA1 34.48 15MA2 34.13 20MA3 33.74 30MA4 32.65 60MA5 30.55 120MA6 25.63 250MA7 17.93
巨幅上涨
VOL - [1] - VOL 59302 5MA 33918 10MA1 43239 15MA2 44955 30MA3 35855 60MA4 39702 120MA5 47428
MACD - [1] - DIF 0.80 MACD 1.11 DIF-MACD -0.30
200307 10 11 12 200401 04 05 07 08 09 10 12 200501 04 05 07 08 09 10 12 200601 06 07 08 09 10 11 12 200701 04 05 06

图 4-38

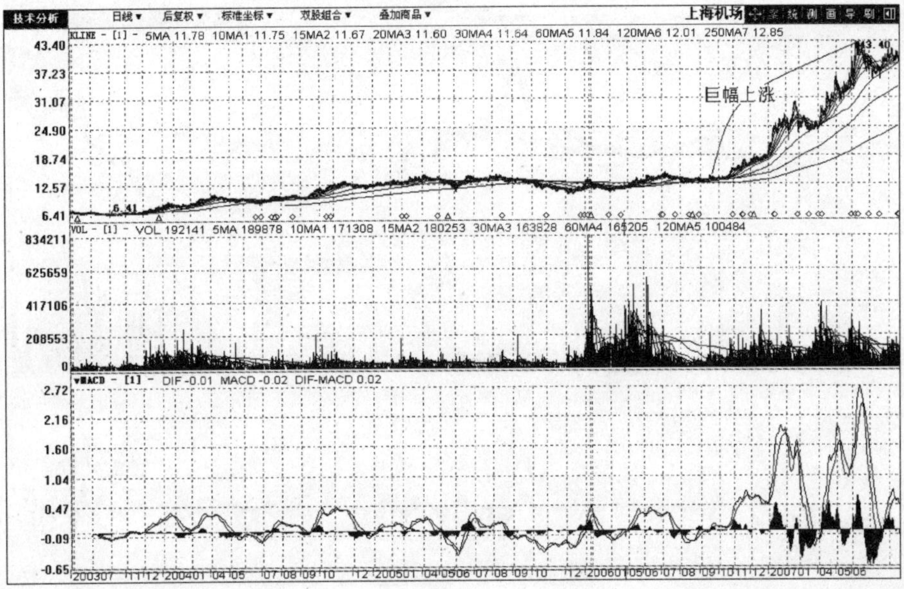
技术分析
日线▼ 后复权▼ 标准坐标▼ 双股组合▼ 叠加商品▼
上海机场
KLINE - [1] - 5MA 11.78 10MA1 11.75 15MA2 11.67 20MA3 11.60 30MA4 11.64 60MA5 11.84 120MA6 12.01 250MA7 12.85
43.40
37.23
31.07
24.90
18.74
12.57
6.41
巨幅上涨
VOL - [1] - VOL 192141 5MA 189878 10MA1 171308 15MA2 180253 30MA3 163828 60MA4 165205 120MA5 100484
834211
625659
417106
208553
0
MACD - [1] - DIF -0.01 MACD -0.02 DIF-MACD 0.02
2.72
2.16
1.60
1.04
0.47
-0.09
-0.65
200307 11 12 200401 04 05 07 08 09 10 12 200501 04 05 06 07 08 09 10 12 200601 05 06 07 08 09 10 11 12 200701 04 05 06

图 4-39

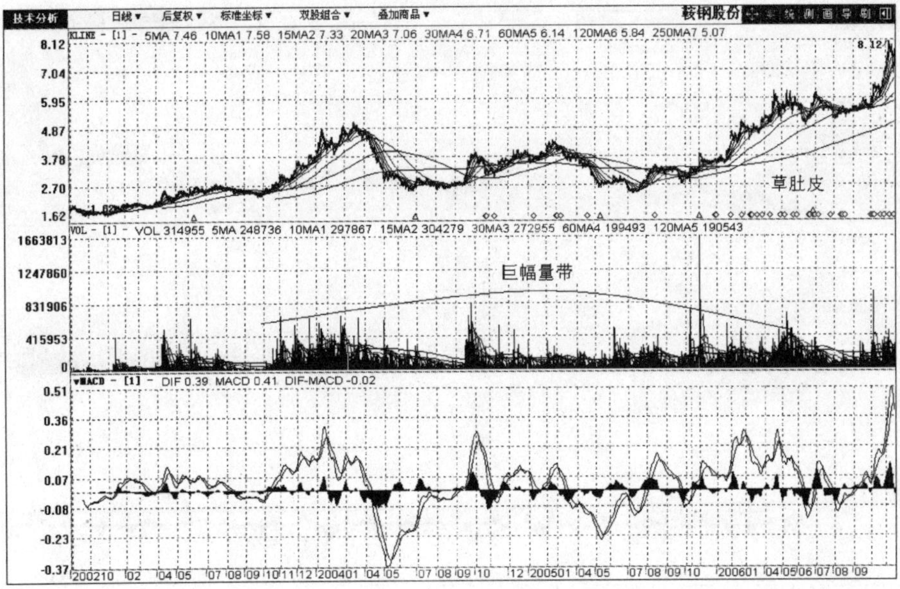
技术分析
日线▼ 后复权▼ 标准坐标▼ 双股组合▼ 叠加商品▼
鞍钢股份
KLINE - [1] - 5MA 7.46 10MA1 7.58 15MA2 7.33 20MA3 7.06 30MA4 6.71 60MA5 6.14 120MA6 5.84 250MA7 5.07
8.12
7.04
5.95
4.87
3.78
2.70
1.62
草肚皮
VOL - [1] - VOL 314955 5MA 248736 10MA1 297867 15MA2 304279 30MA3 272955 60MA4 199493 120MA5 190543
1663813
1247860
831906
415953
0
巨幅量带
MACD - [1] - DIF 0.39 MACD 0.41 DIF-MACD -0.02
0.51
0.36
0.21
0.07
-0.08
-0.23
-0.37
200210 02 04 05 07 08 09 10 11 12 200401 04 05 07 08 09 10 12 200501 04 05 07 08 09 10 200601 04 05 06 07 08 09

图 4-40

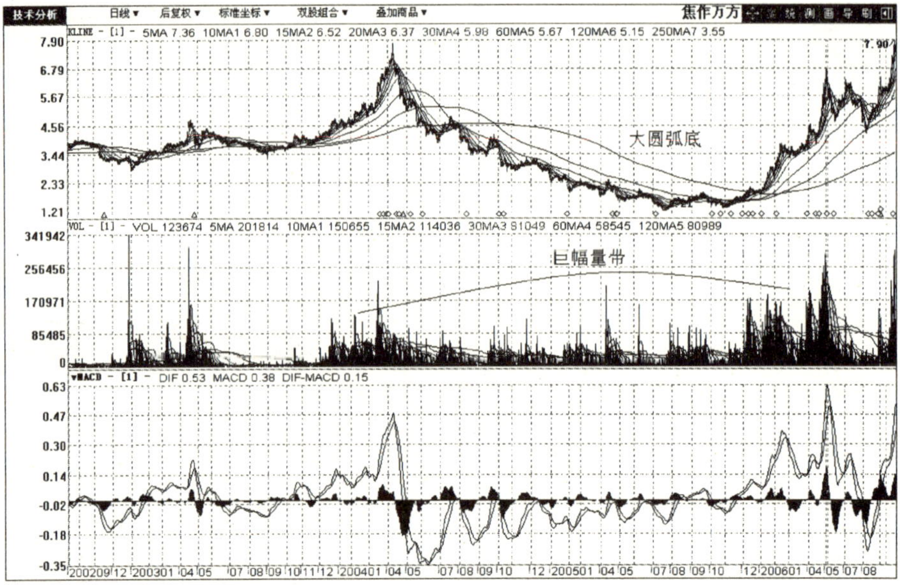
技术分析
日线▼
后复权▼
标准坐标▼
双股组合▼
叠加商品▼
焦作万方
KLINE - [1] - 5MA 7.36 10MA1 6.80 15MA2 6.52 20MA3 6.37 30MA4 5.98 60MA5 5.67 120MA6 5.15 250MA7 3.55
大圆弧底
VOL - [1] - VOL 123674 5MA 201814 10MA1 150655 15MA2 114036 30MA3 81049 60MA4 58545 120MA5 80989
巨幅量带
MACD - [1] - DIF 0.53 MACD 0.38 DIF-MACD 0.15

图 4 –41

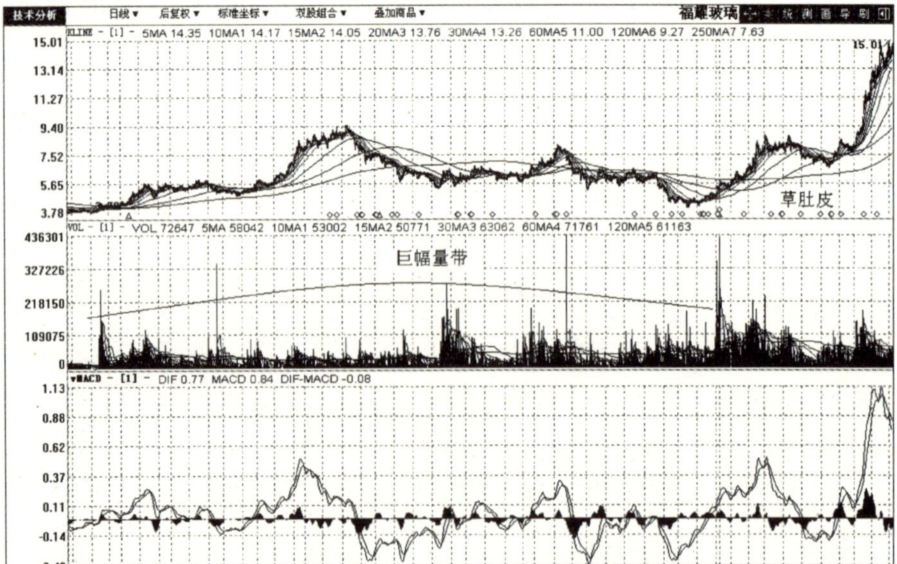
技术分析
日线▼
后复权▼
标准坐标▼
双股组合▼
叠加商品▼
福耀玻璃
KLINE - [1] - 5MA 14.35 10MA1 14.17 15MA2 14.05 20MA3 13.76 30MA4 13.26 60MA5 11.00 120MA6 9.27 250MA7 7.63
草肚皮
VOL - [1] - VOL 72647 5MA 58042 10MA1 53002 15MA2 50771 30MA3 63062 60MA4 71761 120MA5 61163
巨幅量带
MACD - [1] - DIF 0.77 MACD 0.84 DIF-MACD -0.08

图 4 –42

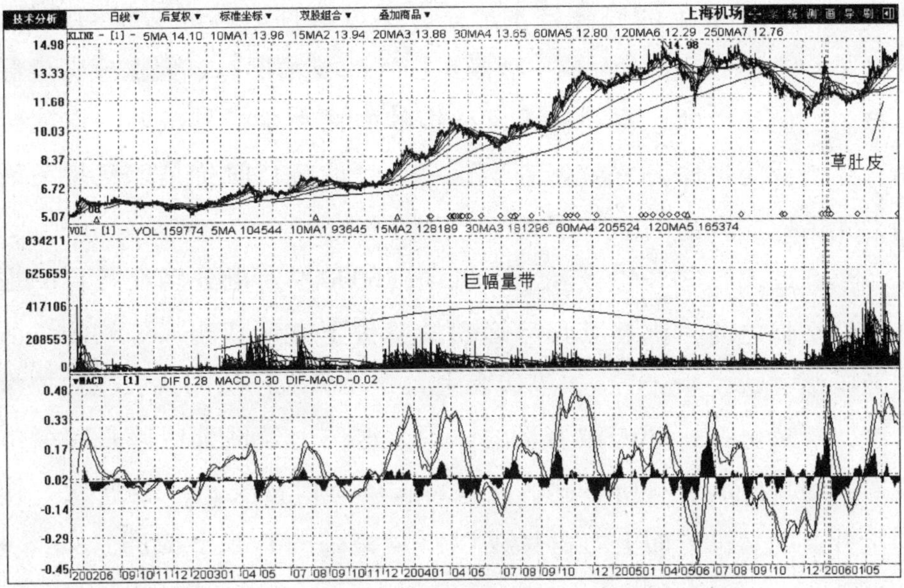

图 4－43

鞍钢股份（000898）的“成交量带”起点在 2003 年 3 月份，终点在 2006 年 7 月份，这条长达 3 年多的“成较量带”不仅丰厚有力，中间也极少出现间断，起伏均匀的线条则更说明主力计划性的操控，“成交量带”上方的股价总体上也是处于强势状态，缓步抬高的趋势说明主力几年的努力得到了回报，市场浮筹已越来越少，最终该股以“草肚皮”作为最后的收口，在筹码得到进一步集中后，展开了上攻姿态（如图 4－40 中所示）。

焦作万方（000612）是从 2002 年的 11 月，到 2006 年的 3 月形成“成交量带”的，时间跨度也很久远。这条巨大的“成交量带”仅在 2003 年的 8 月份左右略有间断，不过在其余的时间里都表现出强大、连贯而又活跃的态势，表现出有一种压制不住的力量，瑕不掩瑜，这一点点不足是阻挡不了其强大的内在趋势的，在此期间该股股价也于其丰厚活跃的“成交量带”上方形成“大圆弧底”。“圆弧底”是一种常见的底部技术形态，不过这种形态成功率却极低，尤其是“大圆弧底”，它是一种极具韧性的技术形态，要求成交量配合理想，能量内敛，有一种不可抗拒的内在力量，稍偏差一点就会功亏一篑，而焦作万方就做到了这一点，最后其股价是以巨量突破的方式进入主升浪的（如图 4 –41 中所示）。

福耀玻璃（600660）和上海机场（600009）也分别在各自的主升行情来临之前，都在其强势运动的股价下方形成丰厚、均匀、活跃的巨幅“成交量带”，丰厚代表主力介入深入，均匀代表主力控盘有度，活跃更是一种内在力量的体现，这三个条件都应该是超级牛股所必须具备的。有所不同的是福耀玻璃是以优美的“草肚皮”作为主升浪的契机，而上海机场是以巨量突破的方式形成的（如图 4 –42、图 4 –43 中所示）。

由以上的 4 个案例可以看出，**一般的“温性股”由于缺少爆发力（与“火性股”相比），主要是以良好的技术形态或强大的上涨动力两种主要方式进入主升浪的**。从它们的主升浪中可以看到，它们的上涨大多都沉稳有力，很少出现大幅的回调，有一种外柔内刚，不可抗拒的上涨动力，而这正是“温性股”的特点所在（如图 4 –40、图 4 –41、图 4 –42、图 4 –43 中所示）。

三、锡业股份（000960）

“火性股”成交量的结构特点是：由许多突出的“成交量堆”分散地联系在一起，形成一个大的“分散性”成交量结合体；“温性股”成交量的结构特点是：由许多“成交量堆”紧密地联系在一起，形成一个大的“集中性”成交量结合体。两者在股性上的区别是：“火性股”一般都是行为激烈，上涨过程凶猛有力；“温性股”则外柔内刚，上涨过程控制有度。还有一类股票，它同时具有“火性股”与“温性股”的结构特点与表现特性，**这种股票从成交量的分布情况上来看，既有“火性股”局部突出的特点，又有“温性股”紧密相联的特性，可以说是二者的混合形态；在上涨方式上更是同时具有二者之所长，即凶猛有力，又内力绵长。**

这类股同时具有“火性股”与“温性股”的外在与内在的许多优点，可以说是“一身而二任焉”，因此，在这种模式下也形成了不少超级牛股。

锡业股份（000960）与中国重汽（000951）这两只股票都是2006年大牛市中的“超级牛股”，它们涨幅巨大，走势坚挺，在上涨过程中很少出现大幅回调（如图4－44、图4－45中所示）。再看看此二股在主升行情形成之前长达两三年的时期内分别形成了一组巨大的“成交量结合体”，在这个巨大的“成交量结合体”当中，

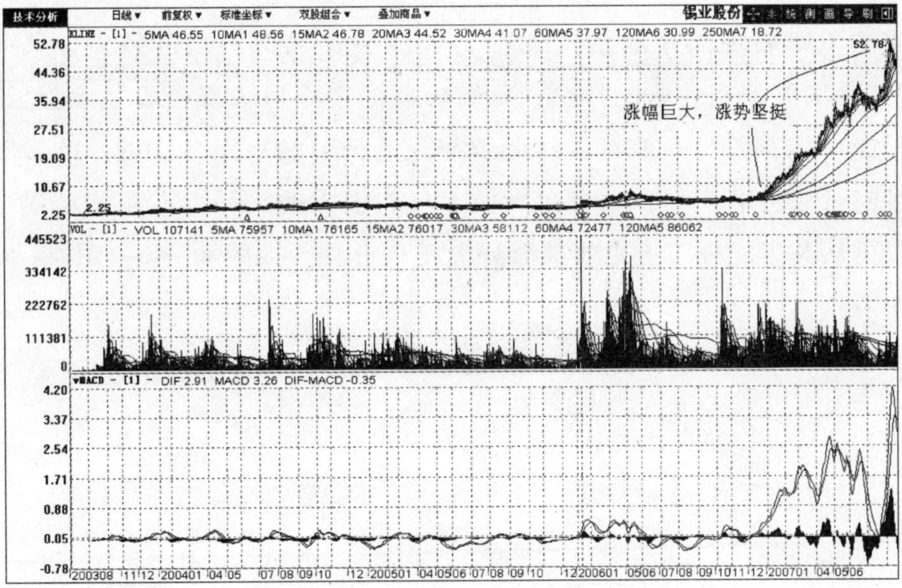

图4－44

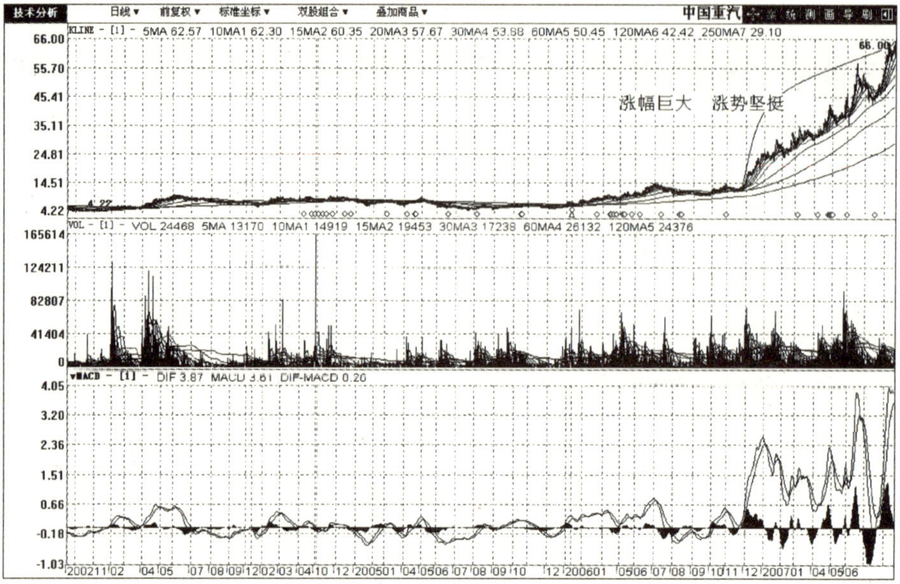

图 4 – 45

成交量所表现出来的形式既有“火性股”局部突出的特点，又有“温性股”紧密相联的特性，我们暂且把它称为“混合股”，从理论上说“混合股”是兼具自然调解与人为调节的双重功能的，能多吸纳时就多吸纳一些，主力在操作上具有很大的灵活性，尤其是锡业股份从其量能分布上来看其涨势应还有延续（如图 4 – 46、图 4 – 47 中所示）。

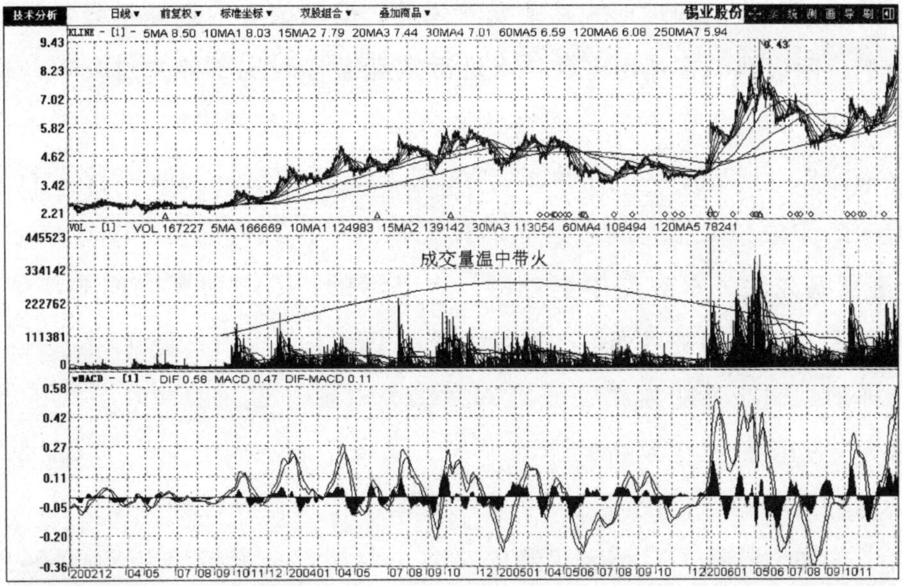
技术分析
日线
前复权
标准坐标
双股组合
叠加商品
锡业股份
KLINE - [1] - 5MA 8.50 10MA1 8.03 15MA2 7.79 20MA3 7.44 30MA4 7.01 60MA5 6.59 120MA6 6.08 250MA7 5.94
VOL - [1] - VOL 167227 5MA 166669 10MA1 124983 15MA2 139142 30MA3 113054 60MA4 108494 120MA5 78241
成交量温中带火
MACD - [1] - DIF 0.58 MACD 0.47 DIF-MACD 0.11

图 4－46

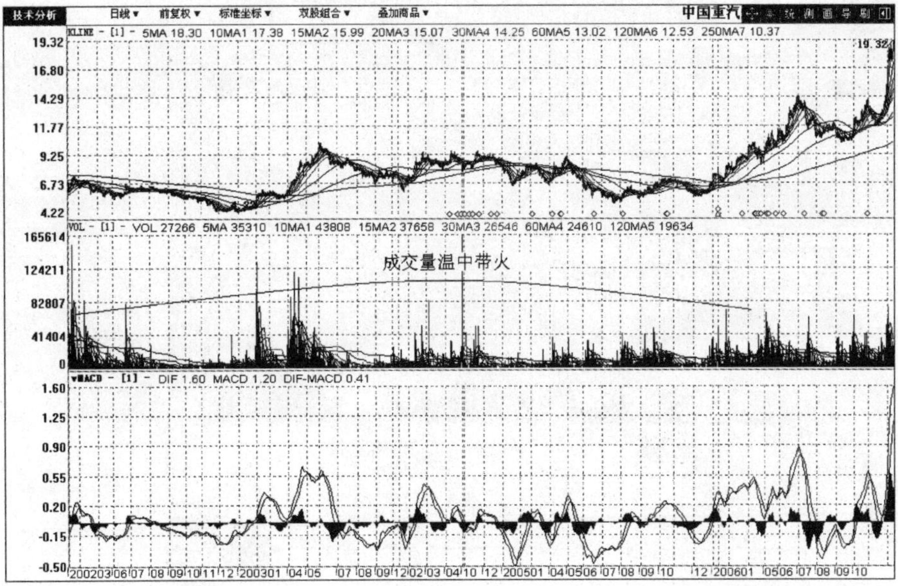
技术分析
日线
前复权
标准坐标
双股组合
叠加商品
中国重汽
KLINE - [1] - 5MA 18.30 10MA1 17.38 15MA2 15.99 20MA3 15.07 30MA4 14.25 60MA5 13.02 120MA6 12.53 250MA7 10.37
VOL - [1] - VOL 27266 5MA 35310 10MA1 43808 15MA2 37658 30MA3 26546 60MA4 24610 120MA5 19634
成交量温中带火
MACD - [1] - DIF 1.60 MACD 1.20 DIF-MACD 0.41

图 4－47

股票外在的表现形式是千变万化的，但其核心内容是不会轻易改变的，所以我们在运用各种技术进行实盘操作时也不能太过死板。我在读初中的时候曾看过一部香港电视连续剧《大时代》，其主要内容是描写20世纪70年代香港证交所故事的，其中有一句话给我留下了很深的印象，由于时间久远原话我记不清了，大概的意思是这样的：**“股票是死的，本身是不会动的，人是活的，人与股票之间的斗争，就是人与人之间的斗争”。**这句话现在想起来都令人回味无穷，我们在作股票时，不妨先站在庄家的立场上去想一想。前面几节我讲的都是一些由长线庄家所运作的一些“超级牛股”，但由于“混合股”的这种灵活特点，使得很多中短线庄家也特别青睐这种操作手法。

像光华控股（000546）、耀皮玻璃（600819）、岁宝热电（600864）、长安汽车（000625）、冠农股份（600251）等这些著名的“二线黑马股”在主升浪形成之前建仓阶段的成交量都属于“混合股”状态（如图4-48、图4-49、图4-50、图4-51、图4-52中所示）。

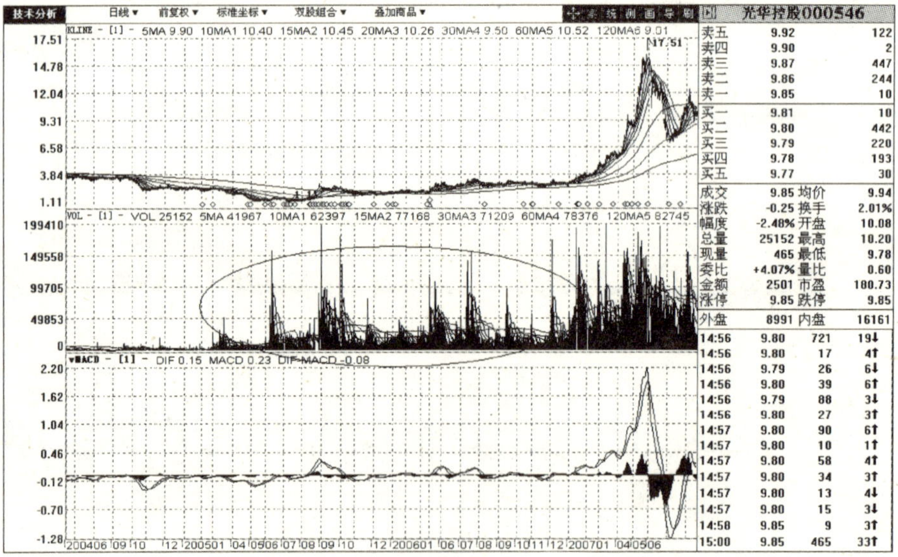

图4-48

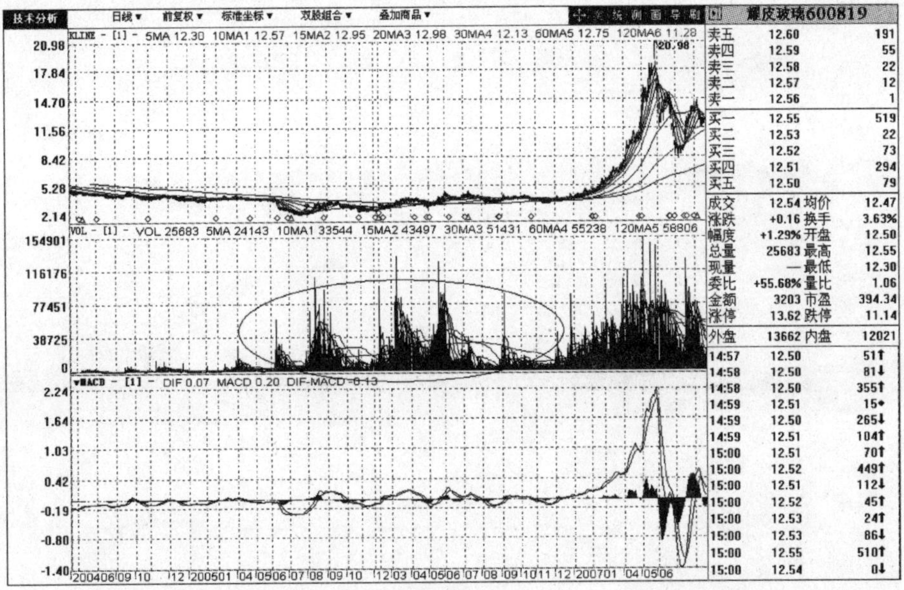
技术分析
日线
前复权
标准坐标
双股组合
叠加商品
耀皮玻璃600819
KLINE - [1] - 5MA 12.30 10MA1 12.57 15MA2 12.95 20MA3 12.98 30MA4 12.13 60MA5 12.75 120MA6 11.28
VOL - [1] - VOL 25683 5MA 24143 10MA1 33544 15MA2 43497 30MA3 51431 60MA4 55238 120MA5 58806
MACD - [1] - DIF 0.07 MACD 0.20 DIF-MACD -0.13
卖五 12.60 191
卖四 12.59 55
卖三 12.58 22
卖二 12.57 12
卖一 12.56 1
买一 12.55 519
买二 12.53 22
买三 12.52 73
买四 12.51 294
买五 12.50 79
成交 12.54 均价 12.47
涨跌 +0.16 换手 3.63%
幅度 +1.29% 开盘 12.50
总量 25683 最高 12.55
现量 — 最低 12.30
委比 +55.68% 量比 1.06
金额 3203 市盈 394.34
涨停 13.62 跌停 11.14
外盘 13662 内盘 12021

图 4 – 49

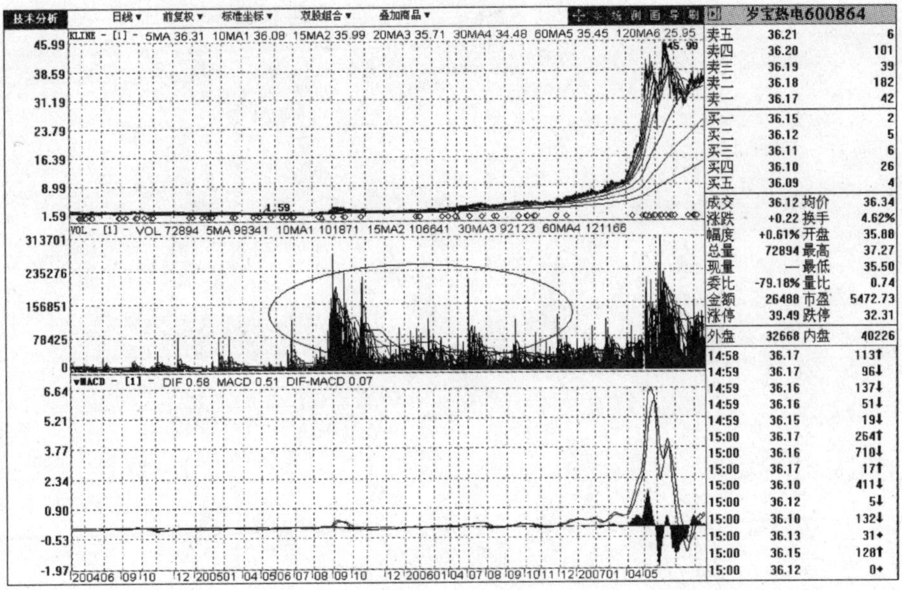
技术分析
日线
前复权
标准坐标
双股组合
叠加商品
岁宝热电600864
KLINE - [1] - 5MA 36.31 10MA1 36.08 15MA2 35.99 20MA3 35.71 30MA4 34.48 60MA5 35.45 120MA6 25.95
VOL - [1] - VOL 72894 5MA 98341 10MA1 101871 15MA2 106641 30MA3 92123 60MA4 121166
MACD - [1] - DIF 0.58 MACD 0.51 DIF-MACD 0.07
卖五 36.21 6
卖四 36.20 101
卖三 36.19 39
卖二 36.18 182
卖一 36.17 42
买一 36.15 2
买二 36.12 5
买三 36.11 6
买四 36.10 26
买五 36.09 4
成交 36.12 均价 36.34
涨跌 +0.22 换手 4.62%
幅度 +0.61% 开盘 35.88
总量 72894 最高 37.27
现量 — 最低 35.50
委比 -79.18% 量比 0.74
金额 26488 市盈 5472.73
涨停 39.49 跌停 32.31
外盘 32668 内盘 40226

图 4 – 50

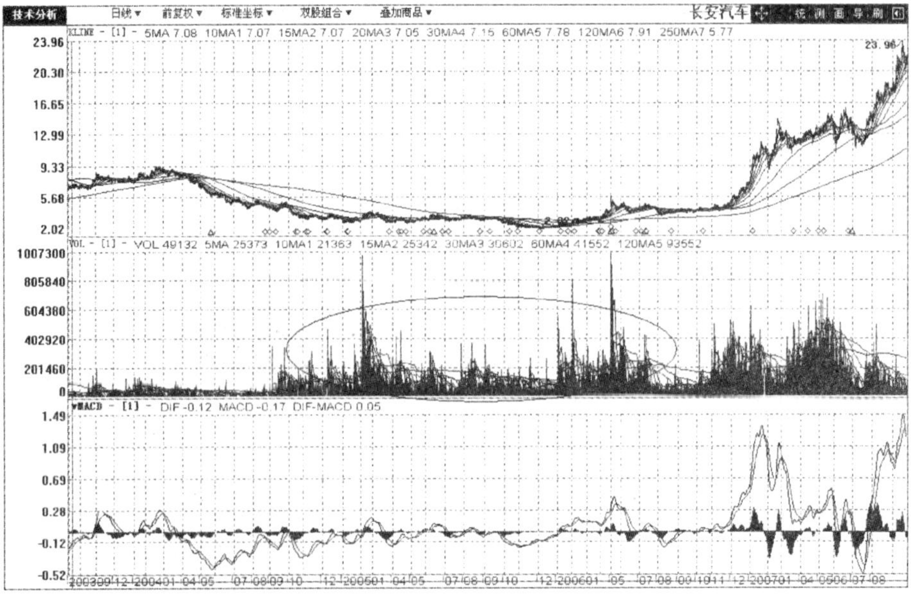
技术分析 日线 前复权 标准坐标 双股组合 叠加商品 长安汽车
KLINE - [1] - 5MA 7.08 10MA1 7.07 15MA2 7.07 20MA3 7.05 30MA4 7.15 60MA5 7.78 120MA6 7.91 250MA7 5.77
VOL - [1] - VOL 49132 5MA 25373 10MA1 21363 15MA2 25342 30MA3 30602 60MA4 41552 120MA5 93552
MACD - [1] - DIF -0.12 MACD -0.17 DIF-MACD 0.05

图 4-51

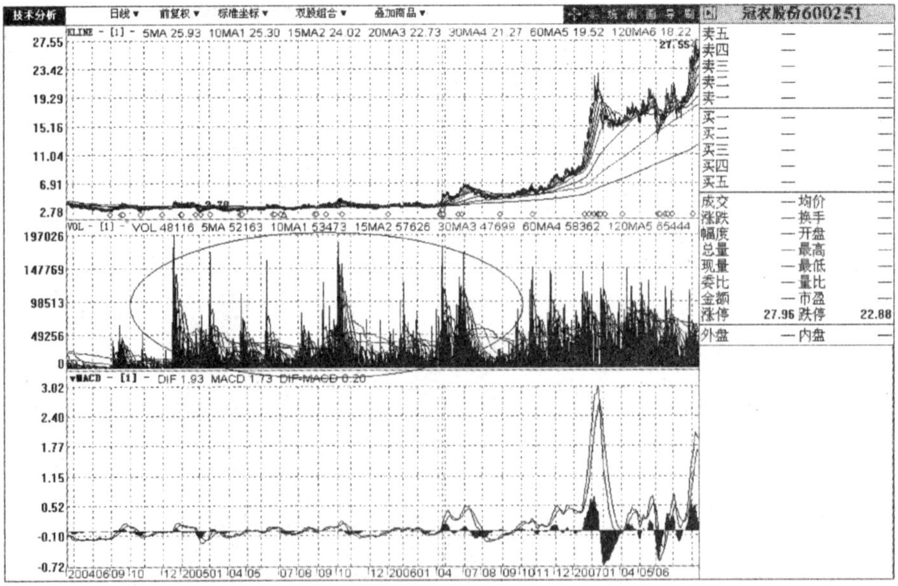
技术分析 日线 前复权 标准坐标 双股组合 叠加商品 冠农股份600251
KLINE - [1] - 5MA 25.93 10MA1 25.30 15MA2 24.02 20MA3 22.73 30MA4 21.27 60MA5 19.52 120MA6 18.22
VOL - [1] - VOL 48116 5MA 52163 10MA1 53473 15MA2 57626 30MA3 47699 60MA4 58362 120MA5 65444
MACD - [1] - DIF 1.93 MACD 1.73 DIF-MACD 0.20
卖五 卖四 卖三 卖二 卖一
买一 买二 买三 买四 买五
成交 均价 涨跌 换手 幅度 开盘 总量 最高 现量 最低 委比 量比 金额 市盈
涨停 27.96 跌停 22.88
外盘 内盘

图 4-52

四、烟台万华（600309）

无论是“火性股”还是“温性股”，如果想成为超级大牛股，必须同时具备内在与外在都趋于完美的理想状态，即在具备充沛有力的成交量的同时，还要具备坚挺顺滑的K线组合结构。完好的成交量通常会表现出活跃、有力、有神、有思想；完好的K线结构通常会表现出工整、顺滑、流畅，这个问题我们在前面的章节中已经多次强调过了，因本章的“股性”划分主要是针对股票的成交量的，所以对其整体的股价走势结构介绍的就比较少，但这一点在进行实盘分析时是绝对不能忽略的，并且对于任何股票的技术分析都应从这两个方面着手。

在“温性股”当中有一类股票是非常奇特的，它们的成交量带通常能表现出有力、有神、有思想的意境，并且也极其活跃；它们的股价在一个较长的时期里也能表现出整体的顺滑性及完整的大风格，而且还常常显示出高度的“被控性”（被主力所控盘），此类股票的上涨趋势一旦形成，几乎是任何力量都不可阻挡得，而且涨幅也会十分惊人！像烟台万华（600309）、宏图高科（600122）、金融街（000402）、张裕A（000869）等就属于这类的“温性股”，它们在2006年大牛市当中都涨幅巨大，有着上佳的表现（如图4－53、图4－54、图4－55、图4－56中所示）。这4只股票在各自的主升浪形成之前长达两三年时间里形成一条巨幅的“成交量带”，当然“成交量带”巨幅的时间跨度也是产生超级大牛股的重要因素之一，没有几个庄家能在较短的时期内收集到大量廉价筹码。再看看这4只股票巨大的“成交量带”个个都丰厚有力，充满力量；个个都连贯有序，控制有度；个个都灵活多变，收发自如，到处都是“量精”（详见《股市天元——王者之略》一书），活跃异常，并且在这4只

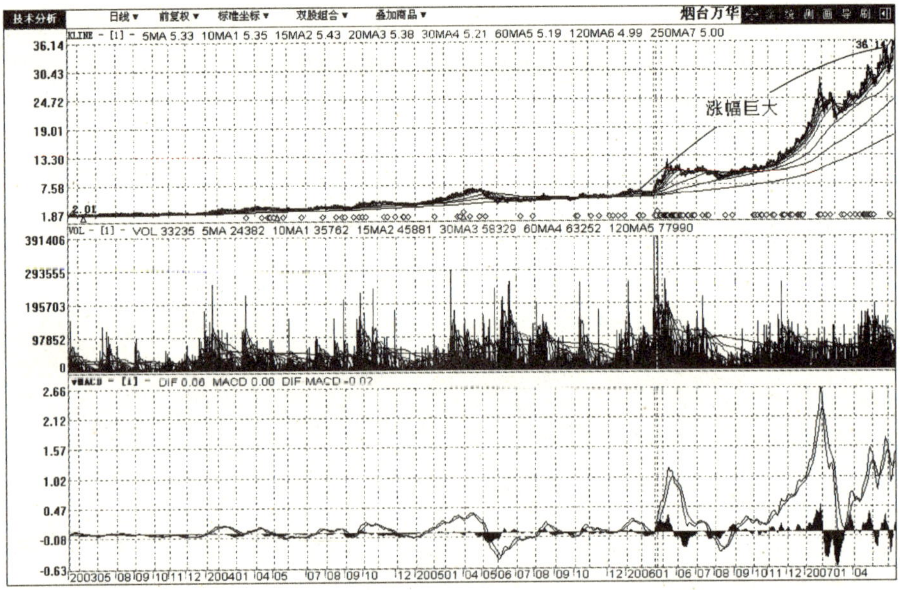
技术分析
日线
前复权
标准坐标
双股组合
叠加商品
烟台万华
KLINE - [1] - 5MA 5.33 10MA1 5.35 15MA2 5.43 20MA3 5.38 30MA4 5.21 60MA5 5.19 120MA6 4.99 250MA7 5.00
涨幅巨大
VOL - [1] - VOL 33235 5MA 24382 10MA1 35762 15MA2 45881 30MA3 58329 60MA4 63252 120MA5 77990
MACD - [1] - DIF 0.06 MACD 0.00 DIF-MACD -0.02
200305 08 09 10 11 12 200401 04 05 07 08 09 10 12 200501 04 0506 07 08 09 10 12 200601 06 07 08 09 10 11 12 200701 04

图 4－53

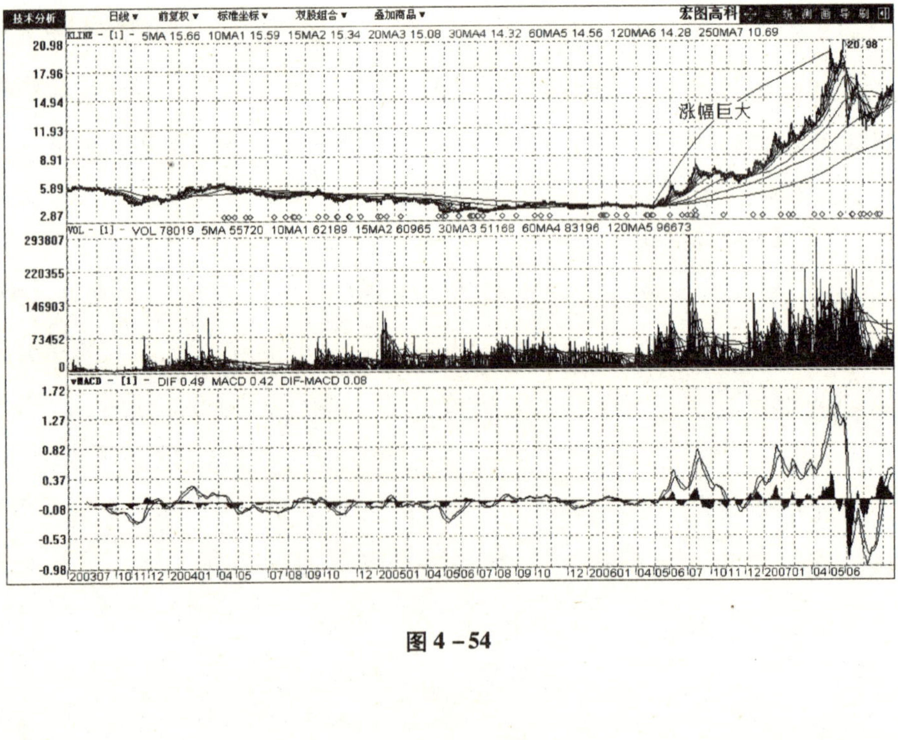
技术分析
日线
前复权
标准坐标
双股组合
叠加商品
宏图高科
KLINE - [1] - 5MA 15.66 10MA1 15.59 15MA2 15.34 20MA3 15.08 30MA4 14.32 60MA5 14.56 120MA6 14.28 250MA7 10.69
涨幅巨大
VOL - [1] - VOL 78019 5MA 55720 10MA1 62189 15MA2 60965 30MA3 51168 60MA4 83196 120MA5 96673
MACD - [1] - DIF 0.49 MACD 0.42 DIF-MACD 0.08
200307 10 11 12 200401 04 05 07 08 09 10 12 200501 04 0506 07 08 09 10 12 200601 04 05 06 07 10 11 12 200701 04 05 06

图 4－54

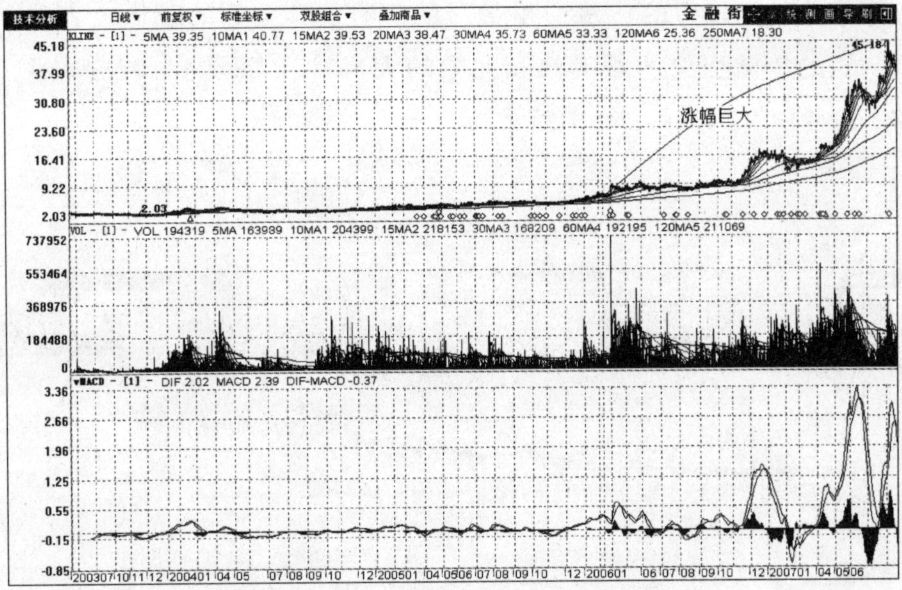
技术分析
日线▼
前复权▼
标准坐标▼
双股组合▼
叠加商品▼
金融街
KLINE - [1] - 5MA 39.35 10MA1 40.77 15MA2 39.53 20MA3 38.47 30MA4 35.73 60MA5 33.33 120MA6 25.36 250MA7 18.30
涨幅巨大
VOL - [1] - VOL 194319 5MA 163989 10MA1 204399 15MA2 218153 30MA3 168209 60MA4 192195 120MA5 211069
MACD - [1] - DIF 2.02 MACD 2.39 DIF-MACD -0.37

图 4－55

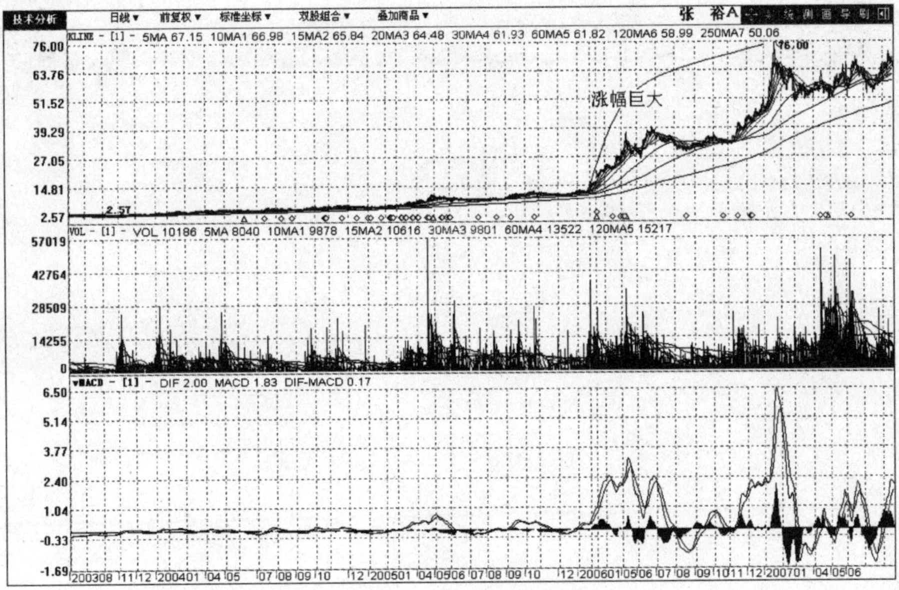
技术分析
日线▼
前复权▼
标准坐标▼
双股组合▼
叠加商品▼
张裕A
KLINE - [1] - 5MA 67.15 10MA1 66.98 15MA2 65.84 20MA3 64.48 30MA4 61.93 60MA5 61.82 120MA6 58.99 250MA7 50.06
涨幅巨大
VOL - [1] - VOL 10186 5MA 8040 10MA1 9878 15MA2 10616 30MA3 9801 60MA4 13522 120MA5 15217
MACD - [1] - DIF 2.00 MACD 1.83 DIF-MACD 0.17

图 4－56

股票形成较为理想的“成交量带”的同时，其上方的股价也表现出了一定的整体强势的顺滑性及完整的大风格（如图4－57、图4－58、图4－59、图4－60中所示）。

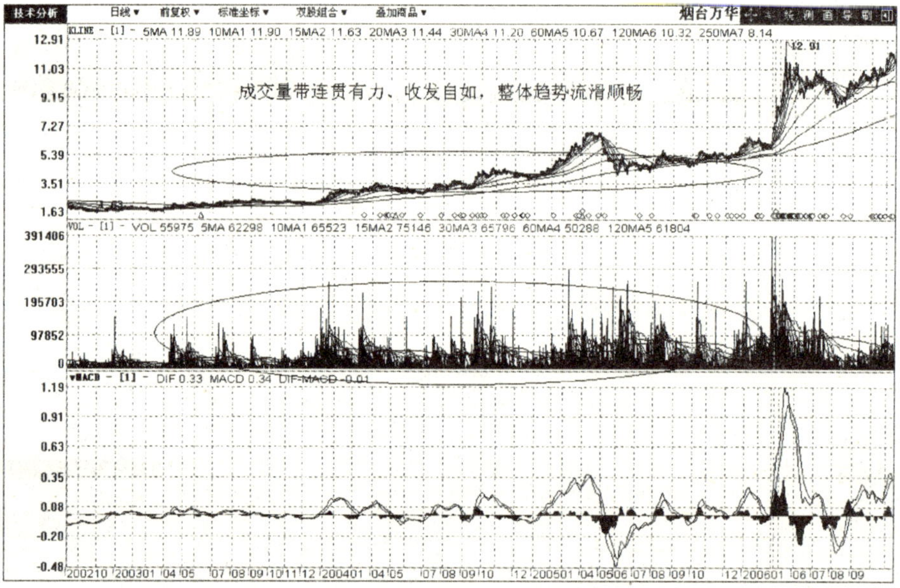

图4－57

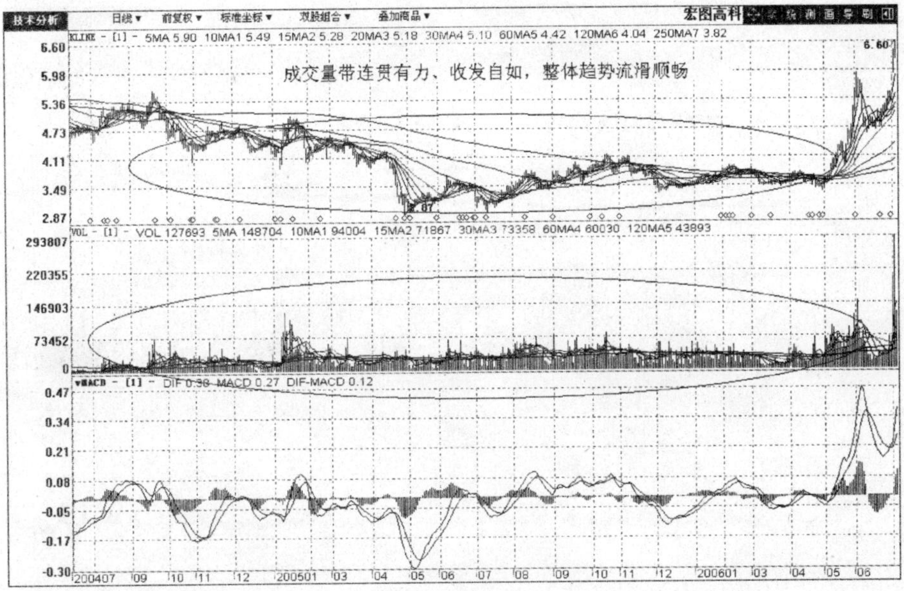
宏图高科
成交量带连贯有力、收发自如，整体趋势流滑顺畅

图 4－58

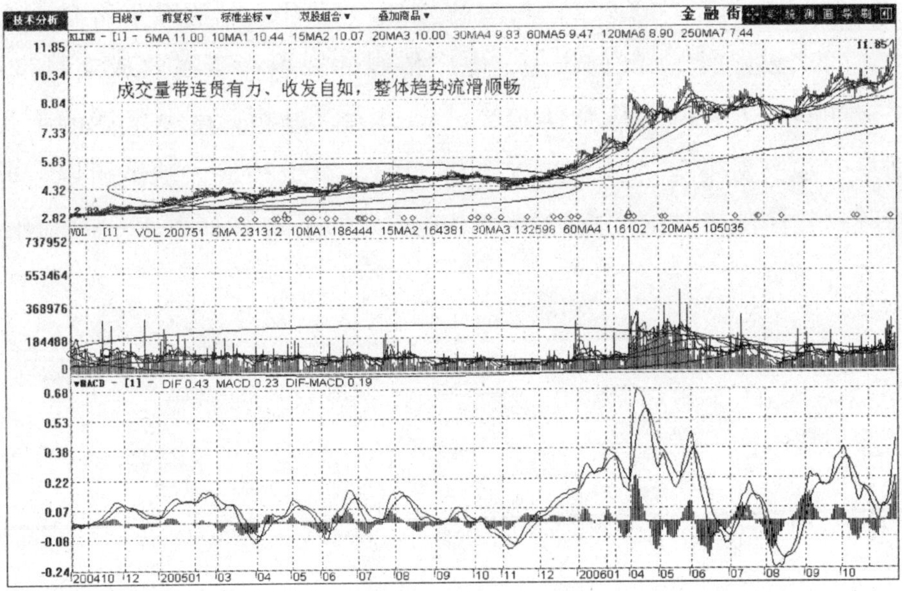
金融街
成交量带连贯有力、收发自如，整体趋势流滑顺畅

图 4－59

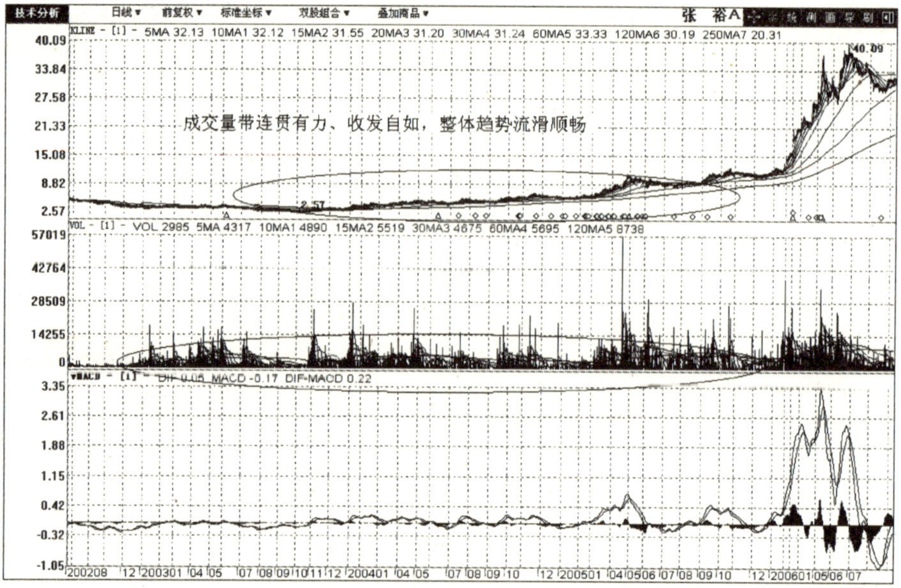

图 4-60

像电广传媒（000917）与南海发展（600323）就属于价量配合较差的“火性股”。我们认为，电广传媒的缺点在于在“成交量带”形成期间其上方的股价整体走势波动过大、过频；南海发展的不足则是“成交量带”的分布情况不够均匀，量也稍显欠缺。所以，此两股的整体涨幅与前面三只股相比有明显的不如（如图 4-61、图 4-62 中所示）。

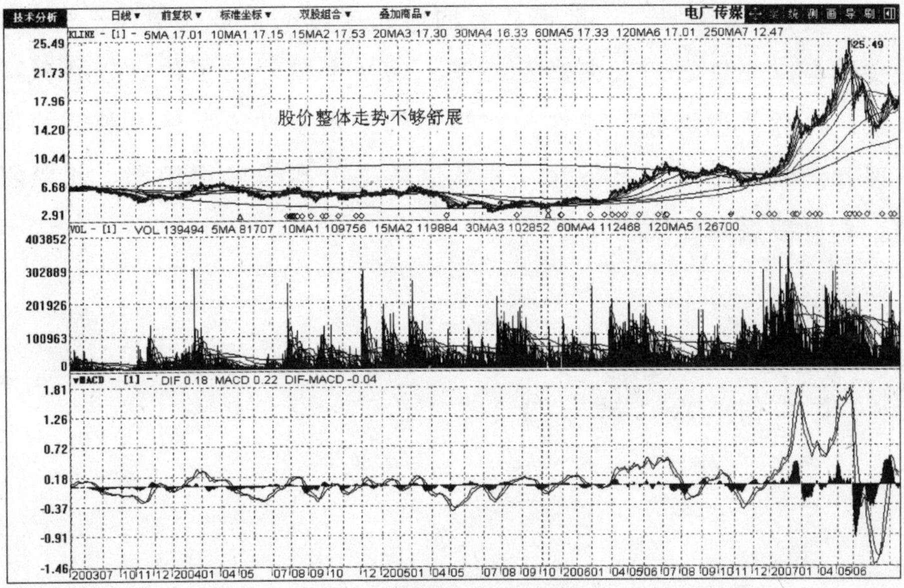
技术分析
日线
前复权
标准坐标
双股组合
叠加商品
电广传媒
KLINE - [1] - 5MA 17.01 10MA1 17.15 15MA2 17.53 20MA3 17.30 30MA4 16.33 60MA5 17.33 120MA6 17.01 250MA7 12.47
股价整体走势不够舒展
VOL - [1] - VOL 139494 5MA 81707 10MA1 109756 15MA2 119884 30MA3 102852 60MA4 112468 120MA5 126700
MACD - [1] - DIF 0.18 MACD 0.22 DIF-MACD -0.04

图 4-61

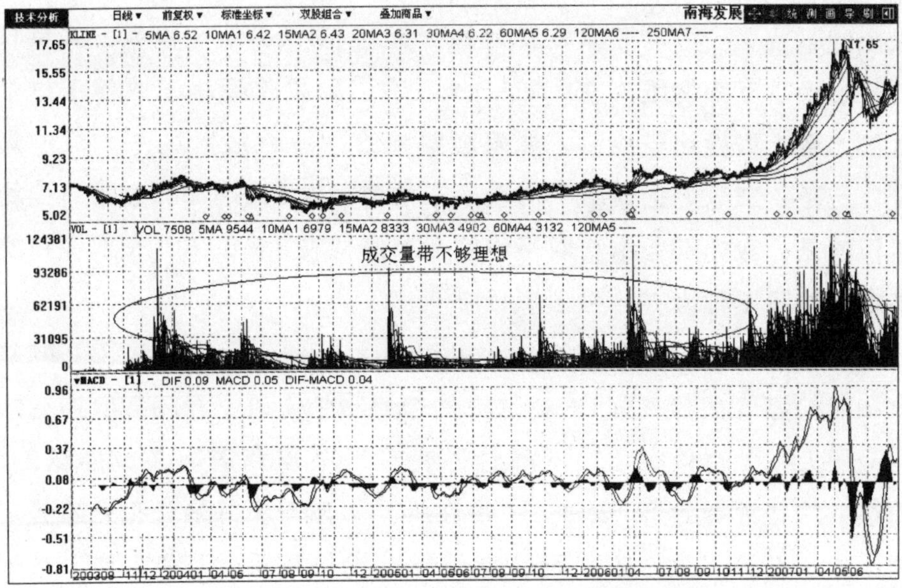
技术分析
日线
前复权
标准坐标
双股组合
叠加商品
南海发展
KLINE - [1] - 5MA 6.52 10MA1 6.42 15MA2 6.43 20MA3 6.31 30MA4 6.22 60MA5 6.29 120MA6 ---- 250MA7 ----
VOL - [1] - VOL 7508 5MA 9544 10MA1 6979 15MA2 8333 30MA3 4902 60MA4 3132 120MA5 ----
成交量带不够理想
MACD - [1] - DIF 0.09 MACD 0.05 DIF-MACD 0.04

图 4-62

小结：“温性股”一般都具有均匀而丰厚的“成交量带”，并且成交量与成交量之间大多紧密相联，是一个统一的整体，并且极其活跃。多数“温性股”都在比较规范的技术条件或巨量突破的前提下展开涨跌有度的主升行情，并且这种主升实力外柔内刚、难以阻挡，具有很强的韧性。

第三节　冷　性　股

“冷性股”这个名字听起来让人不寒而栗，由于我所讲的“股性”主要是从成交量的大小以及分布状况上来划分的，所以“冷性股”这一词专指那些在股价运行过程中长期保持交投冷清、成交量较小的股票。**一般的股票在正常的“无趋势”运动过程中，其每日的平均换手率都能维持在2%～3%左右，如果长期小于或等于这个数值，看上去就比较冷清，如果硬要我给“冷性股”的平均成交量量化一下，那只好把这个平均换手率数值设定在小于3%之下。换就话说就是：我把那些中长期平均换手率维持在3%以下、长期保持交易冷清的股票称为“冷性股”。**

一般来说，股票的运行趋势可以分为三种：上升趋势、下降趋势和无趋势（横盘整理）。在这三种趋势当中，以上升趋势所损耗的能量最大，无趋势次之，下降趋势有时是不需要消耗多少能量的，缩量下跌是常有的事。因此，**“冷性股”多出于下降趋势和无趋势之中**，这一点与“火性股”与“温性股”恰好相反。“冷性股”在很多方面都受到限制，无论在整体趋势上或是受主力的关照程度上，都无法与“火性股”和“温性股”相媲美，但在某种特定的情况下也会出人意料地跑出几匹“黑马”来，就像是中国象棋中的“车马冷招”，子力虽少但变化灵活，如运用得当，攻其不备，往往能出奇制胜，令人防不胜防，并取得意想不到的效果。

例如，青岛碱业（600229）、武汉控股（600168）、稀土高科（600111）、亚盛集团（600108）、国栋建设（600321）等黑马股大都带有“冷性股”性质（如图4－63、图4－64、图4－65、图4－66、图4－67中所示）。

不过，这类股票的上涨也有着自身的运行轨迹和极其严格的技术要求。

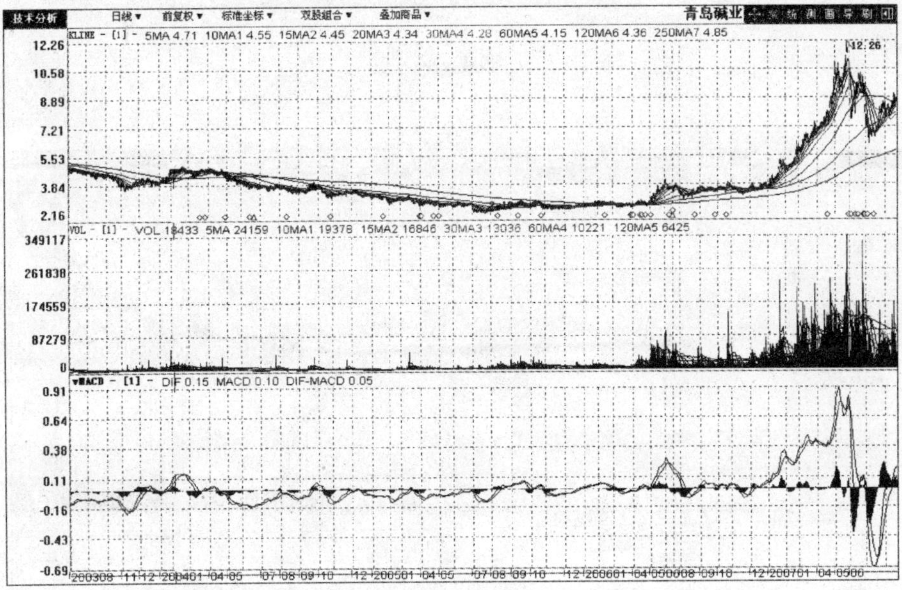

图4－63

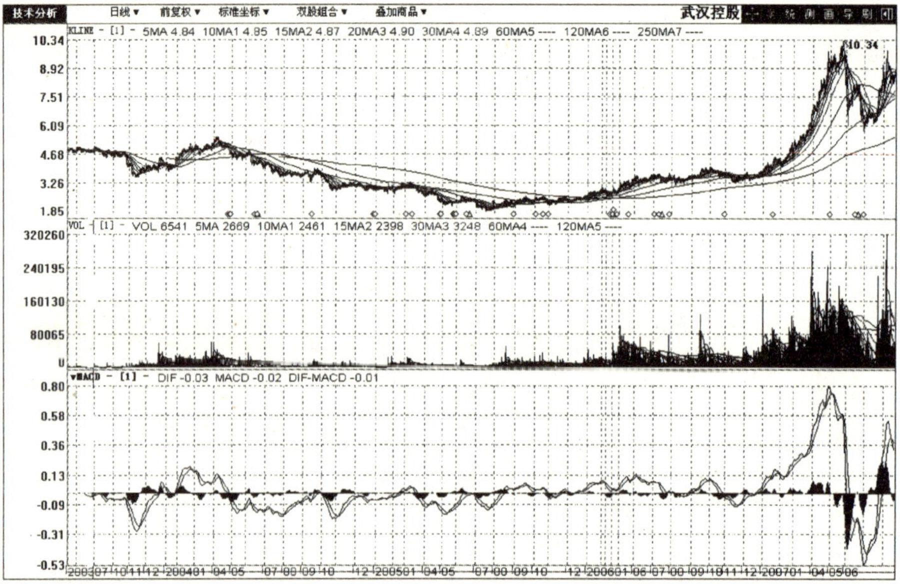

图 4-64

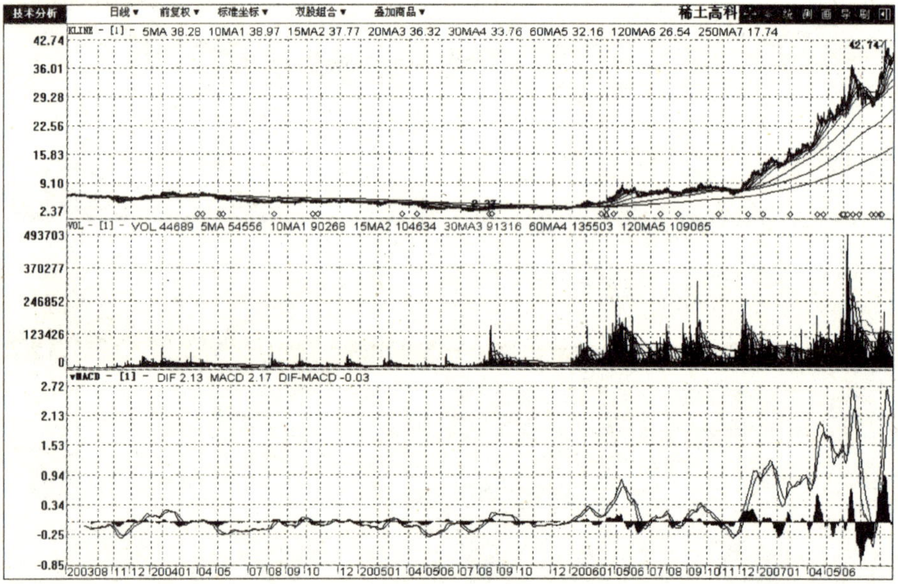

图 4-65

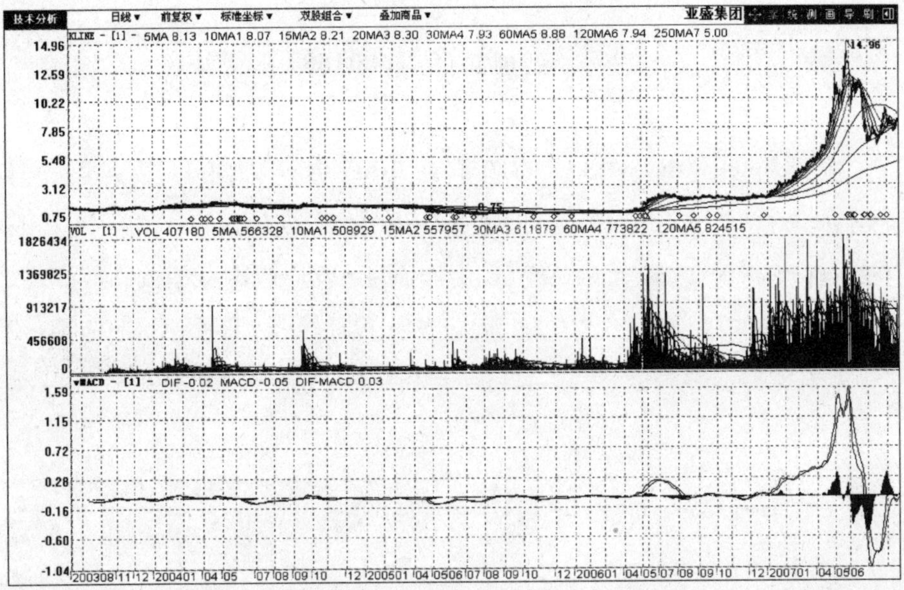
技术分析
日线▼ 前复权▼ 标准坐标▼ 双股组合▼ 叠加商品▼
亚盛集团
KLINE - [1] - 5MA 8.13 10MA1 8.07 15MA2 8.21 20MA3 8.30 30MA4 7.93 60MA5 8.88 120MA6 7.94 250MA7 5.00
VOL - [1] - VOL 407180 5MA 566328 10MA1 508929 15MA2 557957 30MA3 611879 60MA4 773822 120MA5 824515
MACD - [1] - DIF -0.02 MACD -0.05 DIF-MACD 0.03

图 4－66

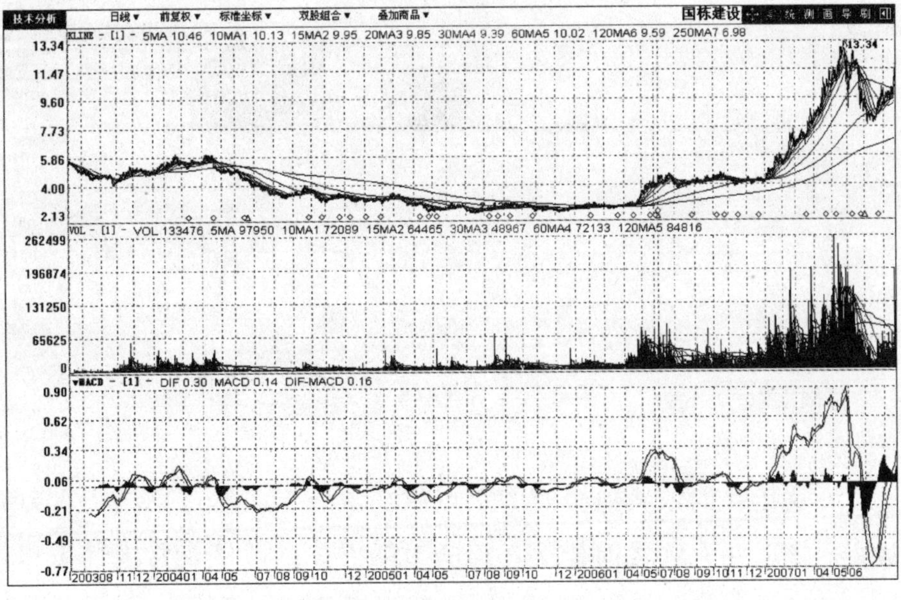
技术分析
日线▼ 前复权▼ 标准坐标▼ 双股组合▼ 叠加商品▼
国栋建设
KLINE - [1] - 5MA 10.46 10MA1 10.13 15MA2 9.95 20MA3 9.85 30MA4 9.39 60MA5 10.02 120MA6 9.59 250MA7 6.98
VOL - [1] - VOL 133476 5MA 97950 10MA1 72089 15MA2 64465 30MA3 48967 60MA4 72133 120MA5 84816
MACD - [1] - DIF 0.30 MACD 0.14 DIF-MACD 0.16

图 4－67

一、亚盛集团（600108）

亚盛集团（600108）的股价在2007年1月8日以2.21元的价格进入快速拉升阶段（如图4－68中A点所示），到2007年5月28日最高曾上穿至14.96元（如图4－68中B点所示），在4个多月的时间里上涨了5.76倍，应当算得上是一只很不错的黑马股了。

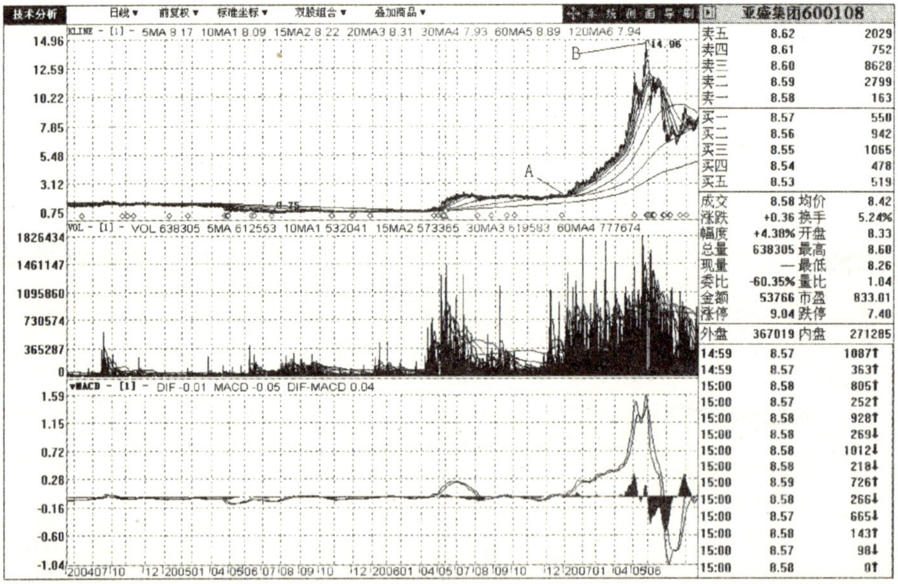

图4－68

在这里我们依然把研究的重点放在该股于大涨之前的那部分走势中。该股在大涨之前长达3年的时期内，其总体走势大体上可以划分为两段：一个阶段量多；一个阶段量少（如图4－69中所示）。第一段是从2006年4月～2006年11月，在这段时期内其股价的总

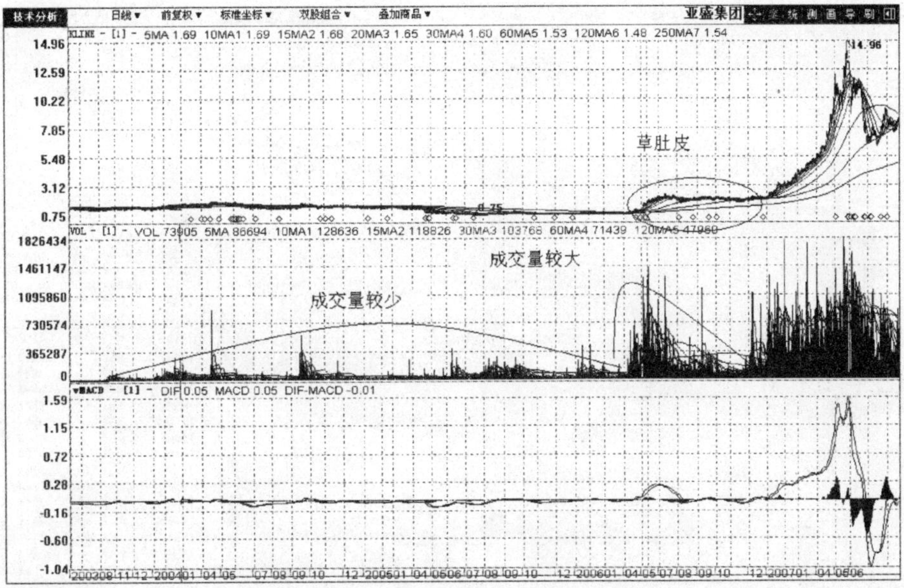

图 4－69

体走势呈现出清晰的“草肚皮”状，并且“草肚皮”下方也形成了极为突出的“成交量堆”，因此在这一阶段该股无论是在股价方面，还是在成交量方面都表现地极为突出（如图 4－70 中所示）；第二段是从 2003 年 10 月～2006 年 3 月，在这段时期内其股价的总体走势呈现出下降的趋势，形态上也非常混乱，股价下方的成交量虽略有放大，但与“火性股”及“温性股”下方的巨额成较量相比还是有很大的不足（如图 4－71 中所示）。**正是因为像亚盛集团这类能在短期之内迅速大涨，而在上涨之前的大部分时间里在成交量方面都没有什么太过突出的表现，其整体成交量肉眼看上去与“火性股”和“温性股”相比显得冷清、稀落，所以我才形象地称之为“冷性股”。**

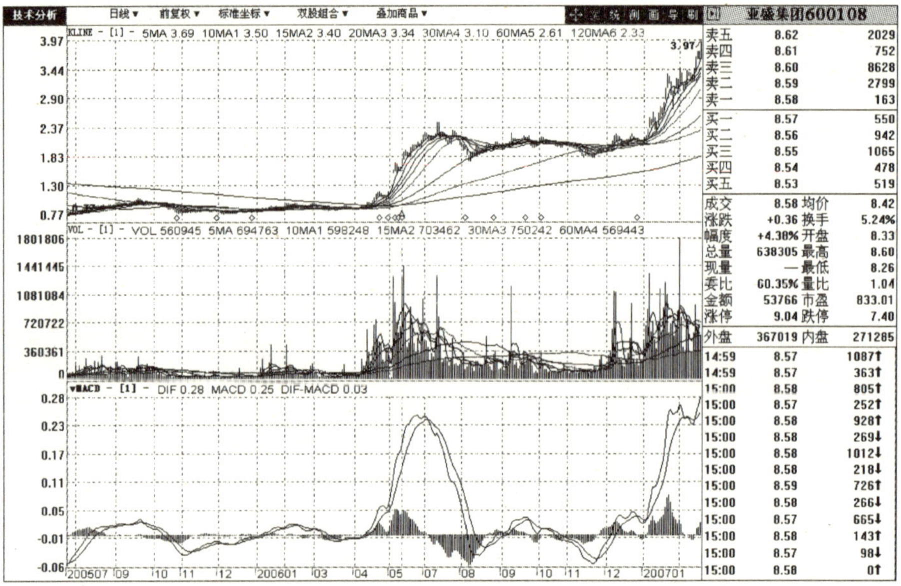

图 4－70

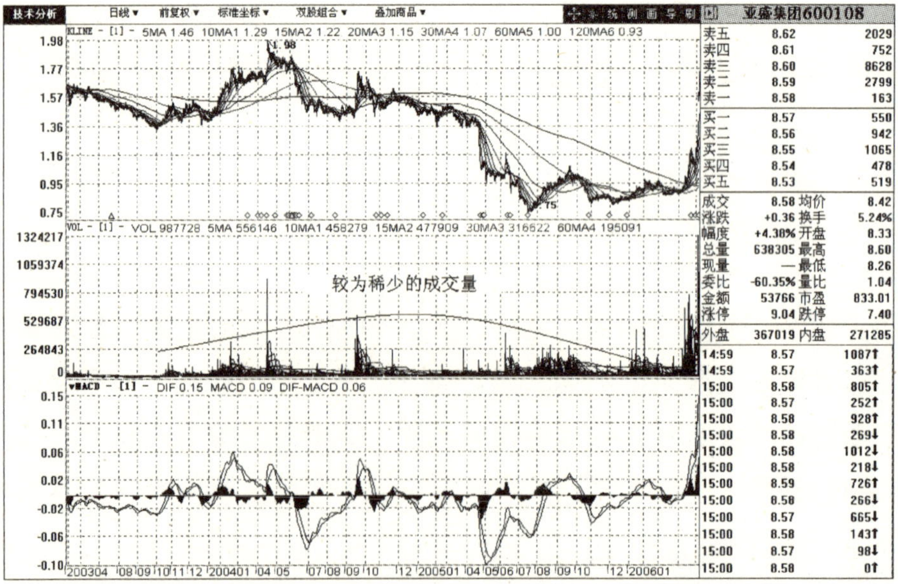

图 4－71

“冷性股”难道真得“冷”吗？有相当一部分股票是这样的，但也有一些股票是因为主力隐藏得较深，还有一部分股票是因为主力吸筹的动作较小。亚盛集团就属于最后这一类股票，其在2003年10月~2006年3月于股价下方所呈现出分布较为规律、薄薄的一层“小成交量带”就足可以说明这一点（如图4－71中所示）。不论是何种原因所形成的，“冷性股”在迎来真正的主升浪之前都会走一条“必经之路”，**即所有的“冷性股”都会在大涨之前成交量迅速地激增，并形成清晰而典型的上攻形态，只有这样才能迅速集中股价大涨所需要的能量，在一定的程度上弥补“冷性股”之不足，促使大幅拉高行情能在短期之内能够产生。**亚盛集团就是于5.76倍行情展开之前成交量能在短期内迅速激增，并形成了清晰而规范的“草肚皮”上攻形态（如图4－69中所示）。

稀土高科（600111）也是在其主升浪尚未形成的大部分时间里，在成交量方面都没有什么太过突出的表现，但该股在大涨之前的半年时间内成交量却迅速激增，并形成了极为明确的“草肚皮”形态，因此，该股在“股性”上也属“冷性股”范畴（如图4－72中所示）。

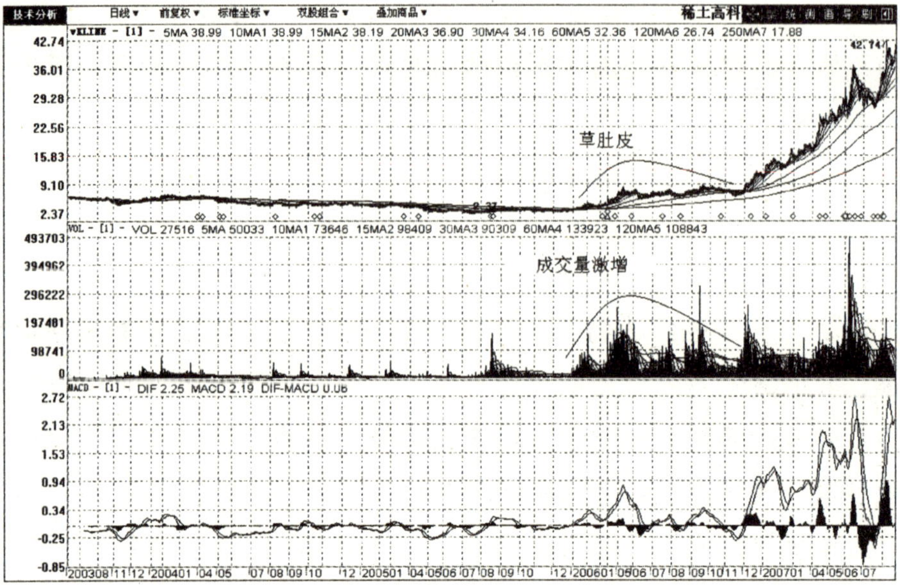

图 4－72

二、美尔雅（600107）

在典型的上攻形态当中，我们所最常见的通常有两种：一种是“草肚皮”；另一种则是“银边”。“草肚皮”与“银边”的主要性能我们在前面的章节中已经做过介绍了，**“草肚皮”能量充沛，外形突出，偏于“火性”；“银边”能量充沛，外形收敛，偏于“温性”，但无论是“草肚皮”，或“银边”都能在较短的时期内迅速聚集能量，因此，二者也经常成为多数“冷性黑马股”在大涨之前的“导火线”。**

美尔雅（600107）的股价在2003年1月～2006年4月的这段期间内受大盘的拖累，一直处于下降趋势当中，并且在成交量方面也没有什么太过突出的表现，虽然有几次间歇的放量，但也并未形成任何趋势，整体走势看上去略显低迷而萧条，这也正验证了多数冷性股都形成于下降趋势及无趋势运动当中的那句话（如图4－73中所示）。在2006年4月以后，在巨额成交量的配合下该股股价被迅猛地拉起，当股价到达相应的高位后好像受到了某种力量的制约，由原来的上升趋势转为横向整理，但充沛而有力的成交量能在整理的过程中却并没有丝毫的减少，这种放量盘整大概持续了有半年之久。形势发展到了此刻，在美尔雅的走势图中我们也可以轻易发现“银边”的存在，在“银边”形成的同时，分散的能量逐步地集中到了一起，主力也完成了对大量筹码的收集工作，上涨势头一触即发。不过多数的主力都会在大幅拉升之前，让股价作一次回档，以洗去建仓时期所形成的获利盘和其他浮筹，美尔雅的也不例外，其“回档坑”在向下触及到60日均线后才展开了真正的主升段行情（如图4－74中所示）。

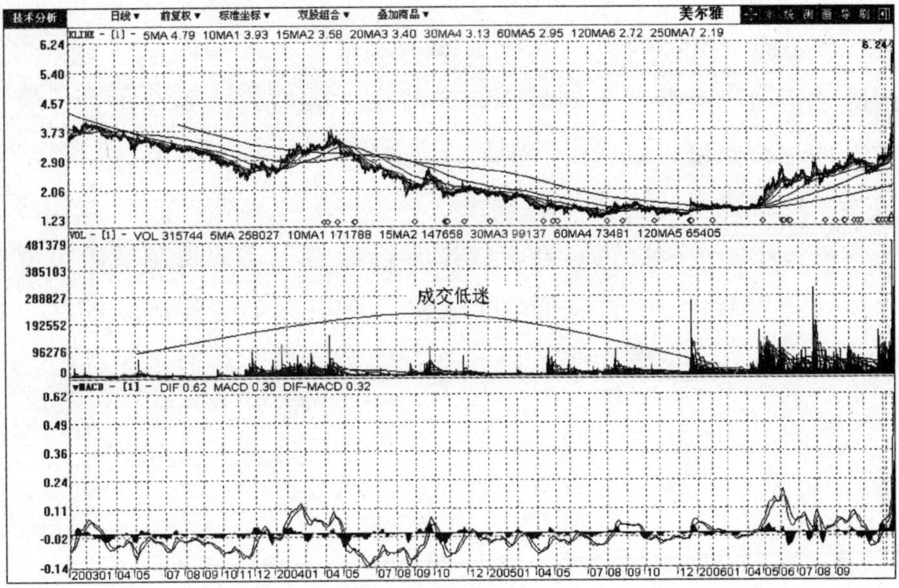

图4－73

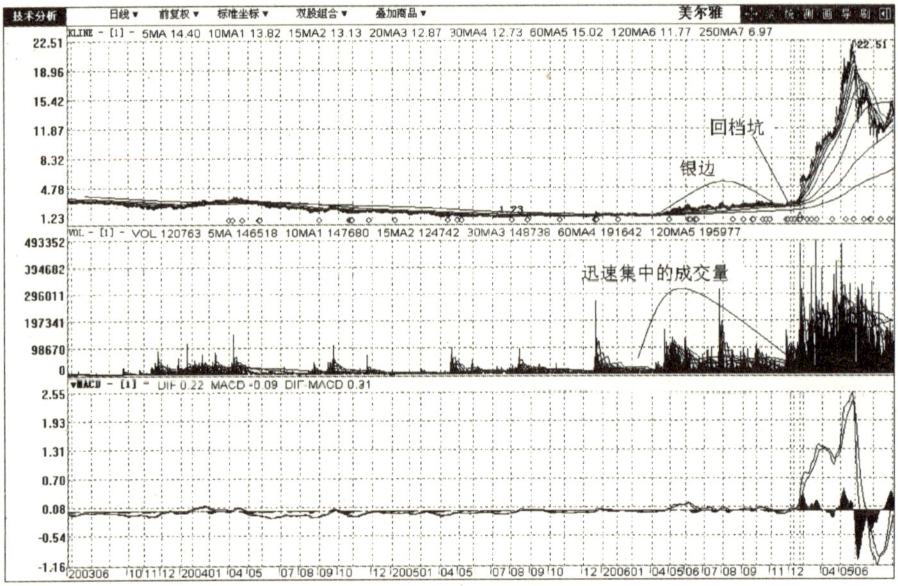

图 4-74

美尔雅（600107）从几年前无声无息的下降趋势，到半年多突出的“银边”走势，再到最后的主升段行情都严格地遵守着“冷性股”的运行轨迹，进入主升浪后美尔雅表现得尤为突出，涨幅巨大，成为“冷性黑马股”中的典型代表。

大众交通（600611）在大幅拉升行情产生之前也是经历了成交量由“冷”到“热”，股价由“无形”到突出的“银边”的这一转换过程（如图 4-75 中所示）。

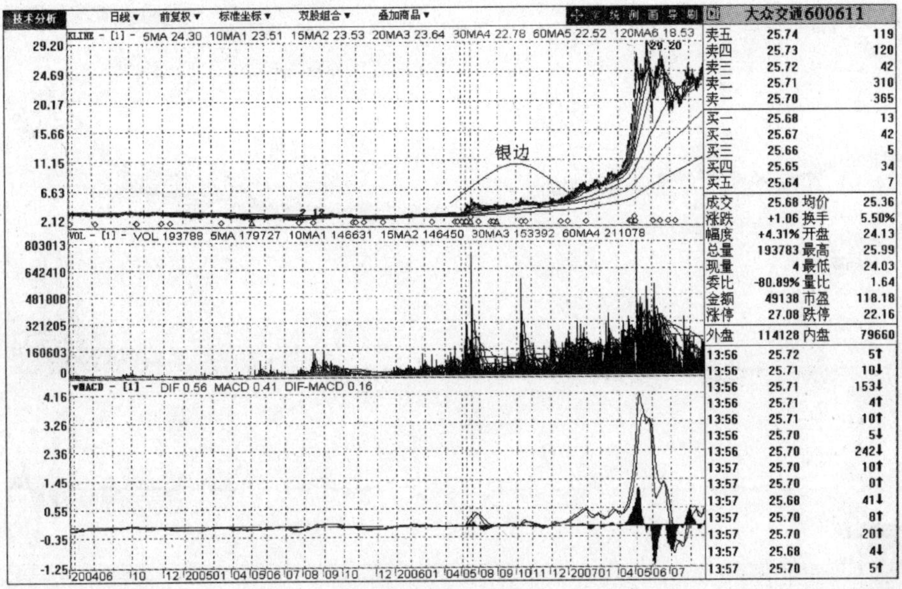

图 4-75

三、青岛碱业（600229）

青岛碱业（600229）也是在2006年牛市中后期迅速“走红”的一只“冷性黑马股”。该股在2003年8月～2007年8月这段漫长的时期内具体走时大体上可分为三段：第一段，2003年8月～2006年4月，这段时间最为漫长，股价的整体趋势表现也最为低迷，即不断下滑的股价与低迷的成交量；第二段，2006年4～12月，这段时期大概有半年之久，在此期间内该股出现了明显的变化，形成了突出而饱满的“草肚皮”及其下方激增的“成交量堆”，这是一个从量变到质变的过程；第三段，2006年12月～2007年5月，在此期间股价被快速而大幅地拉高（如图4-76中所示）。

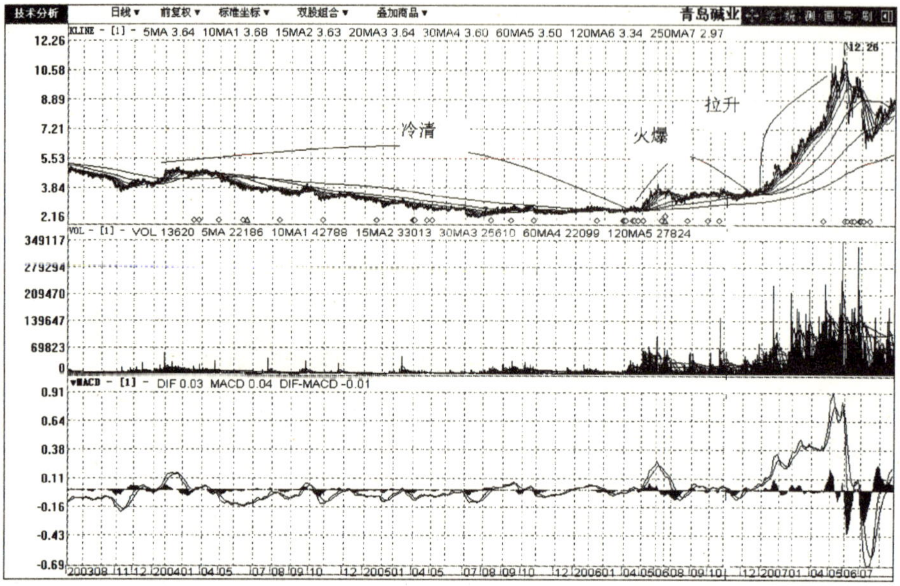

图 4－76

从上面的分析中可以看出青岛碱业最后大幅拉高的起始时间是在2006年12月份，这和我们前面所介绍的由“第三类庄家”所操控的“第三类股票”的拉高时间基本吻合，**如果深入地思考一下这种时间上的巧合绝不是偶然的，“冷性股”的形成过程是一个先“冷”后“热”，最后再快速爆发的过程。“冷”的时候说明主力很少参与，“热”的时候说明主力大量参与，如把行为动作联系到思想意识方面则说明主力对该股的理解是由不认同到认同的一个过程。**低迷期的冷漠，高潮期的疯狂抢购，这是后知后觉庄家的一种行为方式，因此，绝大多数的“冷性股”都应属于“第三类股票”。

例如，在上一章我们所介绍的葛洲坝（600068）、沧州大化（600230）等“第三类股票”，您仔细看一看，都是属于“冷性股”性质的（如图4－77、图4－78中所示）。

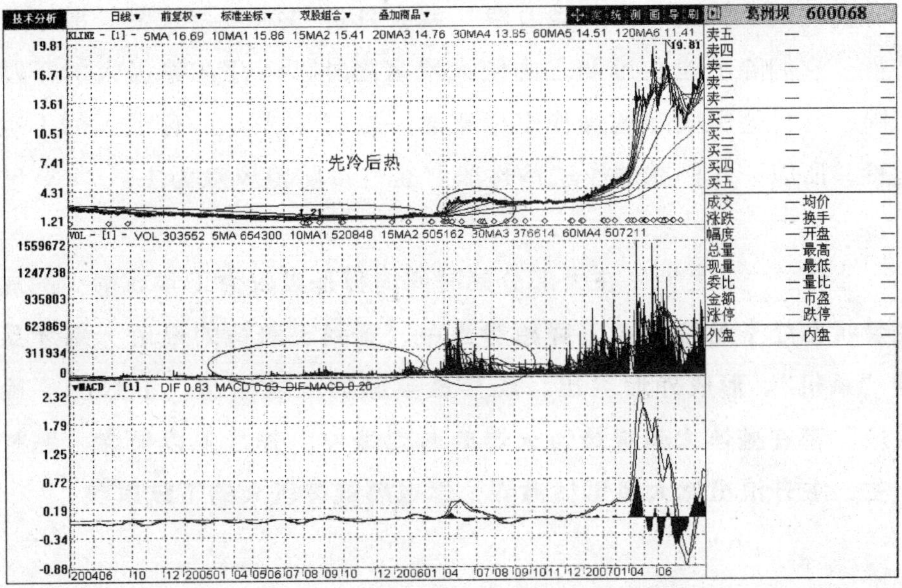
技术分析
日线▼ 前复权▼ 标准坐标▼ 双股组合▼ 叠加商品▼
葛洲坝 600068
KLINE - [1] - 5MA 16.69 10MA1 15.86 15MA2 15.41 20MA3 14.76 30MA4 13.85 60MA5 14.51 120MA6 11.41
19.81
先冷后热
1.21
VOL - [1] - VOL 303552 5MA 654300 10MA1 520848 15MA2 505162 30MA3 376614 60MA4 507211
MACD - [1] - DIF 0.83 MACD 0.63 DIF-MACD 0.20
卖五
卖四
卖三
卖二
卖一
买一
买二
买三
买四
买五
成交 均价
涨跌 换手
幅度 开盘
总量 最高
现量 最低
委比 量比
金额 市盈
涨停 跌停
外盘 内盘

图 4－77

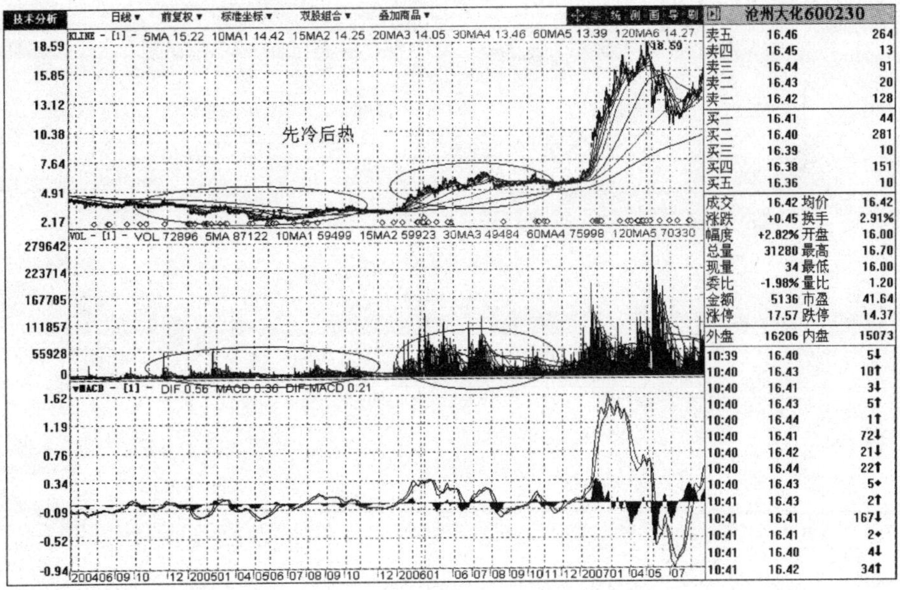
技术分析
日线▼ 前复权▼ 标准坐标▼ 双股组合▼ 叠加商品▼
沧州大化600230
KLINE - [1] - 5MA 15.22 10MA1 14.42 15MA2 14.25 20MA3 14.05 30MA4 13.46 60MA5 13.39 120MA6 14.27
18.59
先冷后热
VOL - [1] - VOL 72896 5MA 87122 10MA1 59499 15MA2 59923 30MA3 49484 60MA4 75998 120MA5 70330
MACD - [1] - DIF 0.56 MACD 0.30 DIF-MACD 0.21
卖五 16.46 264
卖四 16.45 13
卖三 16.44 91
卖二 16.43 20
卖一 16.42 128
买一 16.41 44
买二 16.40 281
买三 16.39 10
买四 16.38 151
买五 16.36 10
成交 16.42 均价 16.42
涨跌 +0.45 换手 2.91%
幅度 +2.82% 开盘 16.00
总量 31280 最高 16.70
现量 34 最低 16.00
委比 -1.98% 量比 1.20
金额 5136 市盈 41.64
涨停 17.57 跌停 14.37
外盘 16206 内盘 15073

图 4－78

我们认为，是“第三类股票”就会具备“第三类股票”股票的特性，它们除了能在短期之内使人暴富之外，还存在着极大的下跌风险，并且这类股票的操作多以概念、题材为主，具有很大的不确定性，所以，我们在炒作“冷性股”也应以防范风险为主。

小结：“冷性股”在大部分的时间内都是以较为正常或稀少的成交量状态处于无趋势或下降趋势当中，直到上涨前的最后一刻才显露“杀机”，形成外形突出、成交量丰厚的上攻形态，多数的“冷性股”都在整体大趋势最为火爆的时刻爆发，并且多以概念、题材为主，主升浪虽然大多迅猛激烈，但也蕴藏着巨大的下跌风险。

第五章　各类庄家

第一节　公募基金的投资偏好与操作特点

在这里，我所说的“公募基金”是指那些已经通过中国证监会审核，可以在银行网点、证券公司网点，以及各种基金营销机构进行销售，可以大作广告的，并且在各种交易行情中可以看到交易信息的“股票型基金”。

“公募基金”都是由专业投资团队所管理的，他们对宏观经济环境、市场运行规律、个股基本面情况等有着深刻的理解，并且具备扎实的专业知识及成熟的投资理念，拥有着强大的研发实力，多数都倡导“价值投资”。“公募基金”规模庞大，截至2007年中期，我国的基金管理公司总数已达到50余家，旗下有基金300多只，总资产已接近3万亿元，相当于沪、深两市总市值的三成左右，是一股极为强大并具有主导能力的势力，它们的一举一动都会给中国股市带来巨大的后果与极其深远的影响，也是目前我国股市当中的核心力量。

由于公募基金多由倡导“价值投资”的专业团队进行管理，因而在一定意义上决定了这笔庞大资金的投资方向。首先，“基金队伍”不但队伍庞大并且种类繁多，除了公开向老百姓募集的之外，还有社会保险等其他保险类型的品种，这里面不是老百姓的血汗钱，就是老百姓的保命钱，所以它们是万万亏不得的，这也就决定了基金管理者所选择的投资品种（上市公司）必须具备稳定的获利能力。其次，在资本市场里什么叫“投资”？说白了就是用钱来生钱，因此基金在选择稳健投资品种的同时，还需要建立在持续发展基础之上，上市公司未来的成长性也是不可或缺的，所以具有较高成长性或具有一定的升值预期以及潜在价值的行业及上市公司都是其首先要考虑的投资对象。再次，资金规模的庞大在前面我们已经介绍过了，就单只基金而言，其份额近千亿的也为数不少，对于基金来说，那么大的资金量进进出出是非常不便的，找到了具有较高成长性的上市公司，就等于找到了金矿，更何况许多股票都有多家基金持股，水浅了是撑不起大船的，因此，流动性较好的大盘蓝筹股多数是基金的首选目标。

综上所述：基金所选择的行业一定要具有稳定的获利能力，较高的成长性或潜在的发展空间，具体落实到上市公司身上则更多的是各个行业当中的一些“龙头企业”。

近几年来随着基金队伍的不断壮大，价值投资理念也在不断地被多数投资者所认同，这些都可以从近几年的股市变化中所体现出来，从 2003 年以钢铁、石化、汽车等行业为代表的“五朵金花”至 2006 年大牛市中的一批最优秀的大牛股，几乎都符合上述所总结出来的几方面条件。

例如，2006 年“大牛市”当中的超级牛股“钢铁龙头”宝钢股份（600019）、武钢股份（600005），钢铁行业一直有着稳定的利润，特别是在经济的高速发展时期其利润更是可观。

“金融龙头”中信证券（600030）、招商银行（600036），金融行业不仅有着稳定的利润，而且是一个可持续发展的行业，资本市场的繁荣更促进了其良性循环。

“有色金属龙头”驰宏锌锗（600497）、山东黄金（600547），国际有色金属期货价格的持续走高也为有色金属行业的利润的增长提供了巨大的动力。

还有像贵州茅台（600519）、华联综超（600361）、中国船舶（600150）、深万科（000002）、中国石化（600028）等一些各个行业的龙头上市公司，它们的平均涨幅都在十几倍以上。

我曾作过深入的考查，在本书第一章“智慧的庄家”中所介绍“超级大牛股”当中几乎都能见到基金的身影，并且现有的300多只基金大都只存在于具有稳定的获利能力和一定成长性的200只左右的国企大盘蓝筹股当中，从这当中可以反映出前面我们所提到的“智慧的庄家”，主要所指的就是这些具有成熟投资理念的投资基金。

从第一章的介绍中我们可以总结出投资基金操作风格：它们一般都是在行情危难、股价低廉、众人抛弃的时期进入股市大举吸纳，并具有极强的忍耐力与坚定的意志，一般的操作周期都拉得很长，胸有大志，不计较短期内的得失，不在乎技术上的细节变化，以长期投资的心态去面对股价的短期波动，但总体大趋势雄厚有力，趋于完美；另一方面它们嗅觉敏锐，更善于把握政策，一旦时机成熟它们就会发动攻势，在很多情况下它们都是行情的“引导者”，由它们所主导的个股一般都上涨稳健，涨势持久，并且涨幅巨大。

例如，从宝钢股份（600019）、中信证券（600030）、中国船舶（600105）、深万科（000002）这几只“超级大牛股”在上涨前后的走势图中就可见一斑（如图5－1、图5－2、图5－3、图5－4中所示）。

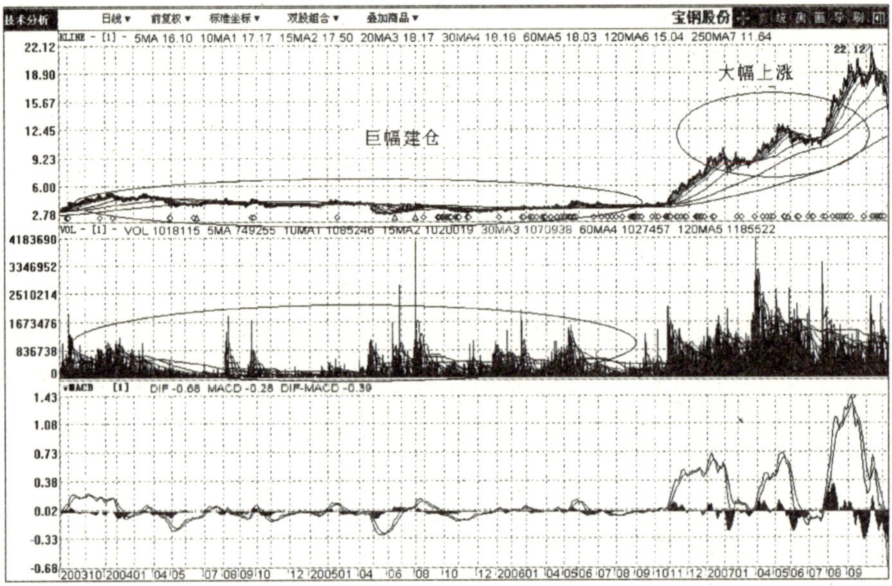
技术分析
日线
前复权
标准坐标
双股组合
叠加商品
宝钢股份
KLINE - [1] - 5MA 16.10 10MA1 17.17 15MA2 17.50 20MA3 18.17 30MA4 18.18 60MA5 18.03 120MA6 15.04 250MA7 11.64
大幅上涨
巨幅建仓
VOL - [1] - VOL 1018115 5MA 749255 10MA1 1085246 15MA2 1020019 30MA3 1070938 60MA4 1027457 120MA5 1185522
MACD [1] DIF -0.68 MACD -0.28 DIF-MACD -0.39

图 5-1

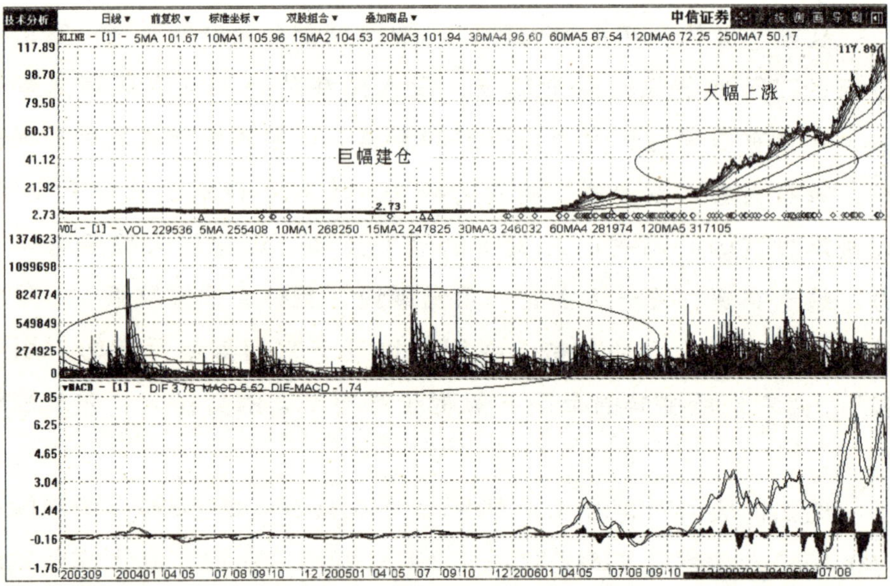
技术分析
日线
前复权
标准坐标
双股组合
叠加商品
中信证券
KLINE - [1] - 5MA 101.67 10MA1 105.96 15MA2 104.53 20MA3 101.94 30MA4 96.60 60MA5 87.54 120MA6 72.25 250MA7 50.17
大幅上涨
巨幅建仓
VOL - [1] - VOL 229536 5MA 255408 10MA1 268250 15MA2 247825 30MA3 246032 60MA4 281974 120MA5 317105
MACD - [1] - DIF 3.78 MACD 5.52 DIF-MACD -1.74

图 5-2

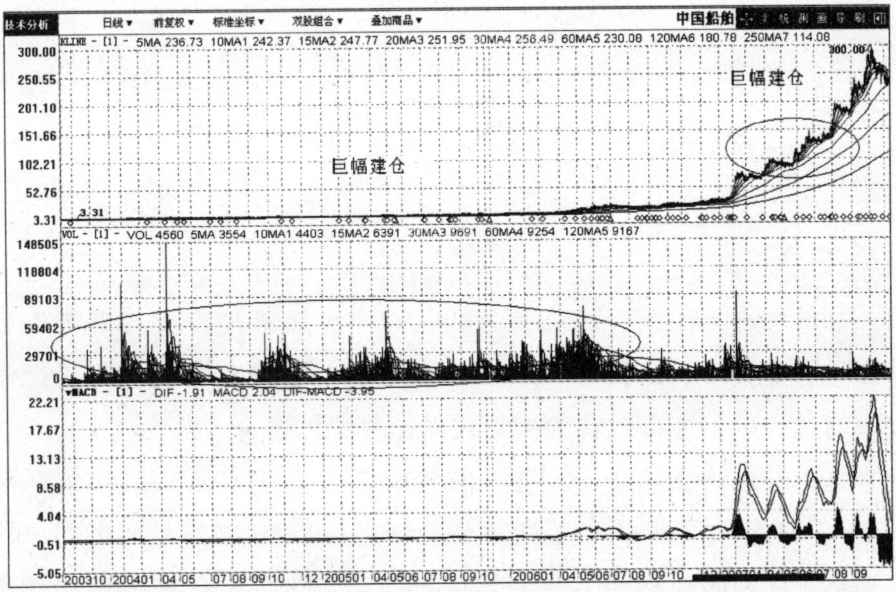
技术分析
日线▼ 前复权▼ 标准坐标▼ 双股组合▼ 叠加商品▼
中国船舶
KLINE - [1] - 5MA 236.73 10MA1 242.37 15MA2 247.77 20MA3 251.95 30MA4 256.49 60MA5 230.08 120MA6 180.78 250MA7 114.08
巨幅建仓
巨幅建仓
VOL - [1] - VOL 4560 5MA 3554 10MA1 4403 15MA2 6391 30MA3 9691 60MA4 9254 120MA5 9167
MACD - [1] - DIF -1.91 MACD 2.04 DIF-MACD -3.95

图 5-3

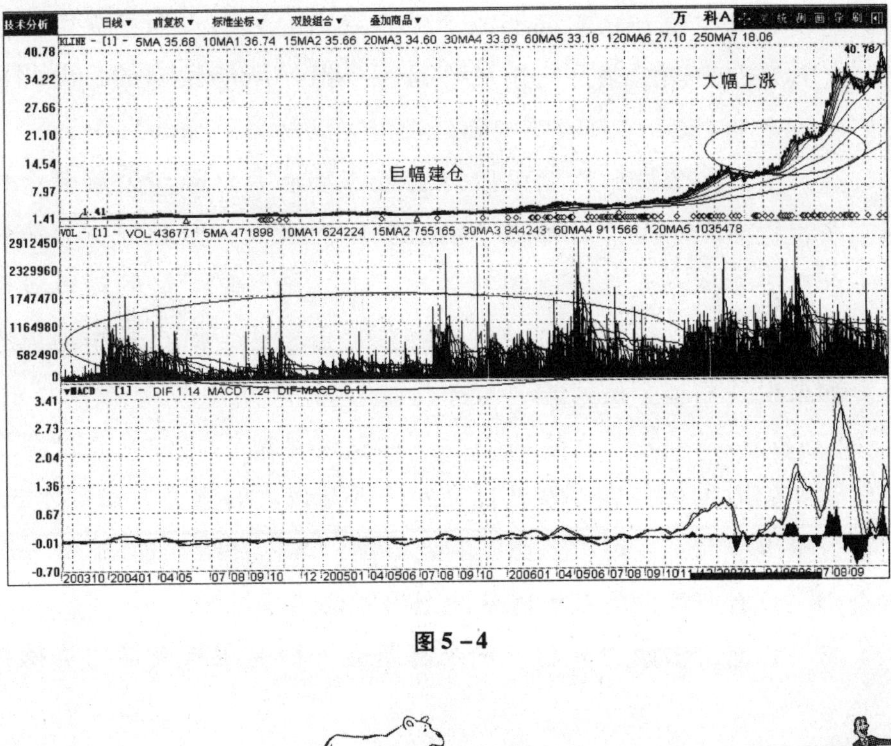
技术分析
日线▼ 前复权▼ 标准坐标▼ 双股组合▼ 叠加商品▼
万 科A
KLINE - [1] - 5MA 35.68 10MA1 36.74 15MA2 35.66 20MA3 34.60 30MA4 33.69 60MA5 33.18 120MA6 27.10 250MA7 18.06
大幅上涨
巨幅建仓
VOL - [1] - VOL 436771 5MA 471898 10MA1 624224 15MA2 755165 30MA3 844243 60MA4 911566 120MA5 1035478
MACD - [1] - DIF 1.14 MACD 1.24 DIF-MACD -0.11

图 5-4

第二节　私募基金的投资偏好与操作特点

私募基金是指通过非公开方式、面向少数机构投资者募集资金而设立的基金。它的销售和赎回，都是基金管理人通过私下与投资者协商进行的，又可以称为向特定对象募集的基金。

私募基金与公募基金相比，其管理者的专业素质与操作水平毫不逊色，甚至更为突出。上边我们介绍过："300 多只基金大都只存在于具有稳定的获利能力和一定成长性的 200 只左右的国企大盘蓝筹股当中"。当前深、沪股市的股票总数不下 1500 只，这些股票在 2006 年"大牛市"行情中有八成以上的个股都出现过强劲而有力的飙升行情，并在飙升之前都形成了较为突出的吸纳行为。股票的飙升，尤其是有预谋的飙升行情绝不是中小散户所能发动的，由此可见，在剩余的 1300 多只股票中随处都可见到私募基金的身影。

通过上面的分析，我们可以得出私募基金的总额与公募基金相比只有过之而无不及。私募基金的总额虽然庞大，但却很少有级别较大的单个实体，大多都成零散分布，十几亿、二十亿的就算规模很大了，与几百亿、近千亿一只的公募基金相比，简直是小巫见大巫。如果说公募基金是大的"岩体"，那么私募基金就是"碎石"。

"私募基金"同"公募基金"一样，也是输不起的。"公募资金"如果略有损失，凭借着其良好的信誉及强大的实力，山高水长，还可以慢慢挽回，还可以源源不断地募集资本，补给"前线"；私募基金则一旦有所闪失就有可能从此退出股票市场。

另一方面，多如"碎石"的私募基金一般是很难有能力去操控

大盘股的，更无法与强大的股市相抗衡，因此，私募基金只能选择一些流通盘适中或较小的上市公司作为操作对象。一般情况下，规模较小的上市公司都不是所在行业的“龙头”，所以其盈利状况及发展前景大都不是相对的稳定，虽然其中也会有一些优秀的企业，但为数较少。在对上市公司的研发实力上，私募基金与公募基金相比也相差甚远，所以力量相对较弱的私募资金要想在弱肉强食的股市中生存只能借助于“势”，借助于强大的市场趋势及各种各样的炒作题材，因而多数的私募基金只有在大牛市行情中才敢于“出头”。

在选股方向上我们可以归纳出：私募基金的主要操作对象是有一定炒作题材的中小盘类个股。

在第二章及第三章当中我所提到的“聪明的庄家”与“第三类庄家”也多指的是“私募基金”，由此可推断出它们的操作风格：操作谨慎，擅长游击，在行情低迷时不轻易涉险，懂得顺势而为，一般都在行情趋于明朗或火爆之时才大举介入，并且行动迅速，不会过久地停留，注重操盘细节，在意短期得失，因而多数由私募基金所操控的个股都表演于明确的牛市行情当中，又以出现在牛市行情的中后期居多，因为这一时期市场气氛火爆，容易拉动人气，趋势借助人气操作起来得心应手，成功率极高。在技术上，这些私募基金的操盘手法则会表现出操作周期短，拉升迅猛，出货不顾后果等特性。一般它们的集中操作周期都在几个月左右，一年以上的并不多见，拉升阶段更显急为迫切，因此，多出现飙升走势。私募基金善于把握政策，注重技术，不计后果，一有风吹草动便迅速离场，造成某些股票股价暴涨暴跌，甚至波及大盘及整个股市。

例如，从新都酒店（000033）、葛洲坝（600068）、青山纸业（600103）、大众交通（600611）这几只股票在2006年“大牛市”中后期的表现中就可以看到以上特性（如图5－5、图5－6、图5－7、图5－8中所示）

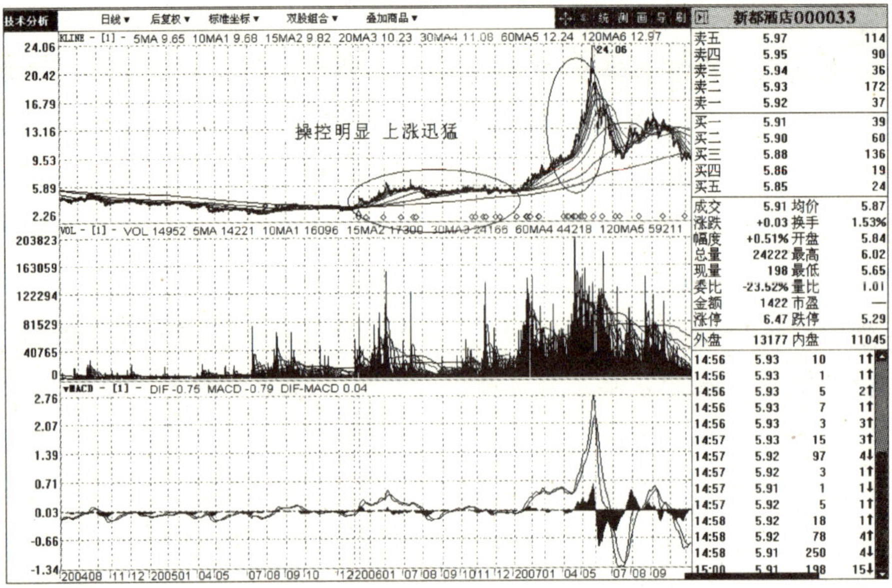

图 5－5

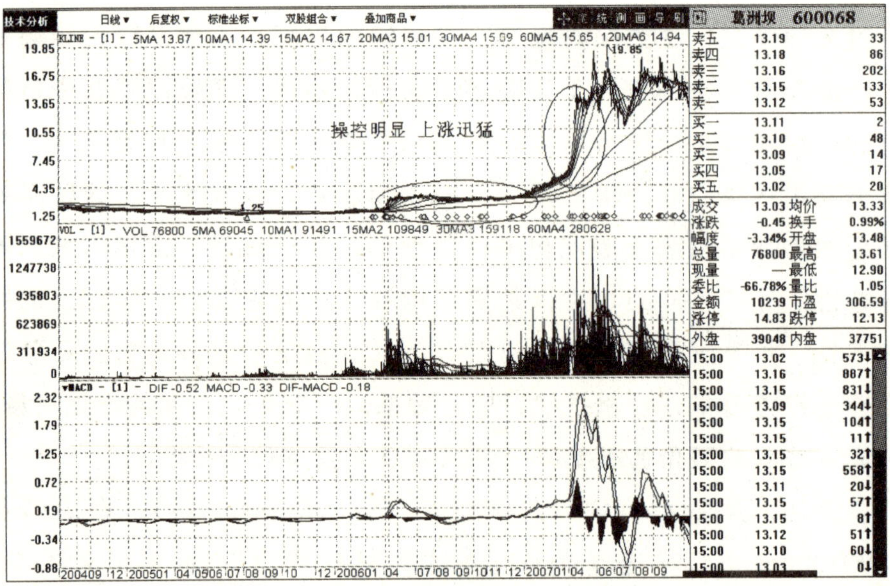

图 5－6

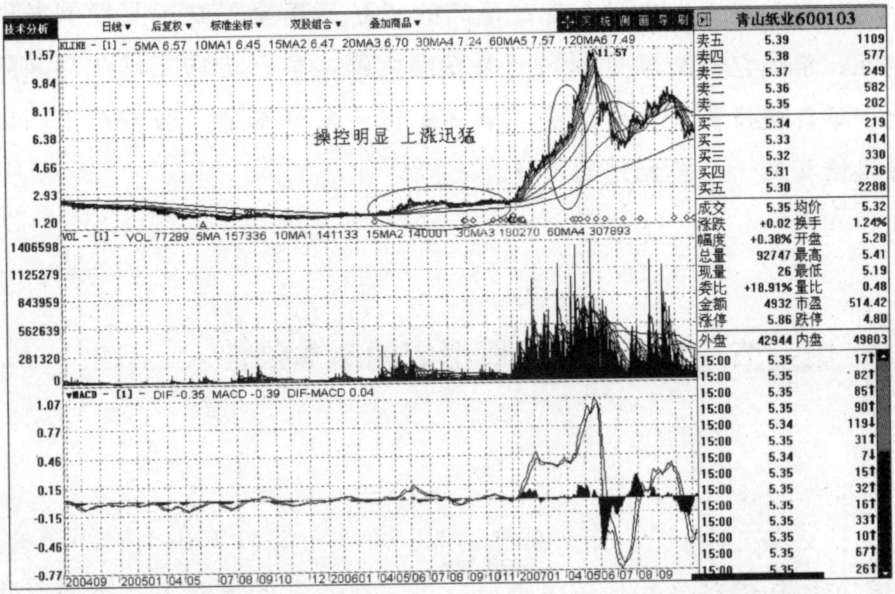

图5-7

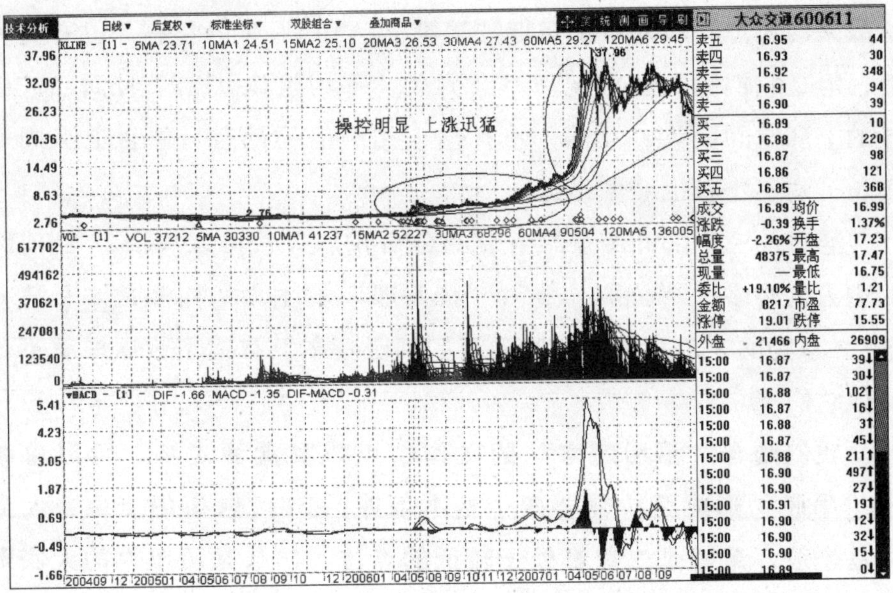

图5-8

从某种意义上来讲，目前民间的“私募基金”缺乏足够的发展空间，希望它们能早日找到一条发展之路，早日走向正规化、国际化，早日被投资大众所接受，早日能与“公募基金”分庭抗争，以提供给我们一个多元化的市场。

第三节　牛股及黑马股形成的基本条件

什么是“牛股”？什么是黑马股？事实上并没有很明确的定义，我们可以凭借自己的理解去划分一下。在通常的情况下，我把那些形成周期较短，而又上涨迅速、连续飙升的个股称为“黑马股”；把那些形成周期较长，涨势稳健，而又涨幅巨大的个股称为“牛股”。一般来说，黑马股的股价短期涨幅都能达到1～2倍左右，也有更多的，但是它们的上涨周期都不会太久，平均也仅一二个月而已；牛股的上涨空间巨大，几倍、十几倍、几十倍的都有，并且上涨周期较长，两三年者也屡见不鲜。

通过前三章的介绍及第五章的分析我们大致可以摸清，“牛股”的主力机构多是“公募基金”，“黑马股”的主力机构多是“私募基金”。事物的表象及事物的本质我们都已基本上掌握了，这样就不难抓住它们了。

我们结合“幕后庄家”的操作特点以及盘面走势，可以总结出“牛股”形成至少需要四个基本条件：(1) 较低的点位。大盘或是个股，最好是二者都处于较低的点位，如果是历史性的大底则更佳。(2) 业绩稳定或优秀并具有持续赢利能力的大盘蓝筹股，这是一个不可缺少的载体。(3) 扎实的技术面，主要指的是主力

大规模的介入，就像第一章中所提到的主力长达几年的持续运作。(4) 宏观经济整体向好，这是个股乃至整个股市持续向前发展的必要保证。

“黑马股”的形成的基本条件至少也应具备一下三个基本条件：(1) 气氛较好的市场环境，这是“私募基金”入场的基本条件，力量薄弱者只能顺势、借势而为。(2) 良好的技术面，黑马股多数都缺乏基本面的支持，所技术面显得格外重要。(3) 充足的市场资金及丰富的炒作题材，交投活跃的市场氛围，丰富的炒作题材最适合“小型庄家”的快进快出，而多数所谓的“题材”都是有心无力之人在火爆的投机气氛中所散布出来的。

第四节 牛股及黑马股是如何终结的

无论是“大牛股”还是“黑马股”基本上都是由“幕后庄家”所操控的，要想弄清楚这些股票的涨跌规律，就必须先去了解其“幕后庄家”的操盘目的。

“大牛股”一般都是由“公募基金”所控股的，“公募基金”最显著的特点就是实力强大，投资理念成熟，以价值投资为核心，看好上市公司的未来，看好股市的未来，看好整个国民经济的未来，它们大量购买股票目的主要是投资，尤其是对未来利润的预期投资，因而随着个股赢利的不断上升，股市的不断走强，国民经济的不断向好，它们也会不断地修正自己的投资预期，进而又不断地去购买股票，因此，在大牛市行情中“大牛股”的上涨空间是不受限制的，可以根据市场的氛围、市场的预期而不断向上拓展的，水涨船高就是这个道理。

例如，在2006年“大牛市”当中像中信证券（600030）、三一重工（600031）、万科A（000002）等一些风行一时的大牛股都是随着股市的向好、企业利润上升及投资环境的改善而不断地以波段的方式向上拓展空间的（如图5－9、图5－10、图5－11中所示）。

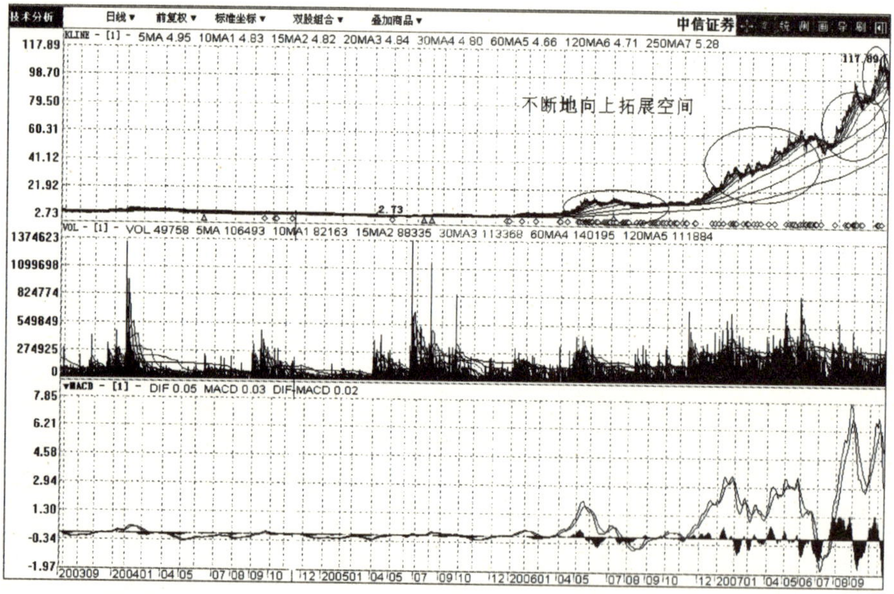

图5－9

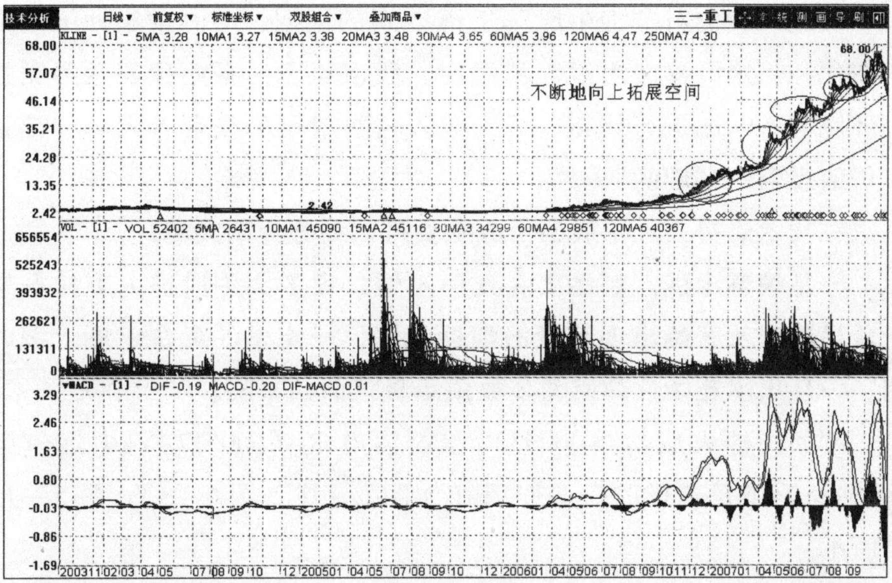
技术分析
日线▼ 前复权▼ 标准坐标▼ 双股组合▼ 叠加商品▼
三一重工
KLINE - [1] - 5MA 3.28 10MA1 3.27 15MA2 3.38 20MA3 3.48 30MA4 3.65 60MA5 3.96 120MA6 4.47 250MA7 4.30
68.00
57.07
46.14
35.21
24.28
13.35
2.42
不断地向上拓展空间
VOL - [1] - VOL 52402 5MA 26431 10MA1 45090 15MA2 45116 30MA3 34299 60MA4 29851 120MA5 40367
656554
525243
393932
262621
131311
0
MACD - [1] - DIF -0.19 MACD -0.20 DIF-MACD 0.01
3.29
2.46
1.63
0.80
-0.03
-0.86
-1.69
200311 02 03 04 05 07 08 09 10 12 200501 04 05 07 08 09 10 12 200601 04 05 06 07 08 09 10 11 12 200701 04 05 06 07 08 09

图 5-10

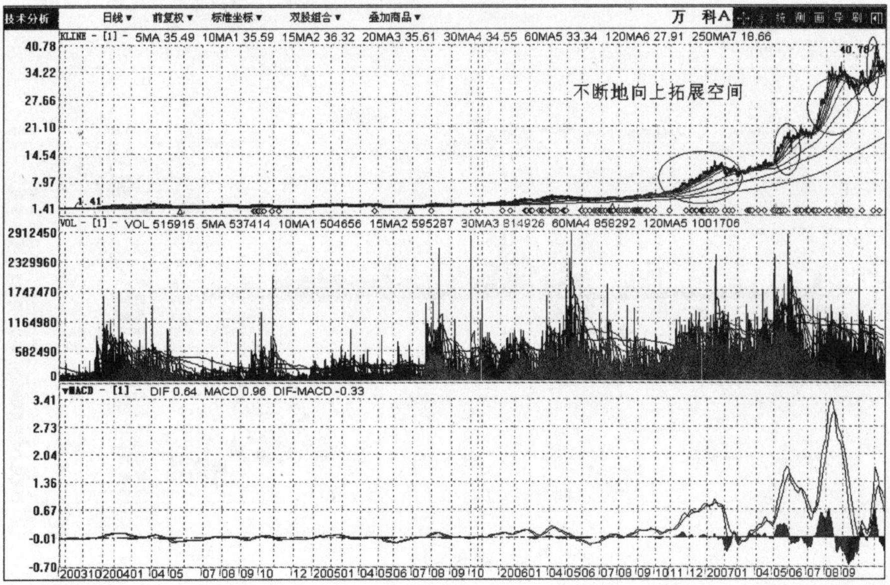
技术分析
日线▼ 前复权▼ 标准坐标▼ 双股组合▼ 叠加商品▼
万 科A
KLINE - [1] - 5MA 35.49 10MA1 35.59 15MA2 36.32 20MA3 35.61 30MA4 34.55 60MA5 33.34 120MA6 27.91 250MA7 18.66
40.78
34.22
27.66
21.10
14.54
7.97
1.41
不断地向上拓展空间
VOL - [1] - VOL 515915 5MA 537414 10MA1 504656 15MA2 595287 30MA3 814926 60MA4 858292 120MA5 1001706
2912450
2329960
1747470
1164980
582490
0
MACD - [1] - DIF 0.64 MACD 0.96 DIF-MACD -0.33
3.41
2.73
2.04
1.36
0.67
-0.01
-0.70
200310 200401 04 05 07 08 09 10 12 200501 04 05 06 07 08 09 10 200601 04 05 06 07 08 09 10 11 12 200701 04 05 06 07 08 09

图 5-11

因此，我们对“大牛股”上涨空间的把握，应侧重于外围因素的变化，一定要参考宏观经济情况、股市氛围、企业预期及各类投资环境等不断地进行修正，因为买入这类股票的投资者大部分都是以价值投资为基础的。

在技术走势上大牛股的上涨主要可以划分为两大类：

一是缩量上涨。百足之虫死而不僵，很多大牛股进入到拉升期的后半段时就开始出现缩量的惯性上涨，一定要注意在缩量上涨时期，一旦出现连续性的回调多数预示着顶部的来临。

例如，神火股份（000933）、置信电气（600517）、中远航运（600428）就是这样的一些股票（如图 5－12、图 5－13、图 5－14 中所示）。

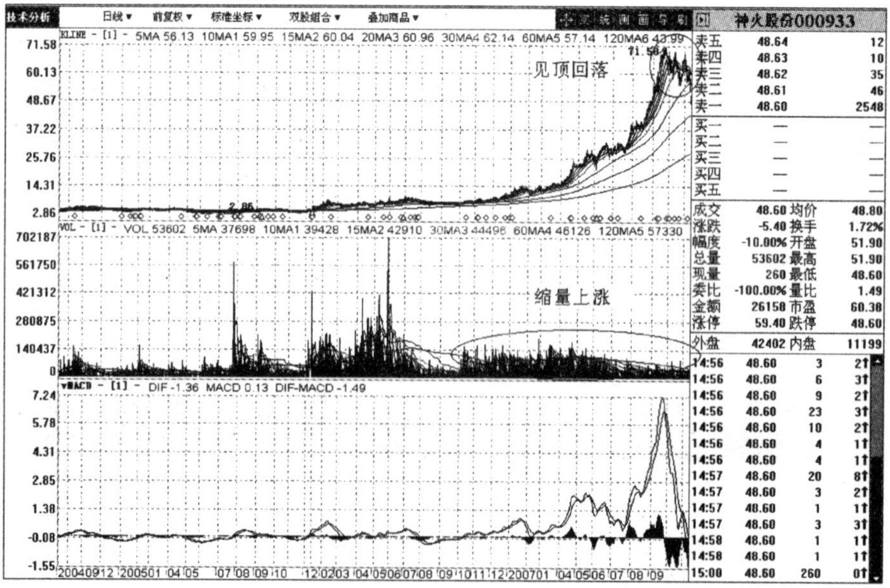

图 5－12

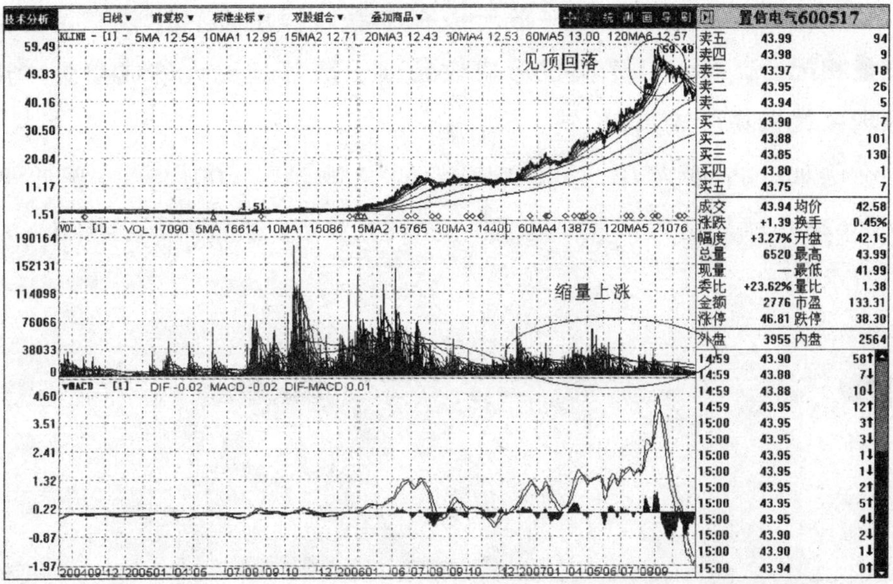
技术分析
日线
前复权
标准坐标
双股组合
叠加商品
置信电气600517
KLINE - [1] - 5MA 12.54 10MA1 12.95 15MA2 12.71 20MA3 12.43 30MA4 12.53 60MA5 13.00 120MA6 12.57
见顶回落
VOL - [1] - VOL 17090 5MA 16614 10MA1 15086 15MA2 15765 30MA3 14400 60MA4 13875 120MA5 21076
缩量上涨
MACD - [1] - DIF -0.02 MACD -0.02 DIF-MACD 0.01

图 5－13

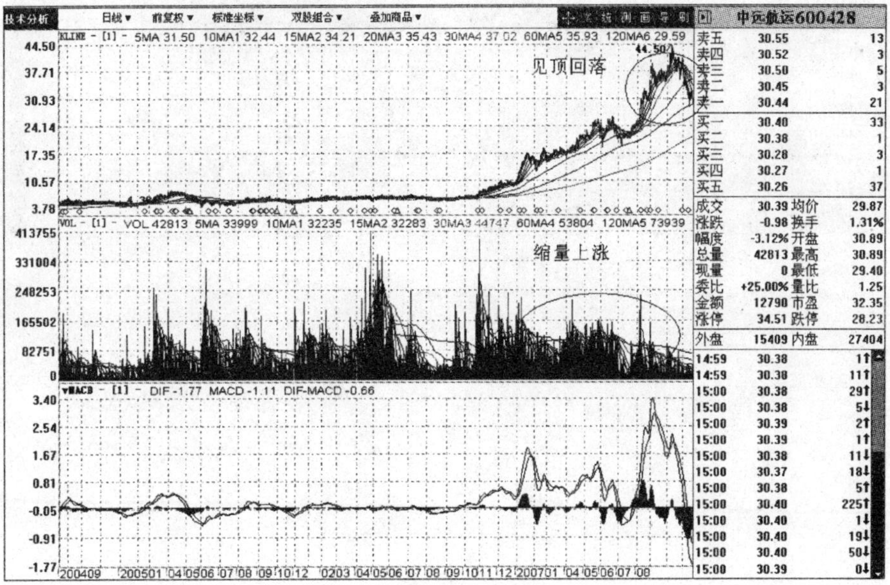
技术分析
日线
前复权
标准坐标
双股组合
叠加商品
中远航运600428
KLINE - [1] - 5MA 31.50 10MA1 32.44 15MA2 34.21 20MA3 35.43 30MA4 37.02 60MA5 35.93 120MA6 29.59
见顶回落
VOL - [1] - VOL 42813 5MA 33999 10MA1 32235 15MA2 32283 30MA3 44747 60MA4 53804 120MA5 73939
缩量上涨
MACD - [1] - DIF -1.77 MACD -1.11 DIF-MACD -0.66

图 5－14

二是放量上涨。这类牛股一般在上涨过程中都有比较充足的成交量相配合，可一旦于高位形成放量（一般都是更大的成交量）滞涨现象就极易形成头部。

例如，古越龙山（600059）、铁龙物流（600125）、新世界（600628）就是这种类型的股票（如图5－15、图5－16、图5－17中所示）。

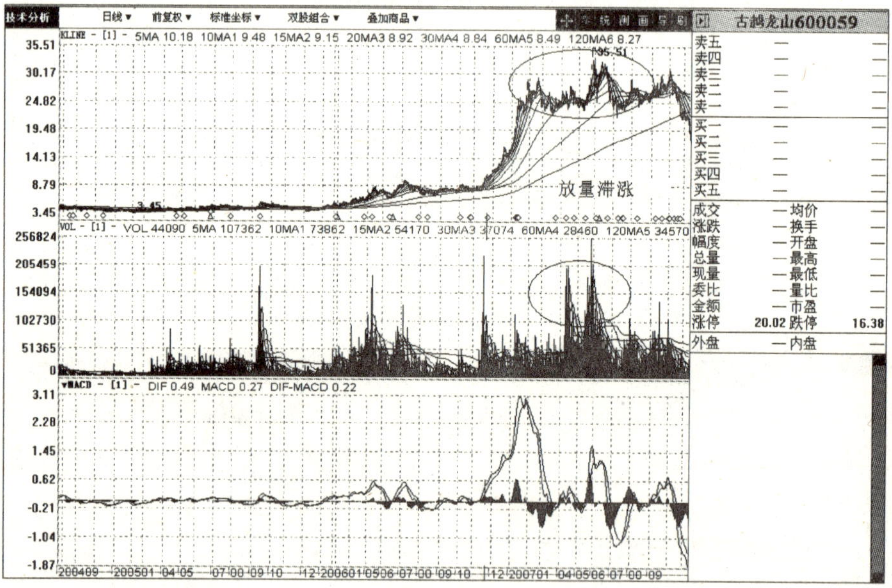

图5－15

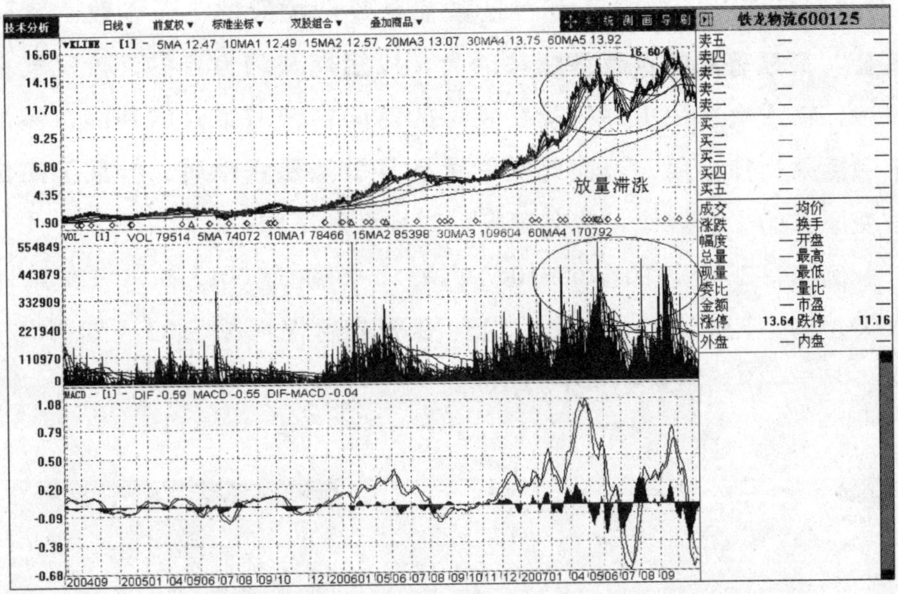
技术分析
日线▼ 前复权▼ 标准坐标▼ 双股组合▼ 叠加商品▼
铁龙物流600125
▼KLINE - [1] - 5MA 12.47 10MA1 12.49 15MA2 12.57 20MA3 13.07 30MA4 13.75 60MA5 13.92
16.60
放量滞涨
VOL - [1] - VOL 79514 5MA 74072 10MA1 78466 15MA2 85398 30MA3 109604 60MA4 170792
MACD - [1] - DIF -0.59 MACD -0.55 DIF-MACD -0.04
卖五
卖四
卖三
卖二
卖一
买一
买二
买三
买四
买五
成交 均价
涨跌 换手
幅度 开盘
总量 最高
现量 最低
委比 量比
金额 市盈
涨停 13.64 跌停 11.16
外盘 内盘

图 5-16

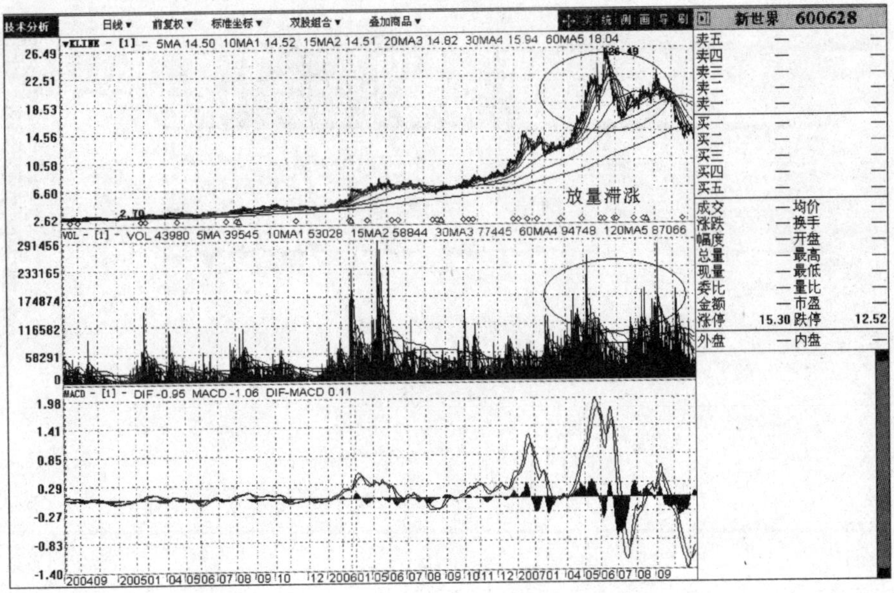
技术分析
日线▼ 前复权▼ 标准坐标▼ 双股组合▼ 叠加商品▼
新世界 600628
▼KLINE - [1] - 5MA 14.50 10MA1 14.52 15MA2 14.51 20MA3 14.82 30MA4 15.94 60MA5 18.04
26.49
2.70
放量滞涨
VOL - [1] - VOL 43980 5MA 39545 10MA1 53028 15MA2 58844 30MA3 77445 60MA4 94748 120MA5 87066
MACD - [1] - DIF -0.95 MACD -1.06 DIF-MACD 0.11
卖五
卖四
卖三
卖二
卖一
买一
买二
买三
买四
买五
成交 均价
涨跌 换手
幅度 开盘
总量 最高
现量 最低
委比 量比
金额 市盈
涨停 15.30 跌停 12.52
外盘 内盘

图 5-17

“黑马股”一般都是由“私募基金”所控股的，而多数“私募基金”最显著的特点就是顺势而为，以短期获利为目的，投机气氛较浓，喜欢快进快出，尽量在较短的时间内获取最大的利润，然后不顾后果疯狂出局，因而此类股票极具暴涨暴跌性质，一旦于高位改变原有的上涨规律，持有者应及时地获利了结。

例如，亚盛集团（600108）、岷江水利（600131）、兴发集团（600141）等都因连续拉升后出现滞涨或急挫而见顶的（如图5－18、图5－19、图5－20中所示）。

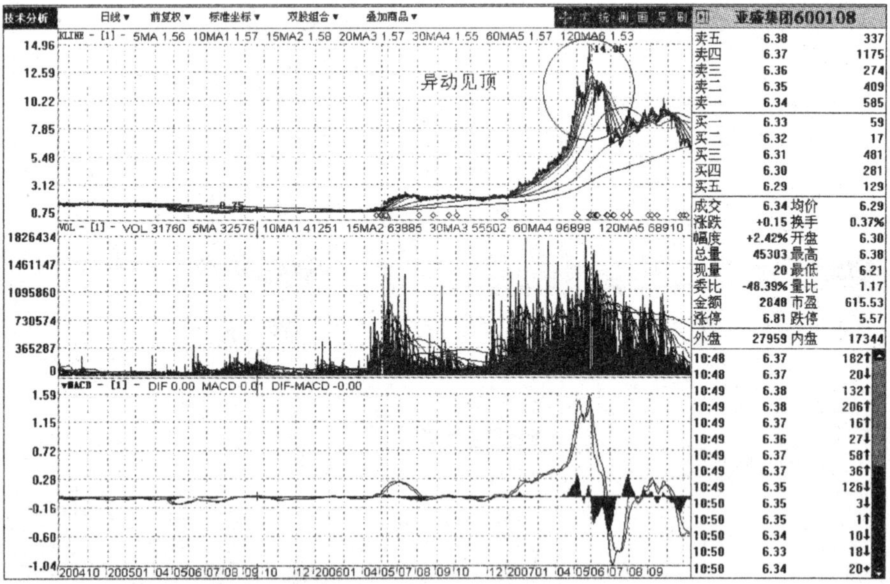

图5－18

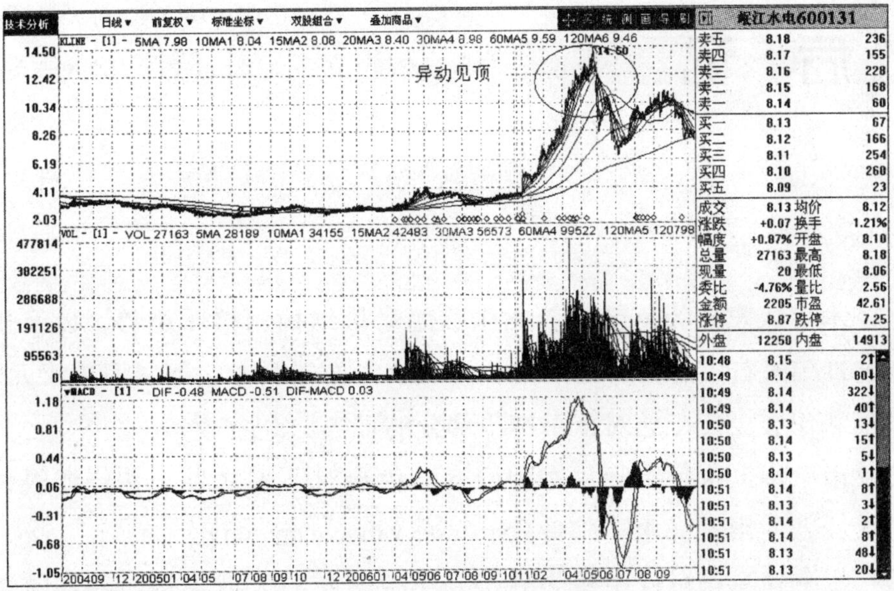
技术分析
日线
前复权
标准坐标
双股组合
叠加商品
岷江水电600131
KLINE - [1] - 5MA 7.98 10MA1 8.04 15MA2 8.08 20MA3 8.40 30MA4 8.98 60MA5 9.59 120MA6 9.46
异动见顶
VOL - [1] - VOL 27163 5MA 28189 10MA1 34155 15MA2 42483 30MA3 56573 60MA4 99522 120MA5 120798
MACD - [1] - DIF -0.48 MACD -0.51 DIF-MACD 0.03

图 5－19

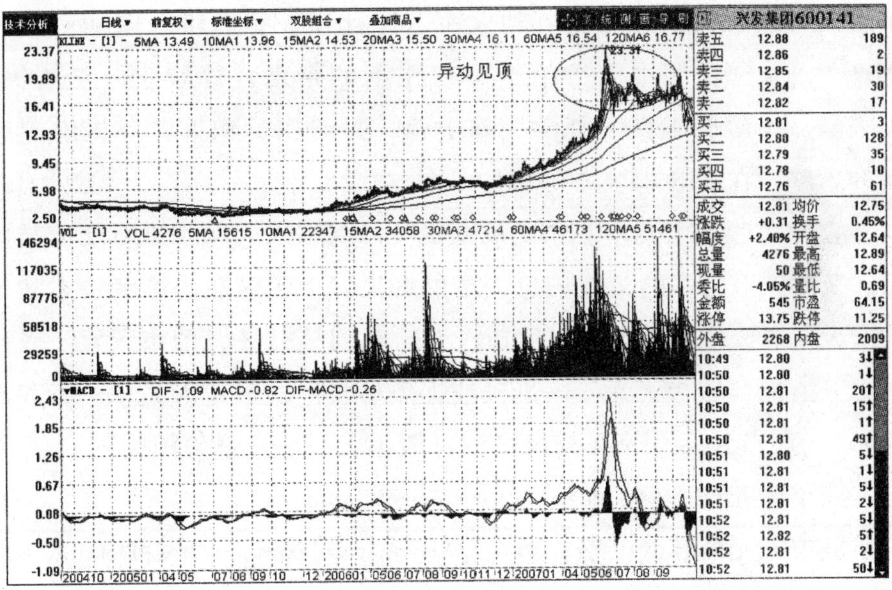
技术分析
日线
前复权
标准坐标
双股组合
叠加商品
兴发集团600141
KLINE - [1] - 5MA 13.49 10MA1 13.96 15MA2 14.53 20MA3 15.50 30MA4 16.11 60MA5 16.54 120MA6 16.77
异动见顶
VOL - [1] - VOL 4276 5MA 15615 10MA1 22347 15MA2 34058 30MA3 47214 60MA4 46173 120MA5 51461
MACD - [1] - DIF -1.09 MACD -0.82 DIF-MACD -0.26

图 5－20

后记

本书从宏观的角度对各类庄股的量价结构、整体趋势，以及规律特性等进行了全方位的阐述，在阅读时如能参考一下《股市天元》其他著作会更便于您对全书精华部分的理解。

由于本人水平有限，书中内容难免会有不妥之处，希望能得到广大读者的指正（电子邮件：lnxcw@ yahoo. com. cn）。

本书在写作过程中曾先后得到不少朋友的大力支持。特别值得提及的有：李兵、孙家宾、徐凤平、石岩山、张淑清、杜古良、王涛、邵丹、孙锐、石淑静等提供了丰富的资料；贾芳宇、董立新、张永久、赵云福、栗启林、刘立军、汪社秋、张启洪、宋丽红、种柳青、汤长征、邹本彦等给予了写作上的帮助；徐晓宁、李玉民、王晓贤、王健、王良、梵学、陈小莉、薛向伟、陈香君等提出了有益的思路，在此表示衷心的感谢。

喜爱《股市天元》丛书的朋友也可以到本人的网站进行交流与探讨，及时获取更多的实战信息，这里聚集着上千名热心读者，本站也向广大新老读者常年提供《股市天元》系列丛书（《股市天元——骑马十三招》、《股市天元——准确捕捉黑马股》、《股市天元——王者之略》)、《股市天元——黑马盘口》、《股市天元——量价精要》)。

股市天元证券网：http：//www. gsty. com. cn

股市天元证券网论坛：http：//www. gsty. com. cn/bbs/Default. asp

最后，感谢中国财政经济出版社经济理论出版中心张立宪主任和同仁的帮助，才能如此顺利地出版此套丛书，在此谨致衷心的感谢。